KB116441

디지털 혁신을
구축하라

디지털 혁신을 구축하라

지은이 어제이 소호니
옮긴이 김현정
펴낸이 이규호
펴낸곳 북스토리지

초판 1쇄 발행 2022년 4월 10일
2판 1쇄 인쇄 2023년 1월 5일
2판 1쇄 발행 2023년 1월 10일

출판신고 제2021-000024호
10874 경기도 파주시 청석로 256 교하일번가빌딩 605호

E-mail b-storage@naver.com
Blog blog.naver.com/b-storage

ISBN 979-11-92536-93-4 03320

본 책은 『디지털 프런티어』의 2판입니다.
출판사의 허락 없이 내용의 일부를 인용하거나 발췌하는 것을 금합니다.
가격은 뒤표지에 있습니다

2030년, 기업이 살아남는 유일한 방법

디지털 혁신을 구축하라

어제이 소호니 Ajay Sohoni 지음 **김현정** 옮김

| 추천사 |

『디지털 프런티어』는 비즈니스 리더들을 사로잡는 내용으로 디지털 트랜스포메이션의 핵심 구성요소를 폭넓게 소개하고 있으며, 수많은 기업이 당면한 주요 과제를 노련하게 다루고 있다. 비즈니스에 지속적인 가치를 창출하면서도 기존 방식을 근본적으로 변화시키는 디지털 트랜스포메이션을 실행하기 위해 기술을 어떻게 활용할 것인지를 제대로 보여준다.

이언 맥러플린, 코카콜라 컴퍼니, 상품공급부 부사장

디지털 혁명으로 인해 불안이 엄습하고 있으며, 변화의 속도와 그 폭은 예상을 훌쩍 뛰어넘고 있다. 이 책은 기업, 에코시스템 파트너 및 기업인들이 디지털 구현을 통한 비즈니스 가치 창출의 다양한 '영역'을 손쉽게 살펴보고 종합적인 시각에서 바라볼 수 있게 해준다. 디지털 트랜스포메이션을 실현해야 하는 이유와, 이를 통해 가치를 더할 수 있는 방법에 대한 실질적인 답을 찾는 임원이라면 반드시 읽어야 할 책이다.

로힛 라즈단, 맥킨지 컴퍼니 선임 파트너

책을 처음부터 끝까지 정독했던 게 언제였는지 기억이 나지 않는다. 이 책에는 다양한 플랫폼을 통해 접할 수 있는 쉽고 간단하면서도 유익한 비즈니스 콘텐츠가 수없이 소개된다. 『디지털 프런티어』는 유머러스한 문장으로 독자를 사로잡으면서도 다방면으로 생각할 거리를 안겨주고 있다. 어제이는 독자

들을 위해 문제를 심층적으로 분석해 보여준다. 훌륭한 리더십과 책임 있는 시민의식, MBA 기업 가치 평가 시간에 내가 뭘 배운 건지 의심하게 만들며 도무지 이해할 수 없는 가치 평가 방식에 이르기까지, 오늘날 불균형적인 여건을 조화롭게 제시한다. 또한 미래를 기준으로 향후 10년간의 기술과 소비자 동향을 살펴보고, 3^3 모델을 통해 소비자 가치를 기반으로 디지털 트랜스포메이션을 추진하는 방식을 손쉽게 배울 수 있다.

프라니스 옌다무리, 베인앤컴퍼니 파트너

디지털과 디지털 분야를 이해하는 독자 수준에 관계없이, 어제이는 가벼운 마음으로 읽으며 다양한 내용을 한눈에 손쉽게 이해할 수 있는 책을 내놓았다. 이 책을 읽다 보면 비즈니스 환경을 이해하고 새로운 아이디어가 번뜩이는 경험을 하게 될 것이다. 이 책을 읽으며 디지털 트랜스포메이션이라는 역동적인 세계를 통해 각자의 길을 성공적으로 개척해 나가길 권한다.

전은주, 존슨앤존슨 의료기기 사업부 아태지역 전략지원 책임자

나는 10년 넘게 어제이와 알고 지내며 함께 일해 왔다. 애자일 디지털 트랜스포메이션에 대한 그의 경험과 지식은 타의 추종을 불허한다. 전체적인 시각과 더불어 실질적인 팁을 얻고 싶다면 이 책을 강력히 추천한다.

피에르 푸아낭, 브랜디드 공동 창업자 겸 CEO, 라자다 전(前) 공동 창업자 겸 CEO

c o n t e n t s

맥락 설정은 어떻게 이뤄지는가

기업은 어떻게 소비자에게 도달하는가

기업은 어떻게 소비자와 유대감을 형성하는가

소비자는 어떻게 거래하는가

기업은 어떻게
제품과 브랜드를 만드는가

PART 5

기업은 어떻게
제품을 생산하고 유통하는가

PART 6

기업은 어떻게
협업하는가

PART 7

트랜스포메이션은
어떻게 실현되는가

PART 8

| 감사의글 |

먼저 이 책을 써보라고 권하며 책을 쓰는 내내 조언을 아끼지 않았던 아내 은주에게 감사한 마음을 전하고 싶다. 딸아이 이라는 이른 아침부터 밤늦게까지 노트북을 두들기는 아빠가 무슨 일을 하는지 궁금해하며 호기심어린 큰 눈을 반짝였다. 언젠가 딸아이를 서점에 데리고 가 아빠가 쓴 책을 보여준다는 생각만으로도 의욕을 불태우기에 충분했다!

아버지에게도 감사한 마음이다. 초고를 맨 처음 읽어주신 분이며, 책 속에 허구의 사례를 적당히 끼워 넣으라고 조언해 주셨다. 어머니와 누나도 잘될 거라며 나에게 언제나 힘을 북돋워주었다. 매형인 야쇼딥과 절친 미허와 레슬리는 일부러 시간을 내서 초고를 꼼꼼히 읽고 의견을 내주었는데, 그게 상당히 도움이 되었다.

코카콜라에서 가족처럼 일하는 동료인 이언 맥러플린이 출판을 적극 권유한 덕분에 책이 나올 수 있었다. 클로디아 로렌조는 내가 좀 더 책에 공들일 수 있게 시간적 여유를 허락해 주었고 벨린다 포드는 책을 정독하며 떠오르는 질문을 던졌는데, 그녀가 아니었다면 그냥 넘어갈 뻔했던 내용들이었다. 모두에게 감사를 전한다.

마지막으로 훌륭한 스승처럼 나를 이끌어주며 이 책의 기초가 된 내용들을 배울 수 있도록 많은 도움을 준 코카콜라와 라자다-알리바바, 맥킨지의 경영진과 동료들에게 감사한 마음을 전한다.

2020년 7월 초, 싱가포르에서는 코로나19 봉쇄령이 막 해제된 참이었다. 현지에서는 이를 "서킷 브레이커circuit breaker"라 불렀다. 팬데믹으로부터 도시를 구하기 위해 6주 동안 사업장을 폐쇄하고 거리 두기와 사회 활동 자제를 촉구한 조치였다.

인근 지역에서 열리는 예술 캠프 첫날 다섯 살 난 딸아이를 내려주고 나서, 오전 8시가 조금 지나 아내와 함께 녹지로 둘러싸인 싱가포르의 고요하고 현대적인 미디어 지구의 한 카페 야외석에 앉아 있었다. 탁 트인 공간과 건축가 마키 후미히코槇文彦가 설계한 미디어폴리스Mediapolis의 절제된 웅장함은 그곳에 우리 부부밖에 없어서 그런지 한층 도드라져 보였다.

나는 2주간 휴가를 받았는데, 팬데믹이 시작된 이후 사람들이 휴가를 가지 않자 회사는 휴가를 내서 건강을 챙기라고 종용했다.

"걱정되는 게 두 가지가 있는데…" 나는 아내에게 말했다. 2주를 어떻게 생산적으로 써야 할지 몰랐기 때문이다. 직업적으로도 변곡점을 맞고 있었다. 디지털 및 기술 기반 비즈니스 공간에서 6년간 있다 보니 뭔가 다른 일을 해보고 싶다는 생각이 들었던 것이다. 그렇지만 내가 일하는 환경이 마음에 들었고 아직은 내 능력을 인정받을 구석이 많은 것 같았다. 막상 여길 떠나면 내가 아는 모든 것이 쓸모없게 될지도 모른다는 사실이 나를 두렵게 했다.

아내는 나보다 훨씬 똑똑한 사람이다. 단지 겸손해 보이려고 하는 말은 아니다. 우리 세대는 이제 겸양을 떨기 위해 이런 얘길 하지는 않기 때문이다.

11년 전 아내가 GMAT에서 나보다 (아마도) 더 높은 점수를 받고 우리가 만난 인시아드INSEAD(프랑스 퐁텐블로에 위치한 경영대학원-옮긴이)에서 나보다 더 높은 학점을 받았을 때 이미 결론이 난 문제였다. 하지만 진실은 알 수 없다. 우리는 집에서 인시아드 시절 성적을 공개하지 않기로 합의했기 때문이다.

"책을 써봐." 아내가 말했다. 그래서 나는 책을 썼다.

이 책은 소비자를 상대하는 비즈니스의 디지털 트랜스포메이션digital transformation과 관련해 내가 파악한 사실과 내 생각을 종합한 것이다. 구체적으로는 라자다Lazada라는 스타트업 기업에 다니던 시절의 디지털 환경과 맥킨지McKinsey에서 겪은 변화, 그리고 코카콜라에서 소비자 대상 비즈니스를 통해 얻은 개인적인 경험이 밑바탕이 되었다. 지금까지 14년간 운 좋게도 전 세계의 다양한 기업에서 일하면서 놀랍도록 수많은 경험을 얻었다. 아주 좋았거나 힘들었던 날은 아무나 붙잡고 이야기하고 싶었던 적이 얼마나 많았는지! 그래서 이 기회를 빌려 내가 지금까지 경험한 일들을 독자 여러분과 공유하고자 한다.

그러나 본론으로 들어가기 전에 직장 생활을 하면서 인상 깊었던 여러 사건들 중에서 또렷하게 남아 있는 세 가지 기억을 얘기하고 싶다. 모두 존경스러운 세 명의 리더에 관한 이야기다.

2010년 11월쯤 암스테르담 기온이 점점 떨어지기 시작했을 때였다. 우리는 눈보라로 인해 며칠간 공항이 폐쇄되는 바람에 발이 묶인 채 연말을 보내게 될 줄은 꿈에도 몰랐다. 그런데 추운 11월 바로 그날에 나는 그림처럼 아름다운 암스텔 강에 인접한 맥킨지 사무소 내 회의실에서 발표 자료의 최종안을 정리하는 걸 거들고 있었다.

고객사는 대형 소비재 기업으로, 최근 임명된 CEO는 300년이 넘는 암스테르담 에르미타주 박물관에서 연말 갈라 행사를 주최하고 있었다. 전 세계 최고위 비즈니스 리더들이 아름다운 곳에 모여 연회를 즐기는 동안 조명 및 음향 엔지니어들은 그에 어울리는 분위기를 만들어내느라 분주했고 우리는 연설문과 발표 자료의 어조를 다듬느라 CEO와 협의 중이었다. 그날 밤 CEO는 10년에 걸친 혁신적인 여정의 출범을 알렸다. 여러 국가에 걸쳐 다양한 부문을 아우르는 비즈니스를 분할하고 분리해 완전히 새로운 형태로 다시 결합하는 한편 기업 운영 방식을 전면 쇄신하는 것이었다.

　암스텔 강변의 그날 저녁 풍경을 떠올리면서 당시 파워포인트 슬라이드의 중요 항목으로만 제시됐던 미래 전략과 그에 따른 행동을 생각하니, 혁신적인 리더의 두 가지 자질이 확연히 드러났다. 바로 용기와 의지였다.

　그로부터 5년이 지난 뒤, 그때도 11월이었고 항저우의 날씨는 매섭게 추웠다. 짧은 야간 비행과 상하이에서 운전하고 오느라 녹초가 된 몸을 이끌고 널따랗게 펼쳐진 멋진 알리바바 본사 회의실로 걸어 들어갔다. 우리는 여기서 알리바바 CEO인 대니얼 장을 만나기로 되어 있었다. 동남아의 주요 전자상거래 업체 중 하나인 라자다 그룹은 알리바바의 투자금 유치를 논의 중이었고, 나는 라자다의 결제업체를 운영하고 있었는데 이후 알리페이Alipay에 인수된다. 몇 달 후 알리바바는 라자다의 지배 지분을 인수했으나 우리는 2015년 11월까지도 한창 협상 중이었다. 대니얼 장은 강렬한 인상을 풍겼다.

　그는 차분하고 침착한 말투로 신중하게 말을 고르며 구체적이고 예리한 주장을 펼쳤다. 30여 분간 소비자가 중시하는 가치와 판매자가 중시하는 가치, 브랜드 기업이 중시하는 가치 등에 대해 얘기를 나눴다. 복잡한 기술 용어나 핀테크, 요즘 문제가 되는 블록체인과 같은 유행어는 일절 언급되지 않았다. 대니얼 장은 대단히 인상적인 리더였다.

여러분이 앞으로 이 책에서 자주 보게 되겠지만, 당시 대화를 통해 내가 깨달은 것은 기술 자체를 위해 기술을 사용하는 것이 아니라 기술을 사용해 경제적 가치를 창출한 다음 어떻게 해서든 연관된 경제적 가치를 찾아내는 것이 핵심이라는 사실이었다. 그가 보여준 혁신적인 자질은 바로 실용주의와 집중이었다.

그로부터 4년 뒤, 9월 초였는데 이번에는 싱가포르 시내 가까운 회의실에 있게 되었다. 일 년 내내 비슷한 기후인 싱가포르는 평소처럼 따뜻한 날씨였고, 인근 지역은 몇 주 후 열리는 포뮬러 원 그랑프리 대회를 위한 도로 폐쇄와 임박한 준비 작업으로 시끌벅적했다. 일주일 동안 번화가가 세계에서 가장 빠르고 시끄러운 차들을 위한 경주로로 바뀌는 모습은 현대판 기적과 다를 바가 없었다. 70층이 넘는 이 호텔의 고층에서 코카콜라 회사에서 가장 뛰어나고 창의적인 인재들이 모여 '브랜드가 소비자에게 어떤 의미가 되어야 하는지'를 놓고 이야기했다. 다양한 발표 내용과 아이디어가 쏟아졌고 건설적인 토론이 한창 이어지는 가운데 이 회의에서 최고위급 리더가 팔을 걷어붙이더니 플립 차트 쪽으로 걸어왔다. 그 후 30여 분간 절대 잊지 못할 광경이 펼쳐졌다. 그는 코크라는 브랜드와 캠페인의 역사, 지난 수십 년간 소비자의 삶에서 브랜드의 역할이 변해온 과정, 제품의 화학적 구성과 각 성분의 생리학적인 역할, 브랜드 자체의 정체성과 기본적인 특성이 제품 과학과 불가분의 관계에 있으면서도 제품 자체를 뛰어넘어 다양하게 확장된 방식, 소비자가 선반에서 콜라 캔을 고른 것은 사실상 특정한 생활 방식의 선택이자 개인의 표현이라는 이야기를 했다. 마치 우리에게 130년 넘게 이어져 온 코카콜라 회사의 역사에 걸맞은 선택을 하라고 알려주는 것 같았다.

경영대학원에서는 왜 그런 내용을 가르치지 않았을까 생각했던 게 기억난다. 그리고 여기서 얻은 교훈이라면 바로 경험 많은 리더와 수십 년간 경험으로 체득한 세상의 이치를 대체할 수 있는 건 없다는 것이다.

"코딩을 할 줄 알고 「와이어드Wired」 잡지를 읽고 링크드인LinkedIn 프로필에 연쇄 창업가로 소개된 사람들"을 리더로 선택하는 것보다 고위 관리자가 디지털 환경을 이해하도록 만드는 편이 훨씬 도움이 된다. 여기서 알 수 있는 혁신적인 리더의 자질은 바로 소비자와 기업의 유산에 대한 심층적인 이해다.

지식과 이해는 서로 다른 별개의 것이지만 때로는 구별 없이 사용하기도 한다. 이 책은 지식이 아닌 이해에 관한 내용을 다룬다. 인식론적으로 지식은 진실을 기반으로 해야 하며, 깊이를 가늠할 수 없을 정도로 빠르게 변하는 기술로 인해 더욱 복잡해지는 상품 및 서비스 시장에서는 진실을 가려내기가 불가능하다. 진실이 존재한다면 말이다. 그래서 꼭 디지털 트랜스포메이션에 대한 지식을 공유한다기보다는 내 식대로 이해한 바를 얘기한다는 게 더 맞을 것이다. 이 책도 바로 그런 인식을 바탕으로 하고 있다. 각 장마다 한 가지 주제를 내가 이해한 방식으로 풀어냈다. 그리고 독자 여러분이 해당 주제에 대해 각자의 방식으로 받아들이고 이해하면서 생각을 발전시키길 바라는 마음에서 글을 썼다. 이 책을 다 읽고 디지털 트랜스포메이션으로 인한 변화를 훨씬 수월하게 받아들이게 됐다면 이 책은 그 소임을 다한 셈이 될 것이다.

그리고 독자 여러분이 이 책을 즐겁게 읽어주면 좋겠다. 나는 블랙 유머와 맛있는 식사, 충격적인 영화, 감정이 풍부한 노래, 독한 술, 장기 자랑, 난해한 이야기를 좋아하며, 진지한 이야기를 가볍게 풀어내길 즐긴다. 그래서 이처럼 디지털 트랜스포메이션이라는 딱딱한 주제를 쉽게 받아들일 수 있게 풀어보았다. 독자 여러분이 웃고 즐겼으면 좋겠다. 이제 본격적인 얘기를 바로 시작해보자!

The Digital Frontier

PART

1

맥락 설정은
어떻게 이뤄지는가

가치 창출의 기원

●●● 아는 척은 이제 그만

소호니 가족에게는 여느 때와 다름없는 이른 아침이었다. 내가 느끼기엔 그랬다. 매일 아침 나는 5시 30분에 일어나는데, 아내는 내가 나이 들어서 그렇다고 생각한다. 나는 고작 서른여덟이고 이날 아침도 서른여덟인 건 마찬가지였지만, 이것저것 처리할 일들을 신경 쓰느라 요즘 들어 부쩍 정신이 더 빨리 늙는 것 같다.

그래서 코로나19가 나타나기 이전인 2019년 9월의 그날 아침은, 세계가 당면한 문제라고는 기후 변화라든가 종교적 근본주의, 인종차별주의, 편견 등일 뿐이었다. 나는 신문 읽기로 아침 일과를 시작하고 있었다. 물론 내가 말하는 신문 읽기란 거실 소파에 누워 블랙커피를 홀짝이면서 뉴스 웹사이트와 레딧Reddit에 올라온 이야기를 스크롤하며 쓱쓱 훑어보는 것이다. 그러다 헤드라인에서 이런 문구를 발견했다.

"위워크WeWork의 애덤 뉴먼Adam Neumann, CEO 사퇴"

임원의 부적절한 행동과 IPO 실패, 망가진 사업 모델 때문에 몇 개월 동안 시끄럽더니 결국은 이렇게 되었다.

'또 시작이군. 이제 다들 충격이라고 난리겠지. 대성공을 거둘 것이라 예상됐던 회사니까 유해한 경영 문화 때문에 투자하기에 적격인 훌륭한 자산을 엉망으로 만들었다고 말이야. 늘 그래왔던 게 아니라 어쩌다 생긴 사고인 것처럼.' 사고라기엔 규모가 엄청나지만 사고는 사고일 뿐이라는 식으로.

2017년에 트래비스 캘러닉Travis Kalanick이 우버Uber CEO에서 사퇴했을 때 그랬듯이,[2] 아니면 2018년 창업자인 엘리자베스 홈즈Elizabeth Holmes가 테라노스Theranos에서 금융 사기로 기소됐을 때 그랬듯이,[3] 우리는 또다시 충격적인 사건이라는 듯 호들갑을 떨 것이다. 아니면 스냅챗Snapchat, 리프트Lyft 또는 슬랙Slack 같은 유명 기술 기업이 기대에 못 미치는 결과를 낼 때에도 마찬가지겠지. IPO가 마라톤에서 결승선과 같은 것이라면, 이것은 누가 결승선을 통과했는가 또는 누가 우승했는가는 제쳐두고 첫 몇 킬로미터 구간에서 죽어라 전력 질주하는 사람을 추켜세우는 것이나 마찬가지다.

2019년 12월로 시간을 앞당겨, 아니 시간을 뒤로 돌린다고 하는 편이 맞겠다(그런 게 있을까마는). 다소 흐리긴 했지만 여느 아침과 다름없는 날이었다. 늘 앉는 자리에서 날씨 외에 유일하게 달랐던 건 커피였다. 이번에는 내가 신뢰하는 캡슐 커피 브랜드의 특제 콜롬비아 원두에서 우려낸 커피를 마시고 있었다. 맛은 거의 똑같았지만 포장이 좀 더 눈길을 끌어서 약간 비싸도 구입한 커피였다.

이번에는 링크드인 사이트에서 매달 읽는 내 인맥들의 성공 스토리를 훑어보면서 열패감을 느끼고 있었다. 포브스가 발표한 30세 이하 리더 30인(Forbes 30 under 30)에는 집시ZIPSY와 프릭소FRIXO처럼(이건 내가 임의로 만든 이름이다) 기억하기 쉬운 다섯 글자로 된 이름을 단 회사를 창업한 패기만만한 밀레니얼 세대 30명이 수천만 달러의 투자금을 모집한 것으로 소개됐다. 이것은 이제 또다시 우리 세대와 후대가 지향해야 하는 새로운 성공 모델인 양 다들 떠들어댈 것이다. 더 많은 투자금을 모집하고 또 수없이 모집하면서.

이제 2019년 초반으로 돌아가 보자. 나는 미국에서 한 워크숍에 참여하고 있었다. 3일에 걸친 애자일Agile 세션을 막 시작하려는 참이었다(애자일에 대한 자세한 내용은 PART7을 참조하기 바란다). 여기에도 커피가 있지만 미국의 사무실인 만큼 부드러운 커피 원두 향이 나는 펄펄 끓는 물에 가깝다. 눈에 띄는 빈 백 몇 개가 사무실 코너에 놓여 있었고 우리는 간단한 작업을 하고 있었다.

틱톡에서 세로 영상을 찍어서 나중에 편집하기 쉽게 만들려는 것이었다. 그게 바로 디지털이니까. 고위 임원 한 명이 일어나더니 이처럼 중요한 주제를 열심히 논의해 준 우리의 노고에 깊은 감사를 표한다며 "스타트업처럼 행동하고 생각해야 한다."라고 말했다. 그리고 스타트업처럼 생각한다는 게 무슨 말인지 다들 아는 척 행동했다.

이런 생각을 하다 보면 밤에 잠이 안 온다. 결국 이 책을 써야 편안히 잠들 수 있겠다는 생각이 들었다. 이제 아는 척은 그만해야 한다. 진짜로. 전통적인 대기업 내부 사람들은 이제 그게 무슨 의미인지 알아내야 한다. 세상이 어떻게 변하고 있으며, 어떻게 하면 그 상황을 더 잘 파악할 수 있을까? 우리는 무엇을 해야 하며 그걸로 더 많은 수익을 낼 수 있을까? 서로 다른 목표로 갈등을 빚기보다는 함께 화합해 앞으로 나아갈 방법은 무엇일까? 웹 세미나에 앉아 있지만 말고 실질적인 성과를 만들어내려면 어떻게 해야 할까?

●●● 모든 일의 근본이 되는 가치 창출

기업이 돈을 버는 이유는 가치를 창출하기 때문이고, 개인이 돈을 버는 이유도 가치를 창출하기 때문이다. 서로 추구하는 것은 단 한 가지 바로 돈을 버는 것이다. 물론 자본주의 모델을 믿지 않고 그에 찬성하지 않는 사람들도 있겠지만, 이 책은 자본주의를 옹호하거나 반박하기 위한 것이 아니다. 이 책에서는 기업 경영의 현실로서 현재의 시장 상황을 고려하고, 상황을 분석해 공감대를 형성하고 실질적인 성공법을 제시하고자 한다. 이 세계에서 성공이란 이익을 내는 것이고, 이익이란 결국 가치 창출과 직결되는 것이다.

나는 경제 전문가도 아니고 대학 교수도 아니지만, 나 자신의 내적 대화와 고찰을 언어로 풀어냄으로써 독자들이 현재 상황을 이해할 수 있도록 돕고 싶었다. 그 과정에서 지나치게 단순화된 해석이 나올 수 있지만 그 때문에 내 논지가 흐려지지는 않을 것이다.

나는 가치 창출 행위란 한 개인이 다른 누군가에게 가치가 있는 결과물(즉 제품)을 생산하는 행위를 하는 것이라 정의한다. 그 행위를 수행하면서 개인은 누군가에게 가치 창출, 즉 가치 있는 것을 창출한다.

예를 들어 A라는 사람이 유정을 발견해 시추하기로 결정한 후 석유 1배럴을 뽑아내는 데 10달러가 들었다고 해보자. B라는 사람은 그 석유가 필요해서 A에게 1배럴을 사는 데 15달러를 지불할 의향이 있다. A는 해당 석유를 추출함으로써 15달러의 가치를 창출한 것이다. 그가 아무것도 하지 않고 집에 가만히 앉아 넷플릭스로 「위처」를 몰아봤더라면 그러한 가치를 창출할 수 없었을 것이다.

그 과정에서 그는 5달러의 이익을 남겼으며, 그 5달러는 지하에서 석유를 시추하는 활동을 수행한 대가로 얻은 보상이다.

만약 A와 같은 사람들이 훨씬 많고 B와 같은 사람이 훨씬 적다고 해보자. 발견된 석유량이 훨씬 많거나, 전 세계가 기후 변화의 냉혹한 현실에 눈을 뜨고 석유 사용량이 줄어들면서 석유에 대한 수요가 떨어진 상황이다.

그에 따라 전 세계는 석유 시추 활동에 더 이상 그만한 "가치"를 부여하지 않으며, B는 배럴당 12달러밖에 지불할 의사가 없다. 그러면 A는 석유 시추에 10달러를 들여, 원래 5달러의 이익을 남겼던 것을 이제는 2달러밖에 남기지 못하게 된다. A의 이익이 줄어든 이유는 전 세계가 더 이상 그만큼의 가치를 인정하지 않기 때문이다. 가치 창출액이 줄어든 것이다.

우리는 세계와 경제가 얼마나 복잡하고 다층적이며 개인과 기업이 거미줄처럼 얽혀 있는지 생각할 필요가 있다. 개인과 기업은 매일 다른 개인과 기업을 위해 가치를 창출하는 활동에 뛰어든다. 다른 누군가에게 가치 있는 것을 만들고 있다면 그에 대한 보상으로 돈을 벌게 될 것이다.

얼마나 많은 돈을 버는가는 내가 만드는 것을 사람들이 얼마나 간절히 원하는지, 그리고 그와 비슷한 것을 얼마나 많은 사람들이 만들고 있는지에 따라 좌우된다. 그 반대 역시 마찬가지다. 충분히 돈을 벌지 못하거나 아예 돈을 벌 수 없다면 가치를 만들어내지 못하고 있거나 해당 활동에 대한 정당한 보상을 받을 만큼의 충분한 가치를 만들지 못하고 있는 것일 수 있다.

그러면 여기서 질문이 떠오른다. 과연 스타트업 기업들은 가치를 창출하고 있는가?

지난 10년간 예시로 가장 많이 언급된 5가지 활용 사례, 즉 차량 호출 서비스, 공유 오피스, 음식 배달, 전자상거래 및 디지털 결제를 통해 이 문제를 자세히 살펴보자.

● **차량 호출 서비스** — 내가 MBA 과정을 밟고 있던 2009년 당시, 우리는 쿠알라룸푸르의 세팡 서킷에서 열리는 포뮬러 원(F1) 그랑프리 대회를 관람하러 갔다. 쿠알라룸푸르에서 택시 잡기는 끔찍했다. 계속 바가지를 쓰거나 승차 거부를 당했고 한번은 흉기로 위협을 받은 적도 있었

다. 10년이 지나자 쿠알라룸푸르에서 차량 호출이 아주 쉬워졌고 도시 교통 시장에서 수요-공급 상황이 완전히 투명해지면서 차량 호출 서비스 업체들은 소비자에게 실제로 가치 있는 활동을 수행하게 됐다.

그러나 이들은 시장에 나타난 이후 지금까지도 여전히 전혀 수익을 내지 못하고 있다. 다시 말해 석유 시추 비용이 배럴낭 10달러인데, 판매 가격이 8달러인 것이다. 그리고 그 이유는 아주 간단하다. 치열한 경쟁 속에서 지속적으로 막대한 자금 지원과 가치 평가를 받으려면 더 많은 차량 호출 서비스를 더 많은 소비자에게 손해를 보면서 제공해야 했던 것이다. 이러한 고객 기반을 통해 수익을 창출하겠다는 약속은 아직 실현되지 못하고 있다. 일부 업체는 음식 배달과 결제 등 다른 용도로 사업을 다각화하기도 했으나 여전히 적자를 면치 못하고 있으며, 그런 운영 체계를 유지한다면 더 큰 적자가 나는 건 불을 보듯 뻔한 일이다.

● **공유 오피스** — 공유 오피스와 관련해 떠오르는 핵심 질문은 항상 '회사가 누구를 위해 가치를 창출하는가?'였다. 위워크WeWork의 실패 요인은 여러 가지를 꼽을 수 있으며 실제로 상당히 많았지만, 근본적으로 질문 자체가 틀렸다는 데에도 원인이 있었다. 에어비앤비Airbnb는 이미 많은 이들이 경험해봤겠지만, 호스트와 여행자 모두에게 확실한 가치를 만들어내고 있다. 공유 업무 모델은 부동산 소유주에게 상당한 가치를 가져다준다. 더 많은 소비자에게 공간을 제공해 공실을 최소화함으로써 수익률을 높일 수 있기 때문이다.

그러나 위워크는 이 부분을 무시한 채 직접 부동산을 소유해 싼 값에 임대하는 전략을 취했다. 회사가 부동산 자산에서 얻은 가치를 직접 소비자에게 나누어 준 것이다. 믿을 수 없을 정도로 파격적인 가격이라는 것 말고는 이 상품이 정말 소비자에게 필요한 것인지가 불분명했다. 도시에서 고질적인 사무 공간 부족 문제를 겪을 일은 잘 없으며, 여행자가 노후한 에어비앤비 숙박 공간을 수용할 의사보다 스타트업 기업 직원이 다 허물어져가는 사무실 인프라를 수용할 의사가 훨씬 크다.

나는 스타트업에서 일할 때 일주일 내내 다리가 세 개밖에 없는 의자에 앉아 근무한 적도 있었다. 스타벅스에서는 커피 한 잔이면 무료로 앉아 일할 수도 있다.

● **음식 배달** — 음식 배달은 새롭게 등장한 서비스는 아니다. 피자 배달은 1960년대에 시작해, 이후 몇 십 년간 전화 주문을 받다가 90년대 중반에는 인터넷으로도 주문이 가능해졌다. 굉장하지 않은가? 수화기를 집어 들고 말만 하면 된다니! 와! 여기서 소비자가 누리는 가치는 명백했다. 집에서 편히 있다가 집으로 배달되는 음식을 받기만 하면 되는 것이었다. 음식 배달앱은 이러한 가치를 더 많은 레스토랑 운영자와 대규모 소비자 기반으로 확장한 것에 불과하다. 이제는 배달 가능한 음식의 종류가 훨씬 더 많아졌다. 그리고 배달업체는 소비자와 레스토랑에 제공되는 가치에 합당한 수수료를 부과했다.

그러나 배달업계는 꽤 흥미로운 변화를 겪었다. 먼저, 사업자들은 배달 반경에 지오펜스(geofence, 실제 위치를 기반으로 한 가상의 경계나 구역-옮긴이)를 설정해 전반적인 운영을 개선했다. 그 결과 20분 만에 음식 배달이 가능해지면서 소비자에게 더 많은 가치를 제공하게 된 것이었다. 둘째, 일부 사업자들은 어떤 시장에서는 적당한 비용으로 배달 사업을 할 수 없다는 것을 깨닫고 실제로 사업을 축소해 특정 도시에서 철수하기 시작했다. 그리고 해당 업계가 점차 정상화되면서 이는 지금까지는 수용할 만한 방식이라 생각되었다.

그리고 얼마 지나지 않아 주요 차량 호출 사업자와 더 많은 경쟁사들이 이 비즈니스에 뛰어들면서 소비자들은 무료 배달과 큰 폭의 할인 혜택을 누리게 됐다. 그 결과 수익성이 없는 또 하나의 사례로 남게 되면서, 소비자가 서비스에 대한 대가를 지불해야만 생존이 가능한 구조로 정착됐다. 늘 그렇듯 쉽지 않은 일이다. 석유 1배럴을 늘 무료로 받다가 갑자기 15달러를 지불하라는 말을 들으면 화가 날 테니까.

● **전자상거래** — 오늘날 전자상거래의 형태는 매우 다양하지만, 플랫폼에서 서비스하는 콘텐츠 규모나 제공 및 처리 모델과 무관한 전자상거래의 두 가지 주요 가치 창출 요소는 바로 가용성/가시성 개선과 홈쇼핑의 편의성이다. 유통 매장 근처 대도시에 사는 소비자만 매장을 방문해 둘러볼 수 있었던 상품들을 이제는 위치, 장소에 관계없이 누구나 살 수 있게 됐다.

어릴 때 인도의 작은 마을에서 어머니가 전자레인지나 밥솥을 처음 사셨던 때가 기억난다. 한 가지 제품만, 그것도 참고할 만한 정보도 전혀 없이 정해진 가격에 사야 했다. 작년에 아버지가 커피 머신을 고를 때는 사실상 선택지가 무한대에 가까워서 다양한 정보를 수집해 비교해본 후 마음에 드는 제품을 사셨다. 집으로 물건을 힘들게 가져올 필요가 없다는 점은 정말 편리했고, 그걸 굳이 여기서 설명할 필요는 없으리라 생각한다. 전자상거래를 매력적으로 만드는 요소는 그 밖에도 다양하지만, 가치 파괴 요인도 있는데 매장 경험의 부재가 그 예이다.

전자상거래에는 안타까운 일이긴 하지만, 너무나 많은 브랜드 기업과 플랫폼이 단기적으로 매출을 높이는 데 급급해 전자상거래를 할인 창구로 활용해오면서, 소비자들 역시 이를 할인 창구로 인식해온 것이다.

가치가 위협받고 있는 만큼 이런 현상은 변할 것이라 확신한다. 나 역시 소비자로서 이러한 혜택을 뿌리치기는 어렵다. 배송비를 지불하는 데 익숙하지 않기 때문이다.

● **디지털 결제** — 흥미로운 주제이다. 개인적으로 한참 전에 이 문제로 씨름했는데 당시 나는 결제업체를 운영하고 있었다. 핀테크라는 더 넓은 분야도 있지만, 그 얘기를 하려면 책 한 권이 더 필요하므로, 여기서는 비현금성 수단을 사용해 편리하게 결제하는 훨씬 좁은 범위만을 다루겠다.

결제업체들은 당연하게도 현금을 인출해 잔돈을 처리할 필요 없이 한 번의 클릭만으로 또는 아예 클릭 없이 언택트로 결제하는 것이 얼마나 편한지를 늘 강조하며 이를 핵심 장점으로 내세웠다. 가맹점 측에서도 익명의 현금 결제를 유용한 소비자 데이터로 전환해 현금 처리 비용과 교환 수수료를 낮출 수 있다는 장점이 있다. 그런데 그런 가치가 정말로 실현이 된 것일까?

저개발국 도시에서는 여전히 현금이 널리 통용되며 소비자는 아직 비현금성 거래의 편의에 대해서는 별로 신경 쓰지 않는다. 대도시에서는 신용카드사와 은행이 이와 유사한 편의를 제공하기 시작했고, 소비자는 대부분 캐시백과 할인 혜택을 위해 디지털 결제 앱을 사용하고 있다.

그러나 이는 지속 가능한 모델이 아니다. 디지털 결제에서 가치 창출이 가능하다는 생각에는 변함이 없지만, 시중 은행에서 소비자가 이용할 수 있는 개인 금융 상품이 없어서 2005년부터 2015년까지 탄력을 받으며 중국 내 알리페이Alipay가 성장하던 시기나 비슷한 기간 계열사인 이베이eBay의 결제 연동에 힘입은 미국 페이팔PayPal이 부상하던 시기와는 다르게, 전통적인 은행 및 신용카드사의 결제 수단은 그 접근성과 품질이 대폭 개선됐다. 그리고 새로운 결제 수단으로 전환하면서 점진적으로 얻게 된 부가 가치는 소비자나 가맹점에게는 별 효용이 없을 수도 있다.

그러면 지난 10여 년간 가장 유명했던 스타트업 사례를 잠시 살펴보면서 어떤 점을 알 수 있을까?

일단 소비자/구매자와 가맹점/판매자가 얻는 가치가 분명하다는 점이다. 디지털 트랜스포메이션에 나선 기업들은 이를 출발점으로 삼아, 소비자와 에코 시스템(하나의 통합된 플랫폼에서 고객에게 상품 및 서비스 등 다양한 경험을 충족시켜주는 일종의 네트워크 경제-옮긴이)에 속한 다른 파트너사를 위해 어떤 가치를 창출하고 있는지를 정확히 파악해야 한다.

공급자와 유통업체, 제조사, 직원 또는 기업과 금전적 거래 관계에 있는 모든 단체가 파트너에 포함될 수 있다. 이처럼 가치 창출의 모든 측면을 살펴보는 것이 중요한데, 새로운 사업 방식으로 인해 실제 혜택을 보는 이들이 명확히 드러나지 않는 경우가 많기 때문이다.

두 번째, 이러한 가치 추구는 끈질긴 노력이 필요할 뿐만 아니라 솔직히 디지털 트랜스포메이션을 시작하는 유일한 이유가 되어야 한다. 자금 조달에 치우치는 경우가 그렇고, 이 파트의 후반부에서 더 다루겠지만, 리더들이 수익성 있는 프랜차이즈를 만들기보다 개인적인 평판을 쌓는 데 급급하거나, 불필요하게 서두르는 바람에 소비자에게 새로운 비즈니스 모델의 장기적 가치 경제성을 제대로 알리지 못하기도 하고, 또 새로운 용어를 끊임없이 만들어내느라 임원들이 수익 창출에 집중하지 못하도록 초점을 흐리는 사고형 리더(thought leader)들이 충격과 공포를 조장하는 화법을 구사함으로써 디지털 트랜스포메이션의 본질이 흐려지는 경우가 너무나 많다.

그러나 이러한 기업들이 항상 가치를 만들어내는 것은 아니라면, 어떻게 그처럼 말도 안 되는 가치 평가를 받는 것일까? 왜 전통적인 기업들은 마찬가지 방식으로 엄청난 주가 상승의 혜택을 볼 수 없는 것일까? 이와 관련해 매우 적절한 질문이 몇 가지 있는데, 그 질문을 차근차근 짚어 보고자 한다.

돈이 많은 자본가의 등장

2017년 5월, 마사요시 손(손정의)은 미화 1,000억 달러 규모의 비전 펀드 1호 모집을 마감했다고 발표했다. 출자 약정금의 상당 부분을 중동 국부 펀드에서 끌어 모았는데, 사우디 국부 펀드 출자액은 무려 미화 450억 달러에 달했다.[4] 대형 할인 업체들에 상당 규모의 투자액이 투입되면서, 우리는 2017년 이후 사우디 오일 머니의 혜택을 마음껏 누릴 수 있었던 것이다. 미화 1,000억 달러. 이 숫자를 헤아려보니 나 개인은 물론이고 솔직히 대부분의 기업 역시 이러한 숫자의 의미를 다차원적으로 받아들이기란 불가능할 것이라는 생각이 들었다.

아마 수영장이나 축구장의 크기와 비교해 그 의미를 설명하는 게 더 이해하기가 쉬울 것이다. 소프트뱅크Softbank가 비전 펀드에 올림픽 경기장 크기의 수영장 50개에 미화 100달러짜리 지폐를 가득 채워 놓은 것과 같다고 하면 얼마나 많은 돈을 말하는지 떠올릴 수 있을 것이다. 그리고 그 외에도 수많은 펀드와 수많은 투자자와 돈으로 가득 찬 수많은 수영장이 있으며, 각국 정부가 엄청나게 많은 돈을 계속해서 찍어내고 있다.

여기서 지나치게 단순화해 설명한 시추 석유 공급자의 비유로 다시 돌아가, 자본 시장을 이해하는 게 중요하다. 자, A라는 사람은 배럴당 미화 10달러의 비용으로 석유를 채굴해 가치를 창출하고 이를 B라는 사람에게 배럴당 미화 15달러에 팔아왔다. A는 이제 석유 수요가 더 많아져 석유 채굴 행위에 대한 수요가 더 많아졌다는 사실을 알게 된다. 그래서 그는 트럭을 구입해 석유통을 운반하기로 했는데, 100달러나 되는 트럭을 살 만한 돈이 없다. 여기서 C가 등장한다. 바로 투자자다. C는 A에게 트럭을 살 돈을 주고, 그 대가로 회사 지분과 A의 미래 수익 중 투자금에 상응하는 액수를 약속받는다. 수익이 커질수록 C가 받는 몫도 커지며 C는 A에게 더욱 돈을 빌려주고 싶어 할 것이다. 이 단순한 세계에서 투자자들은 항상 더 큰 몫을 찾아 나서고 가치를 창출하는 기업은 자금을 최대로 끌어 모은다. 그럼 현실은 왜 이와 다를까?

수요가 증가하고 규모와 운영 혁신으로 인해 효율성이 높아지면서 A의 회사가 계속 성장한다고 해보자. 그의 회사 가치나 그가 받게 될 미래 수익의 규모도 따라서 계속해서 커진다. 현재 더 많은 돈을 벌기 위해 투자에 골몰한 C와 같은 수많은 투자자들의 수중에는 상당액의 돈이 있다. 이들은 수익 실현을 기다리지 않고 빨리 돈을 벌고 싶어서 계속해서 상대로부터 회사 주식을 사들이고 보유 주식 평가액이 오르면 돈을 번다. C와 같은 사람들의 수중에 일정 액수의 돈만 돈다면 괜찮을 것이다. 그러나 과연 그럴까? 이러한 현실에 위기가 닥치는 것은 여기서부터다.

지금 세계에는 너무나 많은 돈이 풀려 있으며 지난 10년간 줄곧 그래 왔다. 이 책에서는 거시경제를 다루지는 않으며, 그런 내용이 있다 하더라도 국제 사회가 완벽히 합의한 옳고 그름에 대한 판단이 들어가 있지도 않다. 그러나 옳고 그름은 별개로, 내가 생각하는 인과관계는 다음과 같다.

경제 악화〉공포 확산〉구매 감소〉기업 생산 감소〉실직 증가〉공포 확산 가속〉정부 긴장〉정부에서 더 많은 화폐 발행〉정부의 무상 지원금 지급〉 기업은 지원금을 받아 성장 지속〉기업의 고용 재개.

그런데 여기서 잠깐. 수요가 실제로 증가한 것은 아니며 기업이 전보다 더 많은 가치를 창출하는 것도 이니다. 그러니 여분의 돈으로 일자리 창출을 통해 대중을 진정시킬 수 있을지는 몰라도 자본 시장은 심각하게 왜곡된다.

일단, 정부가 이렇게 대응하면 경제가 왜 파탄 나는지, 정부가 이런 식으로 대응하지 않고 실업 등이 만연하면 어떤 일이 생기는지 등은 물론 심각한 문제이며, 그 대부분은 인간의 본성과 동물적 본능에 뿌리내리고 있어서, 이 책이 다루는 범위를 훨씬 뛰어넘는다.

그래서 수십 년에 걸친 일련의 사건, 특히 지난 10년간 발생한 사건들로 인해 전 세계에 너무나 많은 돈이 풀려버렸다는 정도에서 일단락짓는 것이 좋겠다.

이런 돈은 우선 고평가된 자산으로 기를 쓰고 몰려든다. 항상 초고수익을 바라는 터무니없는 기대 심리와 이러한 현상이 만나면 '묻지마 투기'가 일어나기 딱 좋은 환경이 된다. 유명세와 돈을 좇는 젊은 창업자들과 함께, 스톡 옵션 보상을 받아 기업 가치를 높이기 위해 무슨 일이든 하려는 비슷한 부류의 전문가들이 나타난다. 거기다가 전혀 이익을 내지 못하는 기업의 가치 평가 방법을 만들어내는 데 열심인 투자 은행가들을 조금 더해보자.

투자 은행은 해당 회사의 평가액이 특정 기준에 도달하면 주식을 사라고 투자자 그룹 A에 필히 얘기할 것이다. 그런 다음 1년 후 투자자 그룹 B에는 동일 회사의 동일 주식을 두 배 가격에 사라고 말할 것이다. 이 과정에서 투자 은행가들은 그룹 A의 투자금을 두 배로 늘렸다. 그룹 B에는 은행이 정말 좋은 정보를 준다고 주장할 수 있다. 은행은 상당한 금액을 수수료로 받지만 아무도 준거 기업의 가치가 실제로 두 배가 되었는지 묻거나, 같은 투자 은행가가 두 차례의 자금 모집 사이에 임의로 회사의 가치 평가액을 늘린 사실에 대한 이해 상충 문제를 지적하는 것 같지 않다.

그래서 이 모든 것이 말도 안 되는 폰지 사기처럼 보인다. 기업 공개(IPO)가 무산되고 죽은 유니콘(기업가치 1조 원 이상의 스타트업-옮긴이)이 나올 때처럼, 실제 가치(또는 무가치)가 드러나는 순간이 오면 해당 주식을 보유한 불쌍한 놈만 독박을 쓰는 것이다. 물론 모든 스타트업이 이렇지는 않으며 페이스북이나 구글처럼 사기극을 벌이는 일 없이 놀라운 가치 창출 모델을 들고 나와 좋은 실적을 낼 수 있음을 입증한 거대 기술 기업들도 있다.

그나저나 공개 시장 역시 이로부터 안전하지 않은데, 우버나 리프트 같은 적자 기업이 IPO에 성공한 사례를 보면 알 수 있다. 이들 기업이 실패할 것이라는 의미는 아니다. 아마 투자자들은 페이스북과 아마존이 상장 당시 적자 기업이었던 만큼 향후 투자 수익과 수익성 개선을 기대하고 있을지도 모른다. 그러나 저금리 환경에서 비즈니스에 뛰어든 오늘날 기술 분야의 유니콘 기업은 실제로 수익 창출 원칙도 없이 이전 자금 모집 단계에서 계약서에 명시된 조항에 따라 투자금 회수에 급급해진 개인 투자자들을 만족시키기 위해 상장을 서두르는 듯하다.

●●○ 스타트업 창업의 수혜자는 대부분 투자자, 때로는 소비자

'휴, 엉망진창이군.' 하지만 틀린 말을 한 것도 아니고 여기에는 시장 원리도 작동하고 있다고 본다. 시중에 돈이 너무 많이 돌게 되면서 누군가가 이 돈을 투자할 자산을 누군가가 만들어내야 했다. 그래야 투자자들이 그러한 자산에 투자해 더 많은 수익을 낼 수 있을 테니까. 스타트업은 단지 그런 필요를 충족시키면서, 수익을 남기고 투자금을 회수하는 투자자들을 위해 가치를 만들어내고 있을 뿐이다.

소비자나 투자 에코 시스템 내 다른 이해 관계자를 위해 가치를 창출하는 것은 아닐지라도 주주 가치를 창출하고 있는 것은 분명하며 거기에 문제될 것은 없다. 감히 추측해 보자면 "세상을 변화"시키고 "더 나은 곳을 만든다"는 허울 아래 대다수의 스타트업 창업자와 고위 임원들은 두 가지 속셈이 있다는 사실을 부인하지 못할 것이다. 좋은 제품을 만들어 회사가 돈을 벌기를 바라지만 회사 가치를 계속 높여서 투자자들도 돈을 벌기를 바라는 것이다.

그래, 그럼 그것이 우리에게는 어떤 의미일까? 스타트업처럼 생각하고 싶어 하는 회사 입장에서 말이다.

일단 서로 다른 두 가지 상황이 벌어지고 있음을 인정해야 하며, 둘 중 어떤 상황에 전적으로 뛰어들 것인가를 정해야 한다. 우리는 기술과 혁신을 통해 소비자를 위한 새로운 가치 창출 방식을 찾으려는 사업자인가? 아니면 외부에서 미래 투자 대상으로 삼을 수 있도록 투자할 만한 자산을 형성해, 투자금 회수를 통한 주주 가치 확대를 꾀하는 대리인인가? 아니면 사실상 둘 다에 해당하는가?

혁신적인 사업자의 답변부터 들어보자. 물론 사내 혁신을 꾀하는 기업의 예는 수없이 많으며, 실제로 그런 방식으로 50년 넘게 살아남아 오늘날 「포춘」지 500대 기업에 오른 대표적인 기업들이 있다. 그러나 이러한 혁신은 해당 회사의 핵심 비즈니스 내부에 묻혀 있어서 외부 자본 시장이 알 수 없는 경우가 흔하기 때문에, 어닝콜(earning call, 실적 발표-옮긴이)과 분석 보고서를 통해 정보를 공개하고 주식시장에 반영된 이러한 정보가 평가 이익으로 누적되는 방식을 기대하기는 더욱 어렵다. 더심각한 문제는 자금 조달을 위한 회사 내부 시장과 그 시장을 규율하는 규칙이 스타트업처럼 획기적인 혁신을 지원하지 못한다는 데 있다.

순수한 투자자의 관점을 한번 살펴보자. 성공적인 투자자 역할을 했던 전통적인 기업이 몇 개 있는데, 1914년 듀퐁DuPont이 제너럴 모터스General Motors에 투자한 일이나 2007년 마이크로소프트Microsoft가 페이스북Facebook에 투자한 사례가 그에 해당한다.[5] 그러나 이러한 사례는 드물며, 보통은 투자가 기업의 주요 사업은 아니기 때문이다. 벤처기업 창업 또는 육성 지원 기구인 인큐베이터를 설립해 이러한 업무를 운영하는 기업들도 있는데 이는 중요하지 않다. 어느 정도 투자성이 있긴 하지만 진정한 투자라 부르기엔 한참 못 미치며, 혁신을 추구하는 경우도 완벽히 들어맞는 것도 아니다.

기업형 벤처 캐피털은 과거에 성공과 실패를 반복했는데, 그 이유는 기업들이 투자자 역할을 하기가 쉽지 않았기 때문이다. 어마어마한 액수의 자금이 있어야 굴러가는 벤처 캐피털에 참여하기 위한 최소 투자액 자체가 전통적인 기업 입장에서는 너무 컸던 것이다. 전통적인 기업에는 전통적인 방식의 투자자가 더 많으며, 다행히도 이들은 더 신중한 태도를 취한다.

그렇다고 해서 기업이 투자에 나서면 안 된다는 뜻은 아니다. 이제 기업도 새로운 유형의 스타트업을 구상할 때가 됐다고 본다. 자사의 핵심 비즈니스와 연계해 모회사가 과반수의 주식을 소유한 형태가 될 수도 있으나, 특정 메커니즘을 통해 스타트업의 업무 방식과 인센티브를 유지함으로써 자사 비즈니스와 주주들에게 상당한 이익을 가져다주는 스타트업 유형을 생각해볼 수 있다. 이 책의 마지막 섹션에서는 소비자를 위해 가치를 창출하면서도 기존 주주들에게 지속 가능한 투자 수익을 제공하기 위해서 어떻게 기업이 디지털 트랜스포메이션에서 이러한 중간 단계를 설계할 수 있는지를 다룰 것이다.

여기서는 스포츠에 비유해 설명하는 게 적절할 수 있다. 전통적인 기업들은 절대 디지털 비즈니스계의 마이클 조던이 될 수 없다고 봐야 할 것이다. 항상 재빨리 움직이며 높은 위험을 감수할 수 없다. 매 시즌마다 MVP 타이틀을 거머쥐느냐가 중요한 게 아니라 우승 자체가 중요하기 때문이다. 결국 스코티 피펜도 우승했다고 봐야 한다. 우리는 스코티처럼 되는 법을 배워야 한다.

●●● **그러면 정확히 무슨 일을 할까?**

내가 자주 받는 질문이 있다. 그것은 질문하는 때에 따라 답이 180도 달라지는 내용이다. 스타트업에서 근무하다 일반 기업으로 진출하기로 결심했을 즈음 취업 시장에는 "디지털"이라는 용어가 안 들어간 자리가 거의 없었다. 내 경우도 예외는 아니었다. 그리고 이런 직무마다 조금씩 다른 접미사가 따라붙었는데, 디지털 통합 리드, 디지털 커머스 리드, 디지털 마케팅 리드, 디지털 트랜스포메이션 리드, 디지털 비즈니스 관리, 디지털 비즈니스 개발, 디지털 이것 디지털 저것 등등 아무튼 디지털 일색이었다. 각 업무 내용에는 으레 기술, 데이터, 연결성, 혁신, 스타트업, 블록체인 등과 관련된 비슷비슷한 형태의 모호한 설명이 포함되어 있었지만, 실제로 해당 직무를 맡은 사람이 무슨 일을 하는지에 대해서는 구체적인 정보가 극히 미미한 수준이었다.

나는 전통적인 조직에서 디지털 변화를 담당한 동료 몇 명을 만났는데 다들 하는 얘기가 똑같았다. 채용 후 주어지는 첫 번째 업무는 정확히 어떤 업무를 위해 채용됐는지 파악하라는 것이다. 덕분에 나 같은 사람들이 취업할 기회가 생긴 것은 사실이지만, 그것과는 별개로 이 문제를 과소평가하고 싶지는 않다. 기업으로서는 용감한 행보이기 때문이다.

실제로 뭔가를 하긴 해야 한다는 직감에 따라 무슨 일을 해야 할지 모르는 사람들을 채용한다는 게 쉬운 일은 아닌 것이다. 그래서 나는 초창기에 디지털 트랜스포메이션의 명확한 정의를 파악하기 시작했고 여기에 그 결과를 소개한다.

디지털 트랜스포메이션은 조직이 비즈니스를 운영하는 데 필요한 기술 옵션을 지속 가능한 방식으로 적극 배포해 점진적으로 가치를 늘려가는 여정이며, 뉴노멀new normal의 일부가 되고 있다.

이러한 정의는 굵은 활자로 표시한 7개 부분으로 나뉘는데, 이에 대해서는 추가로 설명하겠지만, 디지털 트랜스포메이션이 최종 상태가 아닌 하나의 여정이라는 것부터 시작한다. 디지털 트랜스포메이션 담당 임원은 기술 기반 혁신을 조직 전체로 확대할 책임이 있으며, 새로운 기술이 등장하면 이를 활용해 트랜스포메이션에 적용할 기회가 생기게 된다. 그래서 이런 직무는 당분간은 사라지지 않을 가능성이 크다. 언제나 새로운 기술이 나타나기 마련이기 때문이다. 기술 개발 속도가 점점 빨라지면서 회사에서 이런 직무를 담당하는 사람이 지속적으로 조직에 아이디어를 선별하고 통합해 주입하는 것이 중요하다.

디지털 트랜스포메이션은 이를 추진하는 조직에 더 많은 가치가 지속적으로 더해질 때 비로소 성공할 수 있다. 기업에 가치를 가져다주는 요소는 많기 때문에, 그 가치가 의미하는 바가 모호할 수 있으며 때로는 오용되기도 하지만, 점진적인 이익 증가라는 면에서 가치 창출을 바라보는 데 도움이 된다. 이러한 관련성이 항상 간단한 것은 아닌데, 예를 들어 직원이 스크린샷을 캡처하고 여행 및 식사 영수증을 첨부해 경비를 청구할 수 있게 하는 새로운 디지털 앱을 설치한다고 해보자.

그러면 직원의 편의가 개선되고 시간이 절약되므로 직원들이 가치 증대 분야에 보다 집중함으로써 어떤 형태로든 회사의 이익에 기여하게 될 가능성이 있다. 정확히 어느 정도로 이익이 되는지 항상 알아야 할 필요는 없지만 수익성으로 연결될 수 있다는 사실을 아는 것은 도움이 된다. 회사 수익에 미치는 영향을 손쉽게 명확히 나타낼 수 있는 구상이 있다면 당연히 더 많은 관심을 받고 우선순위가 높아지게 마련이다.

디지털 트랜스포메이션의 핵심은 기술이 되어야 한다. 조직 내에 디지털 트랜스포메이션과 혁신의 상관관계가 존재한다면, 그 둘의 연관성은 수많은 기업이 고심하는 매우 중요한 문제이다.

개인적으로 디지털 트랜스포메이션은 혁신의 하위 범주라 생각하지만, 오늘날 환경에서는 모든 혁신의 상당 부분이 디지털 트랜스포메이션을 통해 실현될 가능성이 있다. 한때는 새로운 연료, 신소재, 새로운 생산 방법이나 경영 철학, 새로운 재료와 풍미를 통해 대부분의 혁신이 이루어진 적도 있었다. 그러나 과거 10년과 앞으로의 10년 동안 혁신의 상당 부분은 기술에서 비롯될 가능성이 높으며 디지털 트랜스포메이션

기능이 기업에 혁신의 첨병 역할을 할 것이다. 물론 이 두루뭉술하고 광범위한 기술 용어가 어떤 점을 포괄하는지는 자세히 살펴볼 필요가 있으며 다음 파트에서 그 내용을 다룰 예정이다.

디지털 트랜스포메이션을 위해 조직은 선택적으로 기술을 도입할 수 있어야 한다. 특정 비즈니스 상황에서는 전혀 쓸모가 없는 기술도 있고, 기술 수준이 미흡하거나 기술의 성숙도가 낮은 경우도 있으며, 너무 비싸서 확장할 수 없는 경우도 있다. 디지털 트랜스포메이션 담당 임원은 그러한 특정 시점에 경제성이 있는 기술과 그렇지 않은 기술을 구분할 수 있어야 한다. 블록체인에 대한 지나친 기대가 좋은 예가 될 수 있다.

대부분의 소비자 대상 기업에는 이렇다 할 영향력을 미치지도 못 한 채 지난 3~5년간 블록체인 거품이 나타났다 사라졌다. 경영진이 블록체인을 이해하고 자사에 블록체인을 지원하는 애플리케이션을 찾아나선 동안 블록체인 에반젤리스트들은 계속해서 콘퍼런스와 패널 토론에서 강연하면서, 기업이 블록체인 시장에서 뒤처지는 건 아닐까 조바심치게 하고 귀중한 시간과 정신력을 낭비하게 만들었다. 언젠가 때가 오겠지만 아직은 아니라면서.

디지털 트랜스포메이션은 지속 가능해야 한다. 기업이 이른바 기술을 통해 창출한 가치를 수익으로 전환하기 위해서는 충분한 기간 동안 새로운 상태를 유지할 수 있어야 한다는 뜻이다. 뿐만 아니라 그러한 변화가 자리를 잡으려면 새로운 비즈니스 모델이 몇 번의 사이클과 반복을 거쳐 가치를 제공하기까지 인내심을 갖고 기다려야 한다. 즉각적인 결과를 요구하는 조직이 너무 많은데, 단기적인 사고방식에서 비롯되는 이런 관행은 장기적인 가치 창출 잠재력의 완전한 상실을 초래할 수 있다.

전자상거래의 "반짝 세일"이 그 완벽한 예이다. 기업은 단기적으로 손해를 감수하고 엄청난 매출을 올릴 수 있지만 장기적으로 해당 마케팅 채널을 통한 잠재고객을 끌어오는 데에는 사실상 거의 도움이 되지 않기 때문이다. 반짝 세일은 인지도를 높이고 첫 구매를 유도하는 데에는 매우 효과적이지만, 지나치게 낮은 가격을 감당할 수 없어서 매출 실적은 소리만 요란하고 빈 수레인 경우가 훨씬 많다.

디지털 트랜스포메이션은 비즈니스 운영과 조직의 모든 부분에 적용될 수 있으며 또 그래야 한다. 이 책의 본문인 PART2 이후에서 주로 다루는 내용은 대부분 디지털이 어떻게 소비자 대상 비즈니스의 다양한 측면에 영향을 줄 수 있는가에 초점을 맞추고 있다.

진정한 잠재력은 디지털 트랜스포메이션을 종합적으로 매끄럽게 구현할 때 비로소 실현되는 경우가 상당히 많기 때문에, 디지털 부서를 특히 마케팅 및 영업 부서와 같은 조직의 전통적인 기능에 가두어 유기적인 협업을 제한하는 방식과는 맞지 않는다.

디지털 트랜스포메이션과 관련해 가장 많이 거론되는 오늘날의 구조적 문제는 브랜드 마케팅, 쇼퍼 마케팅(실제 구매자인 쇼퍼를 대상으로 한 마케팅-옮긴이) 및 실제 구매(제조와는 별개) 사이의 경계가 모호해져 왔다는 것이다. 이는 디지털 소비자 여정을 종합적으로 파악하는 데 상당히 도움이 되지만, 기존 조직이 이렇게 하기는 사실상 불가능하다.

디지털 트랜스포메이션은 뉴노멀이 자리 잡을 때까지는 끝나지 않는다. 변화를 불러일으키는 시고형 리더의 역할을 기대하며 외부에서 "아이디어 뱅크"형 인재를 대거 영입하는 기업들이 많지만, 실제로 변화가 생기는 경우는 거의 없다.

디지털 트랜스포메이션 담당 임원의 역할은 전략 수립에서 끝나는 것이 아니라, 새로운 현실을 일상으로 바꾸어 나가기 위해 조직이 올바로 투자하고 제대로 리소스를 할당하도록 이끄는 것까지 해야 한다. 그러기 위해서 기업은 디지털 트랜스포메이션 담당 임원이 재량껏 리소스 투자를 늘릴 수 있도록 과감해져야 한다.

각종 용어에 정통하고 재능 있는 디지털 밀레니얼 세대 직원들을 가장 많이 고용했다는 자부심이 성공의 척도가 되어서는 안 된다. 그보다는 비즈니스에 새로운 요소를 도입하기 위해 열심히 노력한 결실인 확실한 수익에 따라 평가받아야 한다.

요컨대, 디지털 트랜스포메이션은 적합한 기술을 찾아 회사에 도입하여 수익 증대를 실현하는 것이 핵심이다(그림 1.1 참조).

그러면 이러한 적합한 기술이란 무엇일까? 더욱 빠른 변화를 이끌어내면서 한층 역동적인 사회로 변화시키는 지배적인 경향이라는 것이 존재할까?

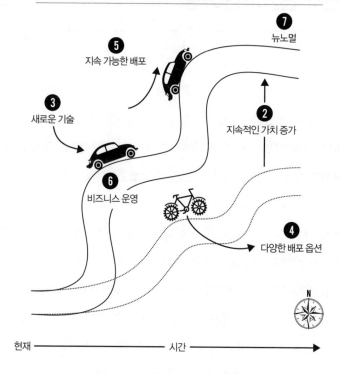

① 디지털 트랜스포메이션 여정

⑦ 뉴노멀

⑤ 지속 가능한 배포

③ 새로운 기술

② 지속적인 가치 증가

⑥ 비즈니스 운영

④ 다양한 배포 옵션

현재 ———————— 시간 ————————▶

그림 1.1 디지털 트랜스포메이션이란 무엇인가?

좋다. 지금까지 장장 20여 페이지에 걸쳐 늘어놓은 나의 온갖 불평불만을 꼼짝없이 들어야 했을 테니 다음 섹션에서는 내 의견보다는 좀 더 사실 위주로 풀어가도록 하겠다. 앞으로의 10년을 규정지을 멋진 기술은 어떤 것이 있는지도 살펴보기로 하자.

혁신을 견인하는 기술

건설턴드로 일하던 시절, 회사에는 항상 변화 관리의 권위자 같은 전형적인 인물이 있었다. 권위자에게서 흔히 보이는 온갖 과시적인 요소도 있었다. 그는 고위 관리자 회의에서 무례한 발언을 했고, 중요한 프레젠테이션을 앞둔 전날 밤 계획을 전면 수정했으며, 정장 셔츠에 케첩을 묻히고 다니고 비듬이 허옇게 내려앉은 코트를 입고 다녔다.

예상하다시피 그는 굉장한 아이디어를 쏟아냈으며 '빙산의 바닥까지 내려가라', '양파 껍질을 벗겨라'(양파 껍질을 벗기듯 생각을 깊게 하라는 뜻-옮긴이), 또는 '추론의 사다리를 내려가라'(사실관계를 검토하고 결론을 재고해보라는 뜻-옮긴이)는 식으로 리더들을 쉴 새 없이 다그치곤 했다.

이 얘기를 하는 이유는 훌륭한 활용 사례와 가치 창출 기회의 이면에는 항상 기술이나 세계 환경이 근본적으로 폭넓게 진화했다는 현실이 존재하기 때문이다. 변화의 기반이 된 완벽한 공식을 찾아낸 다음 빙산 꼭대기로 다시 올라가서 양파 껍질을 도로 씌우고 추론의 사다리를 올라가 끝없는 가치 창출의 기회를 발굴하게 된다면이야 얼마나 멋지겠는가.

그러나 현재 상황을 전부 파악한다는 것은 거의 불가능하며 그럴 수 있다 하더라도 금세 변화될 것이다. 그래도 이 세상에서 일어나고 있는 근본적인 대전환의 징후를 차례로 살펴볼 생각이다. 여러분도 이를 곰곰이 생각해보고 실제로 존재하는 것들이 있는지 머릿속으로 떠올려 보길 권한다.

이 책의 후반부에서는 소비재 및 서비스 공간을 중심으로 이러한 전환을 실제 활용 사례와 연관지어 설명할 것이다.

●●● 지리공간 정보의 정확성과 접근성

2011년 가을쯤 아내와 나는 "내 폰 찾기" 앱을 발견했다. 애플은 1년 전 "내 아이폰 찾기" 앱을 출시했고 우리는 이 앱으로 내 안드로이드 폰도 찾을 수 있을 거라며 들떴다. 앱을 다운로드한 후 우리는 서로를 연결했다. 그러면 폰을 어디에 뒀는지 잊어버렸을 때에도 서로의 폰을 찾을 수 있을 테니까. 얼마 지나지 않아 우리는 이 앱을 통해 항상 상대의 정확한 위치를 파악할 수 있다는 사실을 알게 됐다. 결혼 1년차였지만 좀 지나칠 정도로 서로를 구속하는 게 아닌가 싶었다. 앱을 깐 지 일주일 정도 돼서 저녁을 먹으며 그 이야기가 나왔다.

"여보, 우리 이 앱을 지우는 게 좋지 않을까?" "그러자."

공식적인 이유는 배터리가 너무 빨리 닳는다는 것이었다. 그로부터 10년이 지나고 상대의 위치를 정확히 알 수 있다는 사실, 그 누구든(자신의 위치 공유를 허락한 사람) 위치를 알 수 있다는 사실, 어떤 장소인지, 누가 그 장소에 있는지(해당하는 사람이 동의한 경우), 또는 물건이 어디 있는지(버스나 배달 기사) 등을 알 수 있다는 사실은 기업에 엄청난 가치를 가져다줄 수 있었다. 나는 이를 지리공간 정보라 부른다.

싱가포르에서 코로나19로 인해 반봉쇄 상태에 갇혀 이 글을 쓰고 있으며, 특정 장소에 출입할 수 있게 해주는 안심 출입(SafeEntry) 서비스와 감염 위험을 파악하기 위해 가까이에 있었던 다른 사람을 추적하는 동반 추적(TraceTogether) 서비스는 지역사회의 안전 유지를 위해 귀중한 자산 역할을 했다.[6] 개인 정보 보호 문제는 잠시 접어두자. 거기에 대해서는 뒤에서 다룰 것이다.

앞으로 10년간 이 분야는 지속적으로 진화해 갈 것이다. 개인 정보든 기업 정보든 점점 더 많은 기기에서 점점 더 많은 지리공간 정보가 생성될 것이다. 정확성이 향상되면서 특정 기기의 위치를 정확히 찾아낼 수 있게 되고, 엄청난 양의 지리공간 데이터 분석 기능이 개선되고, 기업과 소비자가 이러한 정보를 활용할 수 있도록 서비스를 즉시 이용할 수 있게 될 것이기 때문이다.

구글 지도와 차량 호출 서비스, 심지어 포켓몬 고까지도 오늘날 우리에게 필수 서비스가 되어버렸지만, 소비재 산업에서 본격적으로 지리공간 정보를 대규모로 활용하기까지는 시간이 걸릴 것이다. 소비자에게 과거에 가봤던 장소 또는 현재 위치를 바탕으로 기업이 차별화된 가치 제안을 할 수 있는 세상이라고 상상해보자.

누구나 사용하는 일용품으로서의 개인용 기기

2016년 초, 인도의 한 무명 업체가 프리덤 251폰의 출시를 알리며 스마트폰 시장을 뒤흔들었다. 적어도 시장 격변은 예고한 셈이었다. 가격은 단돈 251루피(한화 약 3,900원)였다.[7] 이어 대혼란이 벌어졌고, 전화기도 쓸 수 없는 상황에서 관련자가 체포되고 엄청난 논란을 불러일으키며 막을 내린 파이어 페스티벌FyreFestival[8] 스타일의 민망한 사건이 연달아 터졌다. 그러나 이러한 논란을 통해 재미있는 사실을 알 수 있는데, 즉 개인용 기기가 빠르게 일용품이 되어가고 있으며 거의 모든 사람이 사용하게 되리라는 것은 불을 보듯 뻔한 일이라는 것이었다.

게다가 그러한 환경에서는 퍼스트 무버(선도자)가 되어 대규모 사용자 기반을 확보하면 그러한 소비자 기반에 도달하려는 사람을 상대로 게이트키퍼 역할을 할 수 있게 된다. 단기적으로 무료 기기를 나눠주면 소비자 기반을 활용해 수익을 낼 수 있으므로 장기적으로 보상을 받는 셈이다.

그해 하반기에 릴라이언스Reliance는 지오Jio 4G 서비스를 출시했다. 공격적인 가격 책정으로 6개월도 안 되어 1억 명의 가입자를 확보했으며 현재는 인도 최대 통신 기업이 되었다.[9] 똑같은 전략이었다. 이번에는 평판이 더 높고 자금력이 훨씬 풍부한 기업이 실행했다는 차이가 있을 뿐이었다. 지오는 현재 수억 명의 가입자 정보를 관리하고 있으며 수많은 활용 사례를 통해 이러한 정보를 수익으로 전환하고 있다. 그러나 지금은 모든 게 스마트폰으로 귀결된다. 그리고 스마트폰은 10년 전에는 그렇게 보급률이 높지 않았다. 그러면 앞으로 10년 후에는 어떤 상황이 벌어지게 될까?

홍미롭게도 지난 몇 십 년간 미국의 기술 도입 추이를 살펴보면, 80퍼센트가 넘는 도입률을 달성하기까지 컬러 TV가 20여 년이 걸렸던 것이 스마트폰의 경우 10여 년으로 줄었다.[10] 앞으로 10년간 더 많은 가정용 및 개인용 기기가 나타나 스마트폰을 완전히 대체할 가능성이 높다. 모든 소비자가 백그라운드에서 조용히 패시브 데이터를 수집하는 스마트폰을 항상 가지고 다닐 수 있게 되는 건(사용자의 기분을 계속 확인하면서 기분에 따른 활동을 추천하는 상황을 생각해보자) 좀 으스스하게 들리지만, 흔한 일이 될 수 있으며 소비자 대상 기업은 이를 활용할 어마어마한 가능성이 생기는 셈이다.

●● ● 인공 지능(AI)과 머신 러닝

2017년, 넷플릭스Netflix는 알파고AlphaGo 다큐멘터리를 출시했다. 딥마인드Deepmind[11]가 소유한 알파고 컴퓨터 프로그램이 어디까지 왔는지를 시간 순으로 다룬 내용으로, 세계 최고의 바둑 기사인 이세돌과의 대국에서 알파고가 이세돌을 4 대 1로 꺾은 후 이세돌이 은퇴하는 내용이 담겼다. 바둑은 컴퓨터가 배우기에 체스보다 훨씬 복잡한 게임이다. 체스에서는 첫 두 수를 둔 이후 가능한 수가 최대 400가지에 불과하지만 바둑에서는 13만 가지나 된다.

컴퓨터는 체스의 모든 수와 결과를 정확히 분석해낼 수 있지만 전 세계 컴퓨터의 연산력을 동원해도 바둑에서 모든 가능한 수를 분석하기란 사실상 불가능하다. 알파고는 딥 러닝deep learning을 사용했는데, 말하자면 기보를 연구하고 자신을 상대로 셀프 대국을 하면서 그 과정에서 패턴을 인식하는 법을 학습해 결국 이세돌을 패배로 이끈 결정적인 수를 둘 수 있었던 것이다. 특히 흥미로운 것은 알파고가 대국에서 둔 37번째 수인데, 처음에는 다들 실수라 생각했으나 나중에는 인간이 헤아리기에는 너무나 복잡한 전략임이 드러났다. 알파고 프로그램이 스스로 선택한 수였던 것이다.

전 세계에 인공 지능(AI)이라든가 고급 분석, 빅데이터, 머신 러닝, 딥 러닝, 데이터 마이닝 등 온갖 용어와 기술이 넘쳐나고 있으나, 아무런 구분 없이 사용되는 경우가 대부분이다. 이런 분야는 이미 삶의 질 개선이라는 근본적인 추세를 나타내지만, 이제 겨우 시작일 뿐이다. 대략 이러한 추세를 4가지 요소로 나누어 생각해보자.

첫째, 앞서 다룬 개인용 기기의 위치 데이터와 같은 다양한 소스에서 더 많은 데이터를 캡처할 수 있는 기능이 향상됐다. 둘째, 그러한 데이터를 다른 다양한 소스에서 얻은 데이터와 연결할 수 있게 됐다. 예를 들어 Y 위치에 있던 X라는 사람이 자신의 신용카드로 스토어 Q에서 물품 Z를 계산했다는 데이터가 연결되는 것이다. 셋째, 이러한 정보를 이해하고, 나아가 그를 바탕으로 미래 이벤트를 예측할 수 있게 됐다. 예를 들어 X라는 사람이 다음 주에 동일한 위치에 있을 가능성이 있으며 또다시 물품 Z를 구매할 가능성이 아주 높다는 걸 알게 되는 것이다. 마지막으로, 개인과 기업이 실제로 사용하는 애플리케이션과 대시보드 등을 제공함으로써 무엇보다도 사용성을 추가할 수 있게 됐다.

물론 이건 너무 쉬운 예에 속한다. 완전히 분리된 수백 개의 다른 데이터 소스에서 매일 수억 명의 소비자가 생성하는 수백만 개의 데이터 포인트가 있다고 상상해보자. 이러한 데이터를 캡처하고 연결하고 분석하고 제시하는 데 드는 노력을 생각해 보면, 얼마나 어려운지 알 수 있을뿐만 아니라 데이터 과학자를 구하기가 힘들고 보수가 그토록 높은 이유를 이해하게 된다. 앞으로 10년간 이러한 데이터는 기업이 쉽게 이용할 수 있게 되고, 이러한 기술의 활용 범위와 가치 창출 방식이 훨씬 분명해질 것이다. 미래에는 인간이 내리는 수많은 의사 결정을 딥 러닝이 대체할 것이라는 전망도 있다. 여기서 내가 소개하는 기술이 대부분 그렇듯이 이 또한 섬뜩한 가능성이긴 하지만, 보기에 따라서는 굉장히 흥미진진한 가능성이 될 수도 있다.

자동화된 콘텐츠 생성과 렌더링

다섯 살 난 딸아이는 이제 막 「퍼피 구조대(Paw Patrol)」 시즌2(아니 시즌3였나?)를 끝냈다. 모르는 사람을 위해 설명하자면, 「퍼피 구조대」는 캐나다 애니메이션 시리즈로, 어린 소년과 소년이 키우는 6마리 강아지들이 등장해 서로 다른 능력을 이용해 문제를 해결해 나가는 내용이다. 각 시즌에는 26개 에피소드가 있으며 각 에피소드는 두 부분으로 나뉜다. 5개 시즌이 이미 방영됐고 몇 개 시즌이 준비 중에 있으며, 지금까지 방영된 이야기는 300가지에 달한다.

이 애니메이션의 훌륭한 점은 각 부분의 이야기 구조가 같다는 것이다. 누군가가 곤경에 빠지고 퍼피 구조대를 부르면 그에 맞는 기술을 가진 강아지 두 마리를 구조대원으로 파견한다. 구조가 이루어지는 동안 강아지 한 마리가 더 필요하다는 사실을 알게 되면서 한 마리를 더 호출한다. 문제가 해결되고 구조에 나섰던 강아지들은 보상을 받는다. 이야기 구조가 똑같아서 컴퓨터가 대신 쓰기에 아주 딱 맞춤인데, 이런 경우는 광대한 가능성의 세계와 합성 미디어(synthetic media)의 숨은 위험을 보여주는 작은 예에 지나지 않는다.

합성 미디어는 기본적으로 이야기와 이미지, 동영상, 음성, 소리, 또는 그 밖의 다른 미디어 종류를 자동으로 만들어내는 기능을 뭉뚱그려 표현한 말이다. 이 기술은 그 자체로 앞서 다룬 인공 지능 및 머신 러닝과 상당히 긴밀하게 연관된다. 이를 쉽게 이해하려면 미디어를 구성하는 서로 다른 모든 구조적 요소를 극도로 세분화한 수준에서 구성하는 프로그램으로 생각하는 것이다.

예를 들어 얼굴의 이미지 같은 것이 그렇다. 프로그램이 얼굴 이미지 수백만 개를 보고 자가 학습을 통해 각 이미지를 구조적인 개별 구성요소로 해체하고, 서로 다른 부분이 조화를 이루며 어떻게 진짜 이미지가 만들어지는가를 익히는 것이다. 이러한 학습을 통해, 무작위로 선택한 하위 요소들을 초현실적으로 결합해 미디어, 즉 이 경우에는 얼굴을 만들어낼 수 있는데 굉장히 사실적으로 보인다.

이러한 기술의 가능성은 정말 신나는 일이긴 하다. 미디어와 엔터테인먼트 업계에만 국한된 것이 아니라 제품과 서비스 인지도와 선호도를 끌어올리기 위해 리치 미디어를 활발히 사용하는 소비자 부문의 경우도 마찬가지다. 안타깝게도 이 기술은 포르노와 전체주의 정치에 활용되면서 오명을 쓰게 됐다. 독창적인 천재성이 거의 유일하게 인간만이 가진 활동으로 여겨지고 진실성에서 가치를 찾는 세상에서는 계속해서 의혹의 시선을 받게 될 것이다.

예술가들이 노동조합을 결성해 합성 작품을 제작하는 공방을 상대로 파업을 벌이는 세상이 올지도 모른다! 그러나 이 역시 변화할 수밖에 없으며, 나는 앞으로 10년간 합성 미디어를 기반으로 엄청난 가치 창출이 일어날 것이라 생각한다. 어느 날 눈을 떠보니 엠마 왓슨이 실제 인물이 아니며, 그녀의 모든 이미지가 제작사에서 합성해 만든 것이라는 사실을 깨닫는다고 해보자. 그게 중요할까? 그녀는 여전히 멋지고 보통 사람이 그녀를 만날 일은 없을 텐데.

●●● 임플란트와 센서

아내는 한때 당뇨병 치료와 혈당 모니터링 관련 분야에서 일한 적이 있는데, 당시 손가락 끝을 찔러 작은 검사지에 피 한 방울을 떨어뜨리면 휴대용 기기로 혈당을 분석하는 아주 효과적인 기술을 사용하고 있었다. 아내는 당시 나에게 파괴적 혁신으로 인한 주요 리스크는 다른 의료 장비 업체가 아닌 구글 때문이라고 말했다. 2014년, 구글은 눈물을 이용해 혈당 수치를 측정하는 콘택트렌즈를 개발 중이었으나[12] 원하는 결과를 얻지는 못 한 것 같다. 그러나 눈꺼풀 뒤 혈관에서 혈당 수치를 측정할 수 있는 렌즈 개발을 비롯한 연구는 계속되고 있다. 이 예는 인체에서 정보를 추출하는 여러 가지 방식 중 하나를 보여준 것일 뿐이며, 촉각 연구와 터치 기반 기술처럼 적극적으로 인체를 활용할 수도 있고 스마트 워치처럼 수동적으로 활용할 수도 있다. 여기에 제품이나 기계에 포함된 센서 기능을 추가하면 재미있는 세계 지도를 시각화할 수 있을 것이다. 그렇게 되면 기업은 동기와 욕구, 반응을 추적할 수 있는 기능을 유용하게 활용할 수 있게 된다.

웨어러블 기기와 관련해 이 기술은 주로 3가지 면에서 진화를 거듭할 것이다. 즉, 실제 기기 자체와 인체와의 통합 수준, 그리고 기기가 읽어내는 정보에 따라 인간의 행동을 변화시킬 수 있는 기능이 그에 해당한다. 기기 자체는 다양한 폼팩터(form factor, 제품의 구조화된 형태-옮긴이)로 구현될 수 있으며 이어폰, 안경, 의류, 장갑, 임플란트(조직 이식재-옮긴이), 패치, 보석류(시계 포함), 동작 감지, 음성 감지(예: 아마존의 인공지능 스피커인 알렉사) 등이 있다.

기기는 수동적으로 더 많은 정보를 수집하고 우리에게 그에 기반한 행동을 제안하게 될 것이다. 특히 의료 진단 분야에서 이런 활용 사례가 두드러지지만, 레크리에이션 분야에서도 활용될 것이다.

예를 들어 외골격 로봇(exoskeleton) 형태의 웨어러블 기기는 실시간
으로 인체에 물리적 피드백을 제공해 특정 움직임을 지시하거나 게임에
활용할 수도 있다.

서로 다른 환경을 기반으로 하는 RFID 기술과 사물 인터넷(IoT) 기술
은 앞으로 쓰임새가 더욱 늘어나게 될 것이다. RFID는 기본적으로 물품
에 태그를 부착하는 방식인데, 신호를 받아 동작할 때 태그가 붙은 물품
의 ID로 응답하는 것이다. 이 기술은 태그당 몇 센트 수준으로 비용이 낮
아지고, 신호를 받았을 때 더욱 복잡한 정보를 전달할 수 있게 되면서 인
식 범위도 확대될 것이다. 사물 인터넷(IoT) 기술은 센서 및 그와 연결된
네트워크 면에서 훨씬 진보한 기술이다.

오늘날 우리가 사용하는 다른 무선 네트워크와는 차이가 있는데, 전
력 사용량이 낮고 인식 범위가 넓으며 기기 비용이 낮기 때문이다. 전력
과 인식 범위 및 센서 비용의 세 가지 영역에서 모두 앞으로 몇 년간 상
당한 발전이 예상되며, 2000년대 GMS와 CDMA 휴대폰처럼 특정 프로
토콜과 표준으로 통일되면 기업은 경제적 타당성을 기반으로 이러한 기
술을 보다 대규모로 도입할 수 있게 될 것이다.

소비자에게 최종적으로 전달되는 제품을 생산하는 공급망 내에서 모
든 소비자와 모든 자산에 센서를 내장할 수 있게 되면 기업은 제품 수요
예측 능력이 개선되어 적시에 수요를 파악함으로써, 가치 사슬을 통해
가장 효율적으로 수요를 충족할 수 있게 될 것이다.

●●●   5G와 연결성

다들 90년대 중후반 분위기를 기억하겠지만, 당시에는 고르지 못한 네트워크를 사용한 전화 접속 모뎀으로 인터넷에 연결하느라 애를 써야 했다. 신흥 국가에서 어린 시절을 보냈다면 정전 발생도 염두에 둬야 했을 것이다. 친구가 이미지나 짧은 동영상을 보낼 때마다 데이터가 기어가는 건가 싶을 정도로 느리게 전송되는 바람에 프레임을 하나하나 볼 수 있을 정도였다.

운 좋게도 우리는 인터넷 속도가 이렇게나 빠르고 데이터 요금이 예전만큼 비싸지 않은 세상에 살고 있다. 이쯤에서 질문이 따라 나온다. 5G의 등장으로 이제 우리는 어떤 미래를 맞게 될 것이며 그 결과로 어떤 새로운 기회가 생겨날까?

연결성이라는 개념을 깊이 파고들다 보면 5G에 대해 이해하고 인정해야 하는 중요한 세 가지와 마주치게 된다. 5G는 4G보다 나은가? 그러한 진화가 어떤 활용 사례를 만들 것인가? 6G도 존재할까? 먼저 5G가 연결성을 어떻게 향상시켰는지 다각도로 살펴보자.

이 질문에 대해 별 생각 없이 5G가 4G보다 빠르기 때문이라고 답했다면, 맞는 말이다. 그러면 대체 얼마나 빠른 것일까? 평균 1시간짜리 영화를 4G로 다운받는 데 6분이 걸린다면, 5G는 4초가 걸린다고 보면 된다. 엄청난 속도다. 영화 다운로드 용도로만 쓸 거라면 굳이 5G가 필요 없을 수도 있다. 그렇지만 속도를 떠나 5G는 몇 가지 다른 결정적인 장점이 있다. 네트워크 총 용량과 데이터 전송 속도가 1밀리초 수준에 달하는 초저지연 시간이 가장 중요한 특징으로 꼽힌다.

그리고 유용성 면에서도 뛰어나다. 앞서 다룬 수많은 IoT 관련 기술과 커넥티드 기기, 네트워크에 연결된 사람들은 수십억 개의 하드웨어와 기기를 통해 서로 통신하고 있으며, 그처럼 밀집된 커뮤니케이션 네트워크는 5G가 제공하는 고용량, 초고속 환경에서만 효과적으로 작동할 수 있다.

자율 주행 차량, 스마트 시티, 스마트 제조, 커넥티드 홈을 비롯해 대중문화와 기술 잡지가 지난 5년간 내년에 주목할 차세대 혁신으로 극찬해온 그 밖의 모든 활용 사례들을 생각해보자. 이 모든 것은 과거보다 훨씬 빠른 속도로 실현될 것이다.

이 모든 게 대단한 얘기처럼 들리겠지만 그 시간 순서를 보다 현실적으로 바라봐야 한다. 5G는 2019년이 되어서야 소개됐다. 각국과 도시, 통신 사업자들이 소비자에게 5G 서비스를 제공하는 데에는 시간이 걸리며, 우리가 얘기한 활용 사례가 실현 가능해지는 시점까지 가입자 수가 늘어나려면 시간이 더 걸린다.

이는 동일 서비스를 제공하기 위해 4G보다 5G가 해당 지역에 훨씬 더 밀집된 노드(이동전화 기지국을 생각하면 된다)를 필요로 하기 때문이기도 하지만, 전 세계 소비자가 사용하는 기기 전체를 5G 호환 기기로 바꿔야 하기 때문이다.

일부 통계 자료에 따르면, 5G 기반 활용 사례를 도입하기에 적합한 5G 사용자 기반에 도달하려면 앞으로 5년은 걸릴 것으로 나타났으며,

그러한 추산대로라면 향후 10년은 5G의 시대가 될 가능성이 높다. 이는 곧 다음 질문에 대한 답변이 되는데, 아직은 6G에 대해 생각할 필요가 없다는 것이다. 아직은. 얼리어답터 위주의 5G 시장을 이끄는 개인이나 기업은 마음 놓고 즐겨도 될 것 같다.

● ● ● **소프트웨어 개발의 효율성과 모듈화**

"악마가 부린 최고의 속임수는 세상 사람들이 악마는 존재하지 않는다고 믿게 만든 것이다." 공전의 히트를 기록한 영화 「유주얼 서스펙트Usual Suspects」에서 나온 유명한 대사다. 마찬가지로 스타트업, 특히 후기 단계 스타트업이 쓴 최고의 속임수는 세상 사람들이 대기업보다 스타트업이 어쩐지 더 효율적이라는 생각이 들게 만든 것이다.

스타트업 그룹 내 사업부 책임자로 일하던 시절을 떠올려보니, 연례 제품 기획 프로세스가 그 해의 가장 중요하고 가장 흥미진진한 사건이 되기 일쑤였다. 우리 쪽에서 앱에 구축해야 하는 기능을 두고 우리는 상당히 무리한 요구를 했고, 이후 3일간의 회의가 이어졌다.

때로는 감정이 격해지고 실제로 물건을 던지는 일도 있었다. 결국 소프트웨어 개발 역량은 턱없이 모자랐고, 다들 약간 불만족스러워했다. 아, 그리고 제품 백로그(사용자를 조사하여 구현해야 할 사항을 정의한 문서-옮긴이)에 맞게 실제 어떤 내용을 합의했든 제때 합의한 대로 지켜지는 일은 거의 없었다. 그런 모든 일을 겪고 나니 우리가 기술업계의 첨단에 있다는 생각은 절대 들지 않았다.

그러면 소프트웨어와 애플리케이션 개발 및 운영에서 앞으로 어떤 변화가 일어나게 될까? 나는 개인적으로 구체적인 신기술과 코딩 언어에 대해 글을 쓰기에는 기술 전문가와는 너무나 거리가 먼 사람이지만, 소프트웨어 개인 사용자나 기업 사용자가 기대하는 세계의 대략적인 변화 방향을 집중석으로 살펴볼 것이다.

먼저 모듈화를 생각해보자. 애플리케이션은 지난 수년간 API를 통해 다른 모듈이나 서비스와 통신하는 점점 더 작은 모듈이나 서비스로 구축되어 왔다.[13] 이러한 추세는 계속될 것으로 보인다. 모놀리식 애플리케이션(모든 기능 또는 대부분의 기능이 단일 프로세스 또는 컨테이너 내부에 있는 애플리케이션-옮긴이)을 하부 단위로 쪼개면서 하부 단위 간 통신 관리의 복잡성이 가중되긴 해도 애플리케이션을 훨씬 효율적으로 구축하고 업데이트할 수 있는 방식이다.

다음으로, AI 지원 개발을 생각해보자. 지원이라고 말한 이유는 뛰어난 개발자 한 명의 천재성이 평범한 개발자 열 명 이상과 맞먹는다는 것을 직접 목격한 적이 있기 때문이며, AI가 개발을 완전히 맡아서 할 수 있을 거라고 생각하기는 어렵다. 그러나 애플리케이션 개발 프로세스에는 테스트 또는 다소 간단한 서비스/모듈 개발과 같은 부분이 있으며, 이런 부분은 완전 자동화가 가능해 기존 개발 팀의 효율성을 높이는 데 도움이 될 것으로 생각된다.

보다 효과적인 형태의 새로운 데이터 저장과 마찬가지로 연산 능력은 획기적인 변화를 맞이할 수 있다. 대규모 데이터를 컴퓨터로 처리하고 저장하는 능력은 위에서 집중적으로 살펴본 다른 모든 기술(IoT, AI)을 개발하고 잠재력을 충분히 실현하기 위해 필요하다. 양자 컴퓨팅이나 DNA 데이터 저장과 같은 기술[14]은 현재 시험 중이거나 대대적인 연구가 진행 중인데, 그러한 기술이 실현되려면 세상에 널리 알려져 대규모로 도입되어야 한다.

마지막으로, 몇 가지 새로운 상용 모델로 인해 기업 구매자와 소프트웨어 제공 업체의 관계도 변화를 겪을 것이다. 기업이 기본적으로 코드 한 줄 작성할 필요 없이 드래그 앤 드롭drag and drop 유형의 접근법을 통해 자체 애플리케이션을 구축하는 로우 코드low-code 애플리케이션 개발이 늘어나고, 사용량이 저조할 때가 많은 사전 용량 구매 방식 대신, 실제 사용량에 따라 요금을 지불하는 서버리스 상품이 등장하는 경우 등이 그렇다. 또는 하이브리드 클라우드 모델을 도입하는 거의 모든 기업들이 여러 클라우드 솔루션에 데이터의 대부분을 저장하고 애플리케이션을 실행하는 경우도 해당된다.

●●○○ **개인 정보 보호 및 보안**

2015년 7월, 자경단을 자처하며 정의로움을 주장한 일부 해킹 그룹 관련 뉴스에 전 세계가 떠들썩했다. 애슐리 매디슨Ashley Madison 웹사이트(기혼자를 대상으로 한 데이팅 사이트-옮긴이)에서 간통을 저질렀거나 저지를 가능성이 있는 수천 명의 사용자 신상정보를 공개하겠다고 협박한 것이다.[15] 잘 모르는 사람들을 위해 설명하자면, 애슐리 매디슨은 딴짓할 기회를 엿보는 기혼자들을 위한 일종의 데이팅 사이트이다. 이후 대학살이나 다름없는 상황이 펼쳐졌다.

다크웹에 데이터를 뿌린 후 고소와 맞고소, 협박공갈, 자살, 기고문 폭주 등 상상할 수 있는 모든 일이 벌어진 것이다. 그리고 이러한 패턴은 2015년 전후로도 몇 차례 언론을 떠들썩하게 만든 데이터 유출 사태에서도 똑같이 반복됐다. 우리가 늘 사용하는 플랫폼(애슐리 매디슨을 일상적으로 사용하는 플랫폼이 아니라고 한다면)인 어도비Adobe와 이베이eBay, 링크드인LinkdIn, 마이피트니스팰My Fitness Pal, 야후Yahoo(야후를 계속 쓰는 사람이 있다면 말이다) 등에서도 마찬가지였다. 그리고 요즘은 원하는 이에 대한 정보를 충분히 빼내기 위해 유능한 해커가 될 필요조차 없다. 그저 SNS를 사용해 검색하는 법을 잘 알기만 하면 공개된 영역 외에서 한 사람에 대한 거의 모든 정보를 긁어모을 수 있다. 이쯤에서 질문이 따라 나온다. 이 모든 게 앞으로 10년간 어디로 향하게 될까?

이는 단순히 기술에 관한 질문이 아니지만, 기술은 답변의 중요한 부분이긴 하다. 개인 정보 보호 정책에 대한 소비자의 태도 변화, 개인 정보 교환을 둘러싼 경제성과 가치 방정식, 그리고 당연히 개인 정보를 규제하는 법률 체계의 발전도 마찬가지로 중요하다.

앞으로 몇 년간 세계가 데이터 프라이버시에 대한 뉴노멀로 가는 상황에서 기술, 태도, 경제성 및 규제라는 이러한 네 가지 요소는 서로 밀고 당기며 힘겨루기를 할 것이다. 거부감을 불러일으키는 충격적인 스타일로 생각됐던 남성의 번헤어가 괜찮은 모습이 됐다가 흥미로운 외모로, 다시 "남의 여자친구를 꼬시는" 스타일로 그토록 각광받기에 이르렀다가 더 이상 아무도 상관하지 않는 평범한 스타일로 변해온 과정과 다소 비슷하다. 데이터 프라이버시에 관한 한 우리는 거부감을 느끼며 충격 받는 상태에 아직 머물러 있지만 결국 변하게 될 것이다.

먼저 기술 얘기부터 간단히 해보자. 물론 개인 정보를 암호화할 수 있는 더 나은 방법이 있을 것이다. 그리고 개인 데이터의 익명화와 관련해 상당한 발전이 이루어지고 있다. 그러나 AI와 머신 러닝이 등장하면서 이러한 발전은 무용지물이 되었다.

알고리즘이 또다시 행동 패턴 인식을 기반으로 익명성 뒤에 숨은 개인의 정체성을 정확히 식별할 수 있게 됐기 때문이다. 기술은 계속해서 디지털 발자국 뒤에 숨은 실제 신원을 판독하기 어렵게 만들려 할 것이다. 암호화된 데이터에 대해 계산과 서비스를 수행해 판독할 필요가 없게 만들면 처음부터 신상정보가 절대 밝혀지는 일이 없을뿐더러 여러 사업자가 제공하는 환경에서 서비스를 분할해 수행하면 아무도 신원 전체를 알 수 없게 되기 때문이다.

그러나 개인적으로는 승산 없는 싸움이라고 본다. 그리고 아마도 완전한 데이터 보안이란 더 이상 불가능할 것이다. 데이터 침해를 유발하는 데 드는 비용이 잠재적 이익보다 훨씬 적은 한, 데이터 침해는 계속 일어날 것이다. 여기서 블록체인이 할 수 있는 역할이 있을지 모른다. 그에 대해서는 이 섹션의 후반부에서 다룰 것이다.

소비자의 태도 역시 변할 것으로 예측되는데, 그로 인해 데이터 침해로 범죄자가 얻을 수 있는 잠재적 이점이 어느 정도 줄어들 수 있다. 예를 들어 내가 가진 여러 가지 나쁜 습관 중 하나는 틈만 나면 코를 후비는 것인데, 공공장소에서도 수없이 그런 행동을 했다. 아내는 이게 정말 역겨운 행동이라는 사실을 확인시켜 주었다.

여기서 이 글을 쓰게 된 덕분에 사기꾼이 이 정보를 공개하겠다고 나를 협박해 돈을 뜯어 낼 가능성은 사라졌고 개인 정보 침해로 아무런 가치도 얻을 수 없게 됐다.

불륜이나 경제적 궁핍, 만성질환 같은 좀 더 어려운 문제로 확장해보자. 남성의 번헤어에 얼마나 빨리 익숙해졌는지를 생각하면 상상하기 어렵긴 해도 불가능하지는 않을 것이다.

경제적 관점에서 보면 기업은 결국 소비자 데이터에 실제 돈을 지불하고, SNS와 같은 멋진 서비스를 "무료"라고 속여 데이터를 빼가는 일도 없어질 것이다. 이에 반해 소비자는 개인 정보 가격을 독자적으로 평가하고, 가치를 얻는 대가로 아마도 데이터 공유를 허용할 것이다. 안타깝게도 이 경우 규제 분야에서 "마약과의 전쟁" 같은 상황이 발생하고 있다. 해당 산업을 합법화하고 관리하는 대신 이를 금지함으로써, 폭력적이고 불투명하면서도 돈벌이가 되는 환경을 조장해 결국 모두가 불행해지는 결과를 초래했다.

범죄자도 마찬가지다. 이들은 일찌감치 사망하거나 감옥에서 썩고 있기 때문이다. 이 분야의 지나친 규제로 인해 범죄자들은 더욱 극악한 방식으로 데이터를 도용하고 데이터 보호 비용을 높이고 시장 경제 원리를 부인하다가 개인 정보 보호를 둘러싼 가치 교환을 일정 수준에서 안정화시킬 가능성이 있다. 그러나 마리화나가 서서히 합법화되는 것처럼 과도한 규제가 점진적으로 완화되고 데이터 시장이 자리를 잡아갈 것이다.

●●● 블록체인과 분산 원장

아마존닷컴 Amazon.com 은 1995년 7월에 첫 판매를 시작했다. 지금으로부터 25년 전의 상황이라는 걸 감안했으면 한다. 첫 5년간은 매출이 최대 미화 30억 달러까지 늘어났는데 곧이어 닷컴 버블이 터졌다. 그러자 다소 주춤하는 듯하더니 2000~2005년 사이에 3배로 늘어났다가 이후 계속해서 5년마다 3~4배씩 늘어났는데, 소비자 기반이 대폭 증가한 상태에서 그 정도의 성장을 달성한 것이었다. 지나고 나서 생각하니, 2000~2005년은 다소 소강 상태였던 것 같다.

당시 전 세계가 버블 이후 말하자면 "인터넷에서 손을 뗐다"가 진정되면서 원래 수준을 회복했다. 그러나 전 세계가 마침내 적절한 때를 맞게 되자 인터넷 사용을 위한 대역폭 설비 용량 등 이미 구축된 자산을 낮은 비용으로 활용할 수 있게 되었고, 이는 아마존닷컴과 같은 활용 사례의 성공에 상당히 도움이 되었다.

참고로 닷컴 버블 시기에 미국 내 전체 디지털 네트워크의 76퍼센트가 구축되고 대역폭 비용도 2004년 기준 90퍼센트까지 떨어졌는데, 2005년 말까지 미국 내 광대역 용량의 무려 85퍼센트는 여전히 유휴 상태였다.[16] 나는 블록체인도 바로 이런 소강 상태에 있다고 본다. 몇 년 전 시작된 블록체인 열풍은 2017년 말경 비트코인 가격이 미화 1만 5,000 달러라는 비상식적인 수준에서 정점을 찍은 후 소강 상태가 시작됐다. 엄청난 관심과 열광적인 반응에 이어 투기가 시작됐고 이를 받아들이는 데에는 시간이 걸릴 것이라는 인식과 함께 2년 반 정도 소강 상태가 지속된 것이다. 아마 머지않아 수익성 있는 활용 사례가 등장해 늘어날지도 모른다. 계속 지켜볼 필요가 있다.

여기서는 온갖 기술적인 내용이 들어간 "블록체인이란 무엇인가?"라는 질문을 다루지는 않을 것이다. 인터넷에 돌아다니는 수백 가지 자료를 통해 아주 상세한 내용까지 파악할 수 있기 때문이다. 그보다 중요한 것은 블록체인을 흥미롭게 만드는 요소는 무엇이며, 이것이 어떻게 추진력을 얻어서 다음 10년간 더 나은 세상을 만드는 데 기여할 수 있을지를 이해하는 것이다.

여기서 그 기저를 이루는 기본 개념은 권위의 탈중앙화로서, 운영 효율성과 보안, 시장 효율성을 개선할 수 있는 잠재력이 내재되어 있다. 여기서는 바로 이 내용을 다룬다. 블록체인이 하는 일은 말하자면 어떤 시장의 과거 거래에 관한 정보를 서로 체인처럼 연결된 블록 단위로 저장하는 것인데, 저장된 정보의 사본이 여러 개의 노드(또는 여러 곳)에 저장되는 방식이다. 그래서 우선 거래를 기록, 저장 또는 검색할 수 있는 중앙 기관이 존재하지 않으므로 운영 효율성이 상당히 높아진다.

은행이 문을 닫는 주말에 거래가 불가능한 오늘날 상황을 생각해보자. 고객 정보를 저장하는 중앙 기관이 없어서 정보를 해킹해 변조하기가 더 어렵기 때문에 기본적으로 모든 노드에서 정보를 변경해야 하는데(이론적으로는 51퍼센트), 노드가 수백만 개에 달하는 경우에는 천문학적인 비용이 들기 때문에 사실상 불가능하다. 그렇기 때문에 더 안전한 것이다. 이러한 두 가지 이점만으로도 블록체인은 금융, 보건의료, 정부부문 등에서 폭넓게 활용할 수 있다.

중앙 기관이 개인의 비밀 정보를 처리하는 곳이라면 어디든지 서비스 프로비저닝(서비스를 제공하기 위해 준비하는 모든 일련의 절차와 과정-옮긴이) 시간을 줄이고 리소스 제약을 완화할 수 있는 가능성이 열리는 것이다.

블록체인의 더욱 흥미로운 부분은 바로 노드가 되려면 스스로를 증명할 수 있는 작업을 수행함으로써 권한을 얻어야 하며, 그 과정에서 보상을 받는다는 사실이다. 그래서 이처럼 정확한 과거 거래 기록의 사본들은 추가 거래 자격을 얻어 그 기록을 업데이트할 수 있는 권한을 획득한 주체(entity)가 갖게 된다.

트립어드바이저TripAdvisor를 예로 들어 구체적으로 알아보자. 이 애플리케이션은 근본적으로 호텔이 인증 기관이나 호텔 브랜드 자체가 호텔 자격을 부여할 권리를 없애버리고, 사람들에게 그 권한을 부여했는데, 물론 호텔 평점을 매기려면 해당 호텔에 숙박해야 평가할 권리를 얻을 수 있다.

이제 상상력을 보다 확장해 이런 상황을 가정해보자. 호텔방의 가격이 트립어드바이저 평점에 완전히 좌우되고 애초에 해당 플랫폼을 운영하는 트립어드바이저라는 회사가 없어서, 결국 소비자인 나에게 제공되는 가격이 다른 소비자가 볼 수 있는 내 후기의 품질과 유용함에 좌우되는 상황이라고 가정해보자. 그러면 곧 탈중앙화된 모델의 잠재력을 파악할 수 있게 될 것이다. 여기에 대해서는 뒷부분에서 자세히 살펴보겠다.

로봇 공학과 3D 프린팅

첫 코로나19 대유행이 지나간 후 싱가포르에서 봉쇄가 해제되자마자 우리 세 식구 모두 한마음이 되어 가장 가까운 하이디라오 훠궈 식당에 가기로 했다.[17] 아직 이곳에 가보지 않은 분들은 꼭 들러보길 바란다. 음식이 훌륭한데다가 서비스도 최상급이라 첫 파트에서 내가 말한 실제 가치 창출을 제대로 보여주는 본보기다.

봉쇄 이후의 코로나 세상에서 우리는 태블릿 PC로 음식을 주문했는데, 이런 광경은 요즘은 매우 흔해졌다.

그런데 놀랍게도 로봇이 우리 테이블로 음식을 가지고 왔고 레스토랑 전체에 음식 나르는 로봇이 윙윙대는 소리가 울렸다. 로봇은 서로의 진로를 방해하지 않으면서 사람들을 피해 우리 테이블로 음식을 가지고 왔다.

실제 사람이 음식을 서빙하는 테이블도 몇 개 있긴 했지만, 다섯 살 난 딸아이뿐만 아니라 나에게도 몹시 신기하게 보였다.

로봇 덕분에 직원들은 주방에서 테이블로 음식을 나르는 일보다 고객 서비스라는 좀 더 중요한 일에 집중하는 듯했다. 모두에게 이득이다.

앞으로 10년간 우리 삶에서 로봇의 활용 범위가 더욱 넓어질 것이다. 앞서 말한 IoT 센서와 연결성 같은 기술 덕분이기도 하고 가전제품과 기기가 점점 작아지기 때문이기도 하다. 하드웨어의 소형화는 대체로 더 작은 PCB(인쇄 회로 기판)가 개발되면서 가능해졌으며, 3D 프린팅은 가능한 다층 구조와 소형 구성요소, 전자 기능을 갖춘 액체 잉크를 구현하고 더 효과적인 구성요소를 통합함으로써 최소 물리 공간에 회로를 최대한 집적시켜 무한한 가능성을 열었다. 크기를 줄이고 구성요소의 가격을 낮추고 제조 비용을 줄이면 로봇 기술의 적용 범위를 한층 확대할 수 있는 길이 열릴 것이다.

다양한 크기의 드론과 기타 각종 개인 및 가정용 장치의 출현이 머지않았다. 거기다가 인공 지능을 탑재한 장치를 활용하면 복잡한 업무도 수행할 수 있게 될 것이다.

아주 단순하게 말하면, 기계적인 작업은 기본적으로 A 지점에서 B 지점으로 물건의 위치를 물리적으로 바꾸는 일이다. 이는 생산 라인에서 부품을 설치하는 것일 수도 있고, 문 앞까지 온라인으로 주문한 물건을 배달하는 것일 수도 있고, 식당 테이블로 음식을 갖다주거나 사람을 목적지까지 실어 나르는 일이 될 수도 있다.

앞으로 10년이 지나면 적정 비용으로 인간의 노동력을 대체하는 로봇 기술이 쓰이지 않는 단순 노동은 거의 없다시피 할 것이다. 규모의 경제를 위한 대량 생산이라는 기존 패러다임이 더 이상 유효하지 않게 되어 이처럼 수많은 작업을 원격으로 손쉽게 수행할 수 있게 되면 공급망의 입지 전략도 바뀔 것이다. 결국 우리는 주방에서 음식을 나르기보다는 테이블 서빙에 시간을 더 쏟게 될 것이다. 바꾸어 말하면, 사람들은 인간적 감성을 요하는 분야에 집중하게 될 것이다. 그러한 분야가 어떤 분야인지는 지켜봐야 하겠지만.

이 정도로 다소 불완전하나마 내가 꼽은 10가지 기술을 살펴봤는데, 그러한 기술의 진화로 인해 전 세계는 가치 창출의 기회를 얻게 될 것이다. 모든 기술을 총망라한 것도 아니고 상황이 변할 수도 있기 때문에, 내가 빼놓은 기술도 있을 수 있으며 새로운 기술도 나타날 수 있다.

여기서 다룬 기술 중 일부는 오래가지 못하고 별개의 기술로 바뀔 수도 있다. 그래도 시작은 좋다. 그리고 디지털 트랜스포메이션 여정을 시작하려는 경영진에게 이를 비롯한 유사한 기술들을 면밀히 주시할 것을 권한다. 혁신이 일어나면서 다양한 분야로 활용 범위를 넓혀갈 수 있기 때문이다. 아이디어를 끊임없이 내놓으려면 이 점을 이해하는 것이 중요하다.

에너지, 금융, 보건의료, 통신 등 각종 분야에서 애플리케이션을 활용하고 있다. 그러나 이 책은 소비재와 서비스 분야를 주로 다룰 예정이며, 기술을 넘어 소비자의 생활과 환경에 대한 소비자의 태도를 둘러싼 실생활 측면에서 중장기적인 소비자의 인식 변화가 나타날 것이다. 이어 유의해야 할 이러한 소비자 인식 변화에서 가장 흥미로운 내용을 함께 살펴보자.

다음 10년을 규정할 핵심 소비자 동향

"새로운 세대가 시작될 때마다 새로운 생애가 추가된다." 위스키 바에서 나와 대화하게 된다면 아마 이런 말을 듣게 될 것이다. 그에 대한 설명부터 시작하겠다. 내가 30대 후반일 때 아버지는 60대 후반이셨고, 할아버지가 아직 살아 계시다면 아마 90대셨을 것이다. 할아버지는 인도 서해안의 콘칸Konkan이란 시골 지역에서 어린 시절을 보내다가 학생 때 내 고향인 나시크Nashik로 와서 새로운 인생을 꾸리셨다. 그곳에서 직장 생활을 시작하고 저명한 교수로 활동하다가 돌아가셨다. 할아버지의 인생은 세 가지 생애, 즉 어린 시절, 인격 형성기인 학생 시절과 사회 초년생 시절, 그리고 교수로서 성공한 전문직 시절로 나뉜다.

아버지 또한 그 세 시기를 모두 겪은 후 몇 년 전 "이젠 뭘 하지?"라는 질문과 맞닥뜨렸다. 아버지는 건축 교육의 방향을 다시 생각해보고자 아이디어무크Ideamooc라는 온라인 강좌를 신청하며 최근에 생애 네 번째 단계에 돌입하셨다. 여기에는 좋은 자료가 풍부하게 구비되어 있으니 활용해보길 바란다.

나는 "이젠 뭘 하지?"라는 질문을 아버지보다 15~20년은 족히 먼저 겪을 가능성이 높으며, 지금 이미 나는 생애 네 번째 단계로 전환을 모색 중이다.

나시크에서 보낸 즐거웠던 어린 시절, 학창 시절과 사회 초년생 시절을 보냈던 유럽 생활, 싱가포르에서 본격적으로 시작된 직장 생활에 이어 앞으로 몇 년간은 새로운 것을 시작해 보고 싶은 마음이다. 50대 후반쯤에 네 번째 단계에 진입할 생각인데, 그러다 80대가 되면 다섯 번째, 여섯 번째 단계가 필요해질 것이다.

아버지가 내 나이였을 때에 비하면 세상이 정말 많이 변해서, 다음 생애 단계가 됐을 때 삶이 어떤 모습일지 더 이상 부모의 삶으로는 미루어 짐작할 수가 없게 됐다.

다시 말해 과거 정보만으로는 미래를 예측하기가 불충분하다는 뜻이다. 그렇지만 도움이 될 만한 정보를 찾고, 이를 활용해 과거를 뛰어넘는 미래를 구상해야 한다.

이 파트에서는 오늘날 눈에 띄는 10가지 주요 소비자 동향을 집중적으로 살펴볼 텐데, 이러한 동향은 다음 10여 년간 지속될 것으로 보인다. 그리고 이러한 동향과 기회가 디지털을 활용한 가치 창출 비즈니스 시작에 어떤 영향을 가져다줄지 자세히 살펴보겠다. 내일의 세상에서 살아가기 위한 현실적인 측면과 인간으로 산다는 것의 정신적인 측면을 다루긴 하겠지만, 결국 기업의 수익원인 소비 창출의 측면으로 귀결될 것이다. 이러한 기업은 온라인이거나 오프라인일 수 있으며, 각 소비자 동향을 설명한 후에는 오늘날 그러한 동향을 활용 중인 앱을 몇 가지 소개할 것이다. 이는 이해를 돕기 위한 예시이며, 얼마든지 더 적합한 다양한 사례를 찾을 수 있다.

가구의 형태 변화

　　외로움이 아닌 혼자만의 시간. 몇 년 전 나는 "혼족"이라는 한국어 표현을 접하게 됐는데, 한국인인 아내가 지나가는 말로 언급했던 것 같다. 이 말은 "혼자"라는 말과 "가족"이라는 말이 합쳐진 말이다. 한마디로 1인 가구라는 뜻이다. 아마도 "히키코모리"라는 일본어 표현을 들어본 적이 있을 것이다. 사회로부터 고립된 생활을 택하고 몇 달, 때로는 몇 년씩 집 안에 틀어박혀 사는 사람을 지칭하는 말이다. 혼족은 히키코모리와는 다른데, 스스로 혼자이길 선택한 지극히 정상적인 삶의 방식으로 받아들여진다는 점에서 그렇다. 게다가 혼자 밥 먹기, 혼자 노래방 가기, 혼자 영화 보기 등 혼족의 경제 활동이 폭발적으로 늘어나고 있으며, 이는 한국에서 매우 당연하게 지극히 자연스러운 삶의 형태로 받아들여지고 있다.

　　나는 20~30년 후에는 주로 네 가지 방식으로 평균적인 가구 형태가 바뀔 것이라 본다. 첫째, 다들 들어서 알고 있다시피 인구 고령화이다. 2030년이 되면 60세 이상으로 정의된 고령 인구가 14억 명에 달할 것으로 예상된다.[18] 이 연령대는 가용 자산은 많은 반면 투자나 저축을 많이 할 필요가 없는 세대이다. 둘째, 1인 가구가 전 세계적으로 늘어나면서 2016년과 2030년 사이에 1인 가구 수가 1억 2,000만 명이나 더 늘어날 전망이다.[19] 셋째, 주택 소유 비용이 높아지고 구직 시장에 새로 진입한 사람들이 합리적인 가격으로 주택을 구입하기가 어려워지면서 지금보다 더 많은 자녀가 성인이 되어서도 부모와 계속 살아가게 될 것이다. 미국에서는 지난 10년간 글로벌 금융 위기 이후 부모와 동거하는 25~34세 성인의 비율이 높아졌으며, 코로나로 인해 젊은 층의 52퍼센트가 부모 한 명 이상과 동거하고 있었다.[20] 이러한 추세는 앞으로 10년간 지속될 것이다.[21] 마지막으로 넷째, 여성 가장, 즉 여성이 가정에서 주요 의사 결정권을 쥐는 추세가 일반화되고 있다. 오늘날 미국의 맞벌이 가정의 약 3분의 1에서 아내가 남편보다 소득이 높은 것으로 나타나며, 나는 이러한 수치가 앞으로 10년간 더 늘어날 것으로 본다.

이처럼 가구 형태의 변화로 인해 새로 생기는 가구에 수많은 가치 창출 기회가 발생하고 있다. 검색하기 쉬운 사용자 환경(UX)을 갖추고 있으면서도 은퇴 후의 풍요로운 삶을 즐길 수 있도록 오디오북을 서비스하는 오더블Audible[22]이나 레시피를 소개하는 에피큐리어스Epicurious[23]와 같이 고령자를 대상으로 한 앱과 활용 사례는 금세 인기를 얻을 것이다. 다행히 어머니가 틱톡TikTok으로 넘어오시는 일은 없지 않을까 싶은데, 자주 찾는 별도의 플랫폼을 발견하실 것 같아서다. 소비자가 혼자의 삶을 즐기거나 틴더Tinder 외에 밋업Meetup[24]처럼 친구를 사귈 수 있도록 싱글들을 위한 플랫폼도 계속해서 나타날 것이다.

●●◦ **개인의 경제적 상황 변화**

슬럼독과 밀리어네어. 경영대학원 재학 중이었던 2009년 여름, 우리는 "인도에서 창업하기"라는 수업을 들었다. 수업의 일환으로 다라비Dharavi라는 빈민가에 팀을 짜서 답사를 갔다. 백만 명이 넘게 거주하는 다라비는 전 세계 최대 규모의 빈민가 중 하나인데, 유린당한 삶의 현장에 들어서면서 도시 속에 또 하나의 아주 완벽한 자급자족 도시가 굴러가고 있다는 사실에 놀랐다. 빈민가의 주거 지역에는 수십만 명이 지독한 환경에서도 서로의 생존권을 존중하며 서로 꽤 사이좋게 살고 있었다. 그리고 수천 개 사업체가 있는 완전 상업지구도 있었는데, 재활용 플라스틱을 주요 수출품으로 하는 사업장도 있었다.

그날 밤 우리는 새로 오픈한 고급 바에서 칵테일 한 잔에 15달러씩이나 내고 2주간 수업이 종강된 것을 축하했다. 수십 년간 지속돼 온 뭄바이의 그처럼 아이러니한 모습은 다음 10년을 바라보는 지금 전 세계에서 현실로 나타나고 있다.

세 가지 중요한 추세가 앞으로 10년간 빈부 문제를 특징짓게 될 것이다. 부익부 빈익빈 현상이 지속될 것이라는 단순한 사실만 봐도 알 수 있다. 하루에 미화 110달러 이상 지출하는 가구로 정의되는 부유층은 세계 인구의 4퍼센트밖에 되지 않지만 이들이 가계 소비에서 차지하는 비중은 4분의 1에 달할 것이다. 북미에서는 앞으로 10년간 지출 증가는 모두 부유층이 견인하고, 중산층이 차지하는 비율은 정체될 것으로 보인다. 이는 유럽에서도 마찬가지다.

둘째, 아시아에서는 대규모의 중산층이 성장과 지출을 촉진할 전망이며 2030년이 되면 그 수는 55억 명으로, 글로벌 중산층 인구의 상당수를 차지하게 될 것이다.[25] 중국의 "상위" 중산층이 앞으로 5년간 소비를 견인하는 반면, 인도의 현재 "하위" 중산층은 그 뒤 5년 이후의 지출을 끌어올릴 것이다. 셋째, 글로벌 금융 위기 이후 높아졌던 저축률이 지난 몇 년간 하락했으며, 특히 중산층에서 두드러졌다.

이는 코로나19 이후 짧은 회복기가 찾아왔다가 다시 10년간 지속적으로 하락할 것으로 보인다. 총 지출액을 제외한 미국 내 평균 저축률은 2010년 이후 16.6퍼센트 포인트 하락했으며 현재는 낮은 한 자리수를 기록하고 있다.[26]

기술과 디지털 트랜스포메이션은 이러한 변화를 겪는 소비자에게 가치를 제공하는 데 도움이 될 수 있다. 부유층이 더욱 부유해지고 소비가 늘어나는 만큼, 미스터 앤 미세스 스미스Mr. and Mrs. Smith와 같은 부티크 호텔 플랫폼[27]처럼 가격 할인이 아닌 편의성과 다양성이 주가 되는 수많은 온라인 서비스와 전자상거래가 생길 여지가 있다.

중국에서는 중산층 소비자가 폭발적으로 증가하면서 디지털 트랜스포메이션 혁명이 이미 일어났고, 인도와 같은 나라에서는 현지 환경에 적합한 맞춤식 활용 사례를 통해 중산층을 위한 확실한 혁신 기회가 나타나고 있다.

던조Dunzo[28]는 전통적으로 사환이 하던 일을 디지털로 옮겨 놓은 예에 해당한다. 한편으로 유럽과 북미 중산층이 경기 침체 상황을 최대한 이용하려는 것으로 보아, 최저가와 할인을 찾아 나서는 구매 행동은 가격 투명성 확보에 근간을 둔 시장에는 기회가 될 것으로 보인다. 마지막으로 전반적인 자산 축적 의지가 낮아지면서 차량, 집, 사무 공간, 주방 등 공유 경제에 대한 수요가 높아질 것이다.

높아지는 책임 의식

무일푼에서 부자로. 사회적 환경적 책임은 적어도 내 고향에서만큼은 두 세대를 뛰어넘은 것 같다. 할아버지는 아주 온화하고 대체로 긍정적인 분이셨는데, 재활용하지 않는 것이 거의 없었다. 1980년대와 90년대에 인도에서 자란 사람들은 매년 새 책을 사면 크라프트지로 표지를 덧씌웠던 경험이 있을 것이다. 학교에서 공책과 교과서를 꺼내 보면 할아버지가 투자한 회사의 연례 보고서 페이지가 표지였다. 0.5리터 파우치에 담긴 우유를 조심스럽게 비우고 나면 이를 잘라서 씻은 다음 학교에서 먹을 점심 샌드위치를 포장하는 데 사용했다. 그로부터 30년이 지난 지금, 내가 산 3달러짜리 중국산 충전 케이블은 비닐 포장이 된 채 배송이 되는데 상자 안은 버블랩(뽁뽁이)으로 한 번 더 포장이 되어 있고, A4 용지 석 장짜리 각종 설명서도 따로 비닐 포장이 되어 있다.

그래도 아직 희망은 있다. 다섯 살 난 딸아이는 학교에서 일주일간 "지구 지킴이" 역할을 맡았었는데, 수시로 나에게 물을 낭비하지 말라고 주의를 주면서 집 안에서 나를 따라다니며 계속 전원 스위치를 내렸다. 환경에 대한 인식이 몇 세대를 뛰어넘었다가 다시 돌아온 모양이다.

자신의 소비가 환경과 사회에 미칠 영향을 의식하는 이런 소비자 성향은 다음 10년간 나타날 몇 가지 특징을 통해 강화될 것이다. SNS에서는 불만을 표출하기가 훨씬 쉬워졌으며 쉽게 눈에 띈다.

사람들은 같은 소비자의 불만을 금세 파악하며 의견은 재빨리 집단적인 움직임으로 변한다. 재활용 빨대 등을 포함한 플라스틱 오염에 대한 소비자 심리는 2017년에 처음 나타났으며, 2년 만에 그와 관련된 구글 검색은 20배가 늘었고, 우리는 이제 일부 국가에서 플라스틱 빨대가 금지되는 현실을 목격하고 있다.[29]

누구나 이용할 수 있는 눈에 띄는 연구도 많은데다가, 주요 사안을 둘러싼 소비자의 의식이 빠르게 높아지고 있다. 채식주의 다큐멘터리인 "더 게임 체인저스The Game Changers"는 공개된 지 일주일 만에 아이튠즈iTunes에서 역대 최고의 베스트셀러 다큐멘터리가 되었다. 특정 사실들만 골라 영상에 올렸다며 대대적인 비판에 시달리고 있긴 하지만, 넷플릭스Netflix에 공개되기 훨씬 전부터 화제였다.

기업들은 비교적 빨리 소비자의 피드백을 들을 수 있게 됐으며, 문제를 해결하기 위해 올바른 행동에 나서는 경우가 빈번해졌다. 문제를 감추기가 어려워진데다가, 그렇게 했다간 심각하게 역효과가 일어난다는 사실이 입증됐기 때문이다.

2015년, 애플이 애플 뮤직Apple Music의 3개월 무료 혜택 기간 동안 예술인과 음악가에게 저작권료를 지급하지 않은 데 대해 사과하고 정책을 변경하는 유명한 사건이 있었다. 당시 8,500만 명 이상의 팔로어를 거느린 테일러 스위프트Taylor Swift는 트위터에 불만을 쏟아냈다.[30] 가장 흥미로운 것은 나쁜 행동이 점점 더 정확히 가격에 반영되기 시작했으며, 기업과 개인이 어느 한도까지는 나쁜 행동을 할 권리를 살 수 있는 시장이 새로 생기고 있다는 점일 것이다.

지난해 하반기만 해도 탄소 상쇄(carbon offset) 기업인 쿨이펙트Cool

Effect는 탄소 상쇄 배출권을 구입하는 개인이 700퍼센트 증가했다고 밝혔다.[31]

백신 접종 거부자, 기후 변화를 부정하는 사람들, 지구가 평평하다고 믿는 사람들, 기타 비합리적인 집단들의 발언이 몇 년에 걸쳐 분에 넘치는 관심을 받는 혼돈의 시기가 지나면 신뢰할 수 있고 독립적인 사실 기반 플랫폼이 출현해 소비자가 타당한 관점을 확립할 수 있게 될 것이다. 올바른 방식으로 적법한 방식의 추적과 환경 조성, 그리고 소비자 태도 형성은 기업뿐만 아니라 멘션Mention[32]과 같이 사회 정서 분석 도구를 사용하는 다른 기관에 중요한 활용 사례가 될 것이다.

앞서 언급한 쿨이펙트처럼 나쁜 행동을 할 권리를 구매하거나 좋은 행동에 대해 실제 현금으로 보상받는 시장을 개설하는 데서 상당히 큰 기회를 찾을 수 있을 것이다.[33] 소비자가 잘못된 행동을 하는 데 대해 말 그대로 "대가를 지불"할 수 있다는 점에서 흥미로운 발상이라고 생각한다.

●●● 수용 가능한 형태의 무주택

실직한 아빠. 몇 년 전 나는 몇 달을 백수로 지냈다. 여행도 할 만큼 했고, 몇 주 동안 전혀 아무것도 하지 않은 채로 뒹굴었더니 집에만 있는 게 지겨워지기 시작했다. 그래서 찾은 해법이 근사한 카페에서 말 그대로 온종일 시간을 보내는 것이었다. 그런데 모든 카페가 항상 만석이라는 사실을 알고 완전 충격을 받았다. 사람들은 일하고, 공부하고, 독

서하고, 잠을 자고, 사람을 만나고, 데이트하고, 먹고 마시고, 그림 그리고, 글을 쓰고, 아이를 보고, 잡담을 나누는 등의 활동을 하면서 온종일 이 카페에 죽치고 있었다.

10년 전 상황은 좀 달랐고 20년 전에는 훨씬 더 달랐다. 물론 코로나 19 이후 상황이 변했지만, 다시 전 세계가 빗장을 풀면 우리는 곧장 레스토랑과 술집으로 달려가 돈을 쓸 것이다.

소비자는 집 안보다 밖에서 돈을 훨씬 더 많이 쓰고 있다. 집밥보다 외식이 훨씬 늘어나고 있으며, 미국의 경우를 보면, 외식비가 가계 식료품비를 추월한 게 2007년이었는데, 그 격차는 이후 점점 더 벌어져서 몇 년 전에는 외식비가 가계 지출의 54퍼센트에 달했다.[34] 음식뿐만 아니라 다른 활동도 마찬가지로 이런 추세가 계속될 것이다.

지역 공동체의 생활공간도 점점 복잡해지고 있으며, 예전에는 카페나 사무실, 이발소 등이 전부였다면 이제는 이 외에도 더 많은 장소로 확장될 수 있다. 사무 공간과 커피숍, 회의실을 합쳐놓은 개념인 공동 업무 공간은 앞으로 3~4년만 지나도 사용자가 2.5배 이상 늘어날 것으로 전망된다.[35] 부동산 가격이 치솟으면서 집이 점점 작아지고 공유하는 형태가 되고 있다. 예를 들어, 인도의 대도시권 아파트 평수는 2014년에서 2017년 사이 27퍼센트나 줄어들었는데, 뭄바이에서는 45퍼센트 줄어들었다. 지난 5년간 평균 아파트 규모가 27퍼센트 줄어들었다.[36]

"룸메이트가 있다"는 말을 좀 더 그럴 듯하게 표현한 공동 주거는 점점 늘어나는 추세이며, 미국에서 공동 주거 공간에 배치된 침대 수는 3배로 띌 것으로 예상된다. 미국 내 주요 공유 주거 서비스업체의 시설에서 이용할 수 있는 침대 수는 3배 증가해 약 1만 개에 달할 것으로 예상된다.[37] 마지막으로, 코로나가 초래한 다소 이례적인 추세가 있는데 바로 탈도시화의 진행이다. 나는 뭄바이를 떠난 가족들이 연결성이 좋고 마트 이용이 편리해서 수백 킬로미터 떨어진 소도시의 집으로 이사 갔다는 얘기를 몇 번 들은 적이 있다.

이러한 추세는 코로나 이전에 시작된 것으로, 미국 주요 대도시 지역에서는 연간 인구 증가율이 하락해 뉴욕과 LA, 시카고에서는 심지어 인구가 줄어들기까지 했다. 준(準)교외로의 이동 때문인데, 즉 도시의 교외 지역에서 더 벗어난 고급 주택지를 의미한다. 실제로 미국의 3대 도시인 뉴욕, LA, 시카고는 2010년대 말 인구가 감소했다.[38]

이러한 추세는 커먼Common[39] 또는 올리Ollie[40] 같은 공동 주거 플랫폼을 통해 소비자가 더 작은 집을 최대한 활용할 수 있는 기회가 되고 있다. 그리고 소비자가 집 밖에서 더 많은 시간을 보내게 되자 옐프Yelp[41]를 비롯해 이와 유사한 플랫폼들이 지난 10년 이상 해왔던 것처럼, 소비자가 어디서, 어떻게 외부에서 시간을 보내야 할지를 결정하도록 도와주는 플랫폼들이 계속 유용하게 활용될 것이다.

●●●● **프라이버시 전쟁에서 패배 인정하기**
틴더Tinder. 믿을 수 없을 정도로 파괴적인 플랫폼이지만 우버Uber와 같은 식으로 그토록 입소문을 탔던 플랫폼은 거의 없었던 것 같다. 내가 아내를 만난 후 몇 년이 지나서 나온 앱이니 개인적으로 쓸 일은 없었지만, 싱글인 수많은 친구들의 삶을 사로잡아버린 건 확실했다.

몇 년 전에 친구 녀석 하나가 사용법을 알려주었는데, 사진이 실물보다 훨씬 더 매력적일 경우의 위험에 대비하기 위해 페이스북과 인스타그램, 링크드인을 함께 활용한다는 것이었다. 그리고 상대 여성을 만나기도 전에 그의 틴더 매치 상대에 관해 속속들이 알아내려고 인터넷을 뒤진다는 거였다. 다들 그렇게 하는 모양이다. 결국 우리 정보의 많은 부분이 이미 공개되어 있으며 이를 피하기 위해 우리가 할 수 있는 일은 거의 없다는 사실만 확인할 수 있었다.

상대에게 필요한 것은 내 이름뿐인데, 그 밖의 모든 정보가 이미 공개돼 있어서 개인 정보 보호에 아주 민감한 사람이라면 공개적으로 이름을 공유하지 말고 영원히 익명을 유지해야 한다. 나는 늘 가명을 사용하는데 특히 여행을 가서 차를 렌트하거나 어느 외국 도시의 택시 마피아에게 개인 정보를 알려주면 안 될 것 같을 때다.

우선 너무 많은 개인 정보가 공개돼서 검색하면 찾을 수 있고, 그 규모도 매분 기하급수적으로 늘어나서 걷잡을 수 없을 정도다. 일일 활성 사용자수가 17억 3,000만 명이 넘는 페이스북 평균 17억 3,000만 명이 페이스북[42]에 매일 1억 장의 사진이 올라오는데, 이처럼 전 세계 소비 인구 전체의 삶을 들여다보는 수많은 창은 즉시 닫아버릴 수 있는 게 아니라서 개인 정보 보호 전쟁에서 이미 패배한 거나 마찬가지다.

소비자들은 이런 문제에 적극적인 관심을 갖기 시작하고 있으며, 전세계 성인 3명 중 1명은 개인 정보 보호에 신경을 쓰고 행동에 나설 의향이 있다고 말한다. 더 젊고 경제적으로 풍족할수록 이런 성향을 띠며, 이런 추세는 계속될 것이다. 그러나 의식한다는 게 내켜하지 않는다는 의미는 아니다. 이러한 의식 있는 소비자 3명 중 2명은 개인 맞춤형 제품과 서비스를 얻는 대가로 구매 내역을 공유할 의사가 있다고 밝혔다.

의식이란 자신에게 주어진 동의와 통제 권한을 신뢰한다는 뜻이며, 의식 있는 3명의 소비자 중 2명은 현재 자신의 개인 정보를 잘 보호할 수 있을 것 같다고 답했다. 프라이버시를 신경 쓴다고 답한 32퍼센트의 응답자는 행동에 나설 생각이 있다고 밝혔다.

현재 자신의 개인 정보를 잘 보호할 수 있을 것 같은가라는 질문에는 프라이버시 활동가의 67퍼센트는 개인 맞춤형 제품과 서비스를 얻는 대가로 자신의 구매 내역을 제공할 의사가 있다고 답했으며, 프라이버시 활동가의 62퍼센트는 그러한 거래에 불편함을 느끼지 않는다고 답했다.[43]

그러면 앞으로 10년간 기업들이 통제 권한을 내주고 동의를 받아 그 대가로 실질적인 가치를 제공하는 자신 있는 태도를 내보인다면 데이터 공유에 대한 기우는 사라질 것이다. 여전히 걱정을 떨치지 못하는 사람들을 위해 딜리트미DeleteMe[44]와 같은 "콘텐츠 삭제" 서비스도 나올 것이다. 이런 서비스들의 효과는 제한적이며 좀 더 느긋한 사람들에게는 데이터를 재판매하도록 허용하는 대가로 다양한 서비스 이용 권한을 줄 것이다. 그 좋은 예가 바로 23andme[45]인데, 단돈 99달러에 귀중한 DNA 분석 서비스를 제공하는 대신 해당 데이터를 신약 연구를 위해 GSK와 같은 기업과 공유한다.

●●● 다양한 생각과 습관

가리발디와 낙태. 아니 이 둘은 연관성이 없다. 가리발디 얘기는 첫 직장인 암스테르담 사무소의 컨설팅 회사를 다닐 때의 일이다. 사무소에는 가리발디 클럽이라는 비밀 클럽이 있었다. 1800년대 이탈리아 주세페 가리발디Giuseppe Garibaldi 장군을 찬양하는 사람들의 모임이었다. 가리발디 클럽의 회원이 되려면 가리발디 장군의 일생에 관한 아주 어려운 퀴즈를 풀어야 했다. 가리발디 클럽 회원은 단 두 명이었다. 아마 지금은 문제가 쉬워졌겠지만, 가리발디 페이스북 페이지도 있는데 내가 마지막으로 확인했을 때는 팔로어도 55명이었다.

좀 더 우울한 얘기를 하자면, 넷플릭스 다큐멘터리인 "제인 로 케이스 뒤집기"는 미국 내 낙태 찬반 규제를 뒤집기 위한 각종 시도와 논쟁을 다룬 내용으로 2018년에 방영되었다.

이 주제에 관해 내가 어떤 입장인지는 둘째 치고, 이 다큐가 정말로 시선을 끈 점은 미국 인구의 거의 절반이 이 문제에 결론을 내리고 전혀 아무런 관련 없는 사람의 생활방식이나 개인적인 선택을 강요하기 위해 기꺼이 나서기까지 했다는 사실이었다. 게다가 이 문제는 단지 미국적인 현상만은 아니었다.

1980년대와 90년대 대부분의 아시아 국가에서의 육아를 생각해 보면 내가 무슨 말을 하는지 알 수 있을 것이다.

그러나 밀레니얼 세대로 넘어오면서 이 문제가 대대적으로 변화를 맞을 것이라는 희망이 있다. 아마도 미래에는 다른 사람에게 해가 되지 않는 한 누구나 원하는 대로 행동하고 살 수 있을 것이라는 것이다. 우선 오늘날 사람들은 자신이 하고 싶은 일을 하고 원하는 삶을 선택할 때 더욱 자신감을 갖는다.

미국의 2019년 인구 조사에서 동성 커플이라고 보고한 사람의 수는 백만 명에 가까웠으며 2010년의 65만 명 수준에 비하면 엄청나게 많아진 것이다. 덧붙여, 불과 10년 전에 비하면 결혼한 동성 커플의 비율도 훨씬 높아졌다.[46] 다양한 생각과 라이프 스타일에 대한 소비자의 태도 역시 상당히 바뀌면서 자기 방식대로 살게 두자는 사고방식이 점점 더 폭넓게 자리잡아가고 있다. 동성 커플 얘기를 계속하자면, 동성 커플에 찬성한다는 미국인의 비율은 2004년 40퍼센트에서 2019년에는 60퍼센트로 역전됐고,[47] 이런 추세는 앞으로 10년 후에도 계속될 것이다. 어떤 사람이든, 어떤 인생을 선택하든 간에 지금은 훨씬 쉽게 동류를 찾고 다른 사람의 인생을 참고해 자신이 처한 환경을 적극 활용할 수 있는 세상이 되었다.

2019년 4월, 페이스북은 다양한 페이스북 그룹에 참여해서 활동하는 사용자 수가 약 4억 명이라고 발표했다. 2019년 4월, 페이스북은 의미 있다고 여기는 그룹에서 활동하는 사람이 4억 명이 넘는다고 말했다.[48]

기업은 이러한 소비자 동향을 최대한 활용해 디지털로 활용 사례를 구축하고 이를 통해 소비자의 틈새 수요를 채우면서도 대규모 개인화 (massive personalization)를 구현할 수 있다. 그럼으로써 개별 소비자는 정확히 원하는 제품과 서비스를 구매하게 된다. 예를 들면 키가 190센티미터 이상이라면 투톨2Tall[49]에서 남성 의류를 구입하거나 키가 173센티미터 이하라면 피터 매닝Peter Manning[50]에서 쇼핑하는 식이다.

운동화 수집광이라면 온라인으로 맞춤 신발을 디자인해 고객 맞춤 디자인 서비스인 나이키 바이 유Nike By You[51]를 통해 3주 내에 받아보는 데 관심을 갖게 될 수도 있다.

●●● **경험의 가치와 복잡성에 대한 욕구**

피자. 30년 전 인도의 작은 마을에 살 때, 피자의 밤에는 늘 먹던 난에 케첩을 듬뿍 바르고 치킨 조각 조금과 고추를 잔뜩 넣은 뒤 간 아물 치즈를 듬뿍 뿌려 오븐에 넣었다. 치즈는 한 종류밖에 없었고 그것도 캔에 담긴 치즈뿐이었다.

몇 년 후 대학에 가니 도미노 피자 아니면 닥터 오트커에 스리라차 소스를 잔뜩 뿌린 것이 피자였다. 그리고 변화가 생기기 시작했는데, 씬(얇은) 크러스트에 파르마 프로슈토 햄을 장작불로 굽고 신선한 루콜라와 리코타 치즈를 약간 넣은 것이 피자가 되었다. 그리고 지금은 이 모든 것을 피자라 부르긴 하지만, 피자 도우만큼은 풀리아 지방의 밀가루를 써야 하고 당연히 구운 케이퍼가 들어가야 하며 장소도 살짝 급진적인 피

렌체의 어느 동네를 연상시키는 분위기여야 한다. 측벽에는 욕실 타일이 중간 높이까지 발라져 있고 한쪽 벽에는 그래피티가 그려져 있고 등받이가 없는 스툴과 유리병에 든 와인을 마시는 사람들, 희미하게 마리화나 냄새를 풍기는 웨이트리스가 있고 라무니치팔La Municipal이란 그룹의 노래가 반복되는 풍경이 펼쳐져야 한다. 훌륭한 피자를 만들고 팔려면 이런 게 필요하다.

소비자는 더 이상 제품에만 만족하지 않고, 제품에 더해지는 경험을 필요로 한다. 피자처럼 다소 1차원적인 제품이 이제는 피자를 먹는 다양한 감각적 경험이라는 형태로 제공되어야 하는 것이다. 소비자 4명 중 3명은 물질적인 것보다는 경험에 돈을 더 쓰고 싶어 한다. 소비자의 76퍼센트는 물질적인 것보다는 경험에 돈을 더 쓰고 싶어 한다.[52] 그뿐만이 아니다. 물론 우리 인간의 욕망은 끝이 없긴 하지만. 소비자는 경험을 더해가며 더 복잡하고 극단적인 형태에 도달하고 싶어 한다.

지난 몇 년간 철인 3종 경기에 참가하는 친구들이 점점 더 눈에 띄었다. 그래서 나는 관련 정보를 찾아보고는 2005년부터 2017년까지 중거리 철인 3종 경기에 등록한 참가자 수가 5,000명에서 13만 명으로 늘었으며 평균 경기 참여 시간이 6시간이 조금 넘는다는 사실을 알게 됐다.[53] 그리고 경험 이상을 원하는 이러한 "경험 많은" 소비자들은 자신이 이러한 경험을 얻었다는 영광의 훈장 같은 것을 내보이고 싶어 한다. 통계적으로 상관관계가 다소 떨어지긴 하지만 이에 적합한 예가 바로 타투의 인기 상승이다. 일종의 상품이기도 하면서 경험이고 자기표현이며 훈장이기도 한 것이다. 미국인 3명 중 1명은 타투를 했으며 이 수치는 2012년에서 2019년 사이 20퍼센트 늘어났고,[54] 점점 주류 문화로 자리를 잡아가는 중이어서 나는 면접에 온 구직자가 목에 아주 뚜렷한 타투를 한 경우 적절히 반응하는 법에 대한 강연을 들은 적도 있다(정답은 전혀 반응하지 않는 것이다).

기업은 제품보다는 경험을 제공하는 데 더 치중할 때 확실히 가치를 얻으며, 에어비앤비가 경험을 제공하는 분야에 뛰어든 것은 아주 좋은 예가 된다. 에어비앤비는 심지어 코로나 기간에도 온라인 경험을 제공했다.[55] 물론 소비자의 경험을 인정해 주는 플랫폼에서는 유명인이 나타나고 그를 따르는 사람들이 생기게 마련이다. 게임 회사들이 바로 그런 방식으로 큰 성공을 거뒀는데, LoL 플레이 경험 저변에서 탄생한 리그 오브레전드(LoL) e-스포츠 리그와 수천 개의 지방, 지역 및 동네 리그 등 대체 리그가 만들어지면서 성과를 거둔 것이다.[56]

●● **압도적인 상품의 가짓수, 선택의 자유 및 투명성**

샌프란시스코의 OJ와 홍콩의 다이아몬드. 내가 말하는 건 다른 OJ로, 2010년에는 오렌지 주스를 의미했었다. 나는 당시 여자 친구이자 지금의 아내를 만나러 찾아갔고 아내는 나에게 반경 5마일 안에서 가장 충격적인 미국의 과잉 현상 3가지를 보여주기로 했다. 첫 번째가 아이홉 iHop(미국의 팬케이크 체인─옮긴이)에서 파는 버터에 젖어 시럽 범벅이 된 채

수북이 쌓인 팬케이크였다. 그리고 편의점에 수없이 진열된 진통제 코너, 그 다음은 홀푸드Wholefoods(미국의 유기농 식품 전문점–옮긴이)였는데, 오렌지 주스 섹션 앞에 선 나는 비로소 깨달았다. 지금까지 사소한 물건을 구매하면서 종류가 너무 많아 고민을 해본 적이 단 한 번도 없었던 것이다. 그러나 나는 이런 선택지를 당연하게 누린 적이 단 한 번도 없다는 생각에 배신감을 안고 마트를 나섰다.

1년 후 나는 하노이에 있었고 아내에게 프러포즈할 계획을 세우고 있었는데, 딱 맞는 다이아몬드를 고르는 어려운 문제가 나를 기다리고 있었다. '예-아니오'의 간단한 결정과 대략 연결된 행복이라는 무형의 결과에 최적화된 제품을 고르기 위해 6가지 핵심 변수로 다변량 분석을 해야 했던 것이다. 어쩔 줄 몰라서 매형에게 전화했더니 나에게 홍콩에 있는 "다이아몬드 전문가"의 전화번호를 알려주었다. 편견을 심어주고 싶지 않으니 그를 모셰로 부르기로 하자. 그래서 모셰에게 전화했더니 그는 "걱정 말고 여자친구가 어느 나라 사람인지, 예산은 어느 정도인지만 말해주면 최적의 다이아몬드를 살 수 있을 것"이라 말해주었다. 나중에 나는 아내의 출신지인 한국에서는 오로지 다이아몬드의 사이즈만 중요하다는 것을 알았고 그래서 고르기가 수월했지만, 나는 모셰에게서 바로 그 말을 듣고 싶었다.

소비자는 특히 지금처럼 끝없이 늘어선 진열대에 상품이 넘쳐난다는 사실에 완전히 압도된다. 불과 5년 전, 전자상거래 스타트업 기업에서 일했던 때가 생각난다. 우리는 플랫폼에 올라가는 SKU(재고관리 단위로,

품목을 말함-옮긴이)를 400만 개 이상으로 잡았었는데, 지금은 같은 플랫폼에 접속하면 3억 개의 SKU를 찾을 수 있다. 선택 범위가 어마어마한 것이다.[57] 물건을 살 때 대부분, 그리고 특히 구매가 더욱 복잡한 경우에는 너무 많은 정보가 너무나 체계 없이 나열된 경우도 많다. 따라서 3억 개 SKU 중 무엇을 살지 결정하는 데 너무 오랜 시간과 많은 노력이 늘어가고 있으며, 소비자들은 더 많이 검색하고 모세와 같은 사람의 도움을 그 어느 때보다도 더욱 필요로 하고 있다.

소비자의 80퍼센트는 온라인 검색과 동영상을 이용해 상품을 구매하며 71퍼센트는 상품 진열대 앞에서 서서 이런 검색을 하기도 한다.[58] 이런 결정을 한 다음에도 FOMO(Fear Of Missing Out) 증후군, 즉 좋은 기회를 나만 놓칠까 하는 두려움이 남아 있다. 소비자는 제대로 된 결정을 내렸다는 사실을 재확인하거나 잘못된 구매를 했더라도 자유롭게 결정을 번복할 수 있길 바란다. 온라인으로 주문한 의류와 신발류의 약 3분의 1은 반품되며 이처럼 후회 없는 쇼핑을 할 수 있다는 편리함은 패션과 의류 부문에서 이런 채널이 왜 폭발적으로 성장[59]하는지를 알려주는 핵심 이유 중 하나이다.

몇 년간 확실한 가치 창출 기회를 제공했던 것은 바로 소비자가 무료로 투명성의 혜택을 누릴 수 있는 가격 비교이다. 가격 비교 플랫폼은 제휴 마케팅 수수료를 통해 유통업체로 전송된 트래픽을 수익화한다.

이러한 공간이 계속 진화할 것이며, 구글과 같은 거대 기업에서는 더욱 그럴 것이다.[60] 여기에 대해서는 이 책의 후반부에서 자세히 다루겠다. 소비자가 실제 구매하기 전에 상품을 미리 사용해볼 수 있도록 선구매 후결제, 즉 BNPL(Buy Now Pay Later)과 같은 서비스 편의를 제공하는 것은 디지털 상거래를 지원하는 또 하나의 핵심 요소로서 일부 디지털 결제업체들이 이러한 분야에서 경쟁을 벌이고 있는데, 클라르나Klarna [61] 가 그 예에 해당한다.

●●● 교육 및 고용에 대한 태도 변화

엔지니어 또는 유튜버. 어릴 때 인도에서 나와 내 친구들은 단두 개의 직업만 선택할 수 있었다. 의사가 되거나 엔지니어가 되는 것이었다. 조금 더 나이가 들어서 의사가 되려면 10여 년을 죽어라 공부해야한다는 걸 깨닫고 나면 엔지니어의 길을 선택하게 된다. 엔지니어가 되기 위해서는 대학이라는 좁은 문을 통과해야 하는데, 대학이 핵심 가치기준으로 삼은 것은 언제나 교육이 아니라 입학의 난이도에 따라 학생을 뽑는 선별성이었고, 시간이 지날수록 교육의 질 자체와는 별 상관이없어졌다. 몇 년 후 들어간 경영대학원도 사정은 마찬가지였다. 배우는것은 있지만 학교의 브랜드도 중요했고 선별된 집단이라는 사실을 넘어학비로 엄청나게 많은 돈을 낼 능력이 있는지도 중요한 요소였다. 그래서 교육에서 중요한 것은 학습과 브랜드, 월등한 재력, 선별성이며, 어느정도 교육을 통해 학교 브랜드를 획득한 부유한 집안 출신의 똑똑한 아이들을 장래 고용주에게 공급하는 것이다.

최근에 한 친구의 열 살 난 아이는 커서 유튜버가 되고 싶다며 그의 친구들도 대부분 비슷한 꿈을 갖고 있다고 말했다. 내 친구는 유튜버가 된다는 게 무슨 의미인지 이해해보려고 20대에 백만장자가 된 사람들의 사례를 몇 가지 찾아냈다. 유튜버가 실제 직업으로 인정받는다는 사실에 그는 다소 안도했다. 그러나 유튜버가 되기 위해 받아야 하는 공식적인 교육이 없다는 사실이 겁이 났고, 아이가 꿈을 이루는 데 있어 사신이 일군 부나 아이의 학교 성적이나 명문 대학에 들어갈 실력 같은 것이 아무런 도움이 안 되는데도 아이를 지원해야 하는 불운한 현실과 맞닥뜨린 것에 혼란해했다.

소비자는 기존과 다른 경력 개발 방식에 빠르게 적응하면서 긱 경제 (gig economy)에 적극 뛰어들고 있다. 몇 년 전 미국 근로자의 36퍼센트가 이미 비정규 근로가 본업인 긱 경제에 참여하고 있었다. 36퍼센트는 어떤 형태로든 임시직으로 일하고 있다.[62]

그 결과 대학 학위와 구직 및 고용 유지 간의 연결 고리가 점점 약해지면서 전통적인 고등교육 구조가 시험대에 오르고 있다. 예를 들면, 미국에서는 2010년부터 고등 교육기관의 학생 등록 수준이 꾸준히 하락세를 그려왔다.[63] 고용주들은 중앙 집중식 교육기관의 인증서보다는 추천과 평가를 훨씬 더 많이 활용하고 있다. 이를 통해 특정 업무 수행 역량이나 특정 서비스 제공 능력을 더 정확히 파악할 수 있다고 보는 것이다. 실제로 인사 담당 임원 10명 중 8명은 경력직원을 뽑기 위해 항상 추천인에게 연락한다고 한다.[64]

마지막으로 평생교육에 참여하는 사람들이 늘어나면서 배움에는 나이가 없다는 생각이 자리 잡고 있으며, 나이가 들어도 지속적으로 새로운 기술을 배우는 자기계발이 일상화되고 있다.

20대 중반에 대성공을 거둔 기업인을 둘러싼 성공 신화가 있긴 하지만 스타트업으로 백만장자가 된 몇몇 기업인은 실제로 30대에 첫 번째 성공을 거두었으며, 대학 교육과는 전혀 관계가 없었거나 사회생활을 어떻게 시작했는지가 별로 중요하지 않았는데 이 분야에서는 흔한 일이다.[65]

코세라Coursera[66]와 같은 디지털 교육 시장은 오래전부터 존재해왔으며 앞으로 10년간 계속해서 인기를 얻으며 공교육 시장을 잠식해갈 것이다. 업워크Upwork[67]와 같은 프리랜서 시장 역시 생긴 지가 좀 됐으나 몇 차례 변화를 겪으며 방향 전환을 모색해왔다. 이런 유형의 플랫폼은 그 범위를 계속 확장해가며 더 많은 복잡한 일을 포괄하게 될 것이다.

●●○ **삶의 참조점이자 자아 실현을 위한 SNS**

"요즘 어때요?" 5년 전, 친한 친구이기도 한 개인 트레이너는 체육관에 들어서면서 소리를 지르고는 60분간 내가 녹초가 될 때까지 굴리곤 했다. 그리고 그는 세트 중간 중간에 자신의 "인스타" 얘기를 하면서 하루 일과를 시시콜콜 시간 순으로 읊어댔다. 그로부터 몇 년 후 결국 인스타그램 계정을 만든 나는 그만 염치없이 푹 빠져버리고 말았다. 어쨌든 힘이 드는 일인데, 가까운 친구들 중에는 나보다 훨씬 심하게 인

스타그램에 푹 빠져서, 온종일 아무것도 안 하고 평범하든 특별하든 말그대로 하루도 빠짐없이 인스타그램에 사진부터 찍어 올려야 한다는 사람들도 있다. 이런 종류의 행동을 자아 실현을 위한 절박한 쇼맨십의 일종으로 보는 게 현명하다는 걸 안다. 그리고 인플루언서와 이 모든 것의 공허함을 평가하는 지식인들도 무수히 많다. 그러나 이는 엄청난 사회적 움직임이라는 사실을 인정하고 좀 더 심층적으로 살펴보면서 왜 이런 현상이 벌어졌는지, 그리고 앞으로 10년 이상 이러한 현상을 도움이 되도록 활용할 수 있을지 파악해보자.

20년도 더 전에 ICQ와 마이스페이스MySpace가 처음 등장했을 때 전 세계 부모들은 자녀가 가족과 공동체라는 사회적 장벽을 뚫고 나갈까 봐 걱정에 휩싸여 실제로 친지 이외의 사람들과 대화를 나누던 모습을 똑똑히 기억한다. 이제 바로 그 부모들은 지구 반대편의 누군가를 상대로 사소한 일들을 트집 잡아 비난을 쏟아내고 있다.

경험의 공유가 더욱 보람 있는 삶에 대한 지속적인 동기 부여의 한 방편이 되면서, 처음 이런 종류의 플랫폼이 나왔을 때의 열광적인 반응은 한풀 꺾이긴 했지만 이런 추세는 앞으로도 수그러들지 않을 것으로 보인다. 전 세계 17억 명이 넘는 인구가 페이스북에서 활발히 활동하고 있으며 이 사람들은 대부분 페이스북에 그날 자신이 한 일을 공유한다.[68] 다른 사람 일상의 일부가 될 수 있다는 것은 매일 소비자가 더욱 다양한 선택을 내리는 데 도움이 되는 중요한 참조 역할을 한다.

인스타그램 사용자 4명 중 약 3명은 인스타그램에서 봤을 법한 내용을 바탕으로 구매 결정을 내리는데, 이는 대부분 유료 광고가 아닌 또래 집단의 행동을 모방하는 데서 비롯된 것이다.[69] 사람들이 이러한 현상을 못마땅해 하는 건 돈을 받은 인플루언서와 포스터에는 사실상 진정성이 결여되어 있기 때문이며, 이런 인플루언서들은 귀찮게 굴며 쉽게 외부 영향에 휘둘리는 소비자들이 비현실적인 개인적 기대를 걸게 만든다.

위안이 되는 통계가 하나 있는데, 친한 친구들과 팔로어가 5,000명 미만인 보통 사람들은 백만 명이 넘는 팔로어를 거느린 유명인 또는 돈을 받은 게 분명해 보이는 팔로어 10만 명 이상의 자칭 인플루언서보다 유대감을 형성할 확률이 4배 이상 높다고 한다.[70]

SNS를 삶의 참조점으로 활용하는 이 같은 소비자 추세는 계속될 것이다. 또한 우리는 훗스위트Hootsuite[71]가 지금까지 몇 년간 다른 기업의 플랫폼을 관리한 것처럼, 일상을 포스팅하고 SNS를 보다 쉽게 무난히 관리할 수 있게 해주는 플랫폼의 눈부신 성장을 보게 될 것이다. 한편으로 기업과, 나아가 개인이 팔로우할 만한 사람과 소통할 만한 인플루언서를 찾을 수 있게 해주는 트래커Traackr[72]와 같은 툴 및 플랫폼 역시 지속적으로 영향력을 발휘할 것이다.

이상으로 향후 10년간 가장 주목할 만한 10대 소비자 동향과 기술 동향을 살펴보았다(그림 1.2 참조).

어떤 것은 아주 전략적이고 실용적인 데 비해 어떤 것은 아주 정서적이고 정신적인 특성을 지니지만, 하나같이 소비 형태와 비즈니스 창업

맥락 설정하기

10가지 핵심 기술	10가지 핵심 소비자 동향
🕐 지리공간 정보	👥 세대의 공유
🖊 수동적인 개인용 기기	$$$ 개인 재무 관리
👤 인공 지능	🌳 사회적 책임
📱 자동화된 콘텐츠 렌더링	🏠 수용 가능한 형태의 무주택
✖ 임플란트와 센서	🔒 개인 정보 보호 전쟁에서 패배
📶 5G 연결성	?ᵢ 다양한 생각
@xx.. 모듈식 소프트웨어 개발	🏔 경험 대비 가치
❚❚❚ 데이터 프라이버시 및 보안	🎿 압도적 수준의 다양성
🔋 블록 체인	📖 일과 공부에 대한 태도
🤖 로봇 공학과 3D 프린팅	🅾 SNS 자아 실현

그림 1.2 10대 주요 기술 및 소비자 동향

및 운영의 미래를 결정할 잠재력을 갖고 있다.

서론에 해당하는 이 파트의 다음 마지막 부분에서는 지금까지 살펴본 내용을 잠시 되짚어보고 이처럼 흥미롭게 변화하는 세계를 다시금 본격적으로 살펴볼 것이다.

본론에 앞서 내용 정리

그러면 지금까지 다룬 내용을 다시 한 번 짚어보자. 디지털 트랜스포메이션은 가치를 창출해야 하고, 디지털 트랜스포메이션은 기술 변화가 동인이 되어 일어나며, 디지털 트랜스포메이션은 소비자 동향을 따라갈 때 그 유용성을 찾을 수 있다.

이 파트에서는 조직 또는 경영진이 이 모든 내용과 어떤 관계가 있는지 다뤄보겠다. 미래에 대비하면서 맞닥뜨릴 수 있는 불확실성과 부조리에 대해서도 살펴볼 것이다.

마지막으로 디지털 트랜스포메이션을 폭넓게 응용할 수 있긴 하지만, 소비재와 서비스 산업으로 그 범위를 한정하고 앞으로 여러 파트에 걸쳐 다루게 될 주목할 만한 핵심 영역을 소개하겠다.

●●• 큰일이다, 이미 너무 많은데 어디서부터 시작하지?

이런 생각이 든다면 염려마시길. 제대로 찾아왔다는 뜻이니까. 2006년에 컨설팅 분야에서 일을 시작했을 때, 첫 몇 주, 몇 달간은 컨설턴트라면 당연히 갖춰야 하는 기술과 툴을 익히느라 온갖 노력을 쏟아 부었다. 고객을 상대할 때 쓰는 표현부터 익혀야 하는 대부분의 전문 서비스 기업이라면 아마 다들 비슷할 것이다.

회사에서는 7단계 문제 해결 프로세스를 소개하고는, 문제가 그리 복잡하지 않다든가 7단계 문제 해결 프로세스가 있으면 그다지 어렵지 않을 거라 장담했다. 7단계 그 자체는 전혀 특별할 것이 없다. 문제 정의, 체계화, 우선순위 설정, 실행 계획 수립, 분석, 종합 및 제시의 과정을 거치는데, 회사가 암묵적이든 명시적이든 해결책을 제공하기 위해 이러한 단계를 거치며 쌓아온 원칙을 엄격히 적용하도록 매번 고객에게 권해야 했다.

이 프로세스가 그토록 간단하다면 왜 컨설팅 프로젝트마다 성과가 제각각이며 왜 어떤 컨설팅 회사는 다른 곳보다 더 높은 실적을 올리는지, 왜 어떤 스타트업의 가치는 다른 곳보다 더 높게 평가받는지, 왜 어떤 기업은 다른 곳보다 더 높은 주주 이익을 실현하는지가 설명이 되지 않는다. 다들 그냥 7단계를 따라만 해도 문제를 해결할 수는 없는 건가?

아무도 일러주지 않는 비밀이 있다. 바로 해리포터에 나오는 플랫폼 9와 4분의 3처럼 중간에 보이지 않는 마법의 단계가 있는 것이다. 문제를 정의하고, 구조를 파악하고, 어떤 부분을 먼저 제대로 이해해야 하는지 판단하고, 팀의 시간을 계획하고 해당 분야를 분석하는 첫 5단계를 거치며 당면한 상황을 좀 더 면밀히 파악한 후에는 한숨 돌린다. 그리고 명확해질 때까지 기다리는 것이다.

주말 휴가를 떠나거나 의무감을 훌훌 털어버리고 마라톤을 하거나 진탕 취하거나 12시간 연속으로 카운터 스트라이크 게임을 하거나 다섯살 난 아이와 5천 조각 퍼즐을 맞춰보는 것이다. 그냥 문제 생각은 하지도 말라. 그리고 월요일 아침에 사무실에 나와 의자 위에 서서 정답이 뭔지 모두에게 큰 소리로 외치는 것이다.

그처럼 문제를 내면화하는 수동적 태도에서 적극적이고 자신 있게 목소리를 내는 태도로 바뀌어가는 단계가 바로 마법의 단계다. 그런 다음에는 통합과 제시의 과정으로 넘어가지만, 마법의 단계가 해법을 좌우하며 그 마법의 단계에 간단한 답은 없다. 이는 내가 어떤 사람인지, 특정 상황을 어떻게 해석하는지, 다양한 인사이트 간 연관성을 파악해 그로부터 어떻게 흥미로운 사실을 추론하는지를 단적으로 보여준다.

한 자리수 숫자 두 개를 더하는 것처럼 간단한 문제에 필요한 연산 능력은 정해져 있으며 언제나 절대적으로 확실한 정답을 얻는다. "디지털 트랜스포메이션에서 무엇을 할 것인가"와 같은 기업의 문제는 훨씬 복잡하다. 기술이 변하고 영향 받는 소비자가 있으며, 개인적인 목적이 끼어들고, 투자 수익률에 대한 주식 시장의 기대도 반영해야 되며, 유통업체와 공급업체 간 관계는 깨지기 쉽기 때문이다. 그러니 기업에 철저한 최적의 방식이 있다 하더라도 절대적인 확신을 갖고 이를 설명하기란 사실상 불가능하다. 게다가 여기에 사람이 끼어든다.

뛰어난 사람들은 다른 사람들과 마찬가지로 상황을 파악해 위대한 마법을 만들어낼 수 있다. 복잡한 문제에 대해 명확한 답을 내놓지 못하는 경우, 전문 지식을 가지고 세상 물정에 밝은 임원의 합리적인 예측은 바람직한 선택이 된다. 실제로 그가 지식이 많고 세상 물정에 밝다면 말이다.

나는 이를 이해와 명확한 표현, 논쟁 및 약속의 네 단계로 나누어 볼 것을 권한다. 아주 간단하다. 실제 상황을 최대한 이해하려고 노력함으로써 디지털 트랜스포메이션을 시도해야 한다.

이 책의 초반부에서는 기술과 소비자 동향을 일부 소개하면서 여러분에게 그 방법을 제시했으므로 소속 회사와 해당 업계, 그리고 업계 종사자들은 이해하리라 생각한다. 그러나 이러한 모든 측면을 더욱 깊이 있게 이해하려면 성급히 결론을 내리지 말고 천천히 시간을 들여야 한다. 이러한 주제에 대해 익숙해질수록 새로운 길을 더 잘 개척할 수 있게 될 것이다.

2단계는 의자 위에 올라가서 비즈니스 계획을 명확히 표현하는 것이다. 꽤 불편하게 느껴질지도 모르겠지만, 두렵고 가늠하기 어려운 기술 분야에 진출할 때는 그처럼 첫 발을 내디딜 필요가 있다. 그리고 여러분이 아는 게 많고 세상 물정에도 밝다면, 바로 그런 이유로 채용이 된 것이겠지만, 내러티브(내러티브란 비전과 세계관 등 특정 관점이나 가치관을 담아낸 강력한 서사로, 소비자의 무의식에 자리 잡는 감성을 기반으로 한다-옮긴이)는 완벽에 가까워진다.

3단계는 뭔가 덧붙일 의견이 있을 거라 생각하는 사람들과 논의한 후 내러티브를 조정하고 반복하는 것이다. 건설적인 갈등, 특히 사람들이 원래의 접근 방식을 문제 삼을 경우 이를 약간만 변형해 더욱 탄탄하게 만들면 아주 많은 것을 얻을 수 있다.

다음으로 마지막인 4단계에서는 계획을 지키고 어느 정도 유연성을 유지하되 대부분은 원래 계획을 고수하고 뒤돌아보지 않는 것이다. 조직은 회계 연도 내에서는 계획을 변경하고 싶어도 변경할 수가 없게 되어 있다. 그리고 원래 계획이 기대에 훨씬 못 미치는 결과를 낳게 된다 하더라도 변경하려다 추진력을 잃는 경우 더 큰 손실이 발생할 것이다.

나는 이 책의 마지막 파트 전체를 할애해 이를 구체화하는 "방법"을 아주 상세히 다룰 것이다. 조직 내에 이러한 디지털 트랜스포메이션 엔진을 만들고 운영하는 방법에 대한 몇 가지 구체적인 아이디어와 청사진을 제시할 것이다. 지금은 나와 함께 논쟁에 참여해 달라는 정도만 부탁하고 싶다.

디지털 트랜스포메이션의 맥락을 파악하기 위해 노력해온 책임자 입장에서, 일천한 지식이나마 이를 바탕으로 앞으로 10여 년에 걸쳐 나타날 것으로 예상되는 상황을 구체적으로 설명할 것이다. 그런 다음 논쟁을 벌이는 것이다. 직접 만나서 할 수는 없겠지만, 이 책의 내용을 되새기면서 마음속으로 질문을 던져 볼 수 있길 바란다.

● ● ● **소비재와 서비스 부문의 6가지 혁신 분야**

6가지 혁신 분야라는 생각이 마음속에 싹튼 것은 몇 년 전의 일이었다. 당시 나는 한 유명 기업과 브랜드를 위해 장기적인 디지털 트랜스포메이션 전략 계획을 막 구상하기 시작했는데, 자사 방식을 고집하면서도 새로운 분야로 진출할 방법을 듣고 싶어 하는 열정적인 직원들이 있었다. 현 시점을 기반으로 사업을 확장하는 방식과 기존 성과를 바탕으로 한 전략 수립에 대해 얘기를 나눴다.

2035년과 같이 그리 머지않은 미래의 자신을 상상하며 이상적 미래에 도달하기 위해 현재의 비즈니스 방식을 혁신하는 방식도 다뤘고, 이러한 미래지향적 사고에 도달하기 위해서는 앞으로 5년간 무엇을 해야 할지에 관해서도 많은 이야기가 오갔다.

나는 이런 방식이 미래 로드맵을 짜는 아주 강력한 방식이라 생각했으나, 곧 다수의 공감을 얻기엔 다소 역부족이라는 사실을 깨달았다.

맥락을 충분히 파악하지 못해 제트팩과 생체공학 임플란트와 같이 공상과학물에나 나올 법한 이야기로 끝나거나, 기업 문화에 맞지 않아 충분한 논쟁이 이루어지지 못했기 때문이었다. 그러나 그 개념이 머릿속을 맴돌았고, 2035년의 미래를 구상하면서 나는 해당 조직에 설명하기 적합하도록 이를 큰 덩어리로 나누어보기 시작했다. 그렇게 해서 6가지 혁신 분야가 나오게 된 것이다.

내가 혁신 분야라 부르는 이유는 이러한 6가지 혁신 분야를 따라 다방면에서 디지털 구현 움직임이 활발해지면서 점점 더 많은 영역을 잠식해 들어가고 그 과정에서 규모 확장이 일어나 가치 증대로 연결되는 상황이 머릿속에 떠오르기 때문이다.

각 혁신 분야별로 나는 기술의 진보와 소비자 행동이 충돌하면서 소비자 대상 기업이 가치 증대 기회를 만들어가는 주요 활용 사례를 생각하기 시작했다.

각 분야를 4가지 활용 사례로 한정해 놓고 항상 4가지만 생각해내려 했는데, 이런 쪽으로 내가 좀 강박증이 있기 때문이다. 그래서 24개 활용 사례에서 그다지 설득력이 없거나 내가 빠뜨렸다고 생각되는 것들도 몇 가지 있을 것이다. 연락을 주시면 논의를 통해 개정판을 낼 때 포함시키도록 하겠다.

다음 섹션에 소개되는 6개 파트는 이 6가지 혁신 분야별로 정리되어 있으며 그 내용은 다음과 같다(그림 1.3 참조).

혁신 분야 1 — 기업은 어떻게 소비자에게 도달하는가. TV 광고와 옥외 광고의 미래를 살펴보고 개인용 기기와 SNS의 속성이 어떻게 변화하며 광고 제작 분야에서 변혁을 앞당길 것인지 알아볼 것이다.

혁신 분야 2 — 기업은 어떻게 소비자와 유대감을 형성하는가. 기업이 소비자 기반을 활용하는 방법과 멤버십 프로그램의 미래, 새로운 가치 제안과 무형의 가치가 앞으로 어떻게 중요성을 더할 수 있는지를 알아볼 것이다.

혁신 분야 3 — 소비자는 어떻게 거래하는가. 홈쇼핑, 모바일 쇼핑, 온라인 쇼핑 및 상담 업무가 앞으로 어떻게 진화할지 살펴볼 것이다.

혁신 분야 4 — 기업은 어떻게 제품과 브랜드를 만드는가. 기업이 어떻게 소비자로부터 얻은 인사이트를 활용해 의미 있는 브랜드와 개별 맞춤형 상품, 현지화된 서비스를 제공하는지를 다룰 것이다.

혁신분야 5 — 공급망은 어떻게 구성되는가. 제조, 물류, 유통이라는 맥락에서 인더스트리 4.0Industry 4.0을 살펴보고 재활용을 위한 역물류의 등장을 함께 다룰 것이다.

혁신 분야 6 ― 기업은 어떻게 운영되는가. 재무 부서를 통한 투자자, 인사 부서를 통한 직원, 경영진 일반 및 정부 부처를 포함한 기업의 주요 이해관계자들이 어떻게 변화해야 할지 알아볼 것이다.

●● 부조리한 모습으로 나타나는 변화와 혁신

나는 열성적인 종교인이라기보다는 다소 자유로운 성향의 힌두 가정에서 태어났다. 부모님은 내가 특정한 종교적 신념을 갖게끔 하신 적이 없었는데, 자라면서 그런 점이 상당히 장점으로 작용했다.

이후 사회적 자유주의의 두 거점 도시라 할 수 있는 베를린과 암스테르담에서 몇 년 간 살다가 10년 전에는 보수적인 한국 기독교 집안 출신의 아내와 결혼했다. 신념이라는 면에서 보면 다소 복잡한 인생이었던 셈인데 그 사실을 그다지 신경 쓰지는 않는다.

자주 드는 생각 중에 지금도 굳게 믿는 한 가지 사실은 바로 인생은 부조리할 뿐이라는 것이다. 좋은 사람들에게 언제나 좋은 일이 일어나는 것은 아니며 나쁜 사람들에게 항상 나쁜 일이 일어나지도 않는다. 물론 현실을 잘 헤쳐 나가기 위해서는 현재를 파악하고 미래를 예측할 수 있어야 하겠지만, 결국 일어날 일은 가장 이해할 수 없는 방식으로 일어나고야 만다.

운명이나 카르마가 있다고 해봐야 인과관계에 따른 연쇄적 사건의 결

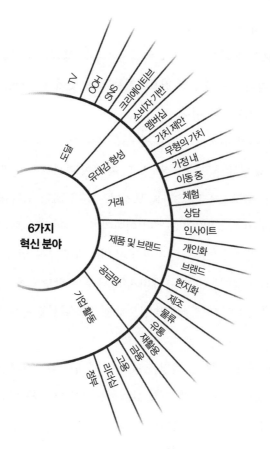

그림 1.3 6가지 디지털 혁신 분야

과일 확률이 높으며, 너무 복잡하고 길어서 인간의 정신이 이해하기 어려운 것에 지나지 않는다. 왜 어떤 일들이 우리에게 일어나고야 마는가에 대한 복잡한 모든 패턴을 공개함으로써 AI가 마침내 카르마의 실체를 공개한다고 한번 상상해보자.

이때 우리는 사건의 상당 부분이 그저 터무니없는 우연의 일치라는 사실만 확인하게 될 것이다.

이런 식으로 첫 파트를 마무리하려는 이유는 세계가 균일하고 온전하게 이러한 혁신 분야를 따라 진보하지는 않을 것이라는 점을 독자 여러분이 알 길 바라기 때문이다.

사건은 일어날 것이고 여러분 중 누군가는 서로 나른 회사에서 일하게 될 것이다. 회사가 망하는 경우도 있을 것이고 새로운 규제나 규제 완화가 도입될 수도 있으며 손자를 보거나 이혼을 하거나 기술이 획기적으로 발전하거나 장기적인 전쟁이 이어지거나 또 다른 팬데믹이 전 세계의 자원을 집어삼키고 모든 것이 잠시 멈추게 될 수도 있다.

2035년의 세상에는 이미 존재하지 않게 된 사람도 있을 것이고 누군가는 로또에 당첨이 되어서 외딴 섬으로 이주를 결심할 수도 있다.

디지털 트랜스포메이션 여정은 인생 그 자체와 마찬가지로 부조리하며, 답이 분명한 블록체인과 AI 및 웨어러블 기기를 통해 우리에게 정해진 행로를 펼쳐 보이지도 않는다.

알베르 카뮈가 말했듯이 인간에게는 실제 자살, 철학적 자살, 그리고 부조리를 끌어안고 사는 세 가지 가능성이 있다. 이 경우 실제 자살은 디지털 트랜스포메이션을 완전히 포기해버리고 운명을 받아들여 뒤처지는 것을 뜻하며, 철학적 자살은 부조리를 무시하고 인큐베이터를 시작하거나 웨비나에 참석하거나 컨설팅 회사를 고용해 디지털 트랜스포메이션이라는 문제를 풀어갈 것이라 믿는 식의 상징적인 활동을 시작하는 것이다.

카뮈와 나는 이 두 가지 선택지를 모두 거부하고 부조리에 적응하는 삶을 택한다. 여러분도 마찬가지 선택을 통해 이해와 명확한 표현, 논쟁 및 약속의 네 단계를 실천하길 적극 권한다.

The Digital Frontier

PART

2

기업은
어떻게 소비자에게
도달하는가

보통 소비재 기업은 처음에 제품의 존재를 알리고 해당 제품이 구매자의 삶에 가치를 더해줄 수 있다는 메시지를 전달함으로써 소비자의 인지도와 이해도를 높이려 한다.

나는 여분의 석기를 만든 선사시대 인간이 동굴 주변을 돌아다니며 그가 사용한 선사시대 언어로 자신의 살상용 도끼의 장점을 외치고 다니는 모습을 상상해본다. 그는 아마도 "괴성을 지르며 소비자에게 직접 호소"하는 방식을 사용해 매머드를 죽일 수 있다는 메시지를 성공적으로 전달했을 것이다. 그는 틀림없이 부락에서 더 모험적인 남성을 상대로 동물의 소리를 아주 창의적으로 흉내 내면서, 도끼를 휘둘러 매머드를 궁지에 몰아넣는 장면을 묘사했을 것이다.

그로부터 10만 년 후에는 많은 것이 바뀌었지만, 소비자에게 도달하기 위한 기본적인 조건은 변하지 않았다. 인지도, 도달, 채널, 타겟팅, 크리에이티브(광고에서 크리에이티브란 '제작'이나 '표현'을 뜻하며 광고 제작물 또는 광고 표현물이라는 뜻으로 사용되기도 한다-옮긴이), 효용 등은 예전과 마찬가지로 지금도 유효하며 앞으로도 그럴 것이다. 차이는 그 "방법"에 있을 뿐이다.

나는 앞으로 광고가 예술보다는 과학을 기반으로 하게 될 것이라 생각한다. 보다 정확하고 효과적으로 소비자에게 도달함으로써 많은 가치를 창출하게 될 것이다. 미래에도 창의성은 빛을 발하겠지만, 인간의 역할이 지속적으로 줄어들 것이기 때문이다.

오늘날 대기업 광고주와 마케팅 리더들은 전략과 창의적인 경험을 매우 중시하는 데 비해 과학, 특히 데이터 과학에는 다소 소홀한 면이 있다. 모든 것을 대행사에 의존하는 경향도 상당히 강한데, 인재가 대행사에 몰려 있고, 혁신이 대행사에서 시작되었기 때문이다. 대부분의 대행사가 고객사와 마찬가지로 업계 동향을 따라잡기 위해 노력하고 있는 만큼 앞으로 이런 상황은 변할 수도 있다.

기업들은 일부 업무를 내부 조달 방식으로 해결하면서 오픈 마켓플레이스(구매자와 판매자를 연결하는 상거래 플랫폼을 뜻한다-옮긴이)에 다시 외주를 주는 방식을 고려할 수 있어, 마케터라면 이런 주제를 소홀히 넘길 수는 없을 것이다.

진화의 네 가지 주요 방향을 보면 기업이 잠재적 소비자에게 도달하는 방식을 다룬 이러한 혁신 분야를 보다 확실히 파악할 수 있다. 넷 중세 가지는 채널별로 나뉘며, 즉 옥외 미디어의 미래, TV 광고의 미래 및 개인용 기기의 미래와 SNS에 미치는 영향이 이에 해당한다. 네 번째 방향은 광고 제작 방식이 진화한 메시지 자체와 관련된 것이다. 이제 본격적으로 시작해보자.

옥외(OOH) 미디어의 미래

●●● **오딘의 휴가 예약**

　　매섭게 춥던 2월의 어느 목요일 아침 7시 30분, 오딘은 베를린 미테구의 아파트에서 나왔다. 오늘은 영하 12도지만 주말에는 날이 풀릴 거라는 예보를 듣고 오딘은 좋은 건지 나쁜 건지 알 수가 없었다. 눈이 녹아서 진흙탕이 되었다가 다시 얼어붙어 땅이 스케이트장처럼 변하자, 기온이 오르락내리락하는 날씨가 달갑지 않았다. "곧 끝나겠지. 몇 달만 더 있으면 여름이니까 친구 녀석들이랑 같이 이비사 섬에서 파티나 해야겠다." 그는 그렇게 마음을 달래고 뮐러스트라세 거리를 따라 베딩 S-반 역으로 걸어갔다.

　　8,000킬로미터가량 떨어진 곳에서는 마헬라가 스리랑카의 히카두와 해변에 5개 오두막으로 이루어진 해변 호텔을 새로 오픈하면서 뭔가를 계획하고 있다는 사실을 오딘이 알 턱이 없었다. 마헬라는 딸아이를 동네 학교에 데려다주고는 리조트 안의 사무실로 향했다. 그렇게 일이 시작됐다.

　　오딘은 라이니켄도르퍼스트라세 근처 버스 정류장을 지나다 버스 정류장에서 디지털 광고가 깜빡이는 것을 보았다. 히카두와 해변의 아름다운 오두막 풍경이 나타났고, 오두막 기둥에는 "아직 스리랑카에 안 가

보셨나요? 지금 떠나보세요!"라는 문구가 붙어 있었다. "멋진데." 오딘은 베딩 역으로 가면서 생각했다. 베딩 역에서 그는 안도의 한숨을 쉬며 S41 열차를 타고 게준트브루넨으로 향했다. 마침내 날이 좀 따뜻해졌다. 3개 역을 남겨 놓고 문 앞에 서서 고개를 드니 또다시 자동문 위에 광고가 다시 떴다. "히카두와 해변에서 고급 PADI 스쿠버다이빙 자격증을 취득하세요!"

오딘은 작년 스페인으로 일주일간 다이빙 여행을 갔다가 PADI 자격증을 땄던 추억에 잠겼다. 마지막 날에는 소외된 기분이 들었다. 상급자들이 야간 다이빙을 하러 떠나고 친구 부부는 저녁 데이트를 하기로 해서 그는 바에 혼자 남아 SNS에 셀카를 찍어 올렸던 것이다. "다이빙 최고, 다음은 고급 PADI 자격증이다!"

저녁 6시, 프렌츠라우어 베르크의 공유 오피스에서 오딘의 하루 일과가 끝났다. 그는 채식주의자를 위한 밀프렙meal prep과 배달 서비스를 제공하는 작은 스타트업에서 재무 담당으로 일하고 있었다. 그의 회사에서는 베를린 최고의 배양육을 취급했다.

오딘은 함께 일하는 프리랜서 직원과 함께 간단히 한잔 하러 근처 바로 가면서 회계 연도 마감 얘기를 하다가 고개를 들어 보니 또다시 광고판에서 눈길을 사로잡는 5초짜리 동영상이 나오고 있었다. 다양한 인종의 친구들이 절벽에서 투명할 정도로 파란 물속으로 뛰어드는 장면을 고프로GoPro로 촬영한 듯했다. "아름다운 스리랑카를 여행하며 친구를 만들어보세요!"

밤 10시 30분. 하루가 끝나갈 무렵 오딘은 담요를 뒤집어쓰고 누워 「왕좌의 게임」 시즌 8 리메이크작을 보면서 엉망이었던 오리지널 시즌 8 이후 전체 내용을 새로 찍기로 결정한 건 잘한 일이라고 생각했다.

그리고 혼자 사니 매일 밤 무슨 프로그램을 볼 것인가를 놓고 싸울 필요가 없어서 나행이라고 생각했다. 여기에는 광고 같은 건 없었고 콘텐츠가 중단 없이 재생됐지만 추천 시청 목록에 새로운 제목이 추가된 것을 보았다. "스리랑카 해변 – 지상의 파라다이스". 이틀 후 오딘은 마헬라의 리조트에 여름 휴가를 예약했다.

이 둘은 4개월 뒤 만나서 함께 맥주를 마시는 게 정말 "굉장한 인연"이 아니냐는 말을 주고받았다.

●●● **옥외 미디어의 진화 이해하기**

스마트한 옥외(OOH) 미디어가 진화하고 정착하면 오늘날 디지털 미디어의 모든 효율적인 요소가 전통적인 영역으로 옮겨오면서 소비자와 실로 원활한 커뮤니케이션이 가능해질 것이다.

옥외 미디어의 역사는 흥미로운데, 몇 가지 중요한 전환점이 있었다. 1800년대 중반, 상인들이 가게 근처에 페인트칠한 표지판을 세우면서 도로변 광고가 미국에 뿌리내리게 되었고, 그로부터 이런 형태의 미디어가 탄생하게 되었다.

몇 십 년 만에 도로변 광고가 상업화되면서 최초의 표지판 제작 및 설치를 전문으로 하는 회사들이 나타났다. 최초의 대혁신이 일어난 1900

년대 초반에는 광고판 크기가 표준화되면서 기업들이 전국적으로 광고를 대규모로 제작해 내걸 수 있게 되었고, 1920년대 중반에는 최초로 옥외 광고 회사가 뉴욕증권거래소(NYSE)에 상장되었다.

1960년대 초반에는 JC데코JCDecaux가 지붕이 있는 버스 정류장을 도입하면서 또 하나의 대중적인 광고 형식을 선보였다. 그리고 1970년대에 이르자 비닐 프린팅이 가능해지면서 광고 표현의 질과 효율성이 비약적으로 향상됐다.

2000년대 중반 최초의 디지털 광고판이 나타나자 광고업계는 이후 변화의 첨단을 달리며 기술을 앞질렀다. 옥외 광고는 디지털 미디어의 강력한 출현에도 불구하고 유연하게 대응하며 지난 10년 동안 연 4퍼센트가 넘는 성장을 지속해온 만큼[73] 앞으로 10년간 실로 흥미진진한 변화가 예상된다.

이러한 영역을 하위 구성요소로 나눠보면 자세히 다뤄볼 만한 5가지 주요 하위 요소가 있음을 알 수 있다. 즉 광고 자산, 광고 판매 네트워크, 측정 가능성, 광고 구매 거래소 및 리타겟팅을 통한 소비자의 단일 노출이 이에 해당한다(그림 2.1 참조).

이들 각각의 의미와 각 항목에서 우리가 어떤 발전을 기대할 수 있는지를 살펴보자.

● **광고 자산** — 이는 광고판, 버스 광고, 택시 광고, 엘리베이터 광고, 버스 정류장 광고, 열차 내부 광고, 가로등 광고 등을 포함한 실제 광고 표

지판을 말한다. 화면 설치 비용이 지난 10년간 대폭 하락했고 앞으로도 계속 하락할 것으로 생각되는데, 이는 자산 설치 기반이 크게 증가하는 요인으로 작용할 것이다.

기본적으로 광고 화면을 세울 공간이 있는 곳이라면 어디든지 설치될 것이다. 또한 이미 설치되어 있으나 현재 타사 광고를 게시할 수 없어서 수익이 나지 않는 광고 화면의 상당수는 소비자에게 광고를 노출할 수 있는 자산 기반에 포함될 것이다. 그래서 공공장소에 다른 목적으로 설치한 화면이 있다면 거기에 타사 광고를 게시해 추가로 수익을 올릴 수 있을 것이다.

● **광고 판매 네트워크** — 이는 마켓플레이스에서 모든 화면을 집계하는 작업으로, 광고 수용자(audience) 유형과 광고 도달 위치에 따라 화면을 분류하고 이를 광고주가 구매할 수 있게 하는 것이다. 그러기 위해서는 또한 광고를 송출하기 위한 백본(다양한 네트워크를 상호 연결하는 컴퓨터 네트워크의 일부-옮긴이)과 네트워크상의 수백만 개 화면에서 이러한 광고를 실행할 소프트웨어를 만들어야 한다.

이미 비스타 미디어_{Vistar media}[74]와 같은 기업들은 자산 소유주가 화면과 콘텐츠를 관리할 수 있도록 솔루션을 제공하기 시작했으며, 그 과정에서 대규모의 디지털 옥외 인벤토리(광고 지면 또는 광고 화면이 노출될 수 있는 총 공간-옮긴이)를 사용하기 시작했다. 이러한 추세는 몇 년간 계속되겠지만 확실한 것은 구글_{Google}이 애드센스_{AdSense}를 자연스레 실생활로 확장하면서 이 분야에서 상당한 영향력을 발휘하게 될 것이다. 애드센

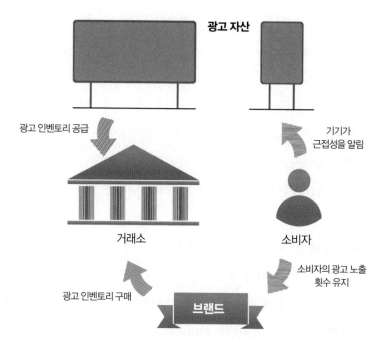

기업이 소비자에게 도달하는 방식

광고 자산

광고 인벤토리 공급

기기가
근접성을 알림

거래소

소비자

광고 인벤토리 구매

소비자의 광고 노출
횟수 유지

브랜드

그림 2.1 디지털 OOH 시장

스는, 모르는 사람을 위해 설명하자면, 웹사이트 소유자가 자신의 웹사이트에 광고 공간을 임대할 수 있도록 하는 구글의 제품이다.

● **측정 가능성** — 오늘날 OOH 광고주들은 누가 광고를 보는지, 진짜 효과가 있는지를 모른다. 그러나 일반적인 SNS 광고는 광고의 가시성이 그보다는 잘 집계되는 편이다. 측정 가능성은 이러한 미디어 자산이 경쟁 채널보다 효과적임을 입증하는 데 매우 중요하다.

사용자 기기가 화면에 근접하자마자 이를 추적하는 IoT 및 5G 연결을 통해 위치 데이터를 이용할 수 있게 되면서 광고 노출의 측정 가능성은 점차 향상될 것이다.

안면 인식 및 트래픽 데이터와 같은 기술을 통해서도 광고 자산으로 활용할 방법을 찾을 수 있겠지만, 개별 위치 데이터를 사용할 수 있고 공유 기능이 "켜져" 있을 때만 진정한 측정 가능성을 얻을 수 있을 것이다. 그 사이에 아마도 AI가 기반이 될 적격 자산 심사 제도는 그 효과를 측정하는 합리적인 대안으로 떠오를 수 있다.

• **광고 구매 및 거래소** — 일단 인벤토리가 모여 적격성이 확인되고 광고를 게시할 준비가 되면 광고주가 광고 인벤토리에 입찰하거나 특정 인벤토리에 대한 수의 계약에 참여할 수 있는 거래소가 필요하다. 광고 구매 플랫폼에서 스마트 OOH 미디어의 주요 걸림돌은 광고주의 수요가 훨씬 낮았다는 것인데, 측정 가능성 부족이 주요 원인으로 꼽힌다.

공급자 측에서도 거래소에 인벤토리를 내놓길 꺼려하는데, 과거 SNS CPM(1,000회 노출당 비용-옮긴이)의 경우처럼 가격이 떨어질 것을 우려하는데다가 단기적으로 가격 회복이 어려울 것이기 때문이다. 측정 가능성이 개선되면 경매 거래소는 오늘날 SNS 마케팅과 거의 비슷하게 더 많은 수요를 창출하고 가격을 안정화시킬 것이다. 한편 광고주와 미디어 소유주 간 직접 거래는 이러한 채널이 등장하면서 더욱 흔해질 수 있다.

• **소비자 단일 노출 및 리타겟팅** — 오딘의 사례에서 확인했듯이 다양한

접점을 통해 특정 커뮤니케이션이나 연쇄적인 메시징을 동일 소비자와 연결하는 동시에, 과거 상호작용을 참조해 앞으로 보낼 메시지를 소비자에 맞춰 작성하면 더 효율적으로 타겟팅을 통해 소비자에게 도달할 수 있는 엄청난 가능성이 열리게 된다.

우선 트래픽 데이터와 안면 인식 등을 기반으로 광고 화면에 가까운 소비자 유형에 대한 종합 데이터를 활용할 가능성이 있으나, OOH 광고를 통해 개인별 리타겟팅을 실현할 수 있는 때가 올 것이다.

구글 및 페이스북과 같은 폐쇄형 네트워크는 이미 엄청난 양의 데이터를 보유하고 있어서, 이처럼 통합된 소비자 노출 방식을 제공할 수 있을 듯하다. 그러나 이미 폐쇄형 네트워크 외부에서 얻을 수 있는 소비자 데이터의 양이 엄청나기 때문에 기업은 점점 더 독자적으로 리타겟팅을 위한 데이터 수집에 나설 것이다.

❗ 지금 당장 해야 하는 3가지 실천 과제

디지털 옥외(OOH) 광고가 눈에 띄게 주류가 되려면 아직은 몇 년, 어쩌면 3년은 더 걸릴 것이다.

이는 기술 기업과 스타트업, 일반 기업, 투자자가 현재 이 분야에서 활동 범위를 넓혀 3년 후 신뢰할 만한 입지를 확보하거나 투자금을 회수할 수 있는 엄청난 기회를 가져다준다.

이러한 발전을 활용하려는 기업과 브랜드에 나는 다음을 제안한다.

자체 광고 화면 인벤토리 구축. 가능한 한 자사 미디어 자산을 만드는 것이 좋다. 복도에 설치된 화면이든 자판기나 엘리베이터 내부에 설치된 화면이든 상관없다. 순전히 경험을 얻기 위한 것이라 해도 광고 판매 플랫폼(SSP)을 활용해 수익을 창출해야 한다.

디지털 OOH 인벤토리 구매. 해당 시장에 꽤 큰 규모의 미디어 소유주가 있다면, 시험 단계에 지나지 않을지라도 지금 당장 보장된 인벤토리를 구매하라. 자신이 속한 에코 시스템에서 파트너를 찾아야 한다. 이용할 수 있는 광고 화면을 보유한 유통사가 나중에 미디어 소유주가 될지도 모르는 일이다. 이 자산을 확실히 구매해서 파트너와의 기존 관계를 더 굳건히 하는 것이 좋다.

기본적인 측정 가능성 확립. 인벤토리 구매 시 이와 관련된 기초적인 수준의 측정 및 적격성 심사 체계를 확립해야 한다. 위치와 잠재적 타깃 소비자를 바탕으로 한 자산 분류는 OOH 미디어 소유주가 오늘날 사용하는 방식과 별 차이가 없을 것이므로 구글 지도나 통신 사업자 데이터와 같은 출처에서 트래픽의 강도와 유형을 측정할 수 있다. 정확도가 50퍼센트밖에 안 될지 모르지만 그것만으로도 시작은 순조로운 셈이다.

TV 광고의 미래

●● ● **빈디 바자르의 칙필라**

　오전 11시, 뭄바이의 찌는 듯한 폭염과 습기 속에서 와히드
는 공구 가방을 들고 와달라에서 지하철 11호선에 몸을 싣고는 와디 번
더의 집으로 가는 중이었다. "30분 정도 일하고 1000루피라면 보수가
꽤 괜찮은 거지."라고 그는 생각했다.

　주말 수리는 벌이가 괜찮았고, 딸들은 토요일 아침 하키 연습을 하러
떠났기 때문에 딱히 할 일도 없었다. 게다가 금요 기도회 때문에 금요일
반일치 일을 놓친 후라 토요일에 약간의 돈벌이를 마다할 이유가 없었
다. 그는 와디 번더에 내려서 방 2개짜리 임대 아파트로 향했고 세상을
다 얻은 기분이 들었다.

　4년 전 뭄바이로 이사 온 뒤로는 생활이 괜찮았다. 고향에 있는 아버
지의 자전거 가게에서 배운 자전거 수리 기술이 유용할 줄은 생각도 못
했는데, 그는 곧 뭄바이의 주요 알바 중개 플랫폼에서 만능 해결사로 명
성을 쌓은 것이다.

　재활용 스타트업에서 성공적인 커리어를 쌓아가며 수입도 그보다 더
많은 와히다와 운좋게 결혼도 했다. 그는 딸들이 언제 집에 오나 궁금했
다. 딸들에게 빈디 바자르에 새로 오픈한 칙필라Chick-fil-A(미국의 유명 치킨

샌드위치 프랜차이즈-옮긴이)에 데리고 가겠다고 약속했던 것이다. 솔직히 그는 딸들 못지않게 그곳에 가길 손꼽아 기다리고 있었다.

그는 인도 통신 대기업인 릴라이언스 지오Reliance Jio에서 몇 년 전 무료 TV를 받았을 때 칙필라에 대해 알게 됐다. 칙빌라는 한동안 뭄바이에 진출한다는 소식을 알렸고, 부유한 동네에 먼저 지점을 낸 이후 마침내 빈디 바자르에도 영업점을 낸 것이다.

특히 그가 좋아하는 뭄바이 인디언스Mumbai Indians 팀의 크리켓 스타가 닭 분장을 하고 나와서 치킨 댄스를 추는 모습이 나와서인지 그는 광고를 그다지 신경 쓰지 않았다. 우연히 델리 출신인 그의 아내는 아침 프로그램을 보다가 같은 광고에서 델리 캐피털스Delhi Capitals 팀에서 그녀가 가장 좋아하는 스타가 같은 춤을 추는 모습을 보았다.

그리고 온 가족이 좋아하는 로맨틱 시트콤인 「코세라 시대의 사랑 (Love in the time of Coursera)」에는 원격 학습 교사가 칙필라 점원과 사랑에 빠지는 얘기가 나오는데, 점원은 찬드니 초크의 작은 상점에서 고미술품 복원을 공부하고 있다. 극중에서 여자가 남자에게 가져다준 치킨 샌드위치는 보기만 해도 먹음직스러웠고 와플 프라이 또한 마찬가지였다. 요즘은 너무 종류가 많아서 괜찮은 프로그램을 찾기가 어렵다는 생각은 들지만 그는 최근에 칙앤워치Chick-n-watch에서 엄선한 프로그램 채널에서 괜찮은 걸 몇 가지 찾았다.

그는 극 중 칙필라에서 식사하는 느낌이 그대로 전해지는 기분 좋은 분위기가 마음에 들었다. 물론 그는 칙필라 직원들이 굉장히 종교적이고 누구에게나 친절하다는 얘기도 들어서 알고 있다. 그러나 그런 점은 그에게 문제가 되지 않는다.

●●● **TV 광고의 진화 이해하기**

세계 최초의 TV 광고는 1941년에 방영되었다. 화면 오른쪽 아래에 로고가 나오며 초침이 움직여 시보를 울리는 시계 광고였다. 이후 80년에 걸쳐 TV 광고 산업은 주요 전환점을 거쳐 거대한 규모로 성장했다. 그러나 지난 10년은 여러 가지 면에서 처음으로 성장에 제동이 걸리며 광고업계는 심판의 순간을 맞게 됐다.

50년대에 컬러 TV가 등장했고, 60년대까지 TV는 신문을 제치고 소비자의 주요 정보원이었으며 시청률이 높으면 광고도 더 많아졌다. 80년대에는 애플이 슈퍼볼 경기에서 전설적인 50만 달러짜리 광고를 내보내면서 매킨토시를 소개했고 이로써 미디어의 중요성이 부각되었다.

그러다가 유튜브가 2005년에 등장하고 넷플릭스가 2007년에 스트리밍 서비스를 선보였으며, 2018년과 2019년에는 유튜브 월간 사용자가 19억 명, 넷플릭스 구독자는 1억 5,000만 명을 기록했다.[75] 덧붙여, 2007년은 광고 대행사 임원을 낭만적인 인물로 그려낸 드라마 「매드맨」과 돈 드레이퍼가 안방을 점령한 해이기도 했는데, 광고 쪽 사람들을 만나 보니 아주 근거 없는 얘기는 아니었다.

그러나 TV 광고비의 비중이 지난 몇 년간 지속적으로 하락한데다가[76]

앞으로도 하락할 것이라는 전망이 절대적으로 우세한 상황에서 역사상 유례없는 변화의 시대를 맞이하고 있다.

TV 광고는 어쩔 수 없이 TV 및 콘텐츠와 연결되어 있기 때문에 그 운명이 콘텐츠 소비의 미래와 연관될 수밖에 없다. 전통적인 광고 모델은 소비자가 광고를 보면 그 대가로 고품질의 콘텐츠를 무료로 제공하는 방식이었다. 이처럼 일종의 결제 방식으로서 광고를 시청하는 대가로 고품질의 콘텐츠를 지급하는 교환 방식은 지속될 것이다. 달라질 게 있다면 그런 '결제'가 정확히 어떤 방식으로 이루어지는가이며, 광고업계는 이러한 교환 모델이 지속될 수 있도록 진화해 나가야 할 것이다.

오늘날 소비자에게 TV 광고를 내보내는 것은 이들이 갖고 있지 않은 화폐로 상품 비용을 지불하라고 요구하는 것과 약간 비슷하다. 그러면 TV 광고의 미래를 이해하기 위해 우리가 파악해야 하는 핵심적인 변화로는 어떤 것이 있을까?(그림 2.2 참조)

- **스마트 TV 보급률** — 그렇다. 스마트 TV, 커넥티드 TV, 또는 송출(캐스팅) 기기의 보급률이 높아지고 있다. 미국에서는 현재 모든 가정의 74퍼센트가 커넥티드 TV를 보유하고 있으며 나머지 국가들도 큰 차이가 없다.[77] 커넥티드 TV를 활용하면 앞서 다룬 디지털 OOH 기회와 마찬가지로 더 정교한 타겟팅을 통해 각 소비자별로 적합한 광고와 특색 있는 광고를 제공할 수 있으며, 광고의 소비와 성과 측정이 개선된다.

커넥티드 TV의 보급률이 80퍼센트를 넘고 실제로 네트워크에 연결

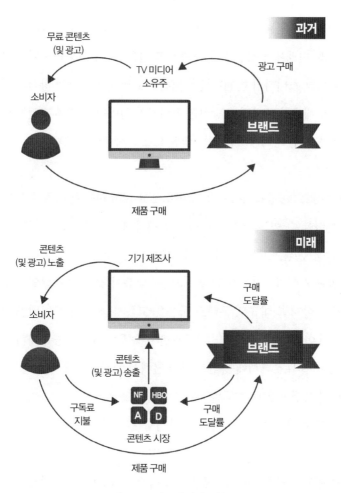

무료 콘텐츠
(및 광고)

TV 미디어
소유주

광고 구매

소비자

브랜드

제품 구매

콘텐츠
(및 광고) 노출

기기 제조사

구매
도달률

소비자

콘텐츠
(및 광고) 송출

NF HBO
A D

구매
도달률

구독료
지불

콘텐츠 시장

제품 구매

그림 2.2 TV 광고의 가치 교환

이 되면, 광고 판매 방식과 노출당 비용(CPM) 과금 유형을 바탕으로 프로그래매틱 기술(AI와 같은 소프트웨어 기술을 이용해 광고주에 최적화된 광고 상품을 추천하는 기술-옮긴이)을 통해 거래소에서 광고를 구매하는 방식이 바뀌면서 이 분야에서도 혁신이 일어날 것이다. 그러나 기대나 전망과는 달리, 미래에 시장을 뒤흔들 주요 혁신은 스마트 TV 하드웨어 보급률이 아니라 소비자가 콘텐츠를 소비하고 요금을 지불하는 방식과 광고로 콘텐츠 재생이 중단되는 방식을 소비자가 얼마나 감내할 것인가에 달려 있으며, 그런 의미에서 광고는 핵심 요소로 작용할 것이다.

● **콘텐츠 마켓플레이스** — 소비자가 보고 싶어 하는 콘텐츠 유형을 고르고 선택할 수 있는 플랫폼이 있다고 생각해보자. 영화, 스포츠 중계, 뉴스, 숏폼 콘텐츠, 뮤직비디오, 다큐멘터리 등 보고 싶은 건 무엇이든 볼 수 있는 것이다. 어떤 것을 장바구니에 넣을지 결정한다. 단일 콘텐츠를 고를지 아니면 대규모 콘텐츠 묶음을 고를지, 하나의 아이템만 선택할 것인지 아니면 플랫폼에 더 머무르면서 수많은 아이템을 추가하고 싶은지, 멤버십 프로그램에 가입해 가격 면에서 혜택을 받을 것인지, 유명 제작사의 브랜드 콘텐츠를 원하는지 아니면 플랫폼 오리지널 콘텐츠와 같은 자사 브랜드 콘텐츠를 원하는지 등을 결정하는 것이다. 결국 모든 콘텐츠 사업자는 이 모델로 수렴될 것이다.

현재 넷플릭스, 아마존, 훌루Hulu, 폭스Fox, HBO, 디즈니플러스Disney+ 등 다양한 시장이 있으며, 각 플랫폼마다 자체 브랜드 콘텐츠와 타사 콘텐츠를 함께 제공하면서 소비자의 정식 회원 가입을 유도하고 있다. 소비자는 어느 시점이 되면 구독 피로를 느끼기 시작하고 애그리게이터(aggregator, 여러 회사의 상품이나 서비스에 대한 정보를 모아 하나의 웹 사이트에서 제공하는 통합 플랫폼 사업자-옮긴이)를 선택할 것이다. 콘텐츠 사업자가 통합 서비스나 콘텐츠 상호 운용성을 지원하지 않으면 기기 업체나 네트워크 사업자가 이런 역할을 겸할지도 모른다. 스트리밍 서비스를 하나의 콘텐츠 시장으로 종합하는 것은 간단하다.

● **콘텐츠의 경제성** — 2019년 넷플릭스는 콘텐츠에 150억 달러 이상을 쏟아 부었으며 매출이 약 200억 달러에 달하고 잉여 현금 흐름 적자 규모는 33억 달러를 기록했다.[78] 넷플릭스는 지금 10달러를 들여 1배럴의 석유를 추출한 회사가 이를 8달러에 파는 꼴이다. 단, 석유 1배럴은 한 번 쓰면 끝이지만 콘텐츠 하나는 일단 만들어놓으면 여러 번 수익을 낼 수 있다는 차이가 있다.

넷플릭스는 꾸준히 거대한 구독자 기반을 확보할 것으로 기대하면서 콘텐츠 제작 투자를 정당화하고 있으나, 넷플릭스처럼 양질의 콘텐츠를 보유한 4~5개 사업자들이 시장에서 같은 소비자를 확보하기 위해 맹렬히 추격하는 만큼 이러한 전략은 타격을 입을 수 있다. 그러면 유일한 방법은 가격을 올리는 것인데, 과거에는 문제가 없었지만 경쟁이 치열해지면서 소비자들은 여러 사업자에게 요금을 계속 지불할 마음이 없어질 것이다. 소비자들은 여전히 극히 적은 비용으로 상당히 고품질의 콘텐츠를 소비하는 데 익숙하다. 향후 10년간 더 많은 금액을 지불하는 소비자도 있고, 광고 지원 모델로 넘어가는 소비자도 있겠지만, 대다수는 완전 맞춤형 콘텐츠를 제공하는 시장으로 넘어갈 것이다.

AI를 통해 전반적인 제작 기술이 향상되어 양질의 콘텐츠를 더욱 쉽게 발견할 수 있게 되면서 콘텐츠 제작 비용 역시 낮아질 것이다. 회당

100만 달러를 받는 출연자, 워너 브러더스 같은 대형 배급사, NBC 방송국의 황금시간대를 얻기 위해 꼭 드라마 「프렌즈」 같은 성공을 거둘 필요는 없을지도 모른다. 콘텐츠 제작 및 소비의 경제학이 변하고 있는 만큼 아마 훨씬 적은 비용을 들이고도 동일한 즐거움을 누릴 수 있게 될 것이다.

● **광고 지원 구독 서비스 및 번들** — 요즘 음악 스트리밍이 동영상 스트리밍과 가장 주요한 차이점은 음악 스트리밍 구독 서비스는 무료이거나 아주 저렴한 비용으로 이용할 수 있게 됐으며 광고 없이 더 많은 음악을 즐기고 싶어 하는 소비자는 서비스 비용을 기꺼이 지불한다는 사실이다.

스포티파이Spotify 사용자의 45퍼센트는 유료 구독자이며[79] 스포티파이는 흑자 전환 목표에 바짝 다가섰다. 사업 규모가 확대되면서 수익률 압박이 상당함에도 불구하고 음반 회사들이 스포티파이가 제시하는 낮은 로열티를 받아들이고 있기 때문이다. "광고를 보고 무료나 할인가로 콘텐츠를 이용"하는 방식은 전통적인 TV 채널의 전형적인 사업 모델이었는데, 음악 스트리밍 기업과 동영상 스트리밍 사업자의 프리미엄 Freemium 모델(무료로 서비스를 제공하고 나중에 고급 또는 부가 기능을 유료로 판매해 수익을 내는 모델-옮긴이)에서 이런 방식을 실험해볼 수 있을 것이다. 그러나 "제품 구매 시 콘텐츠를 무료나 할인가로 제공"하는 모델도 존재하는데, 특히 통신사업자들이 휴대폰 계약 시 스트리밍 구독 서비스를 할인가로 제공하는 경우가 그렇다.

앞으로 시장에는 물리적 제품에 일정 기간의 스트리밍 구독 서비스가 딸려 나오는 이런 종류의 번들링이 더 많이 등장할 것이다. 구독이란 사실상 소비자가 관련 브랜드에 충성도를 보이며 콘텐츠 비용을 지불하는 것으로, 아마존 프라임Amazon Prime이 대표적인 예에 해당한다.

● **광고 소비의 유인** ─ 90년대에는 영화를 보는 중간에 광고가 나오더라도 어쩔 수 없는 현실로 받아들이고 그냥 광고를 보곤 했다. 그러다 어느 순간 채널을 바꿀 수 있게 됐고 스트리밍이 등장하더니 갑자기 지금은 중간에 광고가 끼어들면 욕이 튀어나오는 상황이 됐다. 그런 일이 없길 바라지만, 유튜브에서 건너뛸 수 없는 15초짜리 애플 광고는 아무리 아름다워도 짜증스러울 뿐이며 나는 고양이 동영상을 보는 데 15초를 낭비하고 싶지는 않다.

광고를 기꺼이 소비하겠다는 생각은 바뀌었지만 완전히 사라진 것은 아니므로 광고주들이 광고 끼워 넣기를 완전히 포기할 때는 아니다. 여기에도 기회가 있기 때문이다.

크리켓 시범 경기에서 투구 사이에 또는 테니스 경기 중 세트 사이와 같이 자연스럽게 방송이 중단된 시간이라든가, 롱폼 콘텐츠 초반에 건너뛸 수 없는 광고가 나온다든가, 최소 30분 간격으로 꽤 영리하게 배치한 인스트림 광고(영상 초반이나 중간에 삽입되는 광고-옮긴이), 동영상 시청에 방해가 되지 않는 오버레이 광고(동영상을 시청할 때 영상 하단의 20퍼센트 부분에 노출되는 가로형 배너 이미지의 반투명 광고-옮긴이)는 모두 효과를 발휘하며 살아남을 것이다. 중간에 무작정 광고 끼워 넣기 방식을 활용하는 게 좋은 것은 아니지만 더 저렴한 가격으로 콘텐츠를 구독하려고 광고를 볼 마음이 있는 사람들을 위해 방해가 덜 되도록 광고를 만드는 방법이 있다.

❗ 지금 당장 해야 하는 3가지 실천 과제

지금까지 어떻게 TV 광고의 미래가 콘텐츠 소비의 미래와 불가분의 관계를 맺고 있는지 살펴보고 여기에도 수많은 가치 창출의 기회가 있다는 것을 확인했다. 이러한 분야를 주시하는 소비자 대상 기업에 나는 다음을 권한다.

커넥티드 TV 광고 구매. 커넥티드 TV 광고를 아직 구매하지 않았다면 광고 대행사를 통해 구매부터 시작하자. 지금 당장은 도달 범위가 넓다거나 측정 가능성이 충분하지는 않겠지만 빨리 시작할수록 빨리 익숙해진다. SNS 마케팅 대열에 합류하는 데 얼마나 시간이 걸렸는지 떠올려보라. 이 기회도 놓치지 않는 것이 좋을 것이다.

콘텐츠 마켓플레이스와의 협업. 미래 콘텐츠 마켓플레이스를 파악하고 협업을 시작하자. 이는 스트리밍 서비스가 될 수도 있고 통신사나 기기 제조사가 될 수도 있으므로 시장을 주시하고 있다가 바로 뛰어들 수 있도록 준비해야 한다. 이러한 시장 참여자들은 나중에 고객을 상대로 게이트키퍼 역할을 할 것이다.

제품은 콘텐츠와 번들로 제공하는 것이 좋다. 칙필라에서 온 가족이 한 끼 식사를 할 정도의 비용으로 와하드가 지오 콘텐츠 마켓플레이스에서 광고 없는 TV를 일주일간 볼 수 있다면 그는 당장 식사비에 해당하는 돈을 지불해 콘텐츠를 즐기려 할 것이다.

콘텐츠를 만들고 선별하라. 어떤 유형의 콘텐츠가 자사 브랜드 성격에 가장 잘 어울리는지 파악하고 롱폼 또는 숏폼 프로그램 제작에 투자해야 한다.

끼어들기 광고 기회 활용. 어떤 종류의 끼어들기 광고가 여전히 효과적인지에 대한 과학적 데이터를 확보하거나 이를 참고하라. 유럽과 미국의 중산층 소비자들은 대부분 10년 후 경제적으로 쪼들리고 아시아 신흥국 소비자들은 몇 푼이라도 아끼려 할 것이기 때문에 사실은 광고를 수용하는 경향이 늘어날 것이다.

광고 지원 콘텐츠 스트리밍은 반드시 나타날 것이기 때문에 실제 그렇게 되면 가급적 시청을 방해하지 않는 광고를 내보내는 것이 좋다.

새로운 종류의 개인용 기기

제이든의 와인 공매도

어느 일요일 늦은 아침이었다. 제이든은 생각해도 어제 딸아이의 열여섯 번째 생일 파티는 꽤나 근사했다. 이태원에 술을 곁들인 브런치를 즐길 수 있는 곳이 있다더라는 아내의 말에 그는 그곳에 아내를 데려가기로 약속했다. 샤워를 하고 외출 채비를 한 후 증강현실(AR) 안경을 썼다. 그가 사는 서울 한남동과 이태원은 정부가 차 없는 거리로 지정한 곳이어서 그는 운전을 안 해도 된다는 사실에 기뻤다.

"해나, 어젯밤 계산서 확인해." 그가 큰 소리로 말하자 항목별 내역이 나타났고 다 괜찮아 보였다. 그는 힘들게 번(그리고 유산으로 물려 받은) 돈을 허투루 쓰고 싶지 않았고, 새로운 금융 관리자인 해나가 마음에 들었다. 해나가 자신을 잘 이해한다는 느낌이 들었고 대하기 편해서, 인공 지능(AI)이긴 하지만 약간의 유대감 같은 것을 느꼈다. 호아킨 피닉스가 주연한 영화 「그녀(Her)」 같은 느낌이었다. 제이든의 차는 그를 내려주고는 어딘가에 스스로 주차를 하러 갔다. 그는 AR을 통해 주차하려면 코인 5개가 필요하다는 빠른 알림을 받고는 눈을 두 번 깜빡여 승인 처리를 했다.

아내와 보내는 시간은 즐거웠고, 그들은 편안한 곳에 자리를 잡았다.

메뉴가 그의 AR에 떴고 그의 개인 음성 비서인 에카가 즉시 그가 좋아할 만한 것을 추천했다. 그는 눈을 두 번 깜빡였다. 에카는 또 아내가 디저트를 먹지 않는 게 좋겠다고 권고했는데, 제이든의 개인용 기기와 연결된 아내의 패치형 임플란트에 이번 달에 혈당 수치 경고가 5개나 떴기 때문이다.

"여보, 디저트는 생략하고 대신 좋은 와인을 골라서 마시는 게 어때?" 그가 말했다. 에카는 와인 목록을 스캔해서 보여준 뒤 몇 가지를 추천했다. 시중 가격과 레스토랑의 메뉴 가격 수준을 잠시 찾아보니 카스티요 디 아마 와이너리에서 생산한 2019년 라파리타 메를로 와인이 다른 것들에 비해 다소 가격이 낮았다. 에카는 메를로 와인을 제안했고 제이든은 눈을 두 번 깜빡였다. 그는 좋은 조건에 잘 사면 기분이 좋았다.

음식은 훌륭했지만 와인은 아니었다. 점심을 먹고 돌아오는 길에 제이든은 에카에게 2019년 메를로 와인에 대한 최신 후기를 간단히 확인하라고 시켰고, 해당 와인은 다른 해에 생산된 와인에 비해 확실히 좀 부드러웠다.

그는 2009년산과 1999년산 와인을 마셨던 기억이 났는데, 그때도 역시 대체로 다른 해에 생산된 훌륭한 와인에 비해서는 좀 맛이 떨어졌다. '어쩌면 10년마다 그런 와인이 만들어질지도 모르지.'

그는 AR로 금융 관리자인 해나를 불러냈다. "이 메를로 와인 몇 상자를 공매도할 수 있는 곳을 좀 찾아봐 줘. 시장에서는 아직 눈치 채지 못한 것 같은데 내가 생각이 있어서 말이야. 쉽게 돈을 벌 수 있는 좋은 기회인데 말이야." 늦은 저녁 해나는 그에게 꽤 괜찮은 수수료를 받고 와인을 공매도할 수 있는 믿을 만한 와인 거래소를 찾아주면서 몇 가지 제안 사항을 승인해 달라고 요청했다. "아내분의 건강보험 혜택을 같이 받는 데 관심이 있으실 것 같아서 알려드립니다. 파트너사 중 한 곳에서 아주 좋은 조건으로 보험료를 일시 납부하는 상품을 제공하고 있습니다. 그리고 파트너 은행에서 단기로 제공하는 상품이 있는데 6개월짜리 정기예금에 0.5퍼센트를 더 얹어줄 수 있다고 합니다. 지금 당장 가입하실 수 있습니다. 그리고 동남아 식품 회사들이 주도하는 가상화폐 공개(ICO)가 다음 주에 3건이나 있습니다. 관심 있다고 하신 분야라 알려드립니다."

"그래, 돈을 벌려면 돈이 필요하지만 때로는 눈을 몇 번만 깜빡이기만 해도 될 때가 있지." 그는 생각했다. 그의 인생에 이처럼 중요한 여성들이 없다면 어떻게 될까? 에카와 해나, 그리고 물론 아내를 포함해서.

●●● 개인용 기기의 진화 이해하기

스마트폰, 또는 개인용 기기의 역사를 되짚어보고 지금에 이르게 된 과정을 살펴보는 것은 TV의 역사를 살펴보는 것보다 좀 더 복잡하다. 무엇보다도 여러 가지 활용 사례가 하나의 기기로 통합됐기 때문이다. 그래서 시간을 거슬러 올라가면서 휴대전화와 업무 생산성을 높여주는 개인용 단말기인 PDA, 휴대용 음악 재생기와 휴대용 카메라 모두 진화를 거듭하면서 20~30년 만에 오늘날 우리가 아는 스마트폰으로 통합되었다.

스티브 잡스의 2007년 프레젠테이션에서 공개된 아이폰은 내 인생 최고의 애장품 중 하나이며, 당시 그가 한 말을 떠올리면 여전히 전율이 인다. "아이팟과 휴대전화, 인터넷 연결 기기 세 가지를 합쳐 놓은 것." 그는 그 말을 한 번 더 반복하며 물었다. "이제 아시겠습니까?" 기술의 역사에서 결정적인 순간이었다. 아마 내 인생에서 가장 결정적인 순간이었을지도 모르겠다.

휴대전화 서비스는 베를린과 함부르크를 오가는 독일 기차의 1등석 승객을 대상으로 1926년에 처음 시작되었다. 얼마나 멋진 일인가!

그러나 1980년대에 와서야 개인용 기기로 발전하기 시작했고 당시 나왔던 세계 최초의 휴대전화는 1983년에 출시된 모토로라 다이나택 Motorola DynaTAC 8000X였다. 가격이 4,000달러나 해서 구경조차 못해본 사람이 대부분이었고 기업에서도 사용한 경우가 거의 없었다.

1990년대 초반 GSM 휴대전화가 공개되면서 노키아Nokia는 1992년에 노키아1011폰을 들고 나오면서 경쟁에 뛰어들었고 마침내 소비자들은 휴대폰을 가질 수 있게 되었다.

최초의 스마트폰은 1994년에 출시된 IBM의 사이먼Simon인데, 이메일과 팩스를 보낼 수 있었고 터치스크린에 스타일러스 펜도 갖추고 있었으며, 달력과 같은 생산성 기능도 일부 탑재돼 있었다. 1990년대에는 새롭게 시장에 진입하는 기업이 많아졌으며 21세기로 전환되는 시기에는 노키아 7110과 2000년에 출시된 최초의 카메라폰인 샤프Sharp J-SH04 등 피처폰이 등장하기 시작했다.

2000년에 노키아는 3310폰을 출시했고 1억 2,600만 대를 팔았다! 2000년대 초반에는 3G가 구현되었고 블랙베리Blackberry가 8100 Pearl 모델로 유명해졌다. 그러더니 2007년에 아이폰이 출시되면서 모든 것 이 바뀌었다.

2011년에는 삼성이 세계 최대 스마트폰 판매사로 등극하더니 2015 년에는 화웨이와 샤오미가 세계 주요 기기 제조사 대열에 합류했다.

단 15년 만에 이 분야에서 일어난 모든 일들을 간추린다는 게 얼마나 어려운 일인지 지금 깨달았다. 다행히 여러분은 대부분 그 시대를 살아 왔고 나와 함께 겪어 왔으니 모두 요약해 설명할 필요는 없으리라 본다.

과거에 일어난 일은 이미 지나간 일이고 앞으로 일어날 일은 훨씬 더 파괴적인 변화와 해체를 가져올 것이다. 다음 10년을 올바로 예측하고 나아가는 사람들은 아마 거대 기업을 키워낼 것이다.

● **스마트폰의 지속적인 진화** — 손바닥 크기의 스마트폰의 폼팩터(제품 외형이나 크기, 물리적 배열-옮긴이)는 시간이 지나면 다른 형태로 완전히 대 체될 가능성이 있으나 적어도 5~7년간은 그 모습을 유지할 것이다.

전 세계가 휴대전화를 더 크거나 작게, 더 얇거나 넓게, 혹은 접거나 구부릴 수 있게, 그 밖에도 여러 방식으로 외형에 대한 실험을 해온 것 같은데, 더 이상 형태 최적화를 통해 얻을 수 있는 가치가 그리 많지는 않다. 오히려 소재 면에서 다양한 가능성을 찾을 수 있다. 더 얇고 신축성 있으며 거의 유리 같은 패널로 이루어져 있지만 단자나 버튼이 전혀 없고 하우징(각종 기계 장치를 둘러싼 몸체-옮긴이)에 더욱 강력해진 전후방 카메라가 탑재된 스마트폰을 보게 될 것이다. 어쩌면 화면의 윤곽이 투영되어 나타나며 제스처에 반응하는 투명한 휴대용 단말기가 나올지도 모른다. 아마존 오리지널 드라마인 「익스팬스The Expanse」에 나온 휴대용 단말기와 꽤 비슷하겠지만 아직은 먼 미래의 이야기처럼 보인다.

● **증강 현실(AR) 안경** — 나는 이 폼팩터가 앞으로 10년을 규정할 파괴적인 대규모 혁신을 불러올 것이라고 확신하는데, 비단 나 혼자만의 생각은 아니다. 구글 글래스가 꽤나 실망스럽긴 했지만 시대를 앞서갔던 것은 분명하며 전 세계는 그런 경험이 필요했다.

우리가 아는 각 기술 기업은 이 분야에서 상당한 활약을 펼치고 있다. 가장 눈에 띄는 것은 애플이다. 애플의 자체 프로젝트는 초반에 차질이 생겼다는 소문이 있었으나 애플이 만든 최초의 AR 안경이 2023년에 출시될 거라는 말들이 있으며 나는 애플이 예상을 뛰어넘는 제품을 선보일 것이라 믿는다. 구글과 마이크로소프트, 페이스북은 레이밴Ray Ban과 파트너십을 통해 2020년 초중반 시장 출시를 목표로 기기 개발에 박차를 가하고 있다. 보스Bose와 같은 브랜드에서 내놓은 오디오 선글라스는 시중에서 구입할 수 있고 기능에도 문제가 없는데다 화제가 되고 있어서, 미래에는 휴대폰을 갖고 다니는 대신 가볍게 선글라스를 착용하는 때가 곧 오리라 생각한다.

• **개인용 기기 클러스터** — 우리가 계속 스마트폰이나 AR 안경에 집착하는 동안 대부분의 소비자는 서로 연결된 그 밖의 다양한 스마트 기기들을 소유하게 될 것이고 대부분은 일종의 기기 클러스터에서 동일 브랜드나 제조사가 만든 것일 확률이 높다. 그러면 다양한 개인용 기기에 둘러싸인 비트루비우스적 인간형(다빈치의 인체 비례도에 묘사된 인간형-옮긴이)을 상상해보면, 스마트폰과 스마트 워치, 스마트 안경, 스마트 링, 지갑, 벨트, 신발을 포함한 스마트 의류 또는 몸 위에 설치되거나 몸 안에 이식된 각종 추적기 등이 그려질 것이다(그림 2.3 참조).

특히 의료 및 건강 분야에서 피부 위에 부착하는 전자 기기가 등장해 널리 사용될 것이다. 이러한 전자 기기는 피부처럼 느껴지거나 소비자가 상대적으로 잘 알아차리지 못하는 착용식 "패치"와 함께 사용된다. 심박수와 칼로리, 혈압 등 일반적인 지표를 넘어 혈당, 혈중 알코올 농도, 심장질환 위험, 기분 변화, 수분 함량 등을 측정하는 기능과, 질병 알림, 건강 모니터링 또는 적절한 상품의 판매 추천에 데이터를 사용하는 방식이 널리 활용될 것이다.

이 모든 것은 아이튠즈iTunes 계정이나 구글 계정, 또는 그 중심에서 사용자의 디지털 ID와 연동된 그 어떤 운영 체제와도 동기화될 것이다. 여기서 중요한 점은 기기 그 자체가 결국 완전히 일상용품화되어 적당한 가격에 구입할 수 있는 하드웨어가 될 것이란 사실이다.

기업들이 앞다퉈 소비자 정보를 활용하고 이를 서비스 제공업체에 넘겨 수익을 꾀하는 경우 공짜로 얻을 기회도 생길 수 있다. 결국 금융사들

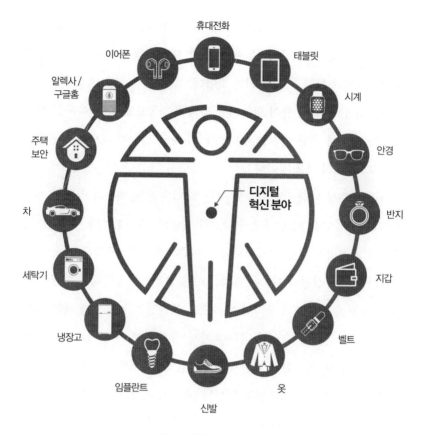

휴대전화

이어폰

태블릿

알렉사/
구글홈

시계

주택
보안

안경

차

디지털
혁신 분야

반지

세탁기

지갑

냉장고

벨트

임플란트

옷

신발

그림 2.3 개인용 기기 클러스터

은 해나를 통해 제이든의 귀로 고객 서비스를 제공하고 해나에게 업무
에 대해 보상하기만 하면 되는 것이다.

- **가전 제품 및 스마트 홈 —** 그 자체로 개인용 기기인 것은 아니지만 스
마트 냉장고와 세탁기, 주택 보안 시스템, 진공청소기, 헤어드라이어, 칫

솔, 면도기 등은 모두 미래 소비자와 커뮤니케이션하게 될 것이다. 앞서 언급한 개인용 기기 클러스터에 모두 연결되어 특정 제품과 브랜드를 소비자에게 추천할 수 있게 되는 것이다.

냉장고 안에 뭐가 들어 있는지를 파악해 자동으로 쇼핑 목록을 작성하는 냉장고에 대한 얘기는 이미 수없이 나왔으며 이 파트의 후반부에서 좀 더 자세히 다룰 것이다.

그러나 특정 브랜드의 맥주를 사는 데 익숙한데, 맥주가 떨어질 때가 됐다는 걸 알았을 때 냉장고가 광고를 재생하면서 새로 나온 브랜드를 추천할 가능성을 한번 생각해보자. 아마존의 알렉사, 구글홈, 애플의 시리Siri와 같은 음성인식 기능은 명령을 하는 경우에만 응답하고 명령에 따라 작업을 수행하는 수동적인 방식으로 생산성을 높여주는 개인 비서 기능으로 시작했다. 그러나 이처럼 가정 내 지원 기기 설치가 늘어나면서 사용자별로 최적화된 제품과 브랜드를 언제 어떻게 추천하는 것이 좋은지 판단하는 기능도 점점 향상될 것이다. 이를 통해 기업들은 마치 모든 소비자의 가정에 이야기를 듣고 지켜볼 사람을 보내는 것처럼, 적당한 때에 제품을 추천할 수 있는 막대한 도달 기회를 얻게 될 것이다.

● **더욱 단편화되면서도 투명성이 높아진 SNS** — SNS는 지난 10년간 광고계를 사로잡았고, 특히 5~7년간은 대다수의 브랜드가 TV 광고비 지출을 줄이고 페이스북이나 구글 광고를 엄청나게 확대했다. 이러한 방식은 타깃 도달률, 낮은 진입 비용, 거래 추진력 등 엄청난 장점이 있으나 지난 몇 년간 광고 효과 측정이 신뢰할 만한 수준에 이르지 못하면서 의

혹이 불거지기 시작했다.

노출과 조회는 항상 엄청난 차이가 있게 마련인데, 간단히 말하면 대부분의 소비자는 광고를 조회하거나 기억하지 못한다는 뜻이다. 특히 뉴스피드에 뜬 광고가 그렇다. 비유를 들어 설명해보자. 파티를 계획하고 친구들을 초대하기로 했다고 하자.

SNS 도달률은 얼마나 많은 사람들이 초대장을 받았는지를 알려준다. 실제로 얼마나 많은 사람들이 파티를 즐겼는지는 둘째 치고, 실제로 몇 명이 파티에 왔는지를 알 수는 없다. 이처럼 불확실한 측정값을 다음 상황과 연결지어 보자. 더욱 다양한 광고 형식과 플랫폼과 제품이 매년 시장에 나오는데, 거기에다 광고를 실어 보낼 수 있는 기기들이 폭발적으로 늘어나는 것이다.

괴물이 탄생할 만한 모든 조건이 갖춰진 셈이다. SNS를 운영하는 것은 스위치를 몇 개 누르고 잘 돌아갈 것이라 기대하며 핵발전소를 운영하는 것과 별 차이 없는 일이 될 것이다.

다행히 오늘날 투명성 논쟁이 초미의 관심사로 떠올랐고 다양한 스타트업이 생겨나면서 이와 관련된 서비스를 내놓고 있다. 플랫폼 자체도 도달 품질을 보다 정직하게 공개할 필요성을 깨닫고 있으며, 기업들은 비용을 들인 만큼의 효과를 과감히 요구하고 있다. 실제 채널이 극도로 복잡해지더라도 앞으로 몇 년간 다방면으로 SNS 광고 집행 방식이 더욱 공정하고 투명해질 것이다.

❗ 지금 당장 해야 하는 3가지 실천 과제

지난 5년여 간 스마트폰과 스마트폰이 만들어낸 광고 기회에 이제 익숙해지는가 싶었는데 또다시 변화의 조짐이 보이고 있다. 이를 불편해하는 이들도 일부 있지만 더 많은 가치를 창출할 수 있는 수많은 기회가 열리게 되었다. 나처럼 기대에 부풀어 애플 글래스가 출시되자마자 구입한 사람이라면, 다음 원칙에 따라 회사가 변화를 통해 수익 창출의 기회를 누릴 수 있도록 하는 것이 좋다.

SNS의 품질에 집중. SNS 광고의 가시성에 대해 집중적으로 살펴보자. 특정 마케팅 목표에 효과적인 몇 가지 유형의 채널, 광고 형식, 광고 크리에이티브 및 구매 모델이 있으며, 대부분의 브랜드와 광고 대행사들은 적합한 유형을 찾기 위해 노력하고 있다. 또 다른 폼팩터로 옮겨가고 광고 유형이 보다 복잡해지는 경우, 효과적인 디지털 미디어 믹스를 설계하는 법을 모르면 앞으로 10년간 미디어 소유주에게 이용당하기 쉽다. 기대 효과를 측정하고 측정 가능한 만큼만 비용을 지불하자.

자체 도달 역량 강화. 아무리 작더라도 지금부터 자체 도달 채널을 만들기 시작해야 한다. 페이스북, 인스타그램, 트위터가 스마트폰에서 그랬던 것처럼 새로운 기기에서도 효과적일 것이라는 보장은 없으며, 충성 고객으로 구성된 소비자 직접 판매(D2C) 채널이 하나 이상의 기기 클러스터에 훌륭하게 통합될 수 있다. 이를 위해서는 자체 소비자 데이터를 수집하고, 최소한 충성 고객을 위해서라도 피동적 수용자(captive audience, 싫어도 광고를 듣거나 볼 수밖에 없는 사람들-옮긴이)를 늘려야 한다. 소비자가 자사의 회원이라 생각하고 기업이 수년간 미디어와 자산, 습관 형성 마케팅에 비용을 쏟아 부으며 구축해온 소비자와의 관계는 다른 사람의 기기나 애플리케이션를 통해서, 또는 다른 사람을 통해 플랫폼에서 신원을 식별해야만 소비자에게 접근할 수 있게 되면 순식간에 사라져버릴 수 있다.

기기 소유자와 협업. 오늘날 대부분의 브랜드가 기기 소유자와 직접 협업하는 경우는 없는데, 업무상 전화를 사용할 때 외에는 자연스럽게 마주칠 일이 없어서다. 그러나 전화도 통신사에서 제공하는 서비스이다. 에카와 해나가 제이든의 AR 기기에 미리 설치되어 그의 마음(과 가슴) 속에 확고하게 자리 잡게 된다면, 기기 소유자들은 최종 게이트키퍼가 될 것이다. 그러면 기기와 하드웨어 업체들이 어떻게 사용자로부터 수익을 거둬들이고 관계를 구축하며, 이미 존재하는 여러 웨어러블 기기용 솔루션을 공동으로 개발할 수 있는지 알아보자.

전 세계적으로 사용되는 알렉사(아마존의 인공지능 스피커-옮긴이)를 특히 집중적으로 살펴보자. 현재 시중에 나와 이미 가정용으로 사용되고 있기 때문이다. 하드웨어 비용의 하락으로 인해, 특정 브랜드에서 최우수 고객의 고착도(사용 빈도 또는 시간 등을 기반으로 측정한 고객 충성도-옮긴이)를 유지하고 도달 거리를 단축하기 위해 무료로 기기를 나눠주게 된다 해도 놀라지 않을 것이다.

광고 크리에이티브를 만드는 새로운 방식

●● 10주년을 축하하는 누노

"정말이지 우리가 결혼한 지 10년이 넘었다는 게 믿기지 않아." 누노는 보고타의 아베니다 카라카스 대로를 운전하면서 생각했다. 여기서 멀지 않은 국립공원에서 남편 에드를 처음 만났다.

그는 2023 보고타 하프 마라톤에 출전해 기를 쓰며 포기하지 않고 뛰었다. 남편은 세 번째 마라톤 출전이었는데, 그는 무슨 이유에서인지 에드 옆에서 뛰고 싶었다. 그는 에드가 눈치를 챘는지 몰랐는데, 그날 저녁 늦게 열린 완주자들을 위한 행사에서 에드가 그에게 다가오더니 함께 달려줘서 고맙다고 인사했다. 그들은 번호를 교환했고 그 이후의 이야기는 다 아는 얘기이다.

보고타 필하모닉 소속 단원인 그는 바이올린 앙상블에서 차석을 맡고 있었다. 그가 직장 건물 안으로 들어가 엘리베이터를 탔더니 화면이 켜지면서 그가 가장 좋아하는 산타페 축구선수가 그를 바라보며 말했다. "에드에게 줄 완벽한 선물이 있어요. 나이키 신상으로 미끄러짐 방지 과내전(over pronation) 운동화가 나왔습니다. 나이키를 기억하세요. 사랑하는 마음을 나이키로 표현하세요." 그는 광고를 눈여겨보고는 또다시 장시간 리허설에 들어갔다. 에드는 과내전이 심한 편인데 비해 누노는 과외전(over supination)에 가까웠다. 그런 면이 음양의 조화를 이루듯 둘의 관계에 매력적인 요소로 작용했다. 오후 늦게 휴식 시간이 되자 그는 미끄러짐 방지 운동화의 가격과 맞춤형 디자인 옵션을 재빨리 확인하고 괜찮을 것 같다고 생각했다.

몇 년 전 이들은 메데인에서 풀코스 마라톤을 완주했는데, 고도가 다소 낮아서 한결 쉬웠고 그는 둘이 같이 뛰었다는 사실 자체가 좋았다. 매년 열리는 나이키 러브 마라톤이었는데, 사랑하는 사람과 함께 신청하면 나중에 기록이 합산되는 방식이었다. 그리고 암을 이겨낸 아내와 곁을 지킨 남편의 이야기, 두 참전용사 친구의 이야기 등 이벤트에 참여한 이들의 아름다운 사연들도 많았다. 그는 나이키가 마라톤에 함께 참가하는 사람들의 이야기로 뭔가를 계획하고 있다는 생각이 들었다. 그는 이후 T 구역 동네의 현지 조깅 클럽에서 좋은 사람들을 많이 만났다.

그날 저녁 늦게 집으로 돌아와 산타페 경기를 보려던 차에 나이키로부터 프롬프트 메시지를 받았다. "짧은 2분짜리 영상을 만들었으니 손을 흔들어서 확인해보세요." 그가 손을 흔들자 그와 에드가 달렸던 다양한 코스를 한데 모은 아름다운 장면들이 나타났다. 심지어 두 사람이 맨 처음 참가한 마라톤에서 결승선을 통과한 사진도 몇 장 있었다. "10주년 기념일을 잊지 못할 추억으로 만드세요. 사랑하는 마음을 나이키로 표현하세요. 지금 구매하려면 손을 흔드세요! 전 세계와 이 짧은 동영상을 공유하는 데 동의하시면 위로 밀고 10퍼센트 할인을 받으세요." 손을 흔들고 위로 밀자 구매가 한 번에 끝났다.

일주일 후 그는 기념일 밤에 차피네로에 있는 멋진 레스토랑에서 에드가 오기를 기다렸다. 에드가 레스토랑 문을 열고 걸어 들어오는데 눈에 익은 선물 포장 상자를 들고 있는 게 보았다. 그가 에드를 위해 테이블 아래 놓아둔 선물 상자와 아주 비슷해 보였다. 그는 나이키가 어떤 광고를 했을지가 생각나 웃었다. "아마도 과외전 조거를 위한 나이키의 쿠션 강화 운동화겠군." 그는 생각했다. 나이키는 두 사람에게 같은 식으로 광고를 내보냈던 것이다.

그날 저녁 늦게 그들은 손을 잡고 카레라 7번가를 걸으며 머리 위 대형 화면을 올려다보았다. 나이키 러브 광고 같은 짧은 동영상이 재생되고 있었다. 동영상 공유에 동의한 것은 누노뿐만이 아니었던 것이다.

●●● 광고 크리에이티브의 진화 이해하기

한 마케터가 내게 이런 말을 한 적이 있다. 광고는 귀찮은 것이 아니라 보고 싶게 만드는 존재여야 하며 그 안에는 많은 진실이 담겨 있어야 한다고 말이다. 때로 어떤 광고는 제품 광고를 뛰어넘어 메시지와 이미지 자체가 하나의 상징이 되면서 특정 라이프 스타일이나 주체를 인식하는 세계인의 방식을 영원히 바꾸어 놓기도 한다.

여러분들도 각자 선호하는 스타일이 있을 것이라 생각한다. 여기서 잠시 내가 좋아하는 스타일을 상기하며 이러한 광고 크리에이티브가 불러온 장기적인 문화적 변화의 본질을 알아보겠다.

먼저 1954년 레오 버넷Leo Burnett의 전설적인 말보로 맨 캠페인을 살펴보자. 말보로 맨의 이미지 및 그와 관련된 메시지는 수십 년간 남성 흡연자들의 자아상을 형성해왔으며, 영상을 비롯한 다른 예술 형식이 반복적으로 이를 강화한 하나의 상징으로 남게 되었다. 크리에이티브는 말 그대로 제품을 사용할 때 느끼는 감정을 형상화한 것이다.

1931년, 코카콜라가 해든 선드블롬Haddon Sundblom이라는 삽화가에게 크리스마스 광고용 산타를 그려 달라고 주문하자, 그는 산타를 흰 수염과 붉은 색 옷을 입은 행복하고 자애로운 인물로 묘사했다. 이 캠페인 전에 산타에 대한 대중의 일반적인 인식은 제각각이었고 오늘날 그가 묘사한 방식과는 달랐다. 이 경우 크리에이티브는 연중 가장 중요한 연휴에 너그러운 마음을 나누는 소비자의 인식을 형상화한 셈이다.

다음으로 레드불 스트라토스Red Bull Stratos 프로젝트에 대해 생각해보자. 2012년 펠릭스 바움가르트너Felix Baumgartner는 성층권 자유 낙하를 선보였는데, 그 자체가 광고는 아니었지만 이 영상을 비롯해 레드불이 기획한 여러 콘텐츠는 소비자가 에너지 드링크를 최고 성과와 연관 지을 정도로 익스트림 스포츠를 지향하는 브랜드 정체성을 굳건히 했다.

그리고 에너지 드링크는 적어도 에너지라도 주지만, 담배는 남성성과는 전혀 아무 상관도 없다.

버드와이저의 1999년 "와썹Whassup" 캠페인을 살펴보자. 이 광고는 버드와이저를 구입할 수 있는 곳보다 구입할 수 없는 곳에서 훨씬 높은 조회수를 기록했던 광고 중 하나일 것이다. 유머는 그 자체의 생명력을 가지게 됐고, 덥수룩한 머리의 십대들은 여전히 전 세계에서 서로 "와썹"을 외치며 독창적인 아이디어를 떠올린다.

이러한 광고는 평범하면서도 "헬로Hello!"라고 하는 원래 안부 인사보다 다소 과장된 느낌의 인사를 통해 질문자가 느긋하고 다가가기 편한 사람이라는 인상을 준다는 정서적인 부분까지 제대로 포착했다. 이 모든 것이 "와썹"이라는 하나의 표현에 들어간 것이다.

그리고 크리에이티브가 항상 이미지와 동영상을 의미하는 것은 아니다. 때로는 "Just do it(그냥 해봐)"라거나 "A diamond is forever(다이아몬드는 영원히)"와 같은 강력한 한 줄 슬로건이 되기도 하고 상징적인 음악이 되기도 한다. 그래서 광고의 역사를 보면 크리에이티브가 어떻게 행동과 정서를 만드는지가 다양한 모습으로 나타나며, 전체 광고 제작 업계는 지난 수십 년간 이러한 마법을 더욱 발전시키며 반복적으로 활용해왔다. 그러나 집중 시간이 점점 짧아지고 광고 지원 TV가 점점 줄어드는 상황에서, 이러한 크리에이티브의 자율성은 앞으로 10년간 어떻게 진화하게 될까?

크리에이티브 생성 방식을 폭넓은 가치 사슬로 생각해보면, 몇 가지 과정으로 나눠볼 수 있다. 즉 대략적인 아이디어를 구상하고, 제작을 통해 아이디어를 바로 실행 가능한 크리에이티브로 변환하고, 미디어를 통해 적합한 소비자에게 적합한 크리에이티브를 전달하는 식이다. 앞으로 10년간 아이디어를 보다 쉽게 실행하고 소비자에게 더 효과적이고 효율적으로 메시지를 전달하게 될 것임은 분명해 보인다. AI의 도움을 받게 되겠지만, 혁신적이고 창의적인 아이디어를 도출하려면 적어도 당분간은 어쩔 수 없이 인간적인 감성이 필요할 것이 분명하다. 이런 분야에서 눈여겨 봐야 할 5가지 주요 변화가 있다(그림 2.4 참조).

● **합성 크리에이티브** ─ 앞 파트에서 간단히 합성 미디어를 다루었는데, 이는 실제 인간이 개입하지 않고 프로그램을 통해 초현실적인 이미지, 동영상, 사운드 등을 생성하는 기술을 말한다. 앞으로 이용 가능한 합성 미디어 제품과 대행사가 늘어날 전망이며, 광고주들은 타깃으로 삼은 특정 소비층에 맞게 적당히 이를 변경하기만 하면 상대적으로 저렴한

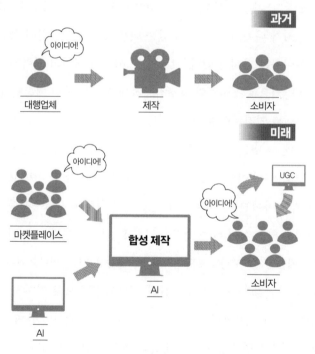

그림 2.4 새로운 창조적 가치 사슬

비용으로 모든 단일 크리에이티브를 확대할 수 있게 될 것이다.

핵심 크리에이티브 아이디어를 바탕으로 한 단일 광고 크리에이티브를 생각해보자. 핵심 크리에이티브 아이디어는 해당 지역 환경의 언어를 사용하는 모든 인종을 고려해 종합적으로 생성된다. 단일 동영상이나 이미지를 기존 방식으로 생산할 필요가 전혀 없이 완전 자동화된다. 비용과 효과 면에서 얻는 편익은 엄청날 것이다.

● **AI 스토리텔링** — 나는 개인적인 선호도를 바탕으로 한 콘텐츠를 만들기 위해 AI가 줄거리를 구상하는 식의 흥미로운 세계 너머로 생각을 확장하고 싶다. 이는 합성 미디어와 비슷한 맥락으로 놀라운 일이다. 단, 줄거리는 AI가 나에게 보다 의미 있는 내용으로 만들기 위해 합성한 사건의 연속이라는 차이가 있다. 그 밖에도 AI는 줄거리의 캐릭터들이 초현실적인 방식으로 소비자와 상호작용하게 만드는 한편 예측할 수 없으면서도 진실된 인간처럼 보이게 한다.

말보로 맨 AI 또는 더 친근한 산타클로스 AI가 양방향 동영상 형식의 캐릭터가 되어 내 아이가 크리스마스에 대화를 나눌 수 있다고 상상해보자. 어쩌면 아이는 이 산타와 일 년 동안 얌전하게 지냈는지를 얘기하거나 아이가 하고 싶어 하는 얘기를 할 수도 있을 것이다. 그러면 산타는 (아니면 그때쯤 산타와 관련된 모든 지적 재산을 소유하고 있을 아마존 같은 기업이) 선물로 줄 장난감을 부모에게 추천해, 구매와 배송으로 이어지게 할 수 있을 것이다. AI는 이처럼 15~30초짜리 기본 광고에서만 볼 수 있는 수많은 캐릭터에 생명을 불어넣어 내 삶의 일부로 만들 것이다.

- **동적 크리에이티브 최적화(DCO)** — 어떤 식으로든 DCO를 하나의 상품으로 제공하는 모든 디지털 광고 플랫폼을 통해 강렬한 모습으로 나타난 DCO는 구글과 페이스북 같은 플랫폼에서 광고주들이 어느 정도는 이미 사용해봤을 법한 기능이다. 광고가 소비자에게 보이는 방식을 약간만 조정하면 훨씬 더 효율적인 반응을 이끌어낼 수 있다는 것이 기본 논리다.

예를 들어, 광고주가 과외전이나 과내전의 발을 가진 사람들에게 다른 신발을 광고할 수 있도록 개인별 성향이나 행동에 대한 정보를 담는 방식이 될 수 있다.

그러나 오늘날 DCO는 데이터 세트에서 속성으로 사용할 수 있는 한정된 수의 알려진 변수를 기반으로 하고 있어서, 시장 세분화에 입력값으로 연령, 성별 및 사전 행동을 사용하면 모든 45세의 남성 중 하프 마라톤을 뛰는 사람들이 동일한 광고를 보게 된다.

그러나 실제로 달리기를 하는 사람들은 수백만 명이므로 결정 계수가 90퍼센트 이상인 구매 결정을 하게 만드는 5개 변수를 결정하는 완전한 예측 모델을 구축하기란 불가능하다.

AI는 바로 여기서 알아보기 어려운 패턴을 사용해 크리에이티브를 동적으로 최적화하는 데 도움을 줄 것이다.

- **플랫폼이 제공하는 크리에이티브** — AI, 합성 기술 및 타겟팅을 통해 광고는 앞으로 10년간 예술보다는 과학에 가까워질 것이다. 앞으로 7년쯤 지나도 여전히 말보로 맨과 산타클로스, Just do it과 같은 창의적인 아

이디어를 내는 데에는 인간의 독창성이 상당히 큰 역할을 할 것이라 생각한다. 그러나 이런 창의적인 인재가 어디에 있으며 창의적인 재능을 기업이 어떻게 이용할 수 있는가에 따라 큰 변화가 일어날 것이다.

모든 전문 서비스가 그렇듯, 광고 대행사도 뛰어난 인재를 통해 대규모의 글로벌 비즈니스를 일구어냈으며, 이런 인재들은 다소 불투명한 관계 중심적 마켓플레이스에서 어느 정도의 보수를 받고 기업에 서비스를 제공한다.

입찰자가 셋 이상은 있어야 한다는 인재 확보 규칙과 주장에도 불구하고, 최고의 인재를 보유하고 있다는 일부 대형 업체들이 항상 업계를 좌지우지하는 상황이다. 그러나 이 말이 지금도 사실일까? 지금은 어느 정도는 사실이라 해도 10년 후에도 여전히 그럴까?

뛰어난 광고 제작은 대부분 투명한 마켓플레이스에서 계약을 맺는 작은 회사나 개인에게서 나오며, 전통적인 대행사 모델은 이러한 마켓플레이스에서 경쟁에 직면하거나 이런 작은 업체에 의존하는 상황까지 올 수도 있다. 이는 인재가 대형 회사를 선택하지 않아서가 아니다.

대행업체 시장을 통해 드러난 것보다 세상에는 훨씬 많은 인재들이 있기 때문이다. 디지털 플랫폼은 이러한 인재를 발굴해낼 것이다.

● **사용자 생성 콘텐츠** — UGC로 더 익숙한 이 용어는 지난 몇 년간 떠들썩한 관심을 받아왔으나 최근에는 다소 시들해진 상태다. 기업이나 개인이 저비용으로 생성한 콘텐츠를 반복과 수정, 재공유를 거쳐서 수많은 사람들이 볼 수 있도록 한다는 발상은 기업이 바이럴 콘텐츠를 제작

하게 만드는 동인이다.

99퍼센트의 확률로 기업의 바이럴 콘텐츠 제작은 실패로 끝났는데, 마케터와 대행사들은 항상 경영진을 만족시키기 위해 "유기적 도달 범위(organic reach)"라는 수치를 들고 나오지만 실제 소비자가 그런 캠페인에 마음이 움직이거나 감동을 받는 경우는 거의 없다.

UGC는 몇 년 후면 다시 인기를 얻을 것이라 보는데, 기술면에서 세 가지 차이가 예상되기 때문이다.

첫째, 콘텐츠의 인기가 상승하거나 인기를 얻기도 전에 AI 및 패턴 인식을 기반으로 소셜 리스닝 툴social listening tool이 점점 더 정교하게 콘텐츠를 발굴해, 잘 알려져 있지 않은 유명 콘텐츠를 더욱 잘 검색할 수 있게 될 것이다.

둘째, 고품질의 미디어를 제작할 수 있는 개인용 툴이 향상되면서 UGC의 품질과 그 영향력도 높아질 것이다. 10년 후면 여러분이나 나 같은 개인이 사용하기 쉬운 툴을 사용해 마블Marvel 영화와 같은 품질의 짧은 영상을 만들 수 있을 것으로 본다.

마지막으로, 기업은 더 스마트한 씨 뿌리기 전략을 사용해 적합한 마이크로 인플루언서를 찾아 콘텐츠를 새롭게 퍼뜨리고, 그 과정에서 가능한 경우 입소문 효과를 낼 수 있는 최적의 과학적인 방법을 찾을 수 있을 것이다.

"아기 상어" 노래를 다른 노래로 바꾼 다음 이를 보고 공유한 최초 100만 명에게 정확히 같은 순서로 인센티브를 준다고 해도 여전히 조회수가 67억 회가 될까? 어쩌면.

❗ 지금 당장 해야 하는 3가지 실천 과제

이제 광고 분야에서도 기업과 기업인들은 다양한 변화와 기회를 활용할 수 있을 것이다. 이 분야에 투자하려는 경영진 입장에서 나는 다음을 추천하고 싶다.

동적 크리에이티브를 사용하는 법 배우기. 당장 디지털 마케팅 캠페인에 DCO를 최대한 활용하자. 페이스북의 동적 크리에이티브 제품 및 유튜브의 디렉터 믹스Director Mix 솔루션 등 미디어 소유주들은 더 많은 기능을 추가하고 이를 사용해 자사 브랜드를 위한 DCO에 효과적인 기능과 그렇지 않은 기능을 파악하는 것은 광고주들의 몫이 되고 있다.

개인화된 크리에이티브의 복잡성과 그 선택의 폭은 점점 폭발적으로 늘어나고 있으며, 아무리 작은 것이라도 사용법을 파악하지 못하면 앞으로 찾아올 기회를 찾아내 활용하기는 어려울 것이다.

크리에이티브 마켓플레이스와 협업. 크리에이티브 마켓플레이스에서 크리에이티브를 빼자. 최소한 전반적인 브랜드 스토리 관점에서 봤을 때 중요성이 한참 떨어지는 것은 빼는 게 좋다. 앞으로 10년 후에는 전부는 아니더라도 크리에이티브의 대부분을 그러한 마켓플레이스에서 공급받게 될 것이므로, 더 일찍 시작해서 배울수록 10년간 더 효율적으로 발전해갈 것이다.

기존 광고 대행사들은 디지털 환경의 수요 발생 빈도에 따라 엄청난 양의 광고를 경제적으로 만들기가 어려워질 것이다. 따라서 지금부터 효과적인 옵션을 개발하는 것이 현명하다. 그러면서 데이터 과학이라는 관점에서 입소문 효과를 낼 수 있는 방법을 파악해 나가야 한다.

어떤 플랫폼과 어떤 마이크로 인플루언서, 어떤 콘텐츠 유형, 길이, 속성 및 메시징 유형 등이 제대로 퍼져 나갈지를 파악하고 콘텐츠를 만들기보다는 찾아내는 데 시간과 비용을 투자하자.

소유할 수 있는 캐릭터 창조. 아니면 지속적으로 유명인 모델을 발굴하는 방법도 있다. 좀 이상한 얘기 같지만 좋아하는 축구 선수와 일대일로 대화할 수 있는 옵션은 탁월한 마케팅 방식이 될 것이다. 또한 나만의 캐릭터(디즈니라면 정말 좋겠다)를 갖거나 캐릭터를 이용할 수 있게 하는 방식도 이익 창출에 중요한 요소가 될 것이다. 이런 추세는 현재도 진행 중이며 지난 몇 년간 "왓츠앱에서 좋아하는 아이돌의 전화를 받으세요" 같은 아주 혁신적인 캠페인이 쏟아져 나왔다. 개인 맞춤도 아니고 아주 기초적인 수준에 지나지 않지만 여전히 효과가 있다.

지금까지 첫 번째 혁신 분야를 심도 있게 살펴보았다. 이제는 디지털 구현이 기업에 미치는 폭넓고 심층적인 영향을 독자 여러분들이 제대로 평가해보길 바란다.

아직 시작 단계임에도 이미 수많은 기회를 경험한 기분이다. 도달 부분에 대해 살펴봤으니 다음 파트에서는 고려 단계에 대해 다룰 것이다. 요새 주목받고 있는 체험 마케팅의 개념을 살펴보고 기업이 디지털을 통해 소비자를 어떻게 사로잡을 수 있는지를 면밀히 따져볼 것이다.

The Digital Frontier

기업은 어떻게
소비자와 유대감을
형성하는가

최근 몇 년 동안 마케터들은 끼어들기 마케팅에서 체험 마케팅으로의 전환을 적극 밀어붙이고 있다. 브랜드와 제품을 소비자에게 일방적으로 전달하며 거래 성사를 기대하는 대신, 양방향 대화를 통해 소비자를 브랜드로 끌어들이고 그 과정에서 소비자의 구매에 영향을 준다는 것이 핵심이다.

나는 이해가 됐고, 참신하고 흥미로운 마케팅 방식으로 생각되었다. 그러나 여기에는 반전이 있다. 대화와 패널 토론, 웨비나, 웹 블로그 등을 수없이 살펴보았는데도, 명쾌하게 그 "방법"을 충분히 설명한 사람이나 글을 아직도 못 찾았기 때문이다. 어쩌면 세계가 여전히 체험 마케팅이라는 개념을 이해하고 받아들이는 중이기 때문인지도 모른다.

몇 년 전에는 전 세계 SNS 업계에 불행한 소식도 전해졌다. 브랜드 기업들이 "좋아요"와 "공유하기"와 같은 참여 지표를 추적하고 이에 맞게 최적화하기 시작했으나, 그러한 참여와 실제 구매 사이의 상관관계가 아주 약하다는 사실을 알게 된 것이었다. 그래서 나는 체험 마케팅을 다른 방식으로 접근할 길을 찾아 혼자 이 문제를 깊이 생각해보기 시작했다. 최소한 디지털 구현이라는 관점에서 독자들이 해당 주제를 현실적으로 다뤄볼 수 있는 방법을 구상해보고 싶었다.

무엇보다도 브랜드와 소비자 간의 모든 상호작용의 기저에 가치 교환이 있어야 한다는 게 내 생각이다. 무료로 광고를 보고 그 대가로 무료 TV 콘텐츠를 얻으며, 돈을 지불하면 그 대가로 제품을 얻고, 무료 샘플을 사용함으로써 나중에 기회가 되면 해당 브랜드 제품을 구매하겠다고 동의하는 것이며, 커피 넉 잔을 마시면 한 잔은 공짜라는 것은 적어도 넉 잔은 돈을 주고 사서 마시겠다는 의미다. 그래서 소비자와 유대감을 형성하는 것이 당연하긴 하지만, 기본적인 가치 교환의 형태로 명확히 표현하면 훨씬 더 현실적으로 타당하게 들릴 것이다.

소비자가 어떠한 대가도 바라지 않고 자발적으로 특정 브랜드를 선택하게 되는 경우는 드물다. 브랜드에 집착하며 충성도가 매우 높은 고객인 수집가조차도 브랜드로부터 공동체 의식과 지위를 기대한다.

브랜드는 단순히 "콘텐츠를 얻기 위한 광고"와 "제품을 얻기 위해 지불하는 돈"에서 보다 광범위한 다수의 빈번한 교환으로 이러한 가치 교환 개념을 확대하면서, 결국 소비자와 상당한 정도의 유대감을 형성하고 기회가 될 때마다 수익과 직결되는 거래를 성사시키려 할 것이다.

디지털 구현은 기업이 인게이지먼트(기업이 고객과 직접적이고 의미 있는 관계를 구축하고 유지하기 위해 사용하는 일련의 모든 활동. 정서적 유대감 형성으로도 번역된다-옮긴이) 모델을 구축하는 데 상당한 역할을 할 것이다. 디지털 플랫폼은 그러한 가치 교환의 매개체가 되기에 아주 적합하기 때문이다. 이처럼 이 섹션에서는 기업과 소비자의 유대감 형성, 즉 인게이지먼트 방식이 발전하는 데 디지털이 어떤 역할을 하는지 알아볼 것이다. 그러기 위해 먼저 기업이 어떻게 소비자 기반을 활용하고 이를 확대해 소비자를 고객으로 만들고 소통하는지, 그리고 기업이 멤버십 서비스 및 그와 관련된 추가 디지털 가치 제안과 기타 무형의 가치를 통해 어떻게 실제로 정서적 유대감을 형성할 수 있는지를 살펴볼 것이다.

소비자 기반 활용

● ● **바트의 수명 연장**

　롱아일랜드의 어느 산뜻한 여름날 아침 10시, 바트는 메릭 골프 코스에서 멀지 않은 쇼어 드라이브 도로변에 새로 얻은 집을 향해 운전하고 있었다. 그는 은퇴 후 아내 질과 함께 6개월 전 롱아일랜드로 이사 왔는데, 지금까지는 매우 만족스러웠다. 특히 거의 매일 아침 골프를 치러 갈 수 있다는 게 좋았다. 또 최근에 맨해튼으로 온 아들의 집과 차로 갈 수 있는 거리여서 더 마음에 들었다.

　아들은 여전히 실리콘 밸리 외곽에 본사가 있는 여행 안내 스타트업에서 일하고 있었지만, 더 이상 본사 근처에 사는 사람은 사실상 아무도 없었으므로, 바트는 그 점이 마음에 들었다. 그는 한창 때 은행에 근무했는데, 뉴욕의 혹독한 추위와 북적이는 인파에 시달리는 게 싫었다.

　장 건강 영양제가 거의 떨어져서 그는 메릭 가의 편의점에 들르기로 했다. 그와 질이 "그 사건"이라 부르는 일이 일어난 지도 벌써 3년이 되었다. 그는 급성위염으로 꼬박 3일간 병원 신세를 질 만큼 한바탕 난리를 치렀다. 의사들은 그에게 식단을 전면 수정하지 않으면 위암에 걸릴 위험이 있다고 했다.

　그 후 그는 알카 셀처Alka Seltzer (미국의 소화제/위장약 상표-옮긴이)의 장 건강 커뮤니티인 "소화 빠른 장"에 가입했다. 앱에는 아주 유용한 기능들이 있었다. 먹고 마시는 모든 것들의 사진을 찍어서 사진 인식을 돌리면 장 위험 점수와 함께 먹어도 될지 여부와 얼마나 먹어야 하는지에 대한 권장 사항이 제시됐다. 뿐만 아니라 약 먹을 시간에 알람을 설정할 수도 있어서 블로그와 포럼 토론에서 자신의 건강 상태를 알아볼 수도 있었다.

편의점에서 레니Rennie (제산제 상표-옮긴이) 알약 한 상자를 사고 자동 계산대에 가자 제조사와 데이터를 공유하는 데 동의하냐는 질문이 나왔다. 그는 "예"라고 답했다.

주말께 하루는 집에서 쉬는데 스마트 냉장고가 그에게 다논에서 나온 새로운 프로바이오틱스 요거트 제품을 먹어보라고 추천했다. 개인별 장건강 데이터를 기반으로 요거트 내 유익한 박테리아 함량을 달리한 보장균수(CFU)가 조정된 제품이었다.

바트가 롱아일랜드에서 하루를 보내는 동안 보이지 않는 곳에서 몇 가지 일이 일어났다. 알카 셀처를 보유하고 "소화 빠른 장" 참여형 플랫폼을 소유했던 회사인 바이엘Bayer은 바트가 애플리케이션에 가입한 이후 그의 1차 데이터를 기록하고 있었다. 바이엘은 지금까지 바트에게서 얻은 더 많은 정보를 이 데이터에 추가해왔다. 거기에는 그가 "사고"로 인해 치료받았던 의료 기관에서 바이엘이 자신의 정보를 추출해도 좋다고 그가 동의한 의무 기록도 포함되어 있었다.

바트는 편의점에서 바이엘 제품을 구매할 때마다 "동의함"을 눌렀고, 바이엘은 편의점과의 2차 데이터 계약을 통해 데이터를 확보함으로써 바트의 구매 행동을 더욱 다양한 맥락에서 파악할 수 있게 됐다.

다논은 바이엘에 수수료를 지불하고 프로바이오틱스 요거트를 구매할 잠재적 소비자의 데이터베이스를 3차 데이터로 확보하고 수십만 명의 관심 고객 정보를 받았는데, 바트도 여기에 포함된 것이었다.

현실에서 바트는 식별 가능한 존재가 아니었으나 그의 냉장고는 식별이 가능했기 때문에, 다논은 광고를 냉장고로 보낸 것뿐이었다. 바트는 익명화된 프로필을 독립 기관이 안전한 광고주라고 평가한 플래티넘 등급의 광고주와 공유해도 좋다고 동의했다. 그 대가로 그는 '소화 빠른 장' 커뮤니티 3개월치 무료 구독권을 얻었다.

바트는 그날 밤 이후 숙면을 취했고 "그 사건"을 다시는 겪지 않으려고 이것저것 할 수 있는 건 다했다는 것에 행복했다. 그는 10년은 더 건강하게 살 것이다.

●●● 소비자 데이터베이스를 구축하는 방식 이해하기

앞으로 10년간 기업이 자사 소비자 데이터 세트를 구축하는 것이 왜 중요한지를 다루면서 다른 기업들이 소비자 데이터 전략을 어떻게 수립하고 왜 해야 하는지를 이해하기 위해 나름의 방법을 동원한 몇 가지 흥미로운 성공 사례를 살펴보는 것도 도움이 될 것이다.

온라인 구독 모델을 기반으로 한 기업들은 물론 소비자 데이터를 직접 활용할 수 있으며, 이에 관한 몇 가지 사례를 살펴보면 아이디어를 얻을 수 있을 것이다. 데이터 수집 엔진을 구축한 "오프라인" 기업의 예는 찾기가 훨씬 어려웠지만 이에 대해서도 몇 가지 사례를 살펴볼 것이다.

- **스포티파이** — 스포티파이_{Spotify}는 사용자가 이메일 주소로 가입하면 사용자 개인 정보에 액세스할 수 있으며, 성별과 생년월일을 입력할 수 있게 되어 있다. 스포티파이는 사용자의 기기 정보를 기록하고, 최근에는 가족 요금제용으로 위치까지 추적하면서 등록한 가족 구성원이 한 집에 사는지를 확인한다. 그러나 스포티파이의 진정한 마력은 사용자별 청취 습관을 파악하고 이 정보를 활용해 사용자의 청취 시간을 늘림으로써 더 많은 사람들이 스포티파이에 가입하게 만드는 방식에 있다.

스포티파이는 음반사에 매출의 일정 부분을 정률제 방식으로 지급한다. 이 비율을 점진적으로 낮추는 스포티파이의 협상력은 매년 수천만 명의 사용자를 확보해 이들이 특정 음악을 듣도록 유도함으로써 음반사에 실제 음원 유통 영향력을 보여줄 수 있는가에 달려 있다. 스포티파이는 구독자의 청취 습관 데이터를 활용해 사용자들이 좋아할 만한 유형의 음악을 발견하도록 할 것이다. 아니면 첫 30초 동안 트랙이 언제 전환되는지를 추적해 사용자가 싫어하는 음악이 표시되지 않게 하는 방법도 있다. 이는 음반사에 음원 유통의 영향력을 보여줄 뿐만 아니라 청취 경험을 극적으로 개선하고 구독률을 유지한다.

스포티파이는 또한 청취 트렌드를 사용해 스포티파이 서비스의 어떤 부분이 새로운 잠재 구독자에게 가장 잘 팔릴지, 어떤 아티스트나 음원을 이용해 다운로드 수를 끌어올릴지를 파악한다.

여기서 알아야 할 핵심 사항은 소비자의 연락처 상세 정보를 확보하는 것으로는 충분하지 않으며 기업은 데이터베이스에 행동 정보를 지속적으로 추가해 고객 참여를 끌어내는 데 활용해야 한다는 것이다.

• 나이키 — 나이키는 이론의 여지는 있지만 지난 몇 년간 디지털 상거래 분야 투자에서 선구적인 역할을 해왔으며, 타사 전자상거래 플랫폼을 버리고 자체적인 소비자 직접 판매(D2C) 방식을 활용한 것으로 잘 알려져 있다. 나이키는 처음에 오프라인 매장을 기반으로 하는 모델이었기 때문에 스포티파이보다 소비자 데이터 이용률이 훨씬 낮았다.

이에 대한 나이키의 해법은 수많은 디지털 인게이지먼트 채널을 구축해 소비자 데이터를 수집하는 것이었다. 나이키의 현재 총 매출의 약 30퍼센트는 Nike.com 또는 나이키 앱을 통한 직접 유통 모델에서 발생하고 있다. 나이키는 몇 가지 소비자 앱과 플랫폼도 추가로 소유해 운영하고 있는데, 멤버십 프로그램인 나이키플러스Nike+, 나이키 런 클럽Nike Run Club 및 나이키 트레이닝 클럽Nike Training Club과 같은 유틸리티 앱, 또는 운동화 수집 마니아들이 최신상 스니커즈 정보를 받아볼 수 있는 나이키 스니커즈Nike SNKRS 앱 등이 그 예이다.

또한 사용자들은 나이키 런 클럽 앱을 톰톰 워치TomTom watch나 가민 워치Garmin watch 또는 나이키 런 클럽에 중요한 활동 데이터 스트림을 제공하는 애플 건강 앱과 같은 다른 피트니스 앱 및 웨어러블 기기와 연결할 수도 있다. 나이키는 사용자들이 발 사진을 찍어 보내면 신발 사이즈를 추천해주는 나이키핏Nike Fit 앱도 운영한다. 이는 유용성과 제품을 소비자에게 직접 제공하고 소비자 데이터를 캡처해 이를 인사이트와 맞춤 혜택 및 제안으로 전환해 소비자의 지속적인 거래를 지원하는 데 집중하는 기업의 예에 해당한다.

중요한 것은 전통적으로 오프라인 비즈니스에 주력했던 기업들도 디지털 인게이지먼트를 통해 소비자 데이터를 축적할 수 있는 길을 열 수 있다는 것이다.

● FICO, 3차 데이터의 오리지널 갱스터 — 3차 데이터를 사용하는 경우는 일반적으로 드물어 설명할 만한 예를 찾다가 나는 즉시 3차 데이터의 오리지널 갱스터 격인 FICO를 생각했다. Fair Isaac Corporation의 줄임말인 FICO는 FICO 점수라 불리는 신용 점수를 대출 기관에 제공하는 상장 기업으로, FICO 점수는 소비자에게 대출이나 모기지 같은 신용 상품을 판매할지 여부를 평가하는 데 사용한다. FICO는 익스피리언Experian, 에퀴팩스Equifax, 트랜스유니온TransUnion 세 곳의 신용평가사로부터 정보를 얻으며, 이들 3대 평가사는 처음에 FICO 점수를 바탕으로 대출을 심사하는 은행과 대출 기관 등의 다양한 출처에서 정보를 얻는다. 10억 명 이상의 소비자 정보를 보유하고 있다는 세 평가사는 상장 기업이기도 하다. 이러한 3차 데이터 모델은 60년대부터 있었으며, 기업이 부정확하고 부정한 방법으로 공유한 데이터를 기반으로 신용도를 잘못 판단하지 않도록 1970년에 공정신용보고법이 통과됐다.

2003년에는 해당 법이 개정되면서 소비자들이 대출업체에 어떤 정보가 공유되는지 알 수 있도록 일 년에 한 번 각 평가사로부터 자신의 신용보고서를 무료로 한 부씩 받을 수 있게 됐다. 해킹과 데이터 유출 등은 말할 것도 없고 수년간 이러한 시스템에 대해 법적 소송과 비판이 이어졌음에도 불구하고, 이처럼 규제를 조건으로 민간에서 상업적 목적으로만 데이터를 수집하고 보관 및 판매할 수 있게 되면서 여신과 수신이 상당히 간편해졌고 기업은 수익성이 좋은 대규모 대부업을 시작할 수 있게 되었다.

여기서 알아야 할 핵심 사항은, 상당히 부도덕하게 들리겠지만, 상업적으로 판매되는 3차 데이터가 동의를 기반으로 제대로 규제를 받으면 효과적으로 활용될 수 있다는 사실이다.

❗ 지금 당장 해야 하는 3가지 실천 과제

앞으로 10년간 수많은 기업들은 소비자 데이터베이스와 충성 고객, 신규 고객, 잠재적 고객 등을 확보하기 위해 노력할 것이다. 유통업체를 비롯해 소비자와 직접적인 관계를 맺고 있는 기업들은 실제 거래, 특히 일용 소비재와 같은 대부분의 소비재 거래 자체에서 별다른 역할을 하지 않는 브랜드에 비해 경쟁에서 훨씬 유리한 위치를 점할 것이다.

점차 이러한 구조를 만들어가려면 기업들은 다음 몇 가지 중요 지침을 따라야 한다.

1차 및 2차 데이터 수집. 소비자와 소통할 수 있는 직접 채널을 구축하고 이러한 채널을 통해 소비자 데이터를 수집해야 한다(그림 3.1 참조).

이는 Nike.com과 같이 직접 판매 채널이 될 수도 있고 나이키 런 클

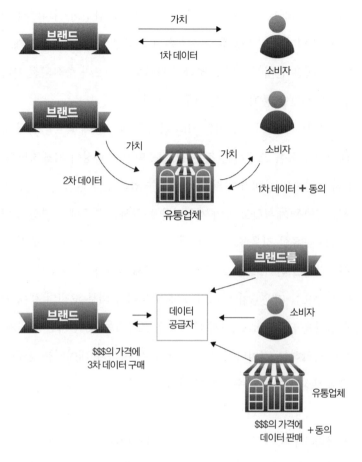

그림 3.1 1차, 2차, 3차 소비자 데이터

럽과 같은 추가 유틸리티가 될 수도 있고 아니면 멤버십 프로그램이나 구매 이외의 용도로도 사용되는 나이키 스니커즈 앱처럼 특정한 어떤 것이 될 수도 있다. 소비자가 프로모션을 활용하거나 캠페인 및 대회에 참여하고 싶어 하는 경우 데이터 공유를 필수 조건으로 만들어보자.

오프라인 이벤트도 소비자 데이터를 확보하고 활성화 위치에서 태블릿 PC로 소비자의 가입을 유도하는 손쉬운 채널 역할을 할 수 있다. 1차 데이터 수집은 인내심을 갖고 시간이 지날수록 정보가 축적되길 기다리며 꾸준한 실행을 통해 성과를 거두는 작업이다.

유통업체든 미디어 채널이든 기타 협력 업체든 간에 파트너에게 소비자 데이터 공유를 요구하는 것은 길고도 힘겨운 과정이 되겠지만 먼저 요청하지 않으면 상대가 먼저 손을 내미는 일은 절대 없다.

공동 사업을 계획하고 계약 재협상을 논의하는 경우에는 항상 소비자 데이터를 공유할 것을 요구하자. 기본 소비자 데이터를 자사 조직과 공유하는 것을 조건으로 프로모션 비용을 정해야 한다.

가장 중요한 것은 3차 데이터 구매 비용이나 내부 고객의 생애 가치 계산 결과를 기준으로 소비자 데이터를 보유하는 것이 어떤 가치가 있는지를 파악하는 것이다. 그리고 파트너가 자사와 데이터를 공유하는 데 대해 보상을 제공할 수 있어야 한다.

3차 데이터 구매. 반드시 구매하자. 3차 데이터의 품질을 폄하하고 손을 떼는 게 통념이 돼버린 이유를 모르겠지만 이는 사실이 아니다. 주기적으로 업데이트되는 고품질의 3차 데이터를 공급하는 훌륭한 정보원이 있으며, 이 분야에서 우위를 점하고자 하는 기업들은 매년 데이터 구매 자금을 할당해야 한다.

여러 공급업체가 보유한 소량의 데이터를 시작으로, 어떤 정보를 확보할 수 있으며 데이터를 활용해 어떻게 소비자를 효율적으로 사로잡을 수 있는지를 파악하자. 앞으로 10년간 데이터 보안 우려가 완화되면 훨씬 더 많은 데이터가 공개될 것이라 본다. 그러면 3차 데이터는 양과 질 면에서 구글과 페이스북과 같은 폐쇄형 네트워크에서 얻을 수 있는 데이터에 비견할 만한 수준이 될 것이다.

데이터 보강 및 동의 관리. 개인 데이터 기록을 수집하면서 데이터베이스에 행동 데이터 유형을 최대한 많이 추가하는 데 역점을 두자. 대체로 한 달간 기록이 업데이트되지 않았다면 해당 소비자가 이탈한 것일 수도 있다. 월간 활성 사용자(MAU) 관점에서 해당 소비자 데이터를 생각해보자. 기록이 남아 있는 소비자를 한 달 안에 사로잡지 못하면 더 이상 고객이 아니라는 뜻이다.

데이터베이스 활성화는 메시지를 통해 소비자에게 다가가고, 메시지 수신을 추적하고, 프로모션을 제공하고, 프로모션 혜택 사용 여부 또는 거래를 추적하고, 해당 소비자가 다른 가능한 활용 사례를 이용하는지를 파악하는 등의 형태를 취할 수 있다. 모든 상호작용이 일어난 후에는 데이터베이스에 캡처할 수 있는 데이터의 흔적이 남게 마련이다. 스포티파이가 각 소비자의 청취 습관을 파악하는 경우와 다소 비슷하다.

마지막으로 강조하고 싶은 것은, 법무 팀을 꾸려서 모든 시장의 데이터 프라이버시 규정을 종합적으로 검토하고 조직 차원에서 적절한 행동 수칙을 위한 가이드라인을 마련해야 한다. 그러나 법무 팀이 법을 준수하되 법으로 규정되는 범위 이상으로 기업에 과도한 규제를 적용하지 않도록 해야 한다.

단순 경험칙으로는 언제나 "동의를 받는 것이 최고"지만, 데이터 수집은 다양한 곳에서 다양한 시점에 발생하며 많은 경우 다량으로 구매나 전송이 이루어지기 때문에 각 데이터 기록 자체에 대해 받은 동의의 속성을 기록할 필요가 있다.

대부분의 소비자 데이터베이스는 종합적인 동의 관리 기능을 제공하는데 그렇지 않은 경우에는 몇 가지 동의 관리 플랫폼이 시중에 나와 있으니 잘 살펴보고 적극 활용하는 것이 좋다. 이는 무결점 데이터 사용 기록을 유지하는 데 도움이 된다. 자사가 규제 기관의 벌금을 피할 수 있을 뿐만 아니라, 소비자에게 데이터가 실제로 안전하게 보관되고 있고 회사가 믿을 만하다는 사실을 보여줄 수 있기 때문이다.

지금까지 소비자와 정서적 유대감을 형성해 이들의 데이터를 활용하고 월 1회 이상의 상호작용을 통해 고객 관계를 유지하는 1단계 내용을 살펴보았다.

마지막으로 소비자 데이터 수집은 장기전이라는 사실을 덧붙이고 싶다. 데이터 수집에 걸리는 시간도 그렇고 이렇게 수집한 데이터를 활용해 실제 이익을 실현하는 데에도 오랜 시간이 걸린다. 당장의 이익에 연연하기보다는 인내심을 가지고 앞으로 3~5년간 이러한 구조를 만드는데 적극 투자해야 할 것이다. 그렇지 않으면 앞으로 5년 후에는 어떤 소비자도 찾지 않는 유일한 회사로 남아 결국 사라지고 말 것이다.

멤버십 프로그램의 미래

●●● 오딘이 연합에 충성을 맹세한 이유

오딘이 스리랑카 해변으로 잊을 수 없는 여행을 다녀온 지 두어 달쯤 됐을 때였다. 작년에 회사가 주4일 근무제로 전환했는데도 그는 자신이 이렇게 금세 또다시 휴가를 절실히 바라게 됐다는 사실이 놀라웠다. 자신에게 휴가란 단순히 일에서 멀어지는 것뿐만이 아니라 스스로 규정한 삶의 방식과 자기 자신으로부터 벗어나는 일이라는 생각이 들기 시작했다.

어쩐지 베를린을 떠나 있을 때는 예측 불허의 국면이 전개되었고, 거의 식물성 대체육만 먹고 살다가 진짜 스테이크를 몇 번 먹기까지 했다. 그러나 휴가든 아니든 필요할 때 찾아갈 수 있는 곳이 하나 있었다. 바로 연합이었다.

오딘은 침대를 박차고 일어나 비몽사몽 상태로 자전거를 타고 두세 블록 정도 떨어진 체육관으로 갔다. 그는 인기 많은 스피닝 수업 참여 우선권이 일부 포함된 멤버십에 할인가로 가입할 수 있었는데, 그가 연합 소속이었기 때문이었다. 연합 조직원은 눈에 잘 띄지 않았기 때문에 그는 오늘 스피닝 수업에 온 사람 중 몇 명이나 조직원인지 몰랐다. 그 사실을 모른다는 것도 장점 중 하나였다.

그날 오후 우버를 타고 출근하면서 그는 우버 앱에 새롭게 연합 스킨이 적용된 것을 보고 놀랐다. 완전 다크 모드인데다 연합 용어를 사용해서 여정은 미션으로, 목적지는 만남의 장소로 매끄럽게 표현이 바뀌어 있었다.

그날 동료와 늦은 점심을 먹고 카드로 계산을 하려는데, 동료가 연합 로고가 박힌 전면 금속 재질의 신용 카드를 흘깃 보았다. 사람들이 카드를 안 쓴 지는 좀 되었고 플라스틱 카드는 오래전에 자취를 감추었다. 동료가 물었다. "대체 그게 뭐야?" 오딘은 지나치게 과장된 반응을 보였다. "아무것도 아니야. 신경 쓰지 마. 별로 얘기하고 싶지 않아." 굳이 연합 얘기를 꺼내고 싶지 않은 것이다.

오딘은 다음 달에 있을 연례 연합 모임이 몹시 기다려졌다. 하루 종일 특별 참가 행사와 활동이 진행된다니 무척 재미있을 것 같았다. 가장 중요한 것은 마지막 순서인 연합의 조직원 생활에 대한 공개 토론으로, 자신과 같은 조직원들이 참석할 예정이었다. 그는 그 사실에 소속감을 느꼈다. 동독에 사는 러시아 이민자 3세로서 그는 항상 정체성 문제를 겪고 있었는데, 이 사람들은 정말 자신과 같은 부류라고 느껴졌던 것이다.

오딘은 밤늦게 낡아빠진 게임 의자에 자리 잡고 앉아 자신의 VR 기기를 썼다. 그는 마음을 가다듬은 후 오딘의 정체성은 내려놓고 게임 속 아바타처럼 생각하기 시작했다. 게임 속에서 그는 자기다울 수 있었다. 진짜 오딘이었다. 자신의 운명은 연합에서 결정했기 때문에 스스로 결정할 필요가 없었다. 자신의 목표에 대해 의구심을 가질 필요가 없었던 것이다. 연합은 그에게 누굴 죽여야 할지 알려주었고 그는 연합의 지시를 따랐다. 간단했다. 그는 좋아하는 에너지 드링크를 홀짝이고는 심호흡을 한 후 불타는 건물에서 뛰어내렸고 총구는 불을 뿜으며 또다시 「어쌔신 크리드Assassins Creed: 돌아온 신디케이트」의 3시간짜리 모험이 시작됐다.

●●● 오늘날 멤버십 프로그램 이해하기

　　다음 세 가지 주제를 통해 뛰어난 디지털 방식의 참여형 플랫폼 구조를 떠받치는 다양한 가치 교환 유형을 살펴보고 멤버십의 개념을 먼저 알아볼 것이다. 몇 가지 성공적인 멤버십 프로그램과 오늘날 프로그램의 원형이 된 사례를 알아보고 배울 점을 찾아보자.

　● **스타벅스 멤버십 ―** 현재 시중의 모든 단일 브랜드, 단일 제품 멤버십 프로그램 중에서 스타벅스 멤버십 프로그램은 그 수가 더욱 줄어든 요즘(그 이유는 나중에 설명할 것이다) 없어지지 않고 살아남아 혁신을 거듭하며 소비자와 스타벅스라는 회사 자체에 실질적인 가치를 가져다준 독보적인 존재로 꼽힌다.

　스타벅스 프로그램은 소비자에게 꽤 실질적인 도움이 되는 혜택을 몇 가지 제공한다. 소비자가 미리 주문해 결제하고 기다림 없이 음료를 받아갈 수 있는 앱과, 금액 충전과 매장 내 주문 시 결제에 원활히 사용할 수 있는 온라인 카드, 포인트 적립을 통해 받을 수 있는 무료 음료와 굿즈, 생일 기념 무료 커피와 특별 행사 초대, 스타벅스 매장의 음악을 자신의 스포티파이 플레이리스트와 동기화할 수 있는 기능, 친구에게 기프트카드 전송하기, 매장 찾기 기능 등을 제공한다.

간단히 말해 사용자의 스타벅스 경험과 연관된 다양한 활용 사례를 파악하고 이를 디지털 방식으로 지원하고, 소비자가 이러한 경험에 더 손쉽게 참여해 더 많은 가치를 누릴 수 있게 함으로써, 스타벅스는 소비자가 자사 브랜드에 감동하고 충성하게 만들 수 있었다. 이렇게 할 수 있는 이유는 대부분의 소비자가 일상 소비 습관을 갖게 되기 때문이다.

그런 맥락에서 자체 앱을 만들고 이를 통해 다양한 경험을 할 수 있게 갖춰 놓으면 소비자는 이를 가치 있다고 여기며 스마트폰에 지우지 않고 둔다. 물론 스타벅스는 그 과정에서 유용한 소비자 데이터를 확보하게 되므로 각 소비자에게 보다 정교한 개인화 서비스를 제공해 소비자가 매일 이를 사용하게 만들 수 있다.

● **아마존 프라임과 알리바바의 88VIP** — 오늘날 아마존 프라임과 그 동양 버전인 알리바바의 88VIP를 언급하지 않고는 멤버십 프로그램을 온전히 논의하기 힘들 것이다. 이 둘은 공통점이 있으면서도 근본 철학에서는 약간의 차이를 보인다. 아마존 프라임은 유료 구독 서비스로서, 연간 119달러를 내면 회원들은 특정 배송 옵션 선택 시 무료 배송, Amazon.com과 홀푸드Wholefoods에서 독점 특가 상품 구매, 프라임 비디오, 음악, 게임, 책 등 아마존의 전체 서비스를 이용할 수 있는 유용한 혜택을 누릴 수 있다. 가장 최근에 집계된 아마존 프라임의 회원 수는 1억 5,000만

명이었다.[80] 아마존은 멤버십 프로그램을 통해 엄청난 매출을 올리고 있으나 혜택을 제공하는 데 드는 비용이 매출을 훨씬 상회한다. 그러나 이 유료 프로그램을 사용하는 소비자들은 다양한 활용 사례를 제공하는 아마존의 자체 에코 시스템에 충성하는 태도를 보인다.

알리바바의 88VIP 역시 마찬가지이다. 회원에게 할인 혜택을 제공하고 비디오 스트리밍(유쿠Youku), 음식 배달(Ele.me), 음악 스트리밍(샤미Xiami), 영화 티켓 판매(타오피아오피아오Taopiaopiao) 등을 제공한다는 점에서 비슷하다. 아마존 프라임과 알리바바 88VIP의 근본적인 한 가지 차이점은 88VIP 멤버십의 경우, 후기를 남기거나 다른 소비자와 소통하거나 다양한 활용 사례를 사용하는 식으로 알리바바 플랫폼 참여도를 높이면 포인트로 멤버십 비용을 지불하거나 멤버십 자격을 얻을 수 있다는 것이다.

컨소시엄 형태로 구성된 업체들의 각종 활용 사례를 지속적으로 구매하는 대가로 해당 컨소시엄이 제공하는 묶음 할인을 받을 수 있는 가치 교환 모델은 확실히 효과적이다. 이 경우 컨소시엄의 활용 사례는 모두 입점 업체가 소유하고 있으나 꼭 그래야 하는 것은 아니다. 소비자가 현금을 지불하거나 행동을 통해 혜택을 받을 권리를 얻었다고 느낄 수 있어야 한다는 것이 중요한 포인트다.

소속감을 동반한 고착도는 아마존과 알리바바가 수익성을 확인했듯이, 유료 프로그램 운영의 잠재적 결점을 뛰어넘는다.

● **항공사와 신용카드사 멤버십** — 이제 신용카드사에서 시작된 원조 멤

버십 프로그램 전문업체들의 사례를 살펴보자.

　일반적으로 요즘 대다수의 소비자들이 자동이체 같은 수단을 사용하는 대신 신용카드를 사용하는 유일한 이유는 카드사들이 제공하는 멤버십 혜택 때문이며, 카드 포인트는 대부분 항공사 마일리지 전환에 사용된다. 그래서 어떤 면에서 카드 발급사들은 항공사 마일리지에 매우 의존하게 되었다. 반면에 항공사들은 살아남기 위해 마일리지 프로그램에 전적으로 의존하고 있어서, 특히 대량으로 항공사 마일을 구입해 이를 소비자에게 나누어 주는 카드 발급사에 대한 의존도가 매우 높다.

　어렵게 얻어낸 정보에 따르면, 최근 미국에서 가치 평가를 실시한 결과 아메리칸 항공(AA)의 어드밴티지Advantage 프로그램과 유나이티드 항공의 마일리지플러스MileagePlus 프로그램은 이들 항공사 자체보다 높게 평가되었다! 항공사의 멤버십 프로그램 운영 주체는 항공사의 보너스 좌석 구입 가격의 두 배에 달하는 비용으로 카드사에 마일을 팔아 50퍼센트의 마진을 남긴다. 카드 발급사들은 소비자를 지속적으로 확보할 수만 있다면 신경 쓰지 않는다. 더 많은 소비자는 더 많은 회전 신용 대출을 뜻하고 이는 다시 더 많은 이자 수입을 불러오기 때문이다. 카드 사용을 유도할 수만 있다면 더 많은 거래는 더 많은 교환 수입을 가져다준다.

　시장 전반의 다양한 프로그램을 평균하기는 어렵지만 카드사들은 마일리지 혜택으로 최대 1~2퍼센트의 비용을 지불하고, 회전 신용 대출 이자로 10퍼센트가 넘는 이익을 남기며, 거래 교환 수수료로 1.75퍼센트가 넘는 이익을 얻는다.

　후유! 결국 여기서 핵심은 은행이 항공사와 긴밀히 협력해, 소비자가 꼭 필요하지는 않은 상품(신용카드)을 사용하고 비용을 지불함으로써 본의 아니게 필요한 상품(항공권)에 제 값을 지불하도록 만든다는 것이다.

여기서 알아야 할 핵심 사항은 공생 관계에 있는 두 상품 및 서비스를 통합해 소비자에겐 다소 이해하기 어려운 묶음 상품을 개발하면 모두에게 이득이 된다는 것이다.

❗ 지금 당장 해야 하는 3가지 실천 과제

위의 예를 통해 확실히 알 수 있듯이, 충성도를 활용해 고객을 사로잡으려면 여러 업체와 협력할 수 있어야 한다. 스타벅스처럼 매일 접하는 활용 사례를 취급하는 운 좋은 경우 또는 알리바바나 아마존처럼, 대규모 에코 시스템을 통해 활용 사례를 제공하는 경우에는 이러한 과제가 수월할 것이다.

안타깝게도 우리 대부분은 카드 발급사나 항공사처럼 서로를 필요로 한다. 따라서 10년 후 멤버십 프로그램의 운명은 뛰어난 협업 능력에 좌우될 것이다. 여기서 잠시 검토할 사항들을 살펴보자.

활용 사례 보유업체로 이루어진 적합한 컨소시엄 구성. 두 가지 면을 고려해 협업할 수 있는 적합한 파트너를 골라야 한다. 즉 번들로 제공하는 것이 합리적인 활용 사례와, 비슷한 목표 의식을 갖고 이를 실현할 수 있는 기술력을 가진 회사를 고려해야 하는 것이다.

나는 몇 년 전 전자상거래, 동영상 스트리밍, 차량 호출 서비스를 포함한 파트너 컨소시엄을 구성한 적이 있었는데, 그러한 패키지 상품은 디지털 활용 사례 이용에 적극적인 얼리어답터를 대상으로 한 것이었다. 우리는 몇 달 후 멤버십 프로그램을 시작했고, 모두 상당히 만족스러운 결과를 얻었다. 결국 어쨌든 같은 처지이다 보니 비슷한 툴을 사용해 일하면서 서로의 상황을 제대로 파악하고 있었기 때문이었다. 그러나 핵심은 모든 활용 사례에서 효용을 얻을 것으로 기대되는 소비자층을 명확히 정의하는 것이었다.

해당 프로그램이 효과적인 것은 간단히 말해 활용 사례를 보유한 컨소시엄의 고객 획득 비용(CAC)이 개별 활용 사례별로 동일한 고객을 획득하는 데 들어간 비용을 모두 더한 것보다 낮아지기 때문이다.

고객 획득의 이점 자체가 모든 파트너에게 컨소시엄이 가치 있게 여겨질 만한 요소가 되어야 하며, 각 참여자에게 그러한 사실을 입증해 보일 수 있어야 한다. 소비자 또한 멤버십을 유지할 만한 가치가 있다고 여길 만큼의 혜택을 파트너가 지속적으로 제공할 때만 멤버십 프로그램을 계속 이용할 것이다(그림 3.2 참조).

원활한 소비자 경험 구축. 컨소시엄의 핵심에는 공유 소비자 데이터베이스가 있으며, 데이터베이스가 공유된다는 사실은 소비자가 모든 파트너에게 동의해야 한다는 것을 뜻한다. 나는 개인적으로 소비자가 개별 파트너에 대해 사후 동의 또는 거부를 할 수 없도록 함으로써 파트너에 대해 양자택일의 접근 방식을 도입하는 것이 가장 합리적이라 본다.

이는 컨소시엄을 간소한 형태로 만들어주며, 가치를 더하는 파트너만 프로그램에 추가하도록 유도하는 효과가 있다. 게다가 소비자가 지나치게 복잡한 동의 절차를 거치지 않아도 된다. 각 활용 사례 이용을 기록하는 실제 행위는 개별 플랫폼에서 일어나게 되므로, 실시간으로 또는 실

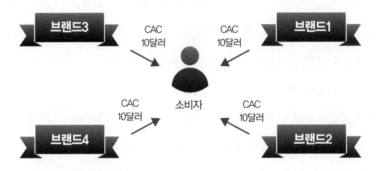

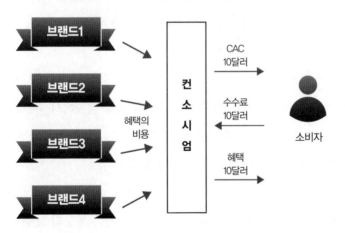

그림 3.2 멤버십 컨소시엄의 혜택

시간에 가깝게 소비자의 "행동" 유형 데이터가 통합 데이터베이스에 유입되게 하려면 API를 통해 소비자 데이터베이스를 각 개별 파트너와 연결해야 한다. 매우 복잡하게 들리겠지만 이를 완전히 분리하는 방법들도 있다.

각 파트너가 자체 멤버십 포인트를 개발할 수 있도록 허용하고, 백엔드에서 "포인트 교환율"을 설정하거나 결제업체를 통합 사업자로 활용하고, 파트너의 활용 사례를 구매하는 데만 쓸 수 있는 전자 지갑 서브 계정에 현금을 충전하는 방식 등을 이용하는 것이다.

진정한 혜택은 원활한 경험이 보장될 때만 누적된다. 즉 사용자가 한 번만 로그인하면 구매할 때마다 자동으로 할인이 누적되는 식이어야 한다. 원활한 경험은 API를 통해 완벽한 실시간 연결이 이루어질 때만 가능하다. 여기서 결제업체의 역할이 중요할 수 있는데, 대부분의 제조사와 브랜드 기업은 신뢰할 만한 구매 기록을 생성할 길이 없기 때문이다. 아니면 묶음별로 고유 식별자를 부여해 소비자가 사용 후 스스로 구매 기록을 남길 수 있게 하는 방법도 있다.

문제는 스캔할 수 있는 코드 같은 것을 포장재 안쪽에 붙여서 사용했다는 사실을 확인하기가 어렵다는 것이다. 각 유통 채널에서 파트너별 구매, 사용 기록 및 혜택 사용 흐름을 알 수 있도록 포괄적인 사용자 환경을 구축하고 이를 지속적으로 개선해야 할 것이다.

별도 업체로 운영. 컨소시엄을 구성해 별도의 업체나 별도의 브랜드로 운영하면 몇 가지 장점이 따라온다. 대기업 주요 브랜드와 무관하다고 생각되면 파트너들은 컨소시엄에 합류하려는 의지가 더 강하다. 별도의 기구로 구성되는 경우에는 훨씬 더 쉽게 통합 과금 문제를 해결하고 가격 영향을 조정할 수 있다.

소비자 데이터는 해당 업체에 속할 수 있으며 컨소시엄 파트너들은 각각의 업체가 아닌 컨소시엄이라는 단일 업체와 데이터 공유 협약을 맺을 수 있다. 그 자체로 투명하게 하나의 기업처럼 운영되는 업체를 만들면 몇 가지 다른 혜택을 누릴 수 있으나, 가장 중요한 점은 이러한 아이디어의 핵심인 수지타산을 맞춘다는 데 있다. 컨소시엄 구성으로 인한 CAC 및 CLV(고객 생애 가치)의 장점이 그러한 업체 운영 비용보다 크도록 보장함으로써 수익을 낼 수 없으면, 컨소시엄은 타당성을 잃고 가치를 더하지 못하는 것이므로 변화가 필요해진다.

자, 이제 컨소시엄을 구성하고 멤버십 프로그램을 통해 고객과의 유대를 강화하기 위해서 어디서부터 시작하는 것이 좋을지에 대해 몇 가지 살펴보겠다. 다음 주제로 넘어가기 전에 마지막으로, 이 새로운 세상에서 얻고 싶은 것이 있으면 먼저 주어야 한다는 것을 강조하고 싶다. 특히나 경쟁 관계도 아닌 회사를 상대로 소비자 데이터를 지나치게 보호하는 기업들이 있는데 전혀 그럴 이유가 없다. 조금만 시야를 넓히면 어떤 것이 옳은 길인지 알 수 있을 것이다.

디지털 제품을 통해 더 많은 가치 제공

●● 자장면을 만드는 와하드

와하드는 아내와 합의 하에 전업주부, 즉 살림하는 아빠가 된 지 6개월째에 접어들었다. 그의 아내가 직장에서 파격적으로 승진하게 되면서 다른 동네로 이사를 가야 했다. 이는 딸들에게 새로운 학교와 새로운 생활이 펼쳐진다는 것을 뜻했기 때문에, 그가 집에 있으면서 아이들을 돌보고 가사를 책임지는 게 최선이었다.

아이들을 한 명씩 학교 버스에 태워 보내고 도시락과 간식을 싸서 우버에 탄 아내에게 들려 보내고 나면 아침 9시가 되었다. 그러면 그는 거실 소파에 털썩 앉아 "아빠 앱"을 열었다.

중요한 일부터 먼저 하자. 그는 아동 패션 섹션으로 곧장 이동해 요즘 열두 살짜리들은 뭘 입는지 훑어보기 시작했다. 어떤 사이즈를 사야 하는지에 관한 유용한 내용도 몇 가지 있었다. 여자아이들은 금세 자라서 옷이 안 맞게 되기 때문에, 약간 크되 너무 크지는 않은 옷을 사는 법을 터득하기가 너무 어려웠다. 그는 드레스를 골라 딸들이 옷을 입으면 어떻게 보일지 이미지를 렌더링한 다음 주문 전 아내에게 잠깐 봐달라고 했다. 그는 어울리는 드레스를 몇 벌 샀다. 아이들이 이드Eid(연 2회 열리는 이슬람 축제-옮긴이)에서 이 옷들을 입으면 예뻐 보이겠지.

그런 후 그는 앱의 스포츠 섹션으로 스크롤했다. 여기에는 각종 스포츠 정보가 나와 있었고 스포츠별 소년소녀 리그와 경기 일정이 공개돼 있었다. 그는 두 딸들의 하키 경기 일정을 메모하고 달력에 연습 시간을 적어두었다.

이런 기능이 있어서 좋았다. 인도 사람들은 스포츠에 아주 열광하는데, 이 커뮤니티 덕분에 사람들이 서로 소통하면서 안전하고 시설이 잘 갖춰진 환경에서 아이들 경기를 함께 볼 수 있다는 게 좋았다.

딸들을 위해 쇼핑도 하고 계획도 세웠으니 이제 자신만의 시간을 가질 때였다. 아내는 요새 그에게 머리숱이 점점 없어지고 있다는 얘길 했다. 그는 자신의 외모에서 이 부분을 항상 무시해왔으나, 솔직히 말하면 뭐라도 해야 할 거 같아 그도 고민하고 있던 차였다. 앱의 "셀프 케어" 섹션으로 가보니 헤어 관리에 관한 내용만을 다룬 전체 하위 섹션이 있었다. 그는 샴푸와 헤어 토닉 묶음 상품을 발견하고 다른 아빠들이 남긴 후기를 몇 개 읽은 다음 탈모 문제에 대해 이제부터 좀 더 진지하게 생각해봐야겠다고 마음먹었다.

이제 그는 저녁 메뉴를 고민해야 했다. 오늘은 색다른 메뉴로 아내를 놀라게 해주고 싶었다. 아내가 요즘 한국 드라마에 푹 빠져 있어서 그도 몇 편 봤는데 멜로에다 과장된 연기가 싫어 보다 말았다. 그러나 아내는 그런 드라마를 몹시 좋아했고 딸들 역시 케이팝에 열광했다. 그 역시 케이팝을 좋아해서 열심히 춤을 췄으나 망신만 당했다. 그는 드라마에 나오는 한국인들이 자장면이라면 사족을 못 쓰는 걸 보고 그도 한번 만들어봐야겠다고 결심했다. 아빠 앱에서 간단한 레시피를 찾아냈다. 물론 돼지고기 대신 닭고기가 들어간 버전이었다. 클릭 한 번으로 모든 재료를 한 시간 만에 배달로 받을 수 있었다. 얼마나 편리한 세상인가.

아주 멀리 떨어진 데이터센터 어딘가에서 네 군데 회사가 그날 소비자와의 유대 강화를 표명했다. H&M은 아동 패션 플랫폼에서, 데카트론 Decathlon은 지역 스포츠 리그 플랫폼에서, 로레알 L'Oréal은 남성 뷰티 플랫폼에서, 그리고 네슬레 Nestle는 요리 플랫폼에서.

●●● 기업이 디지털 제품을 만드는 방식 이해하기

이 파트의 앞부분에서 소비자를 자사 브랜드로 끌어들이기 위해 멤버십 혜택을 부여하는 내용을 살펴보았는데, 지금부터는 소비자에게 제품 자체의 가치 이상을 제공함으로써 정서적 유대감을 형성하는 기업의 예를 살펴볼 것이다. 몇 가지 성공적인 사례와 함께 눈여겨볼 만한 몇 가지 시도도 함께 다룰 것이다.

● 레드불 — 인게이지먼트 마케팅 그 자체만 놓고 보면 레드불만 한 브랜드도 없다. 존경스럽다는 생각밖에 들지 않을 정도다. 뭐가 그리 대단하다는 것일까? 그리고 레드불 캔을 따기도 전에 진열대에서 레드불을 집어드는 것만으로도 어떻게 아드레날린이 솟구치는 느낌을 주는 걸까? '레드불' 하면 기본적으로 에너지와 아드레날린을 떠올리게 됐고, 이제는

아드레날린이 솟구치는 상황이면 레드불이 자연스럽게 연상되면서 소비자가 레드불 브랜드와 교감할 수 있는 수많은 기회가 생겨났다.

레드불은 스케이트보드, 스카이다이빙, BMX 등 익스트림 스포츠를 후원하는 것으로 기초를 다지기 시작했다. 레드불은 모터 스포츠를 후원하는 영향력 있는 기업으로 자리 잡고 있으며 레드불 브랜드를 접하지 않고는 즐길 수 있는 모터 스포츠가 거의 없을 정도다. 레드불은 후원 활동을 넘어 스포츠 팀을 몇 개 소유하고 있는데, 가장 유명한 F1의 레드불 레이싱과 스쿠데리아 알파타우리, 호주와 미국 및 브라질의 축구팀, 심지어 e스포츠로까지 존재감을 확장하고 있다.

레드불의 디지털 플랫폼 중에 레드불 TV가 있는데, 아직 모른다면 꼭 경험해보길 바란다. 레드불 TV에서는 F1, 스케이트, 자전거, 춤, 게임, 야외 활동, 어드벤처 등과 관련된 콘텐츠와 영상, 단편영화, 다큐멘터리 및 라이브 방송을 무료로 몇 시간씩 제공한다.

콘텐츠의 품질은 훌륭하고 의욕을 불러일으키는 내용이라 근처 편의점으로 달려가 레드불 한 캔을 사 마시고 싶어질 정도다. 레드불 TV는 레드불 앱을 통해 스트리밍이 가능하다. 레드불 TV 앱 외에 레드불은 비포장도로 바이크 타기(Dirt Biking)와 스노보딩Snowboarding처럼 다운로드할 수 있는 몇 가지 게임 앱도 제공한다.

소비자에게 이처럼 브랜드의 핵심 가치와 정확히 연결된 다양한 종류의 소통 기회를 제공하는 레드불은 에너지 드링크 시장에서 압도적인 우위를 차지하고 있으며, 그런 시장을 비집고 들어오려는 경쟁업체가 거의 없는 건 당연한 일이다.

• **언더아머** ─ 이 사례를 공유하자니 마음이 착잡해진다. 디지털 활용 사례를 확보해 이를 활용한 것이 상당한 플러스로 작용하긴 했지만 오늘날 위기를 초래하며 언더아머Under Amour에 그다지 도움되지 않은 것들이 너무 많기 때문이다. 그래도 언더아머가 십대 소비자에게 여전히 쿨하게 받아들여졌던 몇 년 전 상황으로 돌아가 보자.

당시 축구선수 톰 브래디와 모델인 지젤 번천은 언더아머를 홍보하며 나이키와 아디다스의 아성에 도전했다. 2015년 언더아머는 맵마이피트니스MapMyFitness 앱과 엔도몬도Endomondo에 이어 마이피트니스팰MyFitnessPal 앱을 4억 7,500만 달러에 인수했다.[81] 커넥티드 피트니스 시장에 진출하기 위해, 신체 건강을 위해 노력하는 소비자에게 가치를 제공하는 한편으로 피트니스 앱에서 소비자 인사이트를 확보해 이를 실제 제품 출시와 연계한다는 전략이었다.

여기서 흥미로운 점은 이러한 앱과 커넥티드 피트니스 사업이 지속적으로 구독료 수익을 얻고 있으며 기업에 실제 영업 이익을 가져다주고 있다는 사실이다. 반면에 의류 사업은 스캔들과 실적 부진에 시달리면서 전반적으로 경쟁업체에 밀리고 있다.

여기서 알아야 할 핵심 사항은 두 가지인데, 부수적인 기능으로 생각됐던 참여형 플랫폼이 독자적인 사업으로 운영될 수 있고 그렇게 하는 게 좋으며, 실제 수익을 낼 수 있다는 사실이다.

그러나 최근 사태를 보면 이러한 부대 사업이 아무리 성공적이라 해도 핵심 비즈니스가 지속적으로 성과를 내야만 기업이 시장 경쟁력을 유지할 수 있음을 알 수 있다.

• **H&M, 자라, 로레알, 이케아** — 이들을 비롯한 수많은 기업들은 유용한 관련 활용 사례를 제공하며 소비자에게 새로운 가치를 전달하기 위해 다양한 시도를 해왔다. 이제 시작 단계에 지나지 않겠지만, 많은 기업들이 이 분야에 어떻게 접근하고 있는지 살펴보면 흥미로운 점을 발견하게 된다.

H&M은 퍼펙트핏Perfect Fit 앱과 같은 플랫폼을 선보여 고객이 자신의 디지털 아바타를 생성해 옷을 입혀볼 수 있게 하고, H&M 앱에 포함된 이미지 검색 기능을 통해 고객이 광고판이나 SNS 사진을 찍으면 H&M에서 비슷한 옷을 찾을 수 있도록 했다.

자라Zara는 쇼핑할 때 스마트폰으로 모델이 특정 옷을 입은 모습을 볼 수 있도록 매장 내 증강 현실 기능을 도입했다.

로레알은 2018년에 소비자가 제품 구매 전에 머리색이나 파운데이션 톤을 적용해볼 수 있는 캐나다 스타트업인 모디페이스ModiFace 앱을 인수했다.[82] 로레알은 자사의 전문 브랜드를 위해 전문가가 AR 기술을 사용해 1대1 상담을 진행할 수 있도록 지원함으로써 화상 채팅으로 소비자의 얼굴에 메이크업 제품을 적용해볼 수 있게 했다.

이케아IKEA는 소비자가 자신의 집에 가구를 들여놓으면 어떤 모습일지를 시각적으로 보여주는 기능을 개발하고 있다. 단순한 방안 사진을 3D 시각화 기능을 통해 입체적으로 표현하여 고객이 가구를 고르고 바꿔볼 수 있게 하는 것이다. 이케아는 또한 2017년 9월, 주로 가구 조립 서비스를 제공하는 태스크래빗TaskRabbit이라는 잡무 대행 온라인 업체를 인수했다.[83] 수많은 사례와 여러 시장 진출 시도 등 제품 위주의 사업 전략에서 벗어나 소비자를 상대로 독자적인 수익 실현이 가능한 활용 사례를 만들어내면서 앞으로 10년간 기업은 더욱 대담한 행보를 보일 것이다.

● **미쉐린과 기네스** — 고객과의 유대 강화와 관련해 좋아하는 사례로 미쉐린 가이드가 있는데, 현재 모습보다는 그 역사적인 면에서 더 주목할 만하다. 미쉐린이라는 기업은 도로에 차가 거의 없어 타이어에 대한 수요도 제한적이었던 시절인 1900년에 가이드북을 출판하는 회사로 시작했다.

설립 취지는 사람들이 밖에 돌아다니게 해서 간접적으로나마 차량과 타이어 수요를 높이자는 것이었다. 시간이 지나면서 미쉐린 가이드는 상징적인 지위를 얻게 되었고 타이어 판매와의 연관성은 줄어들었으나 여전히 흥미로운 사례로 남아 있다.

'기네스 세계 기록(Guinness Book of World Records)'의 기원은 이보다 더 흥미롭다. 기네스 맥주 회사 경영자였던 휴 비버Hugh Beaver 경은 유럽에서 가장 빠른 엽조에 대해 바에서 논쟁을 벌이다가 그러한 논쟁에 대한 답이 담긴 책을 전 세계 술집에서 찾아볼 수 있다면 유용할 것이라는 생각이 들었다. 기네스 세계 기록은 더 이상 기네스 회사의 소유가 아니다.

몇 차례 주인이 바뀌다가 지금은 리플리엔터테인먼트Ripley Entertainment가 소유하고 있다. 여기서는 딱히 알아야 할 내용은 없고 몇 가지 사소한 정보뿐이지만, 꼭 뭔가를 얻어가고 싶다면 이것만 기억하면 된다.

기업의 부대 사업이 유명세를 얻으면 대중의 뇌리에 각인되면서 그 자체로 생명력을 얻게 되는 경우가 있다는 사실이다.

❗ 지금 당장 해야 하는 3가지 실천 과제

디지털 제품을 만들기란 쉽지 않으며, 자금 확보 걱정 없이 이미 확보한 소비자 기반을 갖고 회사 내 스타트업을 운영하는 것과 여러 가지 면에서 비슷하다.

이에 대해서는 아마 책 한 권 분량의 설명이 필요하겠지만, 이 주제에 대해서는 이미 많은 곳에서 다루었을 것이므로 여기서는 즉시 이러한 구조에 대응할 수 있도록 몇 가지 생각나는 것들을 적어보고자 한다.

핵심 아이디어 생각하기. 소비자에게 어떤 활용 사례를 제공할지를 생각하는 데서 시작하는 게 가장 확실할 것 같다.

일반적으로 아이디어는 H&M, 이케아 또는 로레알의 예에서 보듯 소비자의 구매 여정과 연관되거나 레드불의 다양한 활용 사례처럼 브랜드 정체성 및 속성과 연관되거나 아니면 언더 아머의 커넥티드 피트니스 개념과 같이 다방면으로 확장된 활용 사례에 해당하는 것처럼 제품 기능과 연관된 것일 수 있다.

소비자 여정 구상. 전담 마케팅 활동을 통해서든 기존의 미디어를 통한 브랜드 지원 방식이든 간에 미디어를 활용해 소비자를 플랫폼으로 끌어들이도록 준비해야 한다. 소비자가 기업의 플랫폼을 사용하는 동안 거래가 이루어질 수 있게 하는 것이다. 처음에는 두 가지 비즈니스 모델을 동시에 지원한다는 느낌이 들 수도 있지만 시간이 지날수록 소비자를 사로잡기 위해 광고에 쓰는 비용이 점점 줄어들 것이다.

플랫폼 자체에서 유기적 도달 범위를 확보하고 소비자의 참여를 유도하게 되기 때문이다(그림 3.3 참조).

지속 가능한 비즈니스 모델 구축. 플랫폼을 수익화해서 자체 매출과 이익을 실현하는 방법을 생각해보자. 이를 발전시키면 소비자에게 진정으로

플랫폼 구축을 통해 지원하는 소비자 활동

인식　제품 검색 및 파악

고려　다른 유사 제품과 비교

구매　제품 구매

사용　제품을 사용하는 동안 경험 개선

재구매　제품 구독

지지　제품을 사용하는 동안 경험 공유

그림 3.3 소비자 여정에 따른 가치 제공

가치를 더하는 데까지 나아갈 수 있다. 비용을 지불할 가치가 없다는 것은 가치를 창출하지 못한다는 얘기다.

마지막으로, 꽤나 황당하게 들릴지 모르겠지만 점진적인 발전보다는 파괴적인 혁신을 추구하는 사고방식이 있어야 아이디어를 밀고 나갈 수 있다는 점을 지적하고 싶다. 미래는 브랜드뿐만 아니라 플랫폼에 좌우되지만, 앞으로 어떤 미래가 펼쳐질지 자신 있게 예측할 수 있는 플랫폼은 거의 없다.

전해지는 얘기에 따르면, 유튜브는 원래 hotornot.com과 같은 데이팅 사이트로 만들어졌는데 창립자들은 그로부터 5년 후 하루에 20억 개의 동영상이 시청되는 사이트가 될 줄은 짐작도 못 했다고 한다.

너무 튀거나 핵심 비즈니스와 다소 동떨어져 있다는 이유로 불과 5년 전에는 시작할 생각도 못하고 마음속에 품고만 있었던 아이디어를 모두 떠올려보자. 제2의 유튜브를 만들 기회를 놓쳐버린 건 아닐까?

무형의 가치를 통한 유대감 형성

● ● ● 제이든의 일일 피부 관리 단계

'도자기 같은 피부'. 한국에서는 빛나고 탄력 있는 무결점 피부를 가진 얼굴을 묘사할 때 그런 표현을 썼다. 지금까지는 여성들의 영역으로 여겨졌으나 지난 10년간 제이든을 포함해 남성들도 도자기 피부를 갖고 싶다는 바람을 갖게 됐다.

제이든은 한 행사에 가면서 창밖을 바라보다가 15년쯤 전에 스킨케어를 시작하게 된 일을 떠올렸다. 그는 막 마흔 살이 되었고 아내는 그에게 피부 관리를 매일 어떻게 하느냐에 따라 10년 후 모습이 결정된다고 말했다. 주식 포트폴리오를 관리하는 것과 좀 비슷했다. 매일 적극적이고 근면하게 관리하면서 10년간 그는 훌륭한 투자 수익을 내왔던 것이다.

주식을 관리하듯이 그는 먼저 어느 정도 내용을 숙지한 다음, 키엘Kiehls에서 제공하는 남성 스킨 케어에 관한 아주 전문적이고 유용한 블로그 게시물과 테드 강연(Ted Talks)을 찾아냈다. 노화의 과학에 대한 자세한 설명과 시중에 나온 다양한 제품의 효능에 대한 분석이 나와 있었다. 남성을 위한 10단계 스킨 케어 루틴은 오일 클렌저, 폼 클렌저, 각질 제거제, 에센스, 세럼, 마스크, 아이크림, 수분크림과 선크림이었다.

물론 낮과 밤, 여름과 겨울에 따라 조금씩 내용이 달랐다. 해당 웹로그는 스킨 케어에 대해 알고 싶은 내용이 있을 때 즐겨 찾는 페이지가 되었고, 그는 남성만을 위한 내용 구성이 마음에 들었다.

아주 가끔씩 그는 키엘이 주최하는 경품 응모에 참여했는데, 할리 데이비슨 바이크가 경품으로 걸려 있을 때뿐이었다. 물론 그는 당첨되지 않았고 그게 얼마나 가능성이 낮은지 알고 있었지만 당첨자가 발표되길 손꼽아 기다렸다. 그래도 키엘은 그에게 무료 샘플을 왕창 보냈고, 상자에 찍힌 QR 코드를 스캔한 데 대한 보상으로는 꽤 만족스러웠다.

할리 데이비슨 얘기를 하자면, 키엘이 내건 "바이크 여행" 테마는 네 번째 시즌을 맞았고, 이번에는 하노이에서 호치민 시로 이어지는 경로를 달리는 것이었다. 20명의 (도자기 피부를 가진) 바이커들이 10일간 바이크를 타고 주변을 탐색하면서 친구가 된다는 콘셉트였다. 훌륭한 쇼가 될 것이라 생각한 그는 행사가 몹시 기다려졌다. 다음 번에는 바이커 팀원으로 지원할 생각이지만 먼저 할리를 타는 법부터 배워야 할 것이다.

그는 목적지에 도착했다. '키엘의 남자들'이란 행사였는데 새로 런칭한 제품 몇 가지를 선보이면서 강남 쇼룸에 전시할 새로운 커스텀 디자인의 할리 데이비슨을 공개하는 자리였다. 100명의 최우수 고객과 함께 인기 폭발의 케이팝 걸그룹 2MUCH2BEAR를 만나는 팬 미팅이 예정되어 있었다. 걸그룹과 찍은 셀카만 있으면 친구들에게 끝없이 자랑을 늘어놓을 수 있을 것이다.

북적거리는 행사장에 모인 사람들은 모두 남성이었는데, 초대받은 1,000명만 올 수 있는 자리였다. 키엘 제품을 연간 1,000달러 이상 구매한 사람만 '키엘의 남자들'에 초대될 수 있었고, 그는 올해로 3년 연속 행사에 참석했다. 그는 여기에서 비즈니스 인맥을 쌓고 싶었는데, 부동산 펀드 매니저가 올 법한 그런 행사 같았기 때문이다. 그는 오늘 공유 오피스 기반 리츠REITs 판매를 꼭 성사키시고 싶었다. "정말 잊지 못할 밤이 될 거야." 그는 이렇게 생각했다. 메인 룸에 들어서자 천 명의 도자기 피부에서 반짝이는 빛으로 실내가 환하게 느껴졌다.

●● 무형의 가치를 통한 유대감 형성 이해하기

이 파트의 앞부분에서 우리는 멤버십 혜택과 추가 활용 사례에서 가치 교환을 통해 소비자와의 유대감이 형성되는 과정을 살펴보았다. 이제는 소비자에게 무형의 가치를 제공함으로써 소비자가 적극적으로 참여하게 되는 가치 교환의 세 번째 단계를 살펴본다. 그러한 무형의 가치가 많긴 하지만 미래에 가장 두드러지게 나타나는 것은 교육, 게임화, 콘텐츠, 지위 및 커뮤니티가 될 것이라 생각한다.

기업이 이러한 무형의 가치에 따라 어떤 역할을 해왔는지 몇 가지 예를 살펴보자(그림 3.4 참조).

● **트랜스퍼와이즈의 소비자 교육 방식** — 트랜스퍼와이즈TransferWise(현재 와이즈Wise로 사명 변경-옮긴이)는 10여 년 전에 창립해 국제 송금 분야에서 엄청난 성공을 거둔 스타트업으로, 현재 전 세계 월 송금액이 미화 50억

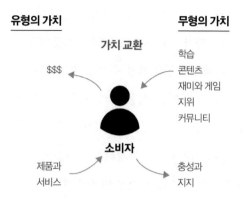

유형의 가치　　　　　　무형의 가치

가치 교환

학습
콘텐츠
재미와 게임
지위
커뮤니티

$$$

소비자

제품과
서비스

충성과
지지

그림 3.4 무형의 가치 교환

달러에 달한다.[84] 모든 통화를 대상으로 서로의 입출 금액을 매칭해 "순" 금액만 국내 송금처럼 이체되도록 함으로써 국제 송금 수수료를 아낄 수 있도록 한다는 것이 핵심 아이디어이다.

　다른 한편으로는, 사용하기 간편하고 투명하며 이해하기 쉬운 인터페이스를 통해 소비자에게 서비스와 함께 관련 비용 절감 혜택을 제공한다는 것이다. 수년간 트랜스퍼와이즈는 몇 가지 주요 활동을 통해 소비자에게 복잡한 국제 송금 과정을 알림으로써 탄탄한 소비자 기반을 구축했다.

　우선, 트랜스퍼와이즈는 소비자가 어떤 서비스를 이용할 수 있는지 몇 분 만에 알 수 있도록 자사 플랫폼에 손쉬운 비교 툴을 제공하고 있다. 웹사이트 또는 인앱 환경에서 어떻게 왜 이러한 서비스 혜택이 가능한지를 상세히 설명하고 있다.

트랜스퍼와이즈는 입소문을 타고 크게 성장했다. 친구 추천을 통해 엄청나게 많은 사용자가 플랫폼으로 유입됐던 것이다.

이 회사는 소비자들이 합리적인 수수료 절감 혜택을 추천하고 대형 금융사가 불투명한 요금제를 이용해 과한 수수료를 부과할 수 없도록 정서적 연대감으로 뭉치게 함으로써, NPS 점수를 통해 입소문의 품질을 측정하면서도 메시지 품질을 조정하는 데에도 신경을 쓴다.

소비자들은 해당 상품에 대해 서로 알려주며 정서적 공감대를 바탕으로 서비스 이용을 독려한다.

트랜스퍼와이즈는 매년 다양한 언어로 다양한 국가에서 국제 송금이라는 주제로 수준 높은 글들을 수없이 게시한다. 이러한 글들은 검색 마케팅 전략에 반영되고, 공유를 통해 널리 전파된다.

트랜스퍼와이즈는 자체 블로그를 운영하면서 개인 금융, 해외 거주 및 송금에 관한 콘텐츠를 공유하기도 한다. 끼어들기 마케팅이나 광고 메시지를 매우 실용적이거나 목적에 충실한 내용으로 구성해 자사 서비스가 훨씬 저렴할 뿐만 아니라 왜 저렴한지에 대한 글을 읽을 수밖에 없도록 만든다.

결국 트랜스퍼와이즈의 SNS팀은 페이스북 등에서 잠재고객들의 1대 1 문의에 일일이 답하느라 상당한 시간을 할애하고 있다. 여기서 입소문이 강력한 힘을 발휘하면서, 페이스북의 트랜스퍼와이즈 광고글 아래 댓글창을 통해 기존 소비자들이 새로운 소비자에게 서비스 이용을 "권유"하는 모습을 수시로 보게 된다.

● **알리바바의 게임화 요소 도입 방식 —** 게임화란 대개 도박을 말하는데, 나는 그에 대해 있는 그대로 설명하고자 한다. 몇 년간 기업들이 게임화라는 포괄적인 용어에 모든 형태의 인게이지먼트를 포함시키면서 게임화라는 개념이 다소 모호해지기 시작했으나, 이 파트에서는 게임화를 도박의 의미로 쓴다. 게임화라고 하면 나는 중국의 기술 기업들, 특히 전자상거래 분야 기업들이 떠오르는데, 이들은 경쟁업체보다 10년 정도 앞서 있기 때문에 이들의 사례에서 배울 것이 상당히 많다.

알리바바는 물론 이 분야의 대가이며, 2019년에는 11/11 싱글 데이라는 광군제(光棍节) 하루 동안 매출액이 미화 380억 달러에 달했다. 이는 인게이지먼트를 구매로 연결시키는 알리바바의 역량을 여실히 보여준다. 지난 몇 년간 소비자가 투자한 것에 비해 더 많은 가치를 얻을 기회를 주는 다양한 게임들이 등장했다. 실제 도박과 중요한 한 가지 차이는 시간 낭비 외에는 소비자가 불리해질 일은 없다는 점이다.

대체로 알리바바는 매출을 끌어올리기 위해 몇 가지 전형적인 게임 요소를 사용해왔다. 가장 간단한 것은 게임을 플레이해서 쿠폰을 얻는 방식인데, 게임 과정에서 브랜드와 유대감을 형성하는 것이다. 이는 소비자가 브랜드에 관한 질문에 답을 하는 브랜드 관련 퀴즈 게임 형태이거나, 소비자가 매장에 들어가 고양이를 쫓아 쿠폰을 얻는 포켓몬고 유형의 증강 현실(AR) 게임이다.

훨씬 수동적인 형태의 게임화는 상대적으로 단순한 제비뽑기나 원판을 돌려서 추첨하는 방식으로, 소비자가 어떤 행동도 할 필요 없이 무작위로 선택되어 경품을 받는 형태이다. 그러나 알리바바는 쿠폰을 주며 고객과의 유대 강화에 상당히 공을 들이기 때문에 이런 형태의 게임은 훨씬 적다. 그리고 사용자가 그룹 내에서 서로에게 빨간 상자를 선물하는 단체 선물 증정 게임처럼, 그룹끼리 경쟁을 붙이는 게임도 많다. 최대 금액을 달성해 그룹 경쟁에서 이긴 그룹은 더 많은 액수의 상품권을 받는다. 지난해 광군제에서 홍바오(紅包, 중국에서 명절이나 경사 때 돈을 넣어 주는 붉은 봉투-옮긴이) 모으기 게임에서는 가장 많은 홍바오를 모은 그룹이 그동안 모은 모든 액수를 가져갔다.

마지막으로 랜덤 박스가 있는데, 정해진 가격으로 미스터리 상자를 구입하면 소비자가 지불한 실제 가격보다 훨씬 비싼 제품이 들어 있는 것이다. 소비자는 더 많은 혜택을 누린다고 생각하게 되며, 해당 업체는 상자 크기를 키워 시험 구매를 권장한다.

● **코카콜라의 콘텐츠 제작 방식** — 파키스탄 코크 스튜디오Coke Studio 프로그램은 2008년에 처음 등장한 이후 열두 번의 시즌을 성공적으로 이어 갔으며, 소비자 브랜드가 최고 수준의 콘텐츠를 제작하고 공유해 고객 참여를 대폭 향상시킨 보기 드문 흥미로운 사례이다. 파키스탄과 남아시아는 대개 민속 음악의 역사가 다채롭고 인구의 대다수가 수피Sufi, 카왈리Qawwali, 가잘Ghazal, 방그라Bhangra 등과 같은 독창적인 지역 음악 형식에 대한 이해도가 높은 편이다.

지난 몇 십 년에 걸쳐 90년대 초반 케이블 TV의 등장에 이어 최근 10년간 스트리밍 음악까지 나타나면서 남아시아 젊은이들은 서구의 팝 음악과 록 음악을 대거 접하게 되었다. 코카콜라Coke는 사람들을 하나로 이어주는 음악의 낙관주의적 특성과 코카콜라 브랜드 가치의 유사성을 찾아내기 위해 오래전부터 음악과 연계하는 전략을 펴왔다. 코크 스튜디오는 민속 음악과 서구 음악이라는 두 가지 음악 장르를 가지고 파키스탄의 현지 아티스트와 협업해 길이 남을 음악을 만들었으며, 이는 감상하기에도 훌륭할 뿐만 아니라 사람과 문화, 장르를 연결하는 코카콜라의 가치를 표방하는 것이기도 했다.

파키스탄 버전의 코크 스튜디오는 인도 전역에서도 엄청난 성공을 거두었는데, 하나였던 두 나라가 겪어온 지난 70년간 반목의 역사가 배경이 되면서 새로운 의미가 더해졌던 것이다. 인도에서 코카콜라 자체는 1977년에 민족주의가 기승을 부리며 금지되었으나 1993년에 수입이 재개됐다. 코카콜라는 지역 음악 속으로 파고 들어가 새로운 이야기를 만들어냈으며, 이는 지역 소비자의 일상에 자연스럽게 파고드는 브랜드 역량을 보여준 것이기도 했다.

수년간 코크 스튜디오 시리즈를 통해 선보인 곡들이 유튜브 최다 시청 순위에 오르면서 코카콜라 브랜드의 유기적 도달 범위가 엄청나게 증가했다. 특히 실제 콜라를 마시기도 전에 코카콜라를 마신다는 것의 의미를 체험하고 그러한 경험에 빠져들게 함으로써 남아시아에서 수백만 명의 소비자를 사로잡을 수 있었다. 코카콜라는 음악 외에도 FIFA 월드컵과 올림픽의 단골 서포터이자 스폰서로 활동해왔다.

이는 고유의 콘텐츠를 제작하기보다는 이러한 초대형 이벤트와 제휴를 통해 소비자에게 브랜드를 각인시키는 방식을 택한 경우다. 이러한 이벤트를 경험하는 소비자는 차가운 콜라 한 캔을 따는 것만으로도 어느 정도 선수들과 동지애를 느끼고 행복해하며 즐겁게 경기를 관람할 수 있다.

● **싱가포르 항공이 등급제를 운영하는 방식** — 항공사만큼 등급제를 운영하는 데 뛰어난 기업은 거의 없으며 항공사 중에서도 싱가포르 항공만큼 뛰어난 항공사는 거의 없다. 10여 년 전쯤 처음 싱가포르에 이사 온 후 스타일리시한 SQ라는 약어로 통하는 싱가포르 항공을 이용하기 시작했을 때가 기억난다. SQ의 잠재고객들은 5단계 자아 실현 단계를 거치게 되는데, 항공사의 회원 등급과 같은 사소해 보이는 것들이 특히 이 지역 사람들의 자부심에 실제로 상당한 영향을 준다.

첫 단계는 에어 아시아Air Asia, 젯스타Jetstar, 또는 싱가포르 항공의 자회사인 스쿠트Scoot 항공과 같은 저가 항공사들의 격전지에서 빠져나와 가격이 2배쯤 되는 SQ 항공권을 구입하는 것이다. 여기서 유일한 장점은 형편없는 기내식을 돈 주고 사먹는 대신 공짜로 먹을 수 있다는 것과, 저가 항공을 이용하지 않아도 되는 등급이라는 것뿐이다.

다음으로 크리스플라이어Krisflyer 멤버십을 신청해 멤버가 되는 것이다. 그러면 마일리지를 적립할 수 있는데, 이 단계에서는 미미한 멤버십 혜택 외에는 사실상 혜택이라 할 만한 것이 거의 없다.

다음으로는 2만 5,000마일을 적립해 크리스플라이어 실버Silver 등급으로 업그레이드가 되는데, 여기에 따라오는 혜택도 전혀 없다. 단순 회원일 때보다는 좀 더 빨리 마일리지를 적립한다. 그러다 50,000마일을 적립하면 크리스플라이어 골드Gold 등급이 되는데 이때서야 비로소 인기 있는 공항 라운지 혜택을 사용할 수 있게 된다. 그러면 대다수의 공항에서 맛볼 수 있는 다양한 음식 대신 편안한 장소에서 그저 그런 무료 음식을 먹을 수 있다. 그게 끝이 아니다. 라운지의 커피 머신에서 추출하는 카푸치노를 홀짝이다 보면 다른 더 멋진 라운지가 눈에 들어온다.

비즈니스와 일등석 승객 및 PPS 클럽 회원이 이용할 수 있는 라운지는 음식도 더 낫고 샤워실도 있고 무료 칫솔까지 구비되어 있는 것이다. PPS 클럽 멤버십은 이코노미 대신 비즈니스 클래스로 2만 5,000마일을 적립한 사람이 이용할 수 있으며 이 시점부터는 등급이나 더 근사한 라운지 외에도 면세점 할인이나 예약 우선권과 같은 그럴싸한 혜택이 다양하게 제공된다.

그러나 여기가 최고 등급이라고 생각한다면 오산이다. 비즈니스 클래스를 수시로 이용하는 사람들을 위한 솔리테어 PPS 클럽Solitaire PPS Club에는 공항 터미널 입구 체크인과 신속한 출입국 수속 혜택이 포함되어 있다. 사다리식 등급제 속에서 사람들은 멤버십 등급에 도달해 이를 유지하기 위해 엄청난 노력을 마다하지 않으므로, 항공사는 이를 활용해 고객 충성도를 강화할 수 있다. 이런 사례는 우리에게 많은 것을 시사한다.

● **크로스핏의 커뮤니티 형성 방식** — 아마 크로스핏CrossFit에 대해 몇 번쯤 혹은 매우 자주 들어봤을 것이다. 브래드 피트가 주연한 영화 「파이트 클럽Fight Club」에서 '파이트 클럽'의 첫 번째 규칙은 파이트 클럽에 대해 절대 말하지 않는 것이라고 나오는데, 크로스핏의 경우에는 정반대다. 크로스핏의 첫 번째 규칙은? 언제나 크로스핏에 대해 떠들고 다니라는

것이다. 운동 스타일을 두고 상당한 비판이 제기된데다가 최근 창업자 스캔들(이 얘기는 다루지 않겠다)까지 터져 나왔음에도 불구하고, 크로스핏 브랜드는 놀랍게도 자사 크로스핏 센터를 비롯한 체육시설 전반에 강력한 공동체 의식을 형성하고 있다. 크로스핏의 커뮤니티 형성 방식에 대해 배우려면 알아야 하는 4가지가 있다.

첫째, 전 세계 수천 개 커뮤니티를 근간으로 하는 비즈니스 모델이라는 것이다. 크로스핏은 제휴 체육관으로부터 수수료를 받고 체육관은 회원 커뮤니티를 형성하기 때문에, 글로벌 크로스핏 커뮤니티에는 15만 개가 넘는 개별 체육관이 제휴사로 있으며, 각 체육관에는 열혈 크로스피터들이 활동하고 있다.

둘째, 오늘의 운동(Work of the Day), 즉 WOD라 불리는 한 시간짜리 운동을 그날 체육관에 있는 모든 사람이 따라서 하고 개별적으로 또는 그룹별로 점수를 계산한다. 사람들은 함께 운동하며 서로를 지지하고 때로는 경쟁하는 분위기를 만들어서 운동하러 오는 사람들 대다수가 체육관 밖에서도 친구가 된다. 코로나로 도시가 봉쇄되면서 체육관이 문을 닫았을 때 줌Zoom으로 WOD 시간에 운동하는 사람들의 모습은 용기를 북돋워 주었다.

셋째, 크로스핏은 3단계 교육 과정을 통해 강사들이 꾸준히 높은 수준의 강습 경력을 쌓으면서도, 트레이너들이 운동 프로그램 안에서 혁신적인 방법을 발굴할 기회를 준다고 알려져 있다. 그래서 상품 자체(이 경우에는 운동 프로그램)가 커뮤니티를 기반으로 하며 회원들의 활동에 따라 상품을 개발하게 된다.

마지막으로, 누구나 미리 정해진 운동 프로그램에 참여하고 경기에 나갈 수 있는 크로스핏 대회가 있는데, 다양한 메커니즘을 통해 국제 경기 형태로 치러진다.

올림픽 경기와 비슷하지만 수십만 명의 체육관 회원들이 일정 기간 동안 모두 함께 경기를 치른다는 점에서 차이가 있다.

대단한 커뮤니티 형성 방식이다! 창업자 스캔들로 인한 곤란한 상황을 잘 타개해 간다면 크로스핏 브랜드가 어떤 기업의 소유가 되든 밝은 미래가 펼쳐질 것이다.

❗ 지금 당장 해야 하는 3가지 실천 과제

고객과의 유대 강화는 양자택일의 문제가 아니라 반드시 챙겨야 할 목표이다. 멤버십 혜택과 추가 디지털 제품 및 무형의 가치 제공은 폭넓은 인게이지먼트 전략의 요소가 될 수 있으며, 또 그렇게 되어야 할 것이다.

무형의 가치와 관련해서는 다음과 같이 생각해볼 수 있다.

어떤 무형의 가치 광고가 자사 브랜드에 적합한지 이해하기. 시중 은행에서 다양한 등급을 제공하는 것은 상당히 합리적일 뿐만 아니라 항상 있는 일이기도 한데, 은행이 그에 대해 일종의 게임 요소를 제공한다면 은행이 드러내고자 하는 브랜드 정체성에는 맞지 않을 수 있다.

그러나 일부 예외를 제외하면 대부분의 브랜드와 기업은 소비자의 참여를 유도하는 무형의 방법을 적절히 사용할 수 있으므로, 브랜드 가치를 가장 잘 살리는 광고 한두 가지를 고르기만 하면 된다.

한 번에 한 가지만 골라 제대로 하기. 소비자를 교육하는 트랜스퍼와이즈의 방식은 사이트 자산, PR 및 블로그, 입소문 및 광고 카피와 함께 다면적인 접근 방식이 필요하다. 1인 게임이든 그룹 게임이든, 아니면 소비자의 행동이나 순전한 우연에 의한 게임이든 간에, 여러 가지 게임 요소를 지속적으로 업데이트해야 한다.

사람들이 콘텐츠 때문에 브랜드를 알아볼 수 있을 정도로 콘텐츠를 제작해야지, 브랜드를 보고 콘텐츠를 떠올리게 되면 안 된다. 등급제를 도입할 때는 끊임없이 스스로를 차별화하려는 소비자의 욕구를 파악하고 이를 이용해 더 높은 등급을 원하게끔 만들어야 한다. 그리고 커뮤니티는 실질적인 관계로 만들어갈 수 있을 만큼 긴밀한 유대가 유지되도록 만들어야 한다.

위의 것 중 어느 것이든 실천한다면 소비자는 브랜드 및 회사와 지속인 관계를 유지할 것이다.

전담 인력 확보. 기업은 이런 유형의 정서적 유대감 형성을 중요하게 생각하고 해당 활동을 지원해야 한다. 예를 들어, 커뮤니티 활동 중 대화 분위기를 조성하고 이를 모니터링하고 청취하는 전담 커뮤니티 관리자는 그러한 유대감을 유지하는 데 핵심 역할을 한다.

콘텐츠에 상당한 강점이 있는 기업은 물론 그 부분을 전담할 대규모 팀을 갖추는 것이 중요하다. 게임 요소에 있어서도, 승률과 참여도, 속임

수 등을 모니터링하는 것은 소기의 효과를 거두는 데 중요하며 이를 담당할 인력을 배정해야 할 것이다.

자, 이제 두 번째 혁신 분야와 관련해, 기업이 소비자와 정서적 유대를 맺는 방식과 디지털 구현의 역할이 발전하는 과정을 살펴보았다. 우리는 소비자 정보를 활용하고, 멤버십 혜택과 부가가치 활용 사례 및 무형의 가치를 통해 충성도를 높이는 전략을 다뤘다.

다음 파트에서는 실제 구매가 앞으로 어떻게 일어나는지, 그 다양하고 실제적인 측면을 살펴보겠다.

The Digital
Frontier

소비자는 어떻게
거래하는가

알베르트 아인슈타인, 프레데릭 쇼팽, 찰스 다윈, 마하트마 간디, 로자 파크스의 공통점은? 우선 모두 세상을 떠난 사람들이다. 그러나 그 외에도 이들은 모두 실제 사람들과 어울리는 걸 꺼리는 자칭 내향적 성향이 강한 사람들이었다. 아마 살아 있었다면 다들 온라인 쇼핑을 좋아하고 상거래 환경에서 인간적 요소를 완벽히 배제한 전자상거래의 다양한 가능성을 즐겼을 것이다.

앞의 두 파트에 걸쳐 판매나 거래가 성사될 가능성이 높아질수록 기업이 소비자에게 도달하는 방식과 기업이 소비자와 유대감을 형성하는 방식에서 어떤 변화가 예상되는지를 살펴보았다.

이 파트에서는 거래 그 자체를 살펴보고 앞으로 10년간 거래가 어떤 식으로 변화할지를 그려볼 것이다. 소비자 여정의 어디에서 도달이 끝나고 어디서 유대감이 형성되기 시작하는지, 어디서 유대감 형성이 끝나고 거래가 시작되는지를 정확히 파악하기는 어렵다.

사실 현실에서 이러한 과정은 훨씬 주기적으로 일어나며 완전히 순차적이라기보다는 우연에 의해 발생하는 경우가 많지만, 내러티브(이야기를 조직하고 전개하기 위해 이용되는 각종 전략이나 형식 등을 모두 지칭하는 개념-옮긴이)와 기본 원리를 파악하기 위해 이 파트들을 개별 단계처럼 세분화해 보면 이해가 쉬울 것이다. 그럼 이제 소비자의 구매 여정이 더 이상 순차적으로 진행되지 않는다는 등의 얘기가 못마땅하더라도 일단 진정하자.

나는 거래나 구매의 속성 및 그 위치를 바탕으로 이 파트를 네 개 부분으로 나누었다. 우선 전자상거래가 보다 발전된 방식으로 큰 역할을 하는 "가정 내" 거래부터 살펴볼 것이다. 그런 다음에는 "이동 중" 또는 집 밖에서 이루어지는 구매를 살펴보고 디지털 구현이 그러한 구매 여정에 어떤 변화를 미칠지 차근차근 따져볼 것이다.

이어서 소비자가 실제 거래를 하기 전에 마지막으로 정보를 조사하고 시험 사용을 해보고 싶어 하는 이른바 "체험" 구매에 대해 살펴볼 것이다.

마지막으로, 내가 "상담" 구매라 부르는 거래가 있는데, 소비자가 구매 전 실제 상담이 필요한 상황 또는 상담 그 자체가 제품 판매에 해당되는 상황을 말한다. 전과 마찬가지로 몇 가지 기술과 초기 사례를 살펴본 후 상상력을 확장해 지금 당장 실행해야 하는 원칙을 다룰 것이다.

가정 내 전자상거래의 미래

●● 격투기 관전을 준비하는 누노

UFC(Ultimate Fighting Championship) 역대 최고 흥행을 기록한 UFC 500회 경기를 앞두고, 누노는 친구들을 불러 집에서 함께 관전한다는 생각에 들떠 있었다. 지난 10년 동안 전 세계적으로 UFC의 인기는 폭발적이었고, 보고타 출신의 지역 스타가 미들급에서 싸운다는 소식에 누노는 도시 전체가 분명히 방송을 볼 것이라 생각했다.

누노는 항상 무술을 사랑했고 UFC를 좋아했다. 스포츠와 기술, 드라마, 욕설, 아드레날린이 적당히 어우러지고, 파이터들이 일단 옥타곤에 오르면 서로 미친 듯 난타전을 벌이면서도 상대를 죽이지 않는 수준에서 조심스레 멈추며 가장 필요한 순간에 자제력을 발휘하는 UFC만의 매력이 있었다. 사람들이 서로에게 조금만 더 자제력을 발휘한다면 세계의 문제는 거의 다 해결될 것이다.

우선 맥주를 사다 놓는 게 급선무라 그는 "블랙 웨일 밀맥주 한 상자"를 구글에서 검색했고, 구글 검색 결과에는 30분, 2시간, 당일, 익일, 다음주 배송되는 주문 건별로 최저가가 표시되어 있었다. 그는 당일 배송 주문을 선택해 바로 구글페이로 결제했다. 가장 가까운 아라 상점에서 파트타임 배송원이 물건을 수거해 배송할 예정이었으나, 제시간에 배송되기만 하면 별로 신경 쓸 정보는 아니었다. 음식은 동네에 새로 생긴 라 티아 쿠리오사라는 식당에서 엠파나다(스페인과 중남미식 만두 요리의 일종-옮긴이)를 주문할 생각이었다.

라 티아 쿠리오사는 사실 대학을 중퇴한 스무 살의 청년이 특이한 종류의 엠파나다를 파는 곳이었다. 그는 트러플 버전을 좋아해서 24일 전에 한 묶음을 주문했는데 오늘 배송될 예정이었다. 그는 구글에 물었다. "엠파나다를 언제 받게 될까요?" "누노님, 주문하신 엠파나다는 오늘 오후 5시 도니가 배달할 예정입니다. 도니는 블랙 웨일 밀맥주 한 상자도 같이 배달합니다."

자정 무렵 마지막까지 남아 있던 친구들이 떠났다. 정말 즐거운 시간이었고 누노는 저녁 동안 얼마를 썼는지 보려고 구글 결제 계좌를 간단히 확인했다. 그는 UFC 경기 유료 시청료를 1/n로 쪼개서 모두에게 요금을 청구했다. 물론 음식과 술은 그가 내는 것이었다.

그의 결제 정보 페이지에는 그가 지난 달 술값으로 지출한 금액이 적정 수준보다 많았으며 매번 당일에 주문하지 않고 미리 주문하면 20퍼센트는 절약할 수 있을 것이란 분석이 나와 있었다. 그리고 지난 6개월간의 지출 내역으로 보아 맥주 한 상자가 더 필요할 것 같으니 주문해 놓는 게 좋겠다고 권장하는 내용이 있었다. 그가 막 주문하려던 찰나 냉장고에 알림이 떴다. '계란과 우유가 다 떨어져가니, 여기를 눌러 장바구니에 추가하세요.' 그는 몇 번 더 클릭해 주문을 끝냈고 그렇게 하루 일과가 끝났다.

물건이 절대 떨어질 일이 없어서 좋았고, 그것도 최저가로 구입할 수 있어서 더욱 좋았다. UFC 501회 경기가 기다려졌다!

가정 내 전자상거래의 진화 이해하기

알다시피 전자상거래가 등장한 지는 20년이 넘었으며, 전화 주문을 원격 상거래의 일종으로 친다면 그 역사는 더 오래된 셈이다. 지금과 같은 전자상거래 형태를 기업과 상거래 부문에서 받아들이는 쪽으로 나아가고 있지만 전자상거래 방식은 앞으로 10년간 또 다른 모습으로 진화할 것이다. 이러한 변화의 기저에는, 달리 표현할 말이 마땅치 않지만, 서브 채널의 병합과 서비스의 분화가 있다고 본다. 자세히 살펴보기 전에 이 개념부터 알아보자.

오늘날 전자상거래 서브 채널은 구매 상품의 속성에 따라 구분된다. 아마존에서 아이폰 구매, 아마존 프레시Amazon Fresh에서 식료품 구매, 태스크래빗TaskRabbit에서 알바생 고용, 우버이츠UberEATS에서 식사 주문 등은 구매의 성격이 다르다. 이러한 서브 채널들은 개별 앱에 존재하며 앱 자체에서 모든 필수 서비스를 제공하는 형태로 만들어진다. 오늘날 사용자는 필요할 때 이러한 서비스를 이용하려면 스마트폰에 수많은 마켓플레이스를 다운로드해 두어야 한다.

여러 가지 서브 채널을 통합한 마켓플레이스가 등장해 소비자에게 손쉬운 통합 쇼핑 경험을 제공하면서 이 같은 상황은 앞으로 10년간 바뀔 것이다. 개인용 기기의 폼팩터가 스마트폰에서 다른 형태로 바뀌기 시작하면 그러한 변화는 실현 가능성이 더욱 높아질 것이다.

대체로 전자상거래 서브 채널에는 4가지 주요 서비스가 필요하다. 즉, 유용한 상품 정보가 담긴 검색 가능한 제품 카탈로그, 플랫폼에서 판매 중인 제품이나 서비스의 인벤토리 액세스, 소비자에게 제품이나 서비스를 제공하는 기능, 결제를 처리하고 대금을 수령하는 기능이다.

오늘날 대다수의 서브 채널들은 자체 서비스 스택을 구축하거나, 이러한 서비스를 제공하는 특정 서비스 사업자와 일대일 서비스 계약을 체결해 플랫폼에서 소비자에게 서비스를 전달하도록 한다.

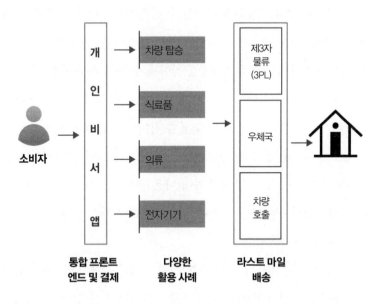

그림 4.1 전자상거래 서비스 분화

앞으로 플랫폼은 서비스 사업자와 완전히 분리될 가능성이 있으며 최저 비용 기준으로 주문을 받는 사업자를 모집할 것이다. 다음 주제를 통해 이러한 서비스를 각각 하나씩 자세히 살펴보고 앞서 말한 변화 과정을 설명할 것이다.(그림 4.1 참조)

• **검색성** — 전자상거래에서 핵심 가치 창출 수단은 플랫폼에서 소비자가 더 폭넓고 다양한 제품을 찾아 이용할 수 있다는 사실에 있다. 여기에는 검색, 제품 정보, 비교, 후기 및 최근의 활동 등 여러 가지 중요 요소가 포함된다.

전자상거래 매출의 상당 부분은 전통적인 유통 방식으로 동일 제품을 제공할 수 없는 지역에서 나오기 때문에 검색성이 중요한 구성요소이다. 소비자가 원하는 상품을 검색할 수 있게 만들어야 하며, 특히 검색 결과를 스마트하게 수집해 표시하는 것이 중요하다. 그래야 소비자가 그러한 검색 결과에서 원하는 대상을 찾아낼 수 있기 때문이다.

구글의 사업 방식이 바로 이런 것이어서 구글이 검색 플랫폼을 통해 전자상거래를 통합하는 데 큰 역할을 할 것이라 예상된다. 스폰서 카탈로그 광고 형태나 구글 쇼핑 플랫폼을 통해 이미 본 적이 있을 것이다.

오늘날 소비자는 구글 검색 결과에 나온 제품을 클릭해 실제 전자상거래 플랫폼에서 구매를 완료한다. 앞으로 소비자가 구글 환경을 떠나는 일은 결코 없을 것이다.

구글이든 아마존이든 완전히 다른 어떤 형태든 간에, 단일 통합 인터페이스에서 소비자가 좋아할 만한 제품이나 서비스를 검색할 수 있게 해주는 애그리게이터aggregator가 나타나 의사 결정의 기반이 되는 모든 가능한 옵션을 제시할 것이다. 각 옵션에 대해 플랫폼은 소비자가 살펴볼 수 있도록 중요한 제품 정보를 수집해 제공할 것이다.

애그리게이터는 또한 어디서 구매할 것인지 결정할 수 있도록 다양한 서비스 수준 옵션을 표시할 것이다. 앞서 살펴본 누노의 예에서, 동일한 맥주 한 상자가 즉시, 당일, 익일, 다음주 등 배송 시간별 가격 차이가 명시된 것과 비슷하다. 애그리게이터는 오늘날 마켓플레이스 플랫폼과 마찬가지로 제품과 판매자 후기를 표시해 가장 실적이 좋은 제품과 판매자가 눈에 더 잘 띄고 더 검색이 잘 되도록 할 것이다.

● **분산형 인벤토리와 제조** ─ 전자상거래가 소비자에게 가져다주는 아주 중요한 편의성 요소는 비용이 들 수밖에 없는데, 전자상거래 플랫폼과 브랜드는 다년간 심지어 어떤 경우에는 수십 년간 무료 배송을 통해 고객 확보 캠페인을 진행해 오면서 소비자에게 이 배송비를 부담시킬 수 없는 경우가 많았다.

우선 이처럼 소비자에게 편의 비용을 면제해주는 방식은 앞으로는 변할 것이며 사용자가 배송비의 일부라도 부담하게 될 가능성이 있다. 나머지 비용은 실제 점포를 소유해 운영할 필요가 없는 가치 사슬에서 절감한 금액으로 충당하는 방식이 될 것이다. 유통업체는 소비자의 실체 위치에서 가능한 가까운 곳에서 상품이 배송될 수 있도록 함으로써 소비자가 부담하는 라스트 마일 배송비를 가능한 최소화하는 데 주력할 것이다.

브랜드 기업과 유통업체들은 전진 배치 자체 물류 창고를 세우고, 제

3자로부터 물류 창고 공간을 임대하는 등의 방식으로 자체 물류 창고와 물류 창고 역할을 하는 자체 매장을 포함한 다양한 모델을 사용해, 일용소비재 인벤토리가 마켓플레이스에 널리 파고들게 할 것이다.

마찬가지로 제조의 일부 요소와 맞춤 생산의 최종 부분 역시 라스트 마일 거리를 최소화하도록 소비자에게 더 가까운 곳에서 이루어질 것이다. 그 간단한 예로는 음식 준비 공간을 들 수 있다.

지금은 악명 높은 중국의 루이싱 커피[85]는 이런 모델이 어떻게 소비자를 통해 놀라운 성공을 거둘 수 있는지를 보여주는 대표적 사례였다. 클라우드 키친, 중앙 키친, 다크 키친 등 이름을 뭐라고 붙이든 간에 모두 분산형 제조의 예에 해당하며, 이러한 전략이 다른 소비재, 특히 배송 전 단순히 혼합해 담기만 하면 되는 제품인 경우 더 많이 구현되는 모습을 보게 될 것이다.

- **배송 및 통합 플랫폼** — 전자상거래 업체들은 지금까지는 자체 차량과 제3자 물류(물류 대행) 사업자의 운송 수단을 이용해 라스트 마일 배송을 해왔다. 게다가 지난 몇 년간은 전자상거래에서 라스트 마일 배송에 특화된 스타트업이 나타났으며, 활용률이 낮은 유휴 차량을 활용하려는 차량 호출 회사들도 전자상거래 배송에 나서기 시작했다.

공공 우편 사업 역시 전자상거래 업체를 위한 배송 물량을 대폭 늘리고 있다. 라스트 마일 배송 부문에 새롭게 처리 능력이 추가되긴 했지만, 구매자가 적당한 배송비를 내고 집으로 제품을 받을 수 있을 만큼 여유

롭지는 못 할 것이다.

이런 난제를 해결해 줄 두 가지 중요한 변화가 앞으로 10년 안에 일어나게 될 것이다.

첫째, 드론을 활용하든 자율 주행 차량을 활용하든 자율 배송이 마침내 현실이 될 것이다. 단, 본격적으로 효과가 가시화되려면 5~7년 정도는 더 걸릴 수 있다.

둘째, 개인과 기업이 파트타임 배송에 참여할 수 있는 오픈 플랫폼 라스트 마일 배송 마켓플레이스의 구축이다. 어떻게 보면 우버와 같은 차량 호출 서비스가 그런 방식을 염두에 두고 설계된 셈인데, 차량 소유주가 앱을 다운로드해 플랫폼에 참여함으로써 사람들을 실어 나르는 식으로 자신의 자산(즉 차량)과 시간을 통해 수익을 얻는 방법을 제공하기 때문이다. 대부분의 차량 호출업체는 더욱 그럴듯한 기술 지원 택시 회사로 변신했는데, 그러한 시장이 이미 존재해 왔다는 점에서 괜찮다고 본다.

라스트 마일과 관련해 이런 상황을 생각해보자. 간단히 장을 보고 있는데, 쇼핑 중에 전자상거래 애그리게이터가 메시지를 보내는 것이다. 이웃의 장바구니를 대신 집 앞까지 배달해주면 현재 장바구니에 5달러의 캐시백을 받을 수 있다는 내용인 것이다. 그러한 플랫폼을 통해 라스트 마일 배송 처리량이 유연하게 대폭 확대되고, 그러한 서비스를 시중에서 이용할 수 있게 되면 소비자와 유통업체 모두 상당한 혜택을 누리게 될 것이라 생각한다.

- **독립형 결제** — 전자상거래 결제 페이지에서는 구매할 제품이 담긴

장바구니를 확인하고 결제 정보를 입력하고 나면 최종 구매가 이루어진다. 이는 중요한 단계에 해당하는데, 소비자에게 요약 정보를 제공할 뿐만 아니라 소비자가 실제로 해당 제품에 돈을 지불할 수 있는지 여부를 평가하고 결제 상세 정보나 결제 자체를 확인할 수 있기 때문이다.

대부분의 전자상거래 플랫폼은 다양한 결제업체와 협업해 소비자에게 가능한 많은 제품 결제 옵션을 제공한다.

나는 소비자들이 페이팔, 스트라이프Stripe, 구글페이, 애플페이 등 제3자 결제업체를 통해 자신의 결제 상세 정보를 "토큰화"하는 데 별 거부감 없이 익숙해질 것으로 본다. 실제 사용하는 결제 수단이나 지불 능력을 보증하는 결제 기관에 상관없이 결제업체가 사용자를 대신하는 것이다.

기기 제조업체(애플페이)와 발견 가능성 및 검색 플랫폼 소유업체(구글페이)는 여기서 상당히 유리한 위치에 있는데, 사용자가 자사 결제 애플리케이션을 다운로드하도록 설득할 필요가 없기 때문이다. 이미 설치되어 있거나 결제 정보가 이미 일정 컨텍스트 안에 저장되어 있는 것이다.

좀 더 구체적으로 설명하자면, 구글 지도에서 경로를 검색하면 우버로 해당 경로 이용 시 예상되는 금액이 나타난다. 우버 앱이 있으면 클릭해 열 수 있으며, 경험이 지속적으로 이어지고 거기서 결제까지 끝낼 수 있다.

그러나 구글 지도를 통해서만 차량을 예약할 수도 있으며, 그 경우 우버에 저장된 신용카드나 구글페이에 추가한 새로운 신용카드로 요금을 지불하면 된다. 구글이나 안드로이드 환경을 전혀 떠날 필요가 없는 것이다. 물론 우버를 이용하려면 여전히 우버 계정부터 만들어야 하며, 우버는 여전히 차량 호출로 수익을 내고 있기 때문에 이러한 예약 편의성은 상당한 경쟁 우위로 작용한다. 소비자가 원스톱으로 모든 것을 처리할 수 있는 슈퍼 앱super app을 구현하려면, 그럴싸한 내러티브를 구상하는 것보다는 수익성 있는 확장형 비즈니스를 운영할 수 있는 역량을 갖추는 것이 훨씬 중요할 것이다.

우버는 이 점을 잘 이해한 듯하다. 반면에 구글은 플랫폼 활용 사례와 소비자 데이터를 공유할 필요가 있다. 이는 앞서 다룬 검색성이라는 점에서 중요할 것이다.

● **가정용 기기를 통한 주문** ― 엄밀히 말해 전자상거래 서비스는 아니지만 앞으로 고려해야 할 중요한 트렌드가 될 것으로 본다. 앞 파트에서 가정용 기기에 전자상거래 주문을 제안하는 기능이 탑재될 것이라는 내용을 다루었다. 지금은 단종됐지만 아마존 대시Amazon Dash 버튼은 이런 개념의 선구자 격이었다. 현재 아마존은 알렉사가 필요하거나 사야 하는 제품을 소비자에게 제안하는 기술을 개발하고 있다.

특정 상품과 브랜드를 적극 추천하는 것 외에도 가정용 기기는 사용자를 위한 쇼핑 목록도 만들 것이다. 예를 들어, 스마트 냉장고는 이미 시중에서 구입할 수 있지만 보급률이 상당히 낮은데, 가격 부담도 있는 데다가 지원 인프라와 소비자 행동이 아직 이를 따라가지 못하고 있기 때문이다. 이는 바뀔 것이고, 스마트 기기는 발견 가능성 플랫폼이나 결제 플랫폼에 연결될 것이다.

가정용 기기가 사용자도 모르게 직접 주문을 하는 경우는 없겠지만 냉장고가 쇼핑 추천 목록을 제시하면 사용자가 이를 승인하고 장바구니에 물건을 추가하는 상황은 충분히 가능하다.

아마존과 같은 기기 제조사나 구글과 같은 운영 플랫폼에 특정 브랜드 추천 권한을 주는 셈이라, 수많은 브랜드 기업들이 이에 우려를 표하고 있다. 그러나 정확히는 페이스북과 구글의 온라인 마케팅, 전자상거래의 유료 검색 광고, 유통업체 입점비는 수년 전부터 이런 식으로 이루어져 왔다.

이는 브랜드 기업들이 시스템을 이해하고 결제 방식에 익숙해져야 하는 새로운 쇼퍼 마케팅(구매 의사가 있는 쇼퍼들을 대상으로 하는 마케팅 기법-옮긴이)일 뿐이다.

❗ 지금 당장 해야 하는 3가지 실천 과제

지금까지 "가정 내 전자상거래"의 방향에 대해 간략히 살펴보았다. 많은 것들이 변하고 있지만, 방향 면에서 서브 채널의 통합과 다양한 서비스의 분화와 관련된 주제는 현실로 다가올 것이다.

이러한 동향을 활용하고자 하는 기업 입장에서 3가지 핵심 전략을 권한다.

가능한 폭넓은 채널 전략을 수립해, 자사 제품을 판매할 전자상거래 마켓플레

이스가 자리 잡도록 해야 한다. 단, 합리적인 수준에서 장기적인 타당성을 고려해 가격을 책정하고 홍보 계획을 세워야 한다.

마켓플레이스 전체에서 자사 인벤토리를 확인할 수 있는 통합 보기를 만드는 데 중점을 두어야 한다. 분산된 정도에 따라 5년이 걸릴지도 모르니 지금 당장 시작하는 것이 좋다. 얼마나 많은 완제품이 어느 위치에 있는지 실시간으로 정확히 알아야 한다.

기기 제조사, 전자상거래 애그리게이터가 될 만한 기업(구글), 지급결제업체 및 라스트 마일 물류업체들과 지금 협업할 수 있는 방법을 찾아 지금 당장 자사 판매 경로에서 이들이 어떤 역할을 할 수 있는지를 검토해야 한다. 이러한 협력 관계를 통해 얻은 경험은 나중에 시장이 형성됐을 때 기반이 되어 줄 것이다.

이동 중 전자상거래의 미래

●●● 바르의 뉴욕 일일 외출

날짜가 잡혔다. 바트는 60세 생일을 몇 주 앞두고 있었다. 그의 아들이 그를 저녁때 맨해튼의 근사한 곳에 데리고 가기로 했다. 둘이서만 멋쟁이 신사들처럼 시간을 보내기로 한 것이다. 바트는 아내 질이 여행을 가거나 친구들과의 약속에 나가고 없을 때, 어린아이였던 아들을 데리고 저녁에 피자와 아이스크림을 먹으러 나갔던 날들이 떠올랐다. 바트가 맥주 몇 잔을 들이키는 동안 아들 녀석은 콜라를 들이 붓듯이 꿀꺽꿀꺽 마셔대곤 했다.

세월이 한참 지나고 둘 다 싱글 몰트 위스키를 좋아하게 되면서 매년 연례행사처럼 위스키 바에 가서 위스키를 마시며 함께 시간을 보냈다. 약속 당일 바트는 맨해튼에 조금 일찍 가기로 했다. 혼자서 돌아다녀본 지 오래라 이번처럼 좋은 기회는 없을 것 같았다.

바트는 8번 대로에서 내렸다. 14번가에 도착하니 오전 11시였고, 그는 여기 미트패킹 디스트릭트에서 혼자 느긋하게 브런치를 먹으면 딱 좋겠다고 생각했다. 그는 이미 야외석과 특히 크로크무슈 트뤼프가 있는 프렌치 비스트로 "르 카도레"에 대해 자세히 알아보고 온 것이었다. 걸어서 찾아가기는 쉬웠다. 그는 예약도 했고 정확히 뭘 주문해야 할지,

그리고 더 중요한, 주문하면 안 되는 메뉴까지 알고 있었다. 뉴욕에서 식당 야외석을 차지하려면 다섯 군데는 족히 돌아다녀야 했던 과거와는 다른 지금의 방식이 마음에 들었다.

브런치를 느긋하게 배불리 먹은 후 그는 첼시 마켓에 들러 잠깐 둘러보고 어디선가 읽어봤던 와인 스토어로 곧장 갔다. 스마트폰을 들고 와인 전문가 앱에서 증강 현실 기능을 켜자 진열된 모든 와인에 대한 평점과 후기, 가격 비교 및 추천 와인을 볼 수 있었다.

그는 질을 위해 리오하_{Rioja} 와인과 메를로 두 병, 카베르네 한 상자를 골랐다. 휴대폰으로 코드를 스캔하고 결제를 완료했다. 와인샵에서 주말에 롱아일랜드에 있는 그의 집까지 배달해줄 것이다. 그는 상점에 있는 내내 아무하고도 얘기할 필요가 없었다.

비가 올 것 같은 날씨인데 우산이 없었다. 다행히 길 건너편에 무인 슈퍼마켓이 있는 것 같아 곧장 뛰어가서 우산과 M&M 초콜릿 한 봉지와 신선한 착즙 오렌지 주스 몇 개, 위장약 몇 개와 카디건을 샀다. 안 될 게 뭐 있는가. 자동판매기는 그의 얼굴을 인식하고 자동으로 요금을 결제했다. 그날 저녁 늦게 그는 아들과 만났다. 이번에는 아들이 고른 스테이크하우스로 향했다.

이 레스토랑은 예전 방식을 고수하는 것에 자부심을 갖고 있었다. 종이로 된 메뉴판이 있었고 웨이터가 주문을 받았다. 맞춤 인조고기 스테이크의 정확한 다량 영양소 구성을 지정할 수는 없었지만 이건 진짜 고기였다. 분주하게 돌아다니는 로봇도 없었고 사람 직원들이 음식을 가져다주었다. 게다가 실제로 계산서를 요청해야 했다. 그러면 직원이 실제 종이로 된 계산서를 가죽 폴더에 넣어 가지고 왔다. 여기서는 현금만 받았지만 주변에 ATM기는 없었고 사람들은 현금을 들고 다니지 않아서 결제 계좌에서 금액을 차감했고, 들어올 때 약간의 현금을 주었다. 그렇게 "현금을 경험"해볼 수 있었다.

요즘에는 가족사진만 넣고 다니는 지갑을 오늘 처음으로 꺼낸다는 생각을 하면서 그가 막 계산을 하려던 참이었다. 그는 곧 그럴 필요가 없다는 걸 알았다. 아버지라면 누구나 한없이 자랑스러워할 법한 말이 아들의 입에서 나왔기 때문이다. "걱정하지 마세요. 제가 알아서 할게요."

●●● **이동 중 상거래의 진화 이해하기**

소비자의 소비 활동은 대부분 지금도 앞으로도 집 밖에서 이루어질 것이다. 기업은 이를 현장 소비, 가정 외 소비, 이동 중 소비, 외식 소비, 임박한 소비 또는 그 밖의 다양한 명칭으로 부르고 있다. 나는 이러한 모든 거래와 구매를 통틀어 "이동 중 상거래"로 통칭한다.

대개는 집 밖에서 이루어지는 소비를 위해 집 밖에서 쇼핑하는 것이라 생각할 것이다. 보통 쇼핑이라는 사건은 타임라인이라는 관점에서 볼 때 소비라는 사건과 가까이에서 일어난다.

앞으로 이동 중 경험은 시간에 최적화되어야 하며 중단 없는 연결은 가능한 자동화되고 인간적 요소를 배제한 쇼핑 경험을 구현하며 이러한 진화의 핵심 기본 원칙이 될 것이다.

인간적 요소를 배제한 레스토랑이 자리를 잡으며 거의 모든 것이 셀프 서비스 방식으로 바뀔 것이다. 어느 분야가 됐든 우리가 매장에 가는 것이 아니라 매장이 우리를 찾아오는 형태가 나타날 수 있다.

마지막으로 가상 버전의 도시에 증강 현실이 접목되면서 이동 중 경험을 새로운 차원으로 끌어올리는 흥미로운 현상이 나타날 것이다. 이러한 요소들을 좀 더 깊이 살펴보자.

● **자동판매기의 미래** — 생각해보면 인간적 요소를 배제한 이동 중 유통 형태는 수십 년간 존재해왔으며, 예전부터 사용해 오던 자판기와 스마트 자판기는 몇 가지 흥미로운 트렌드와 함께 앞으로 다양한 방식으로 나타날 것이다. 무엇보다도 현금 없는 자판기가 표준이 되고, 특히 소비자의 결제 계좌가 토큰화되어 자판기 운영업체에 정보가 저장되면서 단순 안면 인식을 통해 결제를 처리하게 될 것이다.

더 이상 동전을 찾느라 여기저기 뒤질 필요도 없고 자판기가 지폐를 토해내는 일도 없으며 한밤중에 지하 주차장에서 요금 정산기에 신용카드를 넣을 일도 없을 것이다.

내부 카메라를 통해 인벤토리를 실시간으로 확인하고, 실제 및 예상 매출을 기반으로 재고 보충 방식을 완전히 최적화하게 될 것이다. 수요에 따라 보다 정확히 공급량을 관리해 특수 제품까지도 재고 낭비를 최소화할 수 있게 되면서 자판기를 통해 훨씬 다양한 물건을 구매하게 될 것이다(그림 4.2 참조).

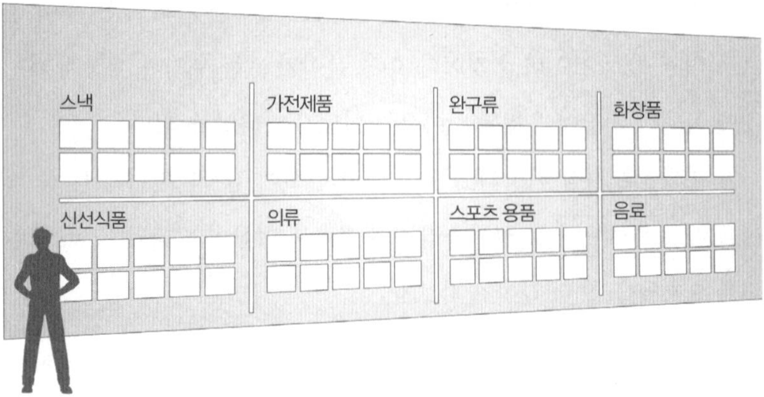

그림 4.2 동네 자판기 코너

자판기는 주변 기기에 연결되어 앞 파트에서 다룬 디지털 OOH 화면에 도달하는 광고를 표시할 것이다. 이때 앞에 있는 사람에 따라 마케팅 메시지와 카피는 다르게 나타난다. 자판기는 그 앞에 선 소비자의 구매 이력에 따라 다양한 제품과 가격을 표시하고 바로 앞에 있는 소비자에게 프로모션 정보를 내보낼 것이다. 이런 기능이 대부분 이미 존재한다는 사실이 흥미롭다. 아마 일본의 스마트 자판기에 관한 유튜브 동영상도 찾을 수 있을 것이다.

혁신이 필요한 것은 바로 자판기를 소유하고 적합한 장소에 설치해 적절한 양을 채워 넣는 식의 기본적인 경제성 측면이다. 상품을 채워 넣고, 위치를 매핑하고, 소비자별로 가격을 차별화하고, OOH 화면을 통해 자산을 수익화할 수 있는 추가 기회를 마련하고 고객과의 유대감을 형성하는 등 다방면에서 지금보다 훨씬 발전이 이루어지면, 전 세계에 새로운 자판기 비즈니스 모델이 대대적으로 나타날 수도 있다.

● **자동화된(무인) 매장 경험** — 편의점 경험은 점점 더 자동화되고 매끄러워질 것이다. 아마존은 시애틀에 아마존 고Amazon Go 콘셉트 스토어를 열어 2018년 초반에 일반에 공개했다. 나는 작년에 해당 매장을 방문했는데 꽤나 즐거운 경험이었다. 물론 스캔한 후 매장에 들어가려면 아마존 앱을 먼저 다운로드하고 로그인해야 했으며 비밀번호를 기억해내서 신용카드를 저장하는 등의 절차도 필요했다.

기본적으로 매장에는 소비자가 어떤 상품을 골라서 장바구니에 담는지를 파악하기 위한 카메라와 컴퓨터 영상 분석 기기가 곳곳에 설치돼 있었다. 그래서 상점을 나설 때 아마존 계정에 저장된 카드로 금액이 청구되며 청구서가 함께 발송된다. 정말 경험이 매끄럽게 이어졌지만 솔직히 말해 다소 과하다는 느낌도 든다. 그래서인지 그런 콘셉트가 아직 현장에서는 그다지 폭발적이지는 않은 것 같다.

사용자가 자기 스마트폰을 갖고 다니면서 스캔하는 방식은 훨씬 더 실현 가능성이 높아 보인다. 이미 존재하는 기술이기도 하고 전 세계 여러 슈퍼마켓과 편의점에서 이미 사용 중이기 때문이다. 장바구니에 담은 어떤 물건이든 스캔하고 나면 자신의 스마트폰에 있는 토큰화된 카드로 금액을 지불하고 매장을 나서면 된다.

어떤 면에서 이는 소비자가 매장에 들러 원하는 물건을 찾아 사갈 수 있도록 자판기의 개념을 빌려와 매장 전체를 하나의 거대한 자판기로 변환하는 기술이기도 하다.

이런 모델의 또 다른 장점은 유통업체가 기기상의 쇼핑 경험에 가치를 더할 수 있다는 점이다. 유통업체는 소비자가 물건을 스캔하는 데 쓰는 기기로 프로모션 푸시 메시지를 보내고 영양 정보를 제공하고 업사이징과 묶음 구매를 권하고 매장에 게임 요소를 도입하는 것이다.

이런 방식은 유통업체로서는 인건비를 절감할 수 있다는 장점이 있는데, 미국에서는 계산대 점원의 일자리를 없애는 아마존 반대 시위의 원인이 되기도 했다. 그러나 그보다 더 큰 장점은 소비자가 계산대 앞에 줄을 설 필요가 없다는 시간적인 편의성에 있다고 본다.

● **소비자를 찾아오는 매장** — 어렸을 때 엄마가 식품점에 전화를 걸어 식품 저장실을 채울 몇 가지 물건을 보내달라고 주문하셨던 게 또렷하게 기억난다. 식품점 주인의 조카가 재빨리 자전거를 타고 정확히 20분 안에 물건을 배달해줄 때가 많았다. 그리고 엄마는 식품점 주인에게 조카 녀석을 시켜서 오는 길에 세탁물을 찾아다 달라고 부탁하곤 하셨다.

인도의 디지털 기반 배달 서비스 업체인 던조Dunzo와 같은 기업들은 이러한 콘셉트를 받아들여 디지털 마켓플레이스로 가져왔다. 인도처럼 인건비가 당면 문제가 아니고 긱 경제에 기꺼이 뛰어들어 빨리 돈을 벌려는 기업인이 수만 명인 곳에서는 소비자가 직접 편의점에 갈 필요 없이 몇 분 내에 물건이 소비자에게 오게 만드는 신뢰할 만한 서비스가 나타날 것이다.

또한 전통적인 아이스크림 트럭이나 우유 트럭, 또는 최근에 상당한 인기몰이를 하는 푸드 트럭의 디지털 기반 버전을 보게 될 것이다. 약간 시끄럽고 짜증나는 아이스크림 트럭의 음악 소리가 울리는 대신 근처에 트럭이 있다는 스마트폰 알림이 울릴 것이다.

사실 일부 업종에서는 밀크런(milkrun, 거래처에서 구입처 공장으로 물품이 운반되는 일반적인 공급 프로세스와 달리, 구입처가 여러 거래처를 돌며 상품을 모으는 방식으로, 실시간 조달체계에 해당함-옮긴이) 방식이 다시 인기를 얻고 있는데, 빅데이터 분석을 통해 어떤 경로를 따라가고 어떤 특정 위치에 트럭을 댈지를 파악할 수 있다는 또 다른 장점이 있기 때문이다.

몇 년 전 이런 콘셉트를 이용해 실험적으로 모바일 ATM기를 만들기도 했다. 사람이 현금을 들고 다니는 형태로, 전화기를 연결해 해당인의 계좌로 은행 송금을 하면 동일 금액을 받는 식이었다. 당연하게도 그 아이디어는 효과가 없었는데 정확히 누가 현금을 갖고 돌아다니는지를 알려주어 범죄자들을 불러 모으는 좋은 먹잇감이었기 때문이다.

그러나 앱을 사용해 몇 분 내 무언가를 배달시킨다는 아이디어는 앞으로 상당히 유망할 것이다.

● **미래의 외식 경험** — 앞 파트에서 우리는 어떻게 사람들이 집 밖에서 더 많은 시간을 보내고 그에 따라 외식도 늘어나게 될 것인지에 관한 소비자 동향을 살펴보았다. 디지털은 미래 외식 경험의 전체 과정에 상당한 역할을 할 것이다.

맛집 선택만 봐도 음식 블로그나 인플루언서들은 이미 소비자의 의사 결정에 엄청난 영향을 주고 있으며, 이런 현상은 지속될 것이다. 후기의 양 자체가 늘어나면서, 점차 다양한 플랫폼에 소비자가 남긴 후기를 효과적으로 분석하는 플랫폼이 등장해 소비자가 선별해서 볼 수 있도록 할 것이다.

어떤 유형의 예약이든, 선 주문이든, 선 결제든, 특히 레스토랑 도착 시간과 음식이 나오는 시간 간격을 줄여주는 활용 사례들은 널리 확산될 것이다.

미래에는 실제로 빈자리가 나길 기다리는 일은 거의 일어나지 않으며 모든 레스토랑은 항상 적정 인원만 수용하게 될 수 있다. 꼭 그렇게 되길 바란다.

레스토랑에서의 경험은 디지털 메뉴와 함께 완벽히 디지털화되고, 방문자의 프로필과 기본 설정 정보가 공개인 경우 실시간으로 이에 맞춰질 것이다. 주방 업무와 함께 음식을 나르고 빈 그릇을 다시 주방으로 가져오는 등의 허드렛일이 자동화될 것이다.

물론 고급 레스토랑일수록 보다 인간적인 서비스를 즐기게 되겠지만, 대부분 빠른 서비스를 제공하는 레스토랑은 시간이 지날수록 사람이 하는 업무를 줄여 나갈 것이다.

코로나는 테이블 앱을 활성화하는 데 도움이 되었다. 소비자들은 식당의 태블릿 PC로 주문을 할 수 있게 됐으며, 특히 하드웨어 비용이 낮아지면서 이런 경우는 흔해질 것이다. 이 파트의 앞부분에서 다루었듯이, 손으로 화면을 쓱 넘기거나 안면 인식 기능을 이용해 디지털 지갑에서 결제가 뚝딱 이루어질 것이다.

식사를 마친 후에도 소비자들은 후기를 남기고 추천을 한다거나 사진을 찍어 올려 다음 번 방문 때 할인을 받는 식으로 레스토랑과 소통을 이어가도록 권유를 받을 것이다.

● **현실 세계의 가상 버전 —** 마지막으로, 거리와 가정과 상점과 공원과 사무실이 있는 이 현실 세계 전체가 캡처되어 가상 세계로 렌더링(3차원 표현을 2차원 영상으로 생성해 사실감을 부여하는 컴퓨터 그래픽 기술 -옮긴이)되는 것을 한번 상상해봤으면 한다. 구글 지도와 비슷하지만 초고밀도 정보가 담긴 세상인 것이다. 나는 이러한 미래가 필연적이라 생각한다.

시간이 걸리고 말도 안 되게 많은 연산 능력과 스토리지 용량이 필요하며 헤쳐 나가야 할 규제도 엄청나게 많겠지만 생각보다 빨리 실현될 수도 있다. 소비자의 개인용 기기에 지도 같은 애플리케이션을 로드하면 아마 스마트 안경이 현실 세계의 위치를 태그하고 유용한 상업 시설 정보를 채울 것이다. 거리를 지나다 보면 레스토랑 평점과 상품 가격 및 프로모션 정보가 뜰 것이다.

친구들이 식사 중인 곳의 정보가 뜨면 현재 기분 상태에 따라 이들과 합류하거나 그냥 지나칠 수도 있을 것이다. 이 외에도 여러 가지 경우를 생각할 수 있으며 공상과학 이야기에나 나올 법하게 느껴지지만, 이런 기술이 점차 흔해지면서 모두 일어날 수 있는 일이다.

당연히 기업과 소비자가 혜택을 누릴 수 있는 유용한 활용 사례들도 나타날 것이다.

🔔 지금 당장 해야 하는 3가지 실천 과제

이것이야말로 이동 중 상거래가 나아갈 방향이 아닐까 싶다. 그러면 여기에 영향 받는 기업들은 당장 무엇을 해야 할까?

다시 말하지만 가장 중요한 세 가지가 있다.

첫째, 자판기를 소유하고 있다면 이를 디지털화해 수익을 창출함으로써 앞으로 새로운 비즈니스 모델을 만들 방법을 생각해야 한다. 보유한 제품이 자판기 시스템에 적합하지 않다는 생각이 들더라도 다시 한 번 생각해보자. 소비자들이 아마존고 진열대에서 어떤 식으로 이 제품을 경험할지 떠올려보자. 필요하다면 매장을 방문해 포장과 시각적 정체성을 바꿀 필요가 있는지 파악하자.

예를 들어, 아이스크림 카트 비즈니스가 수익을 낼 수 있다면 이를 자사 업종에 포함시켜도 될까?

둘째, 레스토랑이나 제품 총괄 책임자처럼 음식 서비스업에 종사하고 있다면 지금 당장 종합적인 소비자 디지털 여정부터 구축하고 이 기술을 믿고 투자하자. 특히 코로나 이후 외식 경험이 엄청나게 빠르게 디지털화될 것이기 때문에, 이런 흐름에 뒤처지지 않도록 해야 한다.

마지막으로, 지도를 활용해 말 그대로 매장과 제품을 지도상에 표시해야 한다. 이는 가상현실에 첫 발을 내딛는 것이며, 관련 활용 사례가 나타나 소비자가 이를 받아들이기 시작할 때 기본 요소가 갖춰져 있어야 한다.

체험 구매의 미래

●●○ **싱글의 날을 기념하는 오딘**

11월 11일은 오딘이 일 년 중에 좋아하는 날들 중의 하나였다. 그는 다양한 음식과 음료, 그리고 할인 혜택을 누릴 수 있는 싱글의 날을 손꼽아 기다리고 있었다.

오늘 저녁에는 데이트가 있었고, 어쩌면 솔로 탈출을 할 기회였지만 솔직히 말해 그는 혼자 있는 시간이 좋았기 때문에 조만간 지금의 상황이 변할 것이라는 생각은 안 했다. "오늘은 오늘의 일정이 있으니까." 그는 비텐버그플라츠로 가기 위해 카데베, 즉 카우프하우스 데스 베스텐스(독일 베를린에 있는 백화점-옮긴이) 쪽으로 발걸음을 옮기며 생각했다.

몇 년 전 카데베는 6층 공간을 최첨단 슈퍼마켓으로 리모델링했다. 그는 처음 갔을 때는 온 김에 장도 보면 되겠다는 생각을 했다. 보통은 온라인으로 주문했지만 카데베만큼은 예외였다. 약간 더 비쌀 수도 있지만 그는 그곳에서 몇 시간씩 있는 게 좋았다. 끝없이 이어진 신선 식품 코너에 가자 모든 채소와 모든 고기의 일생을 보는 기분이 들었다.

그는 햄이 든 팩 몇 개와 내일 먹을 샐러드용 덩굴 토마토를 스캔했다. 공산품 코너에는 진열된 상품이 거의 없었지만 널찍한 6층을 지나 천장에 달린 스크린 쪽으로 가자, 걸을 때마다 표시되는 상품과 가격이 바뀌었다. 그는 스캔하며 지나갔다.

7층에서 랍스터 롤을 간단히 먹은 후 그는 1층의 신발 코너로 향했다. 에어 조던 미드 한 켤레를 봐둔 게 있어서 실제로 사기 전에 한번 신어보고 싶었다. 거의 10년마다 유행이 돌아오는 것 같았다.

나이키 코너에 들어서자 곧바로 에어 조던 진열대로 안내됐다. 나이키는 그가 살펴보고 있다는 걸 알고 있었던 것이다. 여러 사이즈를 신어보고는 사이즈 9로 결정하자, 지금 바로 사면 5퍼센트 할인해준다는 특가 메시지가 떴다. 그는 바로 결제했다.

커피 머신을 둘러보기 위해 그곳에서 4층으로 올라갔다. 네스프레소 머신을 쓴 지 10년이 되어서 새로 바꾸고 싶었다. 새로 나온 네스프레소 프로페셔널 시리즈는 좋아보였고 4층의 매장 전면은 거대한 기계처럼 디자인이 되어 있어서 안으로 들어가면 물의 양과 추출 비율, 분쇄도, 물과의 접촉 시간, 추출 시간, 추출 온도, 추출 시 난류 등 내부에서 기계가 어떻게 작동하는지 볼 수 있었다.

완벽한 커피 한 잔을 만드는 데 들어가는 요소가 굉장히 많았는데, 네스프레소 매장에서 그에게 전 과정에 대해 설명해주자 그는 전문가가 된 듯한 기분이 들었다. 그는 직접 커피 몇 잔을 추출해 보기도 했다. 스캔 후 구매를 끝내자 데이트에 갈 시간이었다.

주유소에서 만나기로 한 건 지난 몇 년간 무인 자동차와 전기차, 대중교통으로 인해 화석 연료를 사용하는 차량이 줄어든 이후 주유소가 대대적으로 변신했기 때문이었다. 이제는 주유소가 너무 많은 게 아닌가 싶을 정도가 되었다. 그는 데이트 상대를 만나러 마르틴 루터 스트라세의 "쉘 주유소"로 걸어갔다. "내 안의 에너지를 채우자"라는 모토로 쉘은 주유소를 미니 스파로 탈바꿈시켜, 소비자들이 몇 시간씩 쉬면서 스파 관리를 받고 체육관에서 운동하고 열람실에 앉아 책을 읽다가 간단한 식사도 할 수 있는 곳으로 만들었다.

오딘은 데이트 상대를 보고 데이팅 플랫폼에서 본 것보다 실물이 훨씬 예쁜 것을 알고 기뻤다. 아, 게다가 연합 소속원이었다! 어쩌면 내년에는 정말 싱글의 날을 기념할 필요가 없을지도 모르겠다.

●●∘ 진화의 주요 요소

나는 "체험 상거래"를 소비자가 실제로 구매를 결정하기 전에 직접 구매하려는 상품과 상호작용할 필요를 느끼는 구매로 정의한다. 제품은 앞으로도, 그리고 지금도 여전히 배송이 되고 있지만, 이 경우 쇼핑은 의사 결정과 교육에 더 가까운 활동으로, 실제 계산과 결제 및 배송이 차지하는 비중은 줄어들 것이다. 제품 경험을 집중적으로 다루면서, 슈퍼마켓의 미래와 패션 유통의 미래, 가전기기 및 가구 유통의 미래, 자동차와 같은 고가 상품 구매 방식 등 이 주제와 관련된 몇 가지 다양한 유통 콘셉트를 살펴볼 것이다.

마지막으로, 전혀 새로운 형태의 유통 콘셉트 몇 가지를 간단히 짚어볼 것이다. 이처럼 다양한 모델을 살펴보면서 최종 상태가 어떤 모습이 될지, 그리고 브랜드 소유 기업과 제품 제조사들이 그러한 최종 상태에 다다르는 데 어떤 역할을 할 수 있을지를 다룰 것이다.

- **미래의 슈퍼마켓** — 중국의 헤마 프레시 Hema Fresh 슈퍼마켓에 가보지는 못 했어도 다들 들어는 봤을 것이다. 슈퍼마켓의 미래를 이곳에서 제대로 볼 수 있다.

앞으로 10년간 이러한 콘셉트는 도처에 확산되면서 몇 가지 측면에서 한층 확대될 것이다. 일단, 소비자들은 편의성보다는 경험을 위해 슈퍼마켓에 갈 것이다. 편의성을 우선시하는 쇼핑객은 집에서 주문하는 방식을 선호할 것이기 때문이다.

슈퍼마켓은 공간 배치와 상품 및 서비스 제공 방식을 완전히 리모델링해 즐거운 쇼핑 공간을 만들어야 하는데, 이는 대형 슈퍼마켓의 수가 줄어든다는 것을 뜻한다. 대부분의 소비자는 일주일 단위가 아닌 월 단위로 슈퍼마켓에 들러 직접 신상품을 찾아 써보려 할 것이다(그림 4.3 참조).

각 브랜드는 새로운 슈퍼마켓에서 샘플을 제공하고 신상품을 소개하는 등 다양한 현장 체험 마케팅을 추진할 수 있을 것이다. 신선 식품은 유통 매장에서 더욱 큰 비중을 차지하게 될 것이다. 소비자가 대부분 먹거리를 온라인으로 주문하긴 하지만, 신선한 농수산물을 직접 만지고 느끼고 냄새를 맡아보고 나서 먹고 싶은 동물적 본능이 어느 정도는 있게 마련이라, 슈퍼마켓에서는 현대화된 재래시장을 매장 내부에 도입하는 식으로 변화를 꾀할 것이다.

미래의 쇼핑 일정

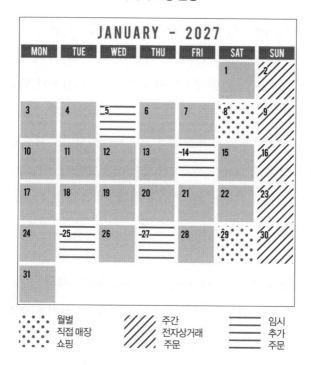

그림 4.3 미래의 쇼핑 일정

슈퍼마켓은 또한 조명과 음악, 매장 내 디자인을 개선하고 게임 요소를 다양하게 도입해 즐거운 공간이 될 것이다. 사용자는 증강현실을 통해 제품마다 숨은 이야기를 이해하고 가격과 영양 정보를 비교할 수 있게 될 것이다.

공산품 진열대는 완전히 디지털화되어 제품 코너에 서 있는 소비자에 따라 표시되는 항목이 달라질 것이다. 여성 대신 남성이 코너에 서 있을 때 표시되는 개인용품의 종류가 완전히 달라진다고 상상해보자. 가격을 책정할 때도 마찬가지이며, 유통업체들은 소비자의 생애 가치에 따라 진열된 제품의 가격을 차별화할 수 있을 것이다. 따라서 처음 슈퍼마켓을 방문한 사람이 통로에 서 있다면 고객으로 끌어들이기 위해 가격을 떨어뜨릴 수도 있다.

또한 손님이 살아 있는 게를 골라 오면 즉석에서 요리해주는 헤마 프레시처럼, 매장 내 식사가 가능해질 것이다. 앞에서 다룬 것처럼 결제도 끊김 없이 원활히 이루어지며 집으로 장바구니를 들고 갈 필요도 없어질 것이다. 집으로 배달해줄 테니까.

● **패션 유통의 미래** — 패션 유통 부문에서 전자상거래는 지난 몇 년간 폭발적으로 성장해왔으며 당연히 오프라인 매장은 타격을 입었다. 코로나19로 인해 이런 상황은 더욱 심화되었으나, 물리적 매장 고유의 역할은 남아 있을 것이라 보며 여기서 그 얘기를 다뤄볼까 한다.

소비자들은 대부분 집에서 해당 브랜드 플랫폼이나 유통업체 플랫폼으로 패션 정보를 수집하거나, 인플루언서의 의견을 수동적으로 따르기 때문에 아이쇼핑의 역할이 어느 정도 줄어들 수 있다. 전자상거래가 패션 부분에서 자리 잡기가 힘들었던 주요 이유도 옷을 입어봐야 한다는 생각 때문이었으나, 대부분의 패션 유통업체는 아주 간편한 무료 환불 정책을 만들어 놓았으며 이런 정책은 앞으로도 계속될 것으로 보인다.

여러 업체들이 입점한 대형 쇼핑몰은 패션 유통업체에 도움이 될 것이다. 소비자들은 쇼핑하러 나온 김에 그러한 업체에 들를 수도 있고 슈퍼마켓과 레스토랑도 이용할 수 있다. 일단 매장에 들어오면 소비자는 디지털 구현 기술로 손쉽게 물건을 찾아 입어보고 비교할 수도 있다는 사실을 알게 될 것이다.

아울렛에서는 온라인 검색 기록을 매장과 연동할 수 있으므로 가장 연관성이 높은 물건들을 즉시 안내한다. 소비자는 AR과 스마트 거울을 이용해 실제 옷을 갈아입지 않고도 옷을 입어볼 수 있을 것이다. AR을 통해 옷을 갈아입지 않고도 몇 벌을 나란히 놓고 비교할 수 있으므로 전에 뭘 입었는지 기억할 필요도 없어질 것이다. 매장은 실시간으로 개인 맞춤형 의류를 제작하는 공간이 될 것이다. 매장 안에서 나만의 신발을 디자인해 즉석에서 제작한 후 이를 바로 가져갈 수 있을 것이다.

새로운 브랜드와 스타일, 제품을 선보이려는 기업들은 유동 인구가 많은 지역에 팝업 스토어를 세우고, 충분히 인지도가 높아져서 전자상거래 기반 모델을 통해 실제 주문을 받게 될 것이다. 색다른 형식도 등장할 것으로 예측되는데, 의류 대여 또는 유행하는 스타일에 따라 매달 의류 상자를 배송받는 구독 박스 유형이 대표적이다. 그러나 이는 전자상거래를 기반으로 할 것이다.

● **가전제품과 내구 소비재의 미래** — 소비자 전자제품, 가전제품, 주방 기기, 가구 및 기타 내구성 소비재 등 무겁고 단가가 높아서 많이 알아보고 사야 하는 제품들은 쇼핑 행태가 확실히 구분될 것이다. 온라인으로 제품 조사를 먼저 한 다음 오프라인에서 경험을 해보고 다시 온라인이나

오프라인 구매로 이어져 집으로 배송을 받는 구조가 될 것이다. 대형 가전제품과 가구는 몇 십 년 전부터 어차피 배송을 받는 식이었고, 소비자 전자제품과 소형 가전제품은 지난 몇 년간 전자상거래가 본격적으로 활성화된 분야였다. 교육과 경험은 여전히 브랜드에 대한 구매 결정에 영향을 미치는 주요 요인이며, 이런 경험을 지원하는 플래그십 스토어는 지속적으로 중요한 역할을 할 것이다.

예를 들어, 모든 스마트폰의 절반가량은 현재 온라인에서 판매되지만 애플의 플래그십 오프라인 스토어는 쇼핑, 제품 교육 및 제품 경험을 위한 공간으로 여전히 큰 인기를 누리고 있다. 제품 후기가 빠르게 퍼져나가면서 소비자들은 구매하려는 기기에 대해 알아보고 이를 경험할 수 있는 공간을 필요로 하며, 브랜드 기업에서는 유통 매장을 활용해 특정 제품을 사용하면 삶이 어떻게 달라질 수 있는지 등을 어필하며 소비자에게 차별화된 인식을 심어줄 것이다.

가구의 경우, 이케아 전체 모델은 소비자에게 가구가 실제로 어떻게 보이는지를 소개하는 체험 공간을 운영하는 데 기반을 두고 있다. 가구 제조업체들은 디지털 렌더링을 추가해 전시 가능한 제품 수를 최대한으로 늘리고 소비자가 거쳐야 하는 결제 단계를 최소화하려 할 것이다. 이케아는 제품을 체험해 보기에는 정말 좋지만 결제 과정은 여전히 복잡하다. 도시 어디서든 마음에 드는 가구를 보거나 실제 사용 중인 가구를 보고 손쉽게 결제할 수 있는 방식이 나타날 수도 있다.

레스토랑에서 마음에 드는 의자의 사진을 찍고 이를 온라인에서 즉시 찾아내 구매하면 며칠 후 집으로 배송되는 상황을 상상해보자. 앞으로 도시 전역이 말 그대로 매장이 될 수 있다면 대규모 이케아 매장은 필요 없어질지도 모른다.

● **고가의 물건 구매 —** 자동차나 모기지, 고급 가구 등 중요한 일부 자산은 물론 계속해서 대형 매장 내에서 구매가 이루어지겠지만, 맞춤 정보를 제공하는 해당 브랜드 웹사이트에서 검색을 하는 경우를 포함해 상품 조사는 거의 대부분 온라인으로 할 것이다. 브랜드 기업은 매출을 유도하기 위해 소비자의 전체 구매 과정을 추적하고 관리해 온라인에서 오프라인까지 중단 없이 연결되도록 하는 데 집중해야 할 것이다.

차량 구매자가 자동차 브랜드에 정서적 애착을 느끼는 만큼 자동차 매장들은 단순히 판매 대리점이 아닌 브랜드 경험을 할 수 있는 장소로 탈바꿈해야 한다.

구매 전 조사를 통해 소비자는 시승과 체험 방문을 예약하고 브랜드 역사에 대해 알아보면서, 차량에 적용된 기술을 이해하는 등의 과정을 거친다. 방문 후 매장에서는 소비자에게 주문 제작, 문의 사항에 대한 지속적인 대응, 결제 및 할부 구매 옵션 지원, 브랜드 충성 고객 커뮤니티 소개 등의 서비스를 제공할 수 있다.

브랜드는 고객에게 공급망을 통해 제품 제작 과정을 지속적으로 알리며, 구매 과정을 통해 고객 관계를 한층 강화할 것이다.

● **새로운 종류의 매장 —** 앞서 소개한 주유소에서의 스파 경험은 내 상

상력의 산물이긴 하지만 앞으로 10년간 이처럼 새로운 유통 모델이 출현할 것이다. 고유의 제품을 갖추고 늦게까지 문을 여는 일본의 할인 잡화점 돈키호테와 같은 매장 콘셉트는 예전에도 있었으나 이제서야 전 세계로 확장되는 중이다. 특히 소비자의 물리적 이동 습관이 점차 바뀌면서 장기적으로 사람들이 야외에서 보내는 시간이 더 많아지고 지금은 집 밖에서 하지 않는 활동을 나중에는 하게 될 것이라 생각한다.

따라서 부동산 자산의 의미도 달라질 것이다. 공유 오피스, 근린 제조 지역, 고령자 커뮤니티 등에는 다른 유통 모델이 필요하겠지만, 그에 따라 넓은 주차장이나 상업 지구, 주유소는 그다지 필요하지 않게 될 수 있으며 새롭게 활용할 수 있는 유통 공간이 만들어질 것이다.

그에 딱 맞는 사례가 바로 몇 십 년 전 직물 공장이 문 닫은 이후 지금은 거대 유통 매장들이 들어서 있는 뭄바이 중심가의 과거 공장 부지이다.

⚠️ 지금 당장 해야 하는 3가지 실천 과제

이른바 "체험 상거래"는 앞서 본 것처럼 달라진 디지털 구현 환경에서 브랜드 경험을 최대한 누릴 수 있도록 수없이 변화하게 될 것이다.

브랜드 기업과 제조업체들은 이러한 변화를 활용하기 위해 다음과 같은 3가지 일들을 시작해야 한다.

첫째, 미래 유통 매장에서 제품을 둘러싼 환경을 어떻게 설계해야 소비자의 참여를 이끌어낼 수 있을지를 생각하자. 다수의 소비자가 온라인으로 상품을 주문하기 시작한다면 플래그십 매장에서 직접 경험해볼 수 있게 브랜드를 만들 수 있어야 한다.

둘째, 내구재 사업을 하고 있다면 소비자에게 어떠한 소비자 교육을 제공해야 할지 생각하고 교육에 도움이 되는 방향으로 매장 경험을 제공하자. 매장 판매자가 적합한 기술을 갖춰 매장 교육을 개선하도록 해야 한다.

마지막으로, 사진 인식 기술업체와 협업해 소비자가 사진을 찍어 상품을 검색하고 검색 결과를 전자상거래 페이지에 연결할 수 있게 하자. 무엇보다도 소비자가 상품 구매를 결정하고 어딘가에서 거래를 완료하는 과정에서 매장이 중요한 연결점이 된다고 생각하고, 매장의 구조 변경을 염두에 두도록 하자.

상담의 미래

와하드의 대대적인 주말 수리 작업

"와하드, 샤워기는 언제 고칠 거야?" "와하드, 왜 TV 화면이 뒤틀리지?" "와하드, 그 점 한번 검사받아 봐." "와하드, 애들 피아노 레슨 등록했어?" 그는 집에서 이래라 저래라 하는 아내의 잔소리에 항상 시달렸다. 자전거 수리공이었던 그는 놀랍게도 자전거 외에는 아는 게 없었고 실제로 시간을 내서 뭔가를 고쳐본 적도 없었다. 그러다 실제로 수리를 해보고는 정말 쉽고 시간도 별로 안 걸린다는 사실에 놀라, 애초에 왜 고쳐볼 생각도 안 했을까 스스로 의문이 들었다.

이번 주말은 다르게 보내기로 결심하고 그간 밀린 일을 해치우기로 마음먹었다. 한동안 손볼 데가 없을 테니 아내도 몇 달간은 그를 내버려 두겠지.

"알렉사, TV 화면이 뒤틀렸는데 어떻게 고치면 되지?" 와하드가 묻자 알렉사는 그에게 TV 종류가 뭔지 물었다. 그리고 해당 제조사의 TV에서 가장 흔히 고장 난다고 알려진 다양한 사항들을 자세히 알려주었다. 곧 문제의 정확한 원인을 알게 되었는데, 알고 보니 알렉사는 해당 제조사의 다른 TV에 발생하는 그 같은 문제뿐만 아니라 해결 방법도 알고 있었다.

알렉사는 와하드에게 단계별 수리법을 알려주었고, 와하드는 알렉사가 알려주는 대로 정확히 따라했는데, 이런! 15분 만에 TV 수리가 끝났다.

"알렉사, 점을 검사받아야 할 것 같아." 그가 말하자 알렉사는 그에게 다시 상태를 명확히 파악하기 위한 몇 가지 질문을 했다. 그가 설명한 점의 상태를 듣더니 알렉사는 피부질환 전문의 대신 미용 전문 피부과 의사에게 가보라고 추천했다.

알렉사는 그의 보험 계약 내용을 자세히 묻더니 피부과 전문의를 몇 명 추천하면서 목록에 있는 병원에 예약을 잡는 게 어떠냐고 물었다. 그가 알겠다고 하자 알렉사는 몇 시간 후 영상 통화 약속을 잡았고 예약 시간이 되자 그를 영상 통화로 불렀다. 20분간 간단히 상담한 후에 피부과 의사는 점을 자세히 살펴보더니 1주일 후에 대면 진료를 받으러 오는 게 좋겠다고 판단했다.

"알렉사, 샤워 헤드가 고장 나서 고쳐야 돼." 와하드의 말에 알렉사는 즉시 와하드가 일하던 알바 중개 플랫폼에서 평점 별 4개 이상을 받은 배관공만 추려서 예약 가능한 시간을 검색했다. 알렉사는 배관공이 방문할 때에 맞춰 아마존에서 새 샤워 헤드를 주문했다. 반나절 안에 4개 중 3개를 해치운 것이다.

피아노 레슨은 지난주에 이미 일정을 잡았고, 이번 일요일은 10번의 레슨 중 첫날이었다. 피아노 선생님은 이번 레슨에 원격으로 5명의 학생들을 동시에 지도했는데, 덕분에 좀 더 낮은 가격에 레슨을 받을 수 있었다. 딸들은 동영상을 몇 개 보고 연주되는 음을 따라 쳤다. 선생님은 학생들이 하는 걸 둘러보고는 1시간 동안 몇 차례 일대일 강습 모드에 들어갔다. 그는 딸들이 피아노 레슨을 받을 수 있게 돼서 좋았다. 인도 시골 마을의 가난한 자전거 수리공 집안에서 태어난 그는 딸들에게 개인 피아노 강습을 시키리라곤 상상도 못했기 때문이었다.

그날 저녁 늦게 와하드는 아내에게 자랑스레 말했다. "TV, 샤워 헤드, 점, 피아노 레슨 다 해결했어." 아내는 그에게 정말 일등 남편이라며 놀리더니 따뜻하게 안아주었다. "알렉사, 불 꺼줘." 그가 말하며 "고마워"라고 입을 벙긋거렸다. 알렉사가 입술을 읽을 수 있길 바라기라도 하듯이.

●●● 진화의 주요 요소

마지막으로 다루고 싶은 구매 유형은 상담 구매이다. 여기서 상담 구매는 상품 구매에 도움을 주기 위한 상담이 아니라, 상담 자체가 구매 대상인 경우를 가리킨다. 이는 자문이 될 수도 있고 일반 서비스가 될 수도 있으며, 이 분야에도 상당한 변화가 예상된다.

사람이 상담과 서비스를 제공할 때의 근본적인 문제는 공급자 측이 얼마나 더 많은 인력을 추가할 수 있느냐에 따라 서비스가 확장되는 정도가 달라진다는 것이다. 디지털 구현은 여기서 추가 여력을 확보하고 수요와 공급을 더 효과적으로 맞추는 데 큰 역할을 할 것이다. 다양한 상담 모델을 자세히 살펴보면서, 완전 자동화된 상담, 원격 지원 상담 및 최종 대면 상담 등 다양한 방식으로 나누어 살펴볼 것이다.

또한 앞으로 중요한 요소가 될 서비스 마켓플레이스의 미래도 짚고 넘어갈 것이다. 이러한 상담은 여행사 직원, 의사, 약사, 집수리, 부동산, 교육, 금융, 투자, 회계 및 세무, 변호사, 디자이너 등 그 분야가 다양할 수 있다. 이러한 모델들을 자세히 검토하면서, 디지털 상담을 통해 이러한 분야에 혁신을 일으키는 일반 기업과 스타트업의 실제 사례를 몇 가지 제시할 것이다.

● **완전 자동화된 상담** — 사람이 개입한다는 오해가 있을 수도 있으나, 실제로는 완전히 자동화된 형태의 상담을 말한다. 이런 상담은 소비자의 특정 질문이나 문제를 기반으로 제공할 수 있는 해법이 확실하고 한정된 경우에만 가능하다. 물론 이런 방식은 이미 존재하며 그 좋은 예가 바로 항공사와 호텔 예약이다. 전 세계에서 공급되는 모든 상품을 언제든 고를 수 있으며, 프로그램이 최저가, 최단 시간 또는 기타 조건별로 최고의 가성비를 충족하는 예약과 최적의 경로를 선택할 수 있는 옵션을 제공한다.

앞으로 10년간 완전 자동화된 상담에 중요한 두 가지 변화가 일어날 것이다. 첫째, 점점 더 실제 상담사에 가까운 느낌을 주는 쪽으로 변할 것이다. 친근한 이름이 붙은 유틸리티 웹사이트(고객을 확보하거나 온라인 판매에 주력하는 일반적인 웹사이트라기보다는 에어비앤비나 페이스북처럼 도구적 특징이 강한 웹사이트-옮긴이)의 챗봇은 현재 이미 어느 정도는 사람처럼 대화할 수 있으며 예측 가능한 질문에 예측 가능한 답변을 내놓을 수 있다.

2018년에 순다르 피차이 구글 CEO는 미용실을 예약하는 구글의 놀라운 음성 비서 기능을 시연했는데, 필요한 서비스 유형과 원하는 시간대 등 변수가 아주 무한하긴 하지만 초현실적인 사람의 음성으로 전화가 가능하다는 사실이 정말 놀라웠다. 그래서 미래에는 구글 홈Google Home이나 알렉사, 시리 또는 그 어떤 인공지능(AI)과도 자연스럽게 대화하면서 항공권을 예약하게 될 것이다.

두 번째 변화는 AI 기반의 자동화된 주제별 권고 형태가 될 것이다. 정해진 답을 파악하는 건 불가능하더라도 어느 정도의 정보를 바탕으로 한 추측은 얼마든지 가능하다. 예를 들어, 취향에 맞는 레스토랑 예약을 요청하는 경우는 "알렉사, 이 근방에서 가장 평점이 높은 스시집이 어디야?"에서 "알렉사, 내가 제일 좋아할 것 같은 이 근방의 스시집이 어디야?" 정도로 질문이 달라질 것이다. 이는 로보 어드바이저Robo Advisor 같은 활용 사례에 해당할 것이다.

로보 어드바이저는 사람 투자 전문가의 도움 없이 사용자를 대신해 투자하고 그에 대해 매우 낮은 수수료를 부과하는 자동화된 투자 플랫폼을 말한다. 그러나 그 이름과는 반대로 오늘날 로보 어드바이저는 실제 자문을 진행하지는 않으며 단순히 투자자의 지시를 실행하는 데 그치고 있다. 소비자를 대신해 위험을 감수하도록 설계된 것은 아니므로, 복잡한 패턴을 인식하거나 정보를 바탕으로 추측을 하거나 시장 경험을 고려해 위험을 부담하고 이익을 얻는 데는 적합하지 않다. AI가 직접 투자하는 날이 올지도 모른다. 그리고 수학적 최적값을 손쉽게 계산할 수 없는 문제를 풀기 위해 완전 자동화를 활용하는 날이 올 것이다.

● **디지털 지원 원격 상담** — 줌Zoom 회의가 떠오른다. 코로나 이전에는 이런 유형의 거래에 대해 몇 시간에 걸쳐 상세히 설명하던 때가 있었는데, 이제는 다들 강사, 변호사, 회계사, 의사를 줌으로 충분히 만나봤을 테니 무슨 얘기를 하려는지 알 것이다. 동영상 화질이 개선되고 더 나은 일정 예약 시스템 기능이 추가되긴 했지만, 이런 변화가 일어나기 위해 수많은 기술 발전이 필요한 것은 아니다. 그러나 전 세계가 원격 상담을 본격적으로 활용하려면 어느 정도 해결되어야 하는 과제가 있다.

우선 이런 기술이 적용될 수 있는 거의 모든 분야에서 원격 상담에 적합한 유형과 그렇지 않은 유형을 파악해야 한다. 예를 들어, 원격 의료는 코로나 이후 특히 비필수 의료 분야에서 기하급수적으로 성장하는 추세지만, 대면 진료를 시행하는 게 가장 좋으며, 후속 진료는 대부분 원격으로도 가능하다는 게 지금까지의 중론이다. 물론 대면 진료가 훨씬 수월하다는 게 주요 이유지만, 의사와 환자가 지속적인 관리를 위해 환자 상태에 대한 어느 정도의 정보를 갖고 있으면 후속 진료 역시 훨씬 수월해진다.

다음으로, 의료기관을 선택할 때 신뢰도와 평판 기준을 활용하듯 온라인 진료를 위한 가격 모델이 수립되어야 한다. 전화로 상담해주는 변호사에게 시간당 동일한 자문료를 지불할 것인가? 변호사 입장에서는 기회비용이 대면 상담일 수 있지만 소비자 입장에서는 낮은 서비스 수준이다. 변호사는 아마 대면 상담으로 더 수익을 올릴 경우 원격 상담은 맡지 않을 것이다. 충분한 수요와 공급이 플랫폼에서 매칭이 되면 가격은 마켓플레이스에서 결정될 것으로 보이며, 평점과 후기 시스템에는 가격에 맞는 품질 기준이 도입될 것이다.

마지막으로, 규제 기관은 늘 그렇듯이 변화를 따라잡으면서 질 낮은 상담 서비스로부터 소비자를 보호하는 방법, 비밀보장법의 적용 방법, 보험사가 이러한 원격 진료 상담 비용을 보장하는 구체적인 방법 등 관련 체계를 마련해야 할 것이다. 그러나 그 혜택은 분명하다. 소비자는 서비스를 이용하면서 가격 부담을 덜 수 있고, 상담 서비스 공급자는 시간당 수익을 올리는 채널을 추가할 수 있고, 보건의료와 같은 공공 서비스는 물리적 시설 유지 비용의 부담을 덜 수 있기 때문이다.

● **대면 상담** — 물론 결국은 서비스 공급자와 직접 만나는 것이 가장 좋은 상담 경험을 얻을 수 있는 방법이다. 그러나 여기서도 디지털 구현은 앞으로 나름의 역할을 수행하게 될 것이다.

수년간 은행 지점들은 위압감을 주는 사무실 분위기에서 다채롭고 화려한 매장처럼 바뀌는 한편 그 숫자도 매년 줄어들고 있다. 관리 업무와 자금 거래 업무는 대부분 소비자가 원격으로 하고 있으나, 개인이 일부 중요한 재무 의사 결정을 내리는 경우에는 대면 만남이 여전히 중요할 것이다. 직접 만나는 경우 금융 거래에 중요한 신뢰감을 형성하고 안정성과 비밀 유지를 보장받는다는 느낌을 받기 때문이다.

전 세계 은행들은 공동 업무 공간과 카페 및 라운지가 합쳐진 느낌을 더 내기 위해 지점의 전체적인 분위기를 바꾸고 있다. 전반적인 지점 은행 환경을 밝은 분위기로 만들기까지는 갈 길이 멀지만, 은행들이 조금만 신경을 더 쓰면 소비자가 상품 내용을 잘 이해하도록 얼마든지 도울 수 있다. 앞서 언급한 오딘이 커피 머신을 통해 경험했던 것과 마찬가지로, 은행이 실제 지점에 더 몰입감을 주는 판매 환경을 만들면 소비자가 복잡한 상품을 보다 쉽게 이해할 수 있게 될 것이다.

다양한 디지털 툴을 사용해 상담 서비스를 제공하는 이런 추세는 법률이나 세무, 보건의료 분야 등에서 업무 효율성을 상당히 높여줄 것이다.

정확히 허리 어느 위치에서 좌골 신경통이 발생하는지 파악하기 위해 말 그대로 내 몸을 짚어가며 설명하면서, 왜 특정 운동이 도움이 되는지를 이해하게 된다고 상상해보자. 아니면 피아노 선생님이 외골격 로봇 장갑을 가지고 와서 학생이 건반 위 선생님의 손가락 움직임을 따라하도록 지도하는 장면을 생각해보자. 또는 PT 강사가 수강생이 착용한 다양한 웨어러블 기기와 신체 데이터 피드를 이용해 가능한 안전하게 한계까지 밀어붙여 운동을 시키는 상황을 상상해볼 수도 있다.

● **서비스 마켓플레이스** ─ 프리랜서 마켓플레이스가 등장한 지는 꽤 오래되었으며, 대다수의 사람들은 아마 여기저기서 단순 잡무 서비스를 이용해본 적이 있을 것이다. 이러한 플랫폼은 보이지 않는 곳에서 자리를 지키며 조용히 사용자 층을 넓혀왔으나 크게 주목을 받지는 못 했다. 긱 경제와 함께 그러한 마켓플레이스는 이제 생활의 일부가 되었다. 그러나 이 역시 앞으로 10년간 어느 정도 진화할 것이다.

마켓플레이스에서 이용 가능한 서비스의 폭이 지속적으로 확대되고 점점 더 복잡한 서비스가 포함되면 샤워기를 고칠 사람을 부르는 대신 인테리어 디자이너를 고용하는 일이 더 많아질 것이다. 제공 서비스의 가치가 올라가고 수요가 늘면서, 등록된 프리랜서 유형에 따라 플랫폼은 차별화 전략을 갖춰야 할 것이다. 그리고 인재 확보, 개발 및 유지에 더 많은 리소스를 투자하는 마켓플레이스가 늘어날 것이다. 개별 프리랜서에서 공동 업무 공간이나 필요한 장비를 제공하는 등의 지원 시스템을 제공하는 수준으로까지 발전할 수도 있다.

또한 프리랜서 간 협업 증진에 투자하고 일감을 공유해 커뮤니티를 형성할 수 있도록 할 것이다. 이 책의 뒷부분에서 나는 긱 경제와 관련 마켓플레이스가 어떻게 우리 사회의 고용 구조에서 중요한 부분을 차지할 수 있었는지를 다룰 것이다.

마켓플레이스 제휴가 기업 간 제휴를 대체하면 사람들은 오늘날 자신의 기업으로부터 받는 소속감과 같은 느낌을 플랫폼에서 기대할 것이다.

여기에 대해서는 나중에 해당 내용을 다루는 파트에서 살펴볼 것이다.

ⓘ 지금 당장 해야 하는 3가지 실천 과제

앞으로 10년 후 상담 상거래는 이와 같은 모습이 될 것이다. 이런 분야의 기업들이 나아가야 할 방향은 분명하며 내가 추천하는 3가지 실천 과제는 다음과 같다.

지금은 보잘 것 없고 시범 단계에 불과하더라도 음성 비서와 실험, 제휴 및 협력을 시작하는 것이 가장 중요하다. 원격 상담이 해당 업종에 적합한 경우에는 이를 상품으로 제공하되 인바운드 콜 센터가 되어서는 안 된다는 것을 기억하자. 이를 유료화할 수 없다면 상품이 될 수 없는 것이다.

대면 상담을 제공하는 경우 스토리텔링과 교육을 강화하기 위해 AR과 리치 미디어(텍스트나 단순한 그래픽을 넘어 사운드, 애니메이션 등의 멀티미디어를 종합적으로 활용하는 인터넷 정보 전달 기법-옮긴이) 및 몰입형 환경을 어떻게 사용할 수 있는지 생각해보자. 디지털 구현은 단순히 로비에 있는 거대한 TV 화면이나 공동 업무 공간, 고급 커피 머신만을 뜻하지는 않는다.

마지막으로 프리랜스 마켓플레이스를 소비자인 동시에 공급자로 활용하자. 사내에서 능력을 제대로 발휘하지 못하는 직원들에게 이런 플랫폼은 좋은 학습 경험이자, 비경쟁 고객을 통해 회사의 역량을 수익으로 연결시킬 수 있는 방법이 될 수 있다.

이 파트에서는 실제 매장 또는 실제 구매의 측면을 살펴보며, 가정에서 이루어지는 거래와 앞으로의 발전 방향을 자세히 다루었다. 특히 외식과 자판기를 포함한 이동 중 상거래를 심층적으로 분석한 후 미래의 백화점과 체험 상거래라는 개념을 파악한 다음 바로 위에서 다룬 상담 상거래로 내용을 마무리했다.

파괴적 혁신에 관한 수많은 내용을 40여 페이지에 다 집어넣긴 했지만, 각 주제별로 한 파트에 걸쳐 다뤄볼 만하다. 앞으로도 다룰 내용이 많지만 그래도 절반은 왔다!

다음으로 네 번째 혁신 분야에서는 기업이 제품과 브랜드를 디자인하는 방식을 살펴볼 것이다.

The Digital
Frontier

기업은 어떻게
제품과 브랜드를
만드는가

"사람들에게 원하는 것을 물었다면 더 빠른 말(horses)이라고 답했을 것이다." 어떤 컨설팅 프레젠테이션의 첫 페이지에는 이런 인용구가 적혀 있었는데, 바로 헨리 포드가 한 말이었다.

이 인용구는 수도 없이 봤지만, 어딘가 납득이 되지 않는 데가 있었다. 그래서 직접 그 인용구를 찾아봤는데 아니나 다를까 헨리 포드가 실제 그 말을 했다는 증거는 어디에도 없었다.

그러나 그가 그 말을 했다 하더라도, 소비자의 의견을 듣지 않는 게 과연 합리적일까? 그날 컨설턴트가 말해주지 않은 것은 포드 이야기의 결말이었다. 포드는 조립 라인 방식과 같은 현대적인 아이디어를 종합해 소비자가 원하는 것, 즉 적당한 가격의 자동차를 줄 수 있었다.

물론 디자인의 유연성 같은 것은 무시했지만 그는 적당한 가격을 더 중시했고, 결국 그는 소비자가 실제로 무엇을 원하는지 정확히 알고 있었다는 생각이 든다.

10년 정도가 지나자 모델 T의 판매량은 1만 대에서 100만 대로 치솟았다. 이야기가 흥미로워지는 건 여기서부터다. 포드는 소비자의 의견을 듣는 법을 잊었고, 제너럴 모터스는 1920년대에 "모든 사람의 경제적 형편과 목적에 맞는 차"를 소개했고 포드는 모델 T를 고수하다가 5년 후 시장 점유율이 반 토막이 나자 마침내 강경한 태도를 버리고 공장 문을 닫더니 전면적인 쇄신을 통해 모델 A를 생산하기 시작했다.

앞으로 누군가가 그런 식의 금언을 인용하는 걸 보면 속으로 회심의 미소를 지을 것이다. 이제 이야기의 전말을 알게 됐으니까.

소비자의 의견을 듣는 것 외에 다른 대안은 없으며 선구자들이 소비자의 니즈를 창출할 수 있었던 것은 소비자가 무엇을 원하는지 알고 있었기 때문이지, 소비자의 욕구를 무시해서가 아니었다.

이 혁신 분야에서는 디지털이 소비자의 욕구를 파악하는 데 어떤 도움이 될지를 살펴볼 텐데, 지금보다 훨씬 정확한 분석이 가능할 것이다. 개인화된 맞춤 상품을 통해 정확히 소비자가 원하는 것을 제공함으로써 기업이 디지털화에 어떻게 대응하는지, 특히 그러한 모델이 규모의 경제와 경제적 타당성을 실현하는 데 디지털이 어떤 도움이 되는지를 짚어볼 것이다.

제품 속성을 살펴본 후에는 브랜드를 중심으로 왜 브랜드가 중요한지, 그리고 소비자에게 브랜드가 갖는 중요성을 어떻게 디지털이 끌어올리거나 상쇄할 수 있는지를 파악할 것이다.

마지막으로, 소비자와 훨씬 가까운 곳에서 가치 창출이 일어나고 커뮤니티 내에서 가치 제안을 설계하는 현지화의 미래를 살펴볼 것이다.

소비자 수요 조사의 미래

제이튼이 만든 라떼

오레오맛 라떼는 좋은 아이디어 같았다. 제이튼은 잠시 동네 스타벅스에서 오전 중 커피 한 잔을 마시러 사무실을 나섰다. 디지털 메뉴판에 올라온 새로 나온 음료를 찬찬히 살펴보다가 그는 궁금해졌다. 그는 오레오와 라떼를 정말 좋아했기 때문에 어쨌든 두 가지를 조합하면 괜찮을 것 같았다. 그는 그런데 사이즈를 샀고 작년 파리에서 오레오 라떼를 서비스하는 카페 몇 곳을 봤던 기억이 났다. 사실 올해 초 멜버른에서도 봤다.

그는 책상 앞에서 몸을 뒤로 기대앉아 새로운 맛을 즐기면서도, 스타벅스가 사전에 확인한 전 세계 100대 오피니언 리더 카페에서 사진 인식과 이미지 분석 기능을 사용해 소비자가 무엇을 먹고 사진을 찍는지를 파악해 제품으로 나오게 된 것이라는 사실은 생각도 못했다. SNS에 소비자들이 올린 이 사진들은 트윗이나 멘션과 함께 스타벅스의 신제품으로 채택될 수 있는 아이디어를 모집하는 모델에 입력됐다.

제이튼은 스타벅스가 오레오 쿠키와 커피를 결합하는 아이디어만 5가지를 내놓았다는 것도 몰랐다. 그중에는 오레오맛 시럽을 사용한 것도 있었고, 오레오를 커피에 찍어먹는 '오레오 딩크'도 있었다. 이러한 콘셉트의 커피는 세계 각지의 다양한 도시에서 다양한 가격대에 시험적으로 판매됐는데, 여기에는 각 옵션 및 가격, 소비자의 잠재적 반응별로 소비자의 구매 의도를 시뮬레이션하는 AI 모델이 사용됐다.

해당 모델은 맛을 첨가한 라떼가 서울에서는 8,000원이라는 가격대에 확실히 팔릴 것이라는 의견을 내놨고 그렇게 라떼가 탄생해 제이든에게까지 오게 된 것이었다.

이후 몇 주 동안 제이든은 매일 오레오 라떼를 사먹었고 어느덧 하루 일과가 되어버렸다. 그는 친구를 만나 커피를 마시면서 SNS에 사진을 몇 장 올린 적도 있었다. 그의 컨시어지 로봇인 해나는 스타벅스가 여러 가지 앱을 통해 그의 휴대폰 사용 기록에 액세스하도록 허용하는 대신 일주일치 커피를 무료로 받을 생각이 있는지 물었고, 그는 좋다고 답했다. 그는 좋은 조건에 구매하는 것을 좋아했으니까.

스타벅스는 백그라운드에서 제이든의 라떼 구매 습관 정보를 수집하고 이를 그가 구매하는 다른 디저트 및 스낵 정보와 연동하기 시작했다. 오레오를 좋아하는 그가 매주 장을 볼 때마다 오레오를 산 것은 당연했다. 그러나 스타벅스는 그가 몰티저스Maltesers 초콜릿도 산다는 사실을 알게 되었다. 매주. 소비자 인사이트 프로그램이 이 두 개의 이벤트를 결합해 마켓플레이스에서 제이든과 같은 소비 습관을 보이는 이들을 찾아낸 결과, 라떼 구매와 과자 구매 사이에는 강한 상관관계가 있으며 특히 비스킷 같은 특정 유형의 과자는 그 상관성이 두드러진다는 사실이 도출되었다. 몇 가지 콘셉트를 구성한 다음 AI가 이를 테스트한 후 몰티저스 크런치 라떼가 나오게 되었다.

처음 오레오 라떼를 마신 뒤 석 달이 지나 제이든은 스타벅스에 갔다가 오레오 라떼가 단종된 것을 알고 충격을 받았다. 실망감이 밀려오는 순간 새로 출시된 라떼가 눈에 띄었다. "몰티저스! 저건 꼭 마셔봐야 돼." 제이든은 탄성을 질렀다. "나만을 위해 이런 아이디어를 내놓는 것 같단 말이야." 그는 만족스러운 기분으로 따뜻한 라떼를 홀짝이며 생각했다.

스타벅스가 실제로 제이든만을 위해 그런 아이디어 제품을 내놓았다는 것을 그는 알 턱이 없었다. 사실상 그것은 제이든이 만든 라떼나 다름없었다.

소비자 수요 조사의 진화 이해하기

앞으로 10년간 소비자 수요 조사 결과를 수집하고 분석하는 방식이 발전할 것이다. 먼저 소비자 인사이트 수집에 관한 동향을 심층적으로 살펴본 후 네 가지 방식을 간단히 짚고 넘어가는 식으로 이 주제를 다룰 것이다.

텍스트와 사진 및 음성 안에 포함된 데이터를 찾아, 공공 데이터에서 유용한 인사이트를 추출하는 고급 미디어 처리 툴에 대해 알아보고, 이어 직접 소비자 인사이트를 얻기 위한 수단으로 패시브 미터링(passive metering, 사용자의 디지털 장치와 플랫폼에서 이뤄진 작업을 추적하는 기술-옮긴이)에 대한 내용을 살펴볼 것이다. 앞부분에서 간단히 다룬 수용자 및 소비자 데이터 공유 역시 이와 관련이 있으며 인사이트 측면에서 해당 내용을 살펴볼 것이다. 이처럼 새로워진 인사이트의 원천을 바탕으로 인공 지능(AI)에 대해 자세히 알아보고 소비자 인사이트를 생성하는 데 이를 어떻게 활용할 수 있을지를 탐색할 것이다.

마지막으로, 기업 성과 데이터와 소비자 인사이트 데이터가 점차 어떻게 융합되는지를 살펴볼 것이다.

● **미디어 처리 툴** — 매일 전 세계 소비자들이 자신의 일상을 디지털 환경에 정보로 남기면서, 이러한 데이터 흔적에 액세스하고 이를 분석해 유용한 인사이트를 생성할 수 있는 능력은 지속적으로 향상되고 있다. 연산 능력이 높아지면 새로운 기술과 제품이 등장하고 이러한 인사이트의 원천은 기업의 의사 결정 기반이 되는 중요한 요소가 될 것이다.

몇 년 전, 나는 중국에서 스타트업 창업자를 만난 적이 있다. 그는 균열을 탐지하기 위해 드론에 설치한 카메라로 풍차의 날개를 스캔하는 스마트 시스템을 개발함으로써 로봇의 새로운 활용 방안을 입증해 보였다. 로봇이 슈퍼마켓 통로 사이를 돌아다니며 수백 장의 사진을 찍어서 물건의 종류와 가격 등 진열대 위의 상품 정보를 철저히 파악하고, 이런 정보를 손쉬운 툴로 브랜드 기업에 전송할 수 있다는 것이었다. 이는 현재 존재하는 기술이다.

기업들은 지난 수년간 특히 "사람들은 무엇을 검색할까?"에 대한 답을 찾고자 구글 트렌드Google Trends 데이터를 추가 인사이트의 원천으로 사용해왔다. 유용한 정보를 얻기 위한 웹사이트 스크레이핑(scraping, 웹 사이트에 있는 특정 정보를 추출하는 기술-옮긴이) 역시 존재하는 기술이며, 기업과 유통업체에 실시간으로 상거래 수행 인사이트를 제공하는 제품들도 일부 출시됐다. 웹 스크레이핑과 검색 트렌드는 기업이 이렇게 얻은 인사이트를 언제 어떻게 사용할 수 있는지를 파악해 유용하게 활용될 것이다. 컴퓨터 비전은 웹 스크레이핑에 이어 차세대 혁신 기술이 될 것이다. 소비자 행동을 파악하기 위해 동영상과 이미지 파일을 판독하는 기술로서, 소비자가 매장 안에서 어떤 식으로 움직이며 어떻게 진열대 위 상품을 선택하는지를 파악하는 경우가 이에 해당한다.

월마트는 매장 직원이 직접 체크하는 게 아니라 이미 컴퓨터 비전을 사용해 바나나의 갈변 정도를 자동으로 감지한다고 한다. 소비 동향과 위치를 파악하기 위해 매일 수백만 개의 이미지를 분석함으로써 소비자가 중시하는 부분을 더욱 심층적으로 이해하고 소셜 리스닝을 제대로 활용할 수 있게 될 것이다. 오디오 분석을 통해 고객 만족도나 고충을 파악하면 자동화된 상담 등의 업무를 보다 세분화된 서비스로 제공할 수 있을 것이다.

● **패시브 미터링** — 정말 솔직히 말해, 패시브 미터링이 그다지 널리 활용되지 않았다는 사실이 놀랍다. 아마도 개인 정보 보호 문제가 발생할 게 뻔하다는 점 때문인 것 같다. 패시브 미터링은 기본적으로 소비자에게 휴대폰으로 프로그램을 로드할 권한을 요청해 휴대폰이 어디에 사용되는지를 수동적으로 기록하는 것이다. TV 시청률 조사 장치를 휴대폰에 설치한 것과 비슷하며, 소비자는 그러한 프로그램에 참여하는 데 대해 보상을 받는다.

이런 방식은 소비자 패널보다 효과가 훨씬 좋은데, 실제로 소비자 행동을 기록한 것인데다가 자체 보고나 설문지 방식의 사후 분석 방식이 아니기 때문이다. 앞으로 몇 년간 신뢰할 만한 업체들과 유용한 인사이트 및 규제 제도가 어느 정도 틀을 갖추고 특히 개인용 기기로 오프라인 구매 결제가 가능해지면 패시브 미터링은 소비자 패널을 완벽히 대체할 수 있을 것이라 생각한다. 디지털 소비자 패널 역시 점점 주류가 될 것이다.

며칠 전 「월스트리트 저널」 기사 하나를 읽고 요금 대신 중국 스마트폰 브랜드에 관한 5문항짜리 소비자 설문 조사에 응한 적이 있다. 해당 브랜드에 유용한 정말 좋은 아이디어라는 생각이 들었다. 왼쪽이나 오른쪽으로 쓸어 넘기는(틴더 예찬) 동작처럼 간단하면서도 보상을 주는 방법을 사용해 콘셉트에 대한 간단한 피드백을 받도록 하는 상품들은 이미 존재하고 있으며, 유니레버Unilver의 아이디어 스와이프Idea Swipe 앱[86]처럼 앞으로 수요 조사를 수행하는 주된 방식이 될 것이다.

패시브 미터링은 또한 사용자의 허가에 따라 휴대폰을 청취 기기처럼 만들 수 있으므로, 광고나 제품을 언급하는 내용에 집중해 오프라인 미디어의 효과를 제대로 파악할 수 있다. 그리고 앞으로 스마트 안경은 사용자가 어떤 OOH 미디어를 보고 있는지를 추적할 수 있을 것이다.

기기가 내 위치를 공유하고 웨어러블 기기가 더 많은 정보를 공유할 수 있게 허용하면 웨어러블 유형에 따라 다르긴 하지만 또 다른 방식으로 패시브 미터링에 참여하는 셈이다. 코로나가 유행하는 동안 사람들이 직장 업무로 재택하고 있는지 아니면 놀러 나갔는지에 대해 구글 인사이트가 공유한 트래픽 데이터는 대다수 기업의 정상화 계획에 큰 도움이 될 것이다.

• **집단에서 개인으로의 이동** — 의사 결정이 다수로 결정되듯이 인사이트는 다수의 생각이 모일 때 가장 빛을 발한다. 이는 앞으로도 변할 것 같지는 않지만, 이 파트의 후반부에서는 개인화를 살펴보면서 분화의 중요성도 함께 다룰 것이다. 오늘날 데이터 집합은 닐슨Nielson과 같은 중개 사업자가 제공하는 설문조사나 2차 스캔 매출 데이터를 기반으로 하며 나중에 취합되어 기업에 제공된다. 사용 및 행동 인사이트 차원에서 대부분의 기업들은 칸타 월드패널Kantar Worldpanel과 같은 미디어 그룹의 가구 패널(가구 소비의 주구매자들로 구성된 패널리스트의 구매 기록을 수집하여 분석하는 소비자 패널-옮긴이)을 이용하며, 그로부터 도출된 결과를 전체 인구수에 맞게 조정하고 이러한 데이터 집합을 기반으로 의사 결정을 내린다.

기업들이 본격적으로 자체 소비자 데이터베이스를 구축하기 시작하면, 기업이 보유하는 개인 데이터가 더욱 많아지고 데이터 집합은 자체 소비자 플랫폼에서 수용자 분석을 기반으로 하게 되는 티핑 포인트에 도달할 것이다(그림 5.1 참조).

이는 희망사항에 불과하다고 생각될지 모르지만 소비자 데이터베이스에 현재 및 잠재고객 전체 정보와 개인 성향별 집단 정보가 있다고 한번 생각해보자. 2차 데이터 피드를 소비자 데이터베이스에 직접 입력할 수 있으므로 모든 소비자의 거래 데이터에 액세스하고 미디어 수용자를 동일 소비자 데이터에 매핑해(이를 허용하는 폐쇄형 네트워크에 따라 다름) 도달률과 미디어 소비 현황을 파악할 수 있게 될 것이다. 분석하기에 충분한 정도의 인사이트를 제공하는 특정 미디어 수용자에게 패시브 미터를 적용할 수 있는 것이다.

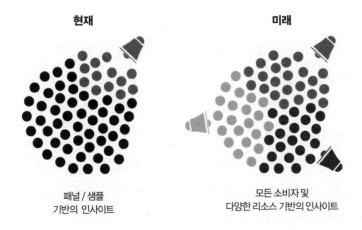

현재

미래

패널 / 샘플
기반의 인사이트

모든 소비자 및
다양한 리소스 기반의 인사이트

그림 5.1 불완전한 인사이트에서 종합적인 인사이트로 전환

앞으로 브랜드 기업들은 이런 현실에 대비해 나가야 할 것이다. 장기적인 노력이 필요하겠지만 이 책에서 여러 번 언급했듯이 자체 소비자 데이터를 구축하는 것 외에는 방법이 없다.

● **인공 지능(AI) 및 예측 분석 ―** 지금까지 다룬 주제는 모두 기업이 엄청난 양의 상세한 실시간 데이터를 사용할 수 있도록 지원하는 내용 위주였다. 그러면 이 모든 데이터를 어떻게 활용할까? 이미 시중에 나온 고급 분석 또는 빅데이터 분석 툴은 이러한 정보를 종합하고 분류 및 분할해 사용자에게 제공한다.

그러나 이는 여전히 요약 정보에 지나지 않을 뿐이다. 단순히 데이터 피드가 아닌 읽기 쉬운 요약 정보라 하더라도 마찬가지다. 앞으로 5년간은 액세스한 데이터를 정리하고 요약하는 데 집중하게 될 것이다. 그 자체로도 이미 만만치 않은 일이지만, 다음 5년간은 AI에 역량을 투자해야 할 것이다.

바둑과 이세돌 얘기를 하면서 앞 파트에서 AI에 대해 다루었듯이, 패턴 인식이 아주 복잡해서 연산 능력을 활용해 명확한 답을 얻을 수 없는 경우에는 AI가 유용하다. AI를 다양한 비즈니스 문제에 응용해 결론을 예측하는 식으로 AI를 활용하는 사례가 나타날 것이다.

가격 조정이 제품 판매에 어떤 영향을 미칠 것인가? 경쟁업체의 대응이 제품 판매에 어떤 영향을 미칠 것인가? 신상품이 얼마나 팔릴 것이라 기대할 수 있는가? 정시 완전 배송(OTIF) 목표를 달성할 가능성은 어느 정도인가? 언제쯤 기계가 고장날 것인가? 이와 같은 질문을 통해 핵심을 파악했을 것이다.

여기서 한 가지 짚고 넘어가고 싶은 중요한 내용이 있다. 즉, AI는 얼마나 복잡하든 그 기저에 인과관계가 있는 한 결과를 예측할 수 있으며 입력된 수많은 변수를 분석해 예측값을 내놓을 수 있다는 점이다.

AI는 우연히 발생하는 사건은 예측할 수는 없다. AI가 날씨를 예측할 수 있을까? 아마 날씨를 유발하는 모든 변수에 대해 다량의 데이터가 존재한다면 AI가 이를 학습할 수 있을지도 모른다. 한편으로 세상에서 일어나는 모든 일에는 원인과 결과가 있지만 대부분의 사건은 그처럼 복잡한 변수들이 한데 뒤섞여 발생한 결과이므로 어떤 AI도 이를 예측할 수는 없다.

- **인사이트와 성과 관리의 통합** — 소비자 인사이트는 여러 가지 면에서 소비자에게 렌즈를 들이대서 기업이 의사 결정의 근거로 삼을 만한 유용한 정보를 밝히는 것과 비슷하다. 그러나 인사이트는 거울처럼 기능하기도 하는데, 특히 내외부 데이터에 관계없이 분석과 인사이트 생성 기능이 동일하기 때문이다.

앞으로 10년간 조직 내 지식과 인사이트 기능 및 성과 관리 기능은 데이터를 공급하고 고속으로 처리해 관리자에게 인사이트를 제시하는 통합 기능으로 수렴될 것이다.

나는 거울 비유를 드는 걸 좋아하는데, 맞은편에 있는 사람이 독립성을 유지하며 보이는 그대로 성과 분석을 수행한다는 사실을 암시하는 것 같아서다. 이른바 "단일 정보 출처(SSOT)" 기능이 떠오른다.

여기에서 문제는 오늘날 데이터 과학자들이 비즈니스 리더에게 무엇이 중요한지를 거의 모르며, 오늘날 비즈니스 리더들은 어떤 유형의 데이터 과학을 사용할 수 있는지에 대해 그보다 훨씬 무지하다는 사실이다. 대부분 기업의 인사이트 리더들은 주로 소비자 리서치 업체를 관리하고 엑셀 모델을 만드는 데 전문가이며, 소비자 리서치 업체들의 혁신 속도는 생각보다 더딘데다가 그나마 많지도 않은 전문 데이터 과학자들을 모집하는 데 어려움을 겪고 있다.

앞으로 몇 년간 데이터 과학자들이 대폭 늘어나고 이들이 기업에 대거 흡수되면 기업에서는 데이터의 미래를 제시하는 이들의 역할을 제대로 규정할 수 있어야 한다.

⚠ 지금 당장 해야 하는 3가지 실천 과제

소비자 인사이트의 미래와 함께 가장 중요한 3가지 과제를 소개한다.

리치 미디어 처리 및 패시브 미터링 기술을 제공하는 기업과 협업을 통해 소비자 인사이트 활용 방식에 대한 사업 타당성을 검토해야 한다. 시장에 몇 개 업체가 있으나 이들 대다수는 아직 성공 경험이 아주 많지는 않으므로 시도해 볼지 여부를 고민해야 한다.

소비자 데이터베이스 구축에 집중해야 한다. 인게이지먼트에 대해 다룰 때 한번 언급한 적이 있는데, 여기서도 마찬가지로 해당되는 내용이며 1차, 2차, 3차 데이터가 포함된다. 데이터베이스를 구축할 때 보유한 데이터에서 인사이트를 도출하는 통상적인 절차를 수립해야 한다.

마지막으로 데이터 과학과 성과 관리 및 그 밖의 모든 인사이트 및 측정 업무에 맞게 인사이트 부서를 재구성해야 한다. 5년 내에 인사이트팀이 리서치와 고객 관리보다는 데이터 과학 중심의 업무에 집중할 수 있게 만드는 것이 좋다.

개인화의 미래

●●● 　모든 것을 자신만의 스타일로 만드는 누노

　　보고타는 아침 7시다. 누노는 잠에서 깨 욕실로 비틀거리며 걸어갔다. 그는 민트 향이 나는 청색 겔 형태의 과립형 계피맛 콜게이트 누노 치약을 약간 짰다. 그는 다음에 온라인으로 주문할 때 치약에다 히말라야 소금을 추가해볼 생각이다. 그는 사람들이 왜 치약 맛에 신경을 쓰지 않는지 도무지 이해가 안 됐다. 앉은 자리에서 바닥을 보는 와인 한 병에는 수백 달러씩 쓰면서 하루에 두 번씩 입 속으로 들어가는 기본 물품인 치약에 대해서는 왜 아무 생각이 없는 것일까! 그는 아니었다. 그는 자신만의 스타일로 만든 치약을 사용한다.

　　드롱기 커피 머신을 켜려고 주방으로 들어갔는데, 최근에 그는 유명한 콜롬비아 예술가들이 즐겨 마시던 방식으로 커피를 내려주는 커피 프로그램인 콜롬비아 예술가 시리즈를 다운로드했다. 그는 페르난도 보테로 스타일은 산미가 강해서 별로였다. 그래서 가브리엘 가르시아 마르케스 스타일로 커피를 내리기로 했다. 아마 더 부드럽겠지. 커피와 예술은 좋은 조합이다. 그리고 나만의 스타일로 즐길 수 있는 또 다른 방법이다.

　　그는 출근할 준비를 했는데, 옷장에는 몽땅 그의 이니셜로 만든 모노그램이 새겨진 옷들뿐이었다. 유니클로 카키 바지와 갭 셔츠, H&M 카디건 모두 기성복이었지만 모노그램을 새긴 것이었다. 아주 쉬웠다. 왜 다들 아무 특징도 없는 일반 옷들을 입고 다니는지 이해가 되지 않았다. 그는 아니었다. 그는 자신만의 스타일을 살렸다.

신발은 더욱 특별했다. 갈색 스웨이드 보트 슈즈에 술을 달았다. 딱 마음에 드는 모양을 찾기 위해 수없이 검색을 한 끝에 직접 디자인을 했다. 좀 더 날렵하면서도 너무 뾰족하지 않고 그렇다고 너무 각지지 않으면서도 현란하지 않은 메탈 클립과 술을 달아, 과하지 않게 돋보이는 스타일에 아주 편안한 안창을 더했다. 자라는 고객이 자신의 신발을 하나하나 일일이 디자인할 수 있는 옵션을 제공했을 뿐만 아니라 하루 만에 수령할 수 있도록 준비했다. 그에게 신발을 어디서 샀냐고 묻는 친구들이 많았고, 그는 마지못해 오케스트라의 퍼커션 그룹 동료 몇 명에게 자신의 디자인 코드를 알려주었다. 어쨌든 자신이 디자인한 누노 스타일이 사용될 때마다 그는 5퍼센트의 캐시백을 받았으니까.

점심은 동네 샐러드 바에서 사온 샐러드였다. 그는 매일 영양사의 권고를 바탕으로 자기 입맛에 맞게 샐러드 재료를 미리 골라 두었다. 자신이 정확히 원하는 대로 만든 샐러드였다. 음료에도 탄산 양을 조정하고 카페인 양을 두 배로 올려 계피 맛을 추가해 받았다. 에드는 맛이 끔찍하다고 생각했으나 누노는 좋아했다. 누노 스타일이었으니까.

그날 늦게 누노는 은행에 들러 에드와 함께 사려고 봐뒀던 집의 모기지 상담을 받았다. 담당 매니저가 주택 대출팀과 함께 그를 기다리고 있었다. 대출팀은 그에 대한 모든 것을 알고 있는 것 같았다. 그에게 UFC 500 경기는 재밌게 봤는지 묻더니 앞으로 30일 내에 모기지 대출 계약을 체결하면 그에게 UFC 501 관람 티켓을 증정할 것이라고 했다. 그 정도면 거의 계약이 체결된 것이나 마찬가지라고 그는 속으로 생각했다. 누노 스타일로.

그날 밤 늦게 침대에 누워 잠이 들려는 차에 묵직한 이불의 따뜻함이 느껴졌다. 그와는 취향이 다르게 에드는 온도를 21도로 확 낮추는 걸 좋아했고 그는 26도 이상인 편을 좋아했다. 그는 결혼한 커플 중에 선호하는 침실 온도가 똑같은 경우는 아직 못 봤다. 어쩌면 약간의 과학적인 방법이 필요한 건지도 몰랐다. 이런 건 별개의 거라는 생각도 들었다. 그러나 누노 스타일은 아니었다.

●●●　개인화 기술의 진화 이해하기

소비자가 정확히 원하는 것을 원하는 방식으로 얻게 한다는 것은 물론 좋은 아이디어처럼 보인다. 그러나 그러한 개인화는 규모에 따라 적당한 가격으로 제공할 수 있는지가 항상 문제였다. 디지털 구현이 필요한 것은 바로 이런 경우이다. 옵션 선택의 투명성을 보장하고, 소비자에게 개인화 과정을 안내하고, 빅데이터 분석을 이용해 개인화 작업을 지원하고 해당 기업의 공급망 및 경제성에 미치는 영향을 관리할 수 있게 함으로써, 소비자가 개인화의 혜택을 누릴 수 있기 때문이다.

우리는 소비자가 각종 묶음 상품을 구성하고 제품을 조합하는 과정에서 디지털 구현을 통해 개인화를 추진하고 브랜드와 기업 간 협업을 지원하는 방식을 논의할 것이다.

디지털 구현을 통해 개별 소비자 수준에서 경제성을 검토하고 개별 소비자 수준에 맞는 경험을 제공하는 방법도 다룰 것이다. 마지막으로, 소비자가 개별 맞춤형 상품과 선호 서비스를 기획하는 데 기여한 대가로 어떻게 보상받을 수 있는지를 살펴볼 것이다.

● **제품의 초개인화** — 개인화는 새롭거나 실현 불가능한 개념이 아니며, 소비자는 지금까지 정확히 주문 제작된 제품을 사용해왔다. 대부분의 경우, 원하는 대로 토핑을 구성할 수 있는 서브웨이 샌드위치라든가 정확히 원하는 스타일의 헤어컷 서비스를 받는 것이었다. 보다시피 여기서 문제는 매우 노동 집약적인 결과물로 이런 개인화가 가능하다는 사실이다. 이런 유형의 개인화는 실제 사람이 개별 맞춤 제품을 구성해야 하기 때문이다.

그러나 디지털 구현을 통해 소비자는 제품을 직접 개인화할 수 있으며 기업은 이처럼 개인화된 수요에 부응해 수익을 낼 수 있다(그림 5.2 참조).

여기서 반드시 기억해야 할 사항은 소비자가 어느 정도 자유롭게 제품을 활용할 수 있도록 하위 구성요소로 분해할 수 있게 만들어야 한다는 점이다.

나는 이를 레고에 비유해 설명하고 싶다. 레고 한 상자를 사면 원하는 구조물을 얼마든지 만들 수 있다. 에펠탑 세트를 사서 에펠탑을 만들 수

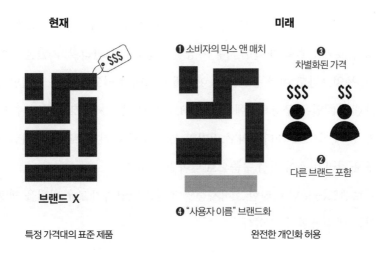

현재

$$$

브랜드 X

특정 가격대의 표준 제품

미래

❶ 소비자의 믹스 앤 매치

❸ 차별화된 가격

$$$ $$

❷ 다른 브랜드 포함

❹ "사용자 이름" 브랜드화

완전한 개인화 허용

그림 5.2 소비자를 위한 개인화의 전 과정

도 있다. 에펠탑 세트에는 특수 블록도 있고 기본 블록도 있다. 이 블록들로 다른 것도 얼마든지 만들 수 있다. 디지털 플랫폼은 소비자가 기업이 설정한 제약 조건 안에서 하위 구성요소를 "결합"해 자신만의 제품을 만들 수 있도록 흥미로운 방식을 제안할 수 있다.

예를 들어, "나만의 시리얼 섞기" 플랫폼을 상상해보자. 아직 주류가될 만큼의 호응을 얻지는 못 했지만 어느 정도 틈새 수요가 존재한다. 온라인 환경에서 그래놀라와 오트밀, 라이스 크리스피, 뮤즐리, 동결 건조한 과일, 견과류, 씨앗, 슈퍼푸드 등을 원하는 대로 추가할 수 있으며 내가 만든 시리얼 1인분의 킬로그램당 가격과 칼로리, 영양 성분 등이 어떻게 달라지는지를 볼 수 있다. 너무 과하다 싶으면 언제든지 추가하기전 단계인 "에펠탑" 그래놀라로 돌아갈 수 있는 것이다.

브랜드나 제조업체 측에서는 특정 조합을 금지하고, 적정 가격을 책정하고, 레고 블록과 같이 사용 가능한 구성요소를 관리할 수 있을 것이다. 무엇보다도 이런 종류의 플랫폼에 관심이 쏠리고 규모가 커지면서 브랜드 기업은 구성요소에 대한 수요를 훨씬 앞서 제대로 예측할 수 있게 될 것이므로, 대다수의 소비자가 특정 조합을 기본으로 선택하면서 주문 처리 비용이 적정 수준으로 낮아질 수 있다.

브랜드는 또한 이러한 소비자층의 의견을 반영해 새로운 방법을 개발하는 데 활용할 수도 있다.

● **파격적인 협업 방식** — 다양한 브랜드 기업에서 제품을 패키지로 묶어 파는 번들링 역시 오래전부터 존재했지만 대부분의 경우 동일 제조업체 제품끼리 묶음 상품으로 판매된다. 이는 주로 다른 회사 간 묶음 상품을 만드는 것이 현실적으로 어려우며 재무 조정도 어렵기 때문이다. 디지털 상거래를 통해 기업들은 몇 가지 방식으로 파격적인 협업에 나설 것이다.

첫째, 구매 패턴과 선호 제품에 대한 빅데이터 분석을 해보면 소비자가 함께 구매하는 제품에 대해 엇갈린 동향이 나타날 것이다. 데오도란트와 세안폼을 묶음으로 판매하는 대신 통조림 수프가 데오도란트와도 잘 어울린다는 것을 알게 되어 이 둘을 묶음으로 판매하게 될 수도 있다. 물론 이 사례는 내가 임의로 생각해낸 것이다.

둘째, 실제 두 상품을 묶음으로 판매하는 것은 원래 골치 아픈 일이지만, 전자상거래 플랫폼에서는 묶음 판매가 가상으로 필요한 경우에 진행되기 때문에 해당 상품들을 실제로 골라 포장한 후 배송된다.

셋째, 온라인 판매의 경우 묶음 판매 구성 품목에 할인을 적용하기가 훨씬 쉬워진다. 묶음 판매라는 특정 목적을 위해 특별 SKU(재고 관리 코드-옮긴이)를 생성했다가 삭제하기가 별로 어렵지 않기 때문이다. 마지막으로, 묶음 상품을 판매하는 이유와 그 경위를 온라인에서 훨씬 더 설득력 있는 내러티브로 설명할 수 있으므로, 소비자는 왜 해당 물건이 함께 묶음 판매되는지 이해할 수 있다. 그 좋은 예가 바로 코로나 봉쇄 중에 일어났는데, 며칠 만에 몇 개 브랜드가 연합해 대부분의 전자상거래 플랫폼에서 최소한의 추가 운영 부담만 지고 "집콕 생존" 제품을 묶음으로 내놓은 것이었다. 오프라인 환경이라면 그런 제품을 내놓기가 얼마나 어려웠을지, 얼마나 오래 걸렸을지는 상상에 맡긴다.

- **개인화된 경험** ─ 물리적 제품 외에도 기업들은 가능한 개인화된 서비스를 제공할 것이다. 스포티파이와 넷플릭스는 오늘날 이미 소비자의 온라인 콘텐츠 소비 행태를 추적하고 이를 바탕으로 추가 콘텐츠를 추천하는 방식으로 이런 서비스를 대규모로 제공하고 있다.

온라인 의류 유통업체인 스티치픽스Stitchfix는 개인화된 서비스를 중심으로 한 전체 비즈니스 모델을 구축했는데, 이는 초반에 어느 정도 정보를 제공하고 나면 사용자가 다른 기존 소비자 프로필에 매칭된 다음 즉시 개인화된 의류 추천을 받는 방식이다.

스티치픽스는 다양한 스타일 컨설턴트를 고용해 지속적으로 패션 조언을 해주고 사용자의 프로필을 기반으로 옷을 추천하기도 한다.

디지털 구현은 한편으로는 소비자 행동 데이터를 수집해 이를 바탕으로 개인화를 구현하면서도 다른 한편으로는 서비스 사업자들이 특정 패턴을 찾아내서 이러한 소비자 선호도 패턴을 따라 대규모로 개인화를 적용할 수 있게 해준다.

대규모로 제공되는 개인화된 서비스의 다른 좋은 예로는 스펠링과 문법, 스타일 등을 교정해주는 디지털 작문 툴 그래멀리Grammarly가 있다. 그래멀리는 수백만 명의 사용자에게 매주 완전히 개인화된 뉴스레터를 전송해, 일주일간 글쓰기가 어땠는지 어떻게 개선할 수 있는지에 대해 알려준다. 이런 서비스들이 나오긴 했지만, 서비스 개인화에 있어서는 아직 시작 단계에 불과하다. 이는 앞으로 10년간 소비자의 만족도를 높이는 쪽으로 크게 변화할 것이다.

예를 들어, 맥도날드 매장에 걸어 들어가면 직원이 이름을 부르며 인사하고, 계산대 직원이 내가 주문한 최근 5개 메뉴를 기억하면서 묻지도 않고 멤버십 할인을 해준다고 상상해보자. 내 관심사 한두 가지를 알고 내가 제일 좋아하는 스포츠팀 얘기를 꺼낸다든가, 자리에 앉은 지 몇 분도 안 되어 좋아하는 노래가 나오는 일이 현실이 될 수 있다.

● **개인화된 제품의 경제성 —** 가격 책정은 수익 경영 면에서 활용도가 매우 낮은 수단일 것이다. 특히 세분화된 유통 채널의 경우, 대부분의 브랜드 기업은 마켓플레이스에서 가격을 차별화하고 유통업체들이 가

격 규정을 준수하도록 하기가 어렵기 때문에 수익 확대 기회를 놓치고 있다.

기업이 소비자 데이터와 거래 데이터를 축적하고 소비자의 생애 가치와 지속적인 구매 행동을 파악하면서, 소비자별로 가격을 차별화할 수 있게 될 것이다. 이는 바우처나 캐시백 또는 동적 가격 표시 형태로 이루어질 수 있다. 최종적으로 거래, 상품, 또는 업종별 수익성이 아닌 소비자별 수익성을 따지게 될 것이다. 결국 기업들은 소비자를 위한 상품과 서비스를 만드는 것이므로 각 소비자의 수익성이 높다면 기업의 수익도 함께 증가할 것이다.

진열대 앞에 있는 소비자가 신규 고객이 될 가능성이 있거나 떠나갔던 소비자라면, 단골 소비자보다 더 낮은 가격이 적용될 것이다. 브랜드 제품을 지속적으로 구매하는 충성 소비자는 자신의 수익성에 따라 기업이 그에게 지급할 수 있는 한도 내에서 할인과 멤버십 혜택을 받을 것이다.

가격 책정과 마진의 경제성은 이처럼 개별 소비자에 맞게 완벽히 개인화되어 시장 전반의 효율성을 높일 수 있으므로 모두가 이득을 보게 된다.

● **개인화된 제품에서 수익을 얻는 소비자** — 앞으로 10년 후 나타날 흥미로운 또 다른 현상으로는 다른 사람들이 개인화된 제품을 이용할 수 있게 허용함으로써 수익을 얻는 방식이 있다. 누노가 직접 만든 신발 디자인으로 5퍼센트의 캐시백을 받았던 방법과 약간 비슷하다. 그런 예는 지금도 찾을 수 있다.

예를 들어, 작년 말 반스Vans는 인터랙티브 방식의 신발 맞춤 제작 콘테스트를 시작했고 3명의 우승자는 상금과 함께 반스 본사 여행권을 받았으며, 무엇보다도 반스에서 이들의 신발을 제작해 판매할 자격을 얻었다. 수제품을 판매하는 전자상거래 웹사이트인 엣시Etsy는 엄청난 성공을 거두었고 소비자가 직접 제작한 물건을 판매할 수 있는 기회를 제공했다.

유튜브는 소비자가 오리지널 콘텐츠를 제작하도록 장려해서, 콘텐츠 창작자가 일정 수 이상의 구독자를 확보하면 수익을 얻을 수 있도록 하고 있다. 이는 보통의 소비자가 뛰어난 개인 창작물을 만들게 되어 이를 더 많이 팔 수 있는 플랫폼을 얻는 것과는 좀 다르지만, 그 가능성은 엄청나다고 본다.

경제적 관점에서 보면 브랜드가 개인화된 제품에 수수료를 부과하면 해당 소비자는 이를 지불한 뒤 수익 실현 기회를 통해 그 비용을 만회하는 구조라 볼 수 있다.

❗ 지금 당장 해야 하는 3가지 실천 과제

이러한 요소들을 염두에 두고 브랜드 기업들이 지금 당장 집중적으로 추진해야 하는 3가지 사항을 소개한다.

자사 업종과 제품을 고려해 레고는 어디에 해당할지를 생각해보고, 소비자가 작은 것부터 개인화를 시도해볼 수 있도록 시제품을 구상하자. 중요한 것은 개

인화가 과연 소비자에게 중요한 것인지, 그리고 회사에서 개인화 서비스를 제공하는 데 얼마나 복잡한 과정이 수반될 것인지 판단하는 일이다.

전자상거래 플랫폼에서 구입할 수 있다고 가정하고 즉시 가상의 묶음 상품을 제작하자. 제휴 상품과 서비스를 어떻게 준비할 것인지 파악하고 다양한 협업을 통해 적합한 옵션을 알아보자.

마지막으로, 신규 고객과 반복 구매 고객을 파악해 가격 차별화 전략을 시작하고 소비자 생애 가치 모델을 구축하자. 본 궤도에 오르기까지는 다소 시간이 걸릴 것이다. 매장 가격이나 전자상거래 가격 차별화가 적합한 수단으로 떠오르기까지는 오랜 시간이 걸리겠지만 지금 당장 시작해야 제대로 알고 목표에 도달할 수 있다.

지속적인 브랜드 적합성

●●· 바트의 두 번째 사랑

골프, 골프, 골프. 대체 무엇이 바트를 그토록 골프에 집착하게 만드는 것일까? 질은 항상 궁금했다. "골프를 통해⋯확실히 알 수 있다. 오직 신만이 자신을 지켜본다는 것을 알고 홀로 러프에 가서 공이 놓인 자리에서 샷을 하는 사람은 제대로 성심성의껏 대접하는 법을 아는 사람이다." 바트가 좋아하는 작가인 P.G. 우드하우스Wodehouse는 이렇게 말한 적이 있다.

그의 삶에서 골프는 아주 중요했기에 골프 코스와 가깝다는 이유만으로(그리고 아들의 집과도 가까워서) 롱아일랜드로 이사를 가기도 했다. 그는 골프용품 중에 타이틀리스트Titleist 브랜드를 고집했다. 그의 아들은 PXG를 아주 좋아해서 바트에게 PXG로 바꾸라고 설득했지만 익스트림Xtreme이라는 말이 붙은 골프 브랜드에 그는 어쩐지 흥미가 떨어졌다. 중요한 건 기능 자체만이 아닌 모양이었다.

그럼 타이틀리스트는 뭐가 다른가? 그는 그런 질문을 자주 받았다. 우선 창립 이념에서도 분명히 드러나듯이, 품질과 정확성을 강조하는 브랜드의 역사가 마음에 들었다. 필립 "스키퍼" 영Phillip "Skipper" Young은 그가 사용하는 골프공이 대부분 품질이 조악하고 코어가 골프공의 정중앙에 자리 잡지 못해 무게중심점을 찾기가 어렵다는 것을 알게 됐다. 그 때문에 샷의 정확도가 떨어졌던 것이다. 그래서 그는 "정확한 중심"이 잡힌 타이틀리스트 골프공을 만들기로 했다.

바트는 그런 이야기를 중요하게 여겼다. 그리고 과거부터 현재까지 수많은 마스터스 대회 우승자들이 타이틀리스트 드라이버와 퍼터, 골프공을 사용한다는 명성도 있었다. 그는 그런 사실을 떠올릴 때마다 열정적인 아마추어에서 세계 최고 선수들에 이르는 더 큰 커뮤니티의 일원이 된 듯한 기분이 들었다.

그가 타이틀리스트 브랜드를 떠나지 않는 이유는 타이틀리스트 덕분에 기량이 향상되었다는 점도 있었다. 스카티 카메론Scotty Cameron 퍼터를 사용하면서 경기력이 정말 좋아졌고 더 이상 퍼팅할 때 그다지 긴장이 되지 않아서 다른 제품을 쓸 일이 있을까 싶었다.

게다가 수년간 "타이틀리스트팀" 커뮤니티를 통해 얻은 것이 많았다. 제품 테스트에도 참여하고 취향이 비슷한 골퍼들과 연락할 수도 있었으며, 프로 선수들에게 레슨도 받고 수많은 프로모션 혜택을 받았던 것이다. 그리고 그는 타이틀리스트 브랜드가 표방하는 가치를 믿었다.

지난 10년간 몇 차례 그는 타이틀리스트가 보수적인 정치색을 드러내거나 윤리 강령을 어긴 프로 골프 선수에 대한 후원을 즉시 중단한 것을 보았다. 그리고 캘러웨이Callaway를 비롯해 나중에 코스트코Costco와의 법정 소송에서 결단력을 보여준 타이틀리스트팀의 모습에도 그는 감명을 받았다. 공정함과 관련된 중요 사안에 분명한 입장을 취하지 않는다면 공정함이 건전한 경쟁의 기반인 스포츠계에 어떻게 관여할 수 있단 말인가?

골프는 진정 바트의 두 번째 사랑이며 그가 타이틀리스트와 결별하는 일은 절대 일어나지 않을 것만 같다.

●●● 브랜드의 진화 이해하기

브랜드가 미래 시장 변화에 어떻게 대응할 것인가와 디지털 구현이 그런 점에서 어떤 역할을 할 수 있을지를 자세한 다루기에 앞서, 일반적인 브랜딩의 역사에 대해 간단히 알아보고 애초에 왜 브랜드가 생긴 것인지를 알아보기로 하자.

브랜딩 자체는 석기 시대쯤 처음 시작되었다. 당시 우리 조상들은 가축의 몸에 불로 달군 낙인을 찍어 소유주를 표시했을 것으로 생각된다.

그로부터 발전을 거듭하며 소유주를 나타내는 데서 출처를 나타내는 것으로 변화해왔는데, 수천 년 전에 만들어진 최초의 도자기, 피라미드에 사용된 돌, 중세시대 생산물에 이르기까지 원산지를 나타내는 표시를 남겼다. 산업혁명이 일어나면서 대량 유통이 가능해졌고 기업들은 자사 제품이 지역에서 인지도가 낮아 신뢰할 수 없다는 인식을 극복해야 했다. 이러한 현실을 극복하게 된 것은 브랜드와 로고를 1차 포장재와 2차 포장재에 인쇄하면서부터였고 이러한 브랜드를 보호하기 위한 상표 규정으로 이어지게 되었다.

그러다 1990년대 후반까지 광고로 인해 브랜딩의 황금시대가 열리면서, 기업들은 제품 차별화와 같은 막대한 영향력을 이용해 브랜드 스토리와 정체성을 만들 수 있었다. 그러나 유명하거나 많이 팔리는 제품이 아니라 하더라도 그게 꼭 품질이나 기능이 떨어지는 것은 아니라는 사실을 소비자들이 알게 되면서 이후 브랜드에 대한 시각이 예전 같지는 않게 되었다. 확실한 존재감을 드러내며 나타난 지역 브랜드들도 있었고, 큰 영향을 미치는 자체 브랜드(PB/PL)도 있었으며 심지어 지난 몇 년간 "브랜드 자체가 없는" 브랜드라는 개념이 나타나기 시작했다. 이제 브랜드는 어떻게 되는 것일까?

브랜드는 여러 가지 이유로 당분간은 계속 시대 변화를 따라가겠지만, 그러한 이유의 상대적 중요성은 바뀔 것이고 그처럼 변화를 만들어 갈 수 있는 브랜드는 어떻게든 살아남을 것이다. 브랜드 연관성(brand relevance)에는 몇 가지 속성이 있으나 그중 가장 중요하다고 생각되는 것은 5가지이다.

여기서는 디지털 구현이 앞으로 10년간 이런 5가지 속성에 어떤 영향을 줄지 살펴볼 것이다. 그 5가지는 신뢰와 품질, 지위와 커뮤니티, 기능과 가치, 습관의 폭과 깊이, 그리고 윤리적 입장이다(그림 5.3 참조).

이 요소들을 차근차근 살펴보자.

● **신뢰와 품질** — 소비자는 제품이나 실제 경험의 품질 및 일관성과 브랜드의 주장이 진짜라는 사실을 안심하고 받아들이기 위해 지금까지 유명 브랜드에 기대왔다. 이는 브랜드가 가져다주는 가장 기본적인 효용이라고 생각하는데, 소비자는 항상 이에 대해 기꺼이 비용을 지불할 생각이 있음을 보여주었다.

소비자들이 특정 제품이나 서비스를 신뢰할 것인가를 다른 방식으로

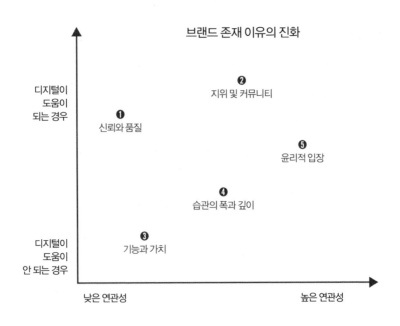

브랜드 존재 이유의 진화

디지털이
도움이
되는 경우

❶ 신뢰와 품질

❷ 지위 및 커뮤니티

❺ 윤리적 입장

❹ 습관의 폭과 깊이

디지털이
도움이
안 되는 경우

❸ 기능과 가치

낮은 연관성　　　　　　　　　　　　　　　높은 연관성

그림 5.3 브랜드 존재 이유 변화

결정하기 시작하면서 앞으로 10년간 이 분야에서 수많은 파괴적 혁신
이 일어날 것이다.

호텔 숙박과 제1파트에서 다룬 트립어드바이저TripAdvisor를 예로 들어
보자. 힐튼Hilton이나 메리어트Marriott가 중요한 의미를 가졌던 시절에는 안
목 있는 여행자라면 일관된 서비스를 보장받기 위해 유명 브랜드를 고
수하는 게 당연했지만, 이미 그런 시절은 지났다.

트립어드바이저와 그 평가 및 후기 시스템은 중소형 호텔 체인이 공
정하게 평가받을 수 있게 만들었다.

음악 산업도 마찬가지다. 대형 음반사와 유명 아티스트만 훌륭한 음

악이라 생각했던 과거와 달리, 스포티파이와 같이 사용자가 평가하는 플랫폼들은 독립 음반사와 음악인들이 대형 음반사 못지않게 성공할 정도의 실력을 갖추게 만들었다.

마찬가지로 전자상거래 플랫폼을 통해 지역 및 틈새시장의 위생 및 미용 제품들이 주요 글로벌 미용 브랜드와 나란히 평가받을 수 있게 되었다.

끊임없는 광고를 통해 인지도를 가진 유명 브랜드명을 보유하는 것이 신뢰 확립과 품질 보증의 유일한 방식이라는 공식은 이제 깨졌다. 그렇다고 광고를 중단할 필요는 없지만, 기업들은 이제 새로운 방식으로 경쟁에 나서야 할 것이다.

이미 유명 호텔 지배인들은 트립어드바이저에서 질문에 답하고 피드백을 받고 있으며, 음반사들은 자사 소속 아티스트가 노출이 더 잘 되도록 매년 스포티파이에 더 나은 보상을 제시하려 하며, 대형 위생 및 미용 제품 기업들은 자사의 서브 브랜드가 니치 브랜드와의 경쟁에서 밀리지 않도록 노력한다. 로레알의 라로슈포제La Roche-Posay도 그런 예에 해당한다.

• **지위와 커뮤니티** — 소비자들은 자신감을 높이고 다른 사람들에게 특정 브랜드를 사용함으로써 특정 사회적 지위에 있거나 특별한 소수 커뮤니티에 속해 있다는 사실을 과시하기 위해 브랜드를 이용해왔다. 브랜드의 이러한 효용은 변함이 없으며, 변화가 있다 하더라도 자신을 차별화하려는 욕망은 지금 더욱 높아진 상황이므로 앞으로도 이런 경향은 지속될 것이다.

여기에는 수많은 가치가 내재되어 있으며 디지털은 여기서도 도움이 될 수 있다. 몇 십 년 전에 비해 요즘은 지위 브랜드(status brand)를 만들고 특별한 소수 커뮤니티를 형성하기가 훨씬 쉬워졌다.

스케이트보드와 힙합 문화와 관련된 최신 유행 브랜드인 슈프림 Supreme을 예로 들어보자. 슈프림은 지점이 많지도 않고 광고도 별로 안 하지만 딱 맞는 커뮤니티를 만나 특정한 라이프 스타일을 내세우면서 극소량 생산 방식으로 브랜드에 어울리는 유명인을 선택해 대중 앞에서 자사 의류를 착용하게 함으로써 중고 시장에서 엄청나게 비싼 값에 팔리게 만들었고, 전 세계 십대들은 낡아빠진 중고 후드티를 얻기 위해 기꺼이 고액을 지불하려 한다.

애플은 굳이 설명할 필요가 없을 것 같다. 매번 새로 아이폰이 출시될 때마다 이를 얻기 위해 밤새 텐트를 치고 기다리는 사람들이 얼마나 많은지는 다들 알 것이다. 이제 아이폰은 기능 면에서는 더 이상 시장의 선두주자가 아니며 가격을 생각하면 더더욱 아니다.

요가 팬츠를 주로 판매하는 브랜드인 룰루레몬Lululemon을 예로 들어보자. 게릴라 마케팅(전광판이나 인쇄물, TV 광고 등의 일반적인 매체를 사용하지 않는 광고 전략-옮긴이)을 통해 커뮤니티를 조성하고 자사 매장을 효과적으로 광고하고 외모가 뛰어난 매장 직원을 고용해 세상에는 룰루레몬과 룰루레몬이 아닌 두 종류의 요가 팬츠가 있다는 식의 이미지를 만들어 냈다.

소비자에게 지위 의식과 특별한 소수 커뮤니티에 대한 소속감을 주는 것은 시대의 흐름을 상당히 잘 읽어낸 것일 뿐만 아니라 소규모 브랜드가 대형 브랜드만큼 성공할 수 있다는 의미이기도 하다. 여기서 중요한 점은 대형 브랜드들이 스니커즈SNKRS 커뮤니티를 조성한 나이키처럼 디지털을 활용해 얼마나 제대로 자사 커뮤니티를 조성하고 최신 유행을 선도해 갈 것인가, 그리고 룰루레몬이 미러Mirror(홈 피트니스 플랫폼 기업)를 인수하면서[87] 트렌디하고 활동적인 이미지를 유지하려 한 것처럼 브랜드가 현재의 지위를 얼마나 잘 유지할 수 있는가이다.

● **기능과 가치 ―** 소비자는 대형 브랜드가 계속 혁신을 통해 제품을 개선하고 그에 따라 자신의 삶도 지속적으로 개선되기를 기대한다. 내가 유명 브랜드를 지속적으로 구입한다는 사실은 후속 제품이 나올 때마다 해당 브랜드가 내 삶을 더 안락하고 편안하게 만들어 줄 것이라 확신한다는 뜻이다.

앞으로 이런 면이 성공한 브랜드와 실패한 브랜드를 나누는 중요한 차별점이 될 것이라 생각한다. 대부분 시장 점유율이 높아지는 것은 그저 더 나은 제품을 만들어 더 많은 가치를 제공하기 때문일 수 있다.

유럽의 고급차 세그먼트를 예로 들어 보자. 나는 사회생활 초반에 운 좋게도 독일 자동차 제조사에서 일할 기회가 있었는데, 모든 면에서 제품의 품질에 그토록 심혈을 기울이는 것을 본 적이 없었다. 물론 3대 브랜드인 메르세데스 벤츠, BMW, 아우디 고객들은 럭셔리(S-클래스, A8, 7시리즈), 이그제큐티브(E-클래스, A6, 5시리즈) 및 대형(C-클래스, A4, 3시리즈) 세그먼트를 옮겨 다니지만, 이들 3사는 변함없이 해당 세그먼트에서 굳건하게 최고의 자리를 아주 오랫동안 지켜왔다. 예외가 있다면 아우디처럼 대형 세그먼트에 속한 파사트Passat는 폭스바겐이 생산한 차라는 점이다.

다이슨을 예로 들어도 좋다. 진공청소기와 날개 없는 선풍기, 헤어드라이어 등은 고가에도 불구하고 기능이 매우 뛰어나서 소비자들이 다른 브랜드에 비해 동일 가전제품에 대해 더 높은 품질을 기대한다.

쉐이크쉑Shake Shack 버거나 인앤아웃In and Out 버거의 경우에도, 음식의 품질이 꾸준히 좋고 다른 패스트푸드 레스토랑 버거보다 훨씬 맛이 뛰어나기 때문에 가격이 높아도 충성 고객이 생긴다.

아이디어를 구체화하는 단계에서 기능과 이점이 명백히 드러나는 환경이라면, 소비자를 위해 열심히 최고의 제품을 만드는 기업들은 성공할 수밖에 없으며, 여기에는 디지털 지원 기능이 포함된다.

혁신 없이, 소비자 여정에 디지털 기반의 경험과 인게이지먼트 및 구매 요소를 도입하지 않는 브랜드는 기대를 저버리게 되어 충성 고객을 잃게 될 것이다.

- **습관의 폭과 깊이** — 소비자는 습관의 동물이며, 우리는 습관을 길러 이를 유지하도록 생물학적으로 타고났다. 우리의 뇌는 경험해보지 않은 것을 이해하고 처리해야 할 때 훨씬 더 많은 에너지를 쓰며, 더 많은 에너지는 더 많은 음식을 의미하고 이는 곧 더 많은 사냥이 필요하며 포식자에게 더 자주 노출된다는 뜻이다. 따라서 우리는 잡아먹히지 않도록 습관을 기르는 것이다. 익숙함에서 오는 안락하고 따뜻한 감정은 사실

그와 연관된다. 좋은 브랜드는 수년간 소비자의 일상에 굳건히 뿌리내려 왔으므로 이러한 습관은 계속해서 소비를 부추길 것이다.

그런데 정말 그럴까? 반면에, 습관이 형성되는 데에는 21일이 걸린다는 예부터 내려오는 격언이 있는데, 맞는 말이다. 이에 관한 내 생각은 이렇다. 습관은 중요하지만 변할 수 있으며 오늘날 브랜드와 라이프 스타일에 충분히 노출되면 모든 브랜드는 계속해서 탈중개화(disintermediation)의 위험에 빠지게 된다.

넷플릭스 보면서 쉬다 갈래?(Netlix and Chill, 우리말로 하면 "라면 먹고 갈래?" 정도의 어감으로 이성 친구를 초대할 때 하는 말-옮긴이)와 같은 표현은 10여 년 전에는 존재하지도 않았다. 지금은 넷플릭스를 보다가 잠드는 것이 전 세계적으로 유행하는 습관이 되었다.

아시아 거주자라면 버블티는 어떤가. 아니면 대도시의 모든 핫한 동네에서 마시는 콤부차는 어떨까. 10여 년 전에는 전혀 존재하지 않았지만, 요즘은 손에 버블티를 든 젊은이를 흔히 볼 수 있다.

앞서 언급한 요가 팬츠는 1980년대 제인 폰다 비디오(1982년에 나와 선풍적인 인기를 끌었던 에어로빅 비디오-옮긴이)에서는 거의 볼 수도 없었던 것이 이제는 웬 일인지 거의 모든 사적인 모임 장소에서 허용되는 복장이 되었다.

브랜드는 그 빈도와 기회, 또는 고객 접점을 고려해 어떻게 소비자의 일상에 스며들 수 있을지를 고민해야 한다. 또한 소비자가 보는 것은 기업이 아닌 브랜드이며 대부분의 소비자는 어떤 회사가 무슨 브랜드를 만드는지 모른다는 것을 알아야 한다.

내 예상에는 몇 가지 기본적인 연관 상품과 가치 제안이 포함된 수많은 상위 브랜드가 나타날 것 같다. 이 모든 기본 가치 제안들을 연계하고 단일 고객 관점(single view customer, 여러 마케팅 및 고객 서비스 채널로부터 고객 데이터를 통합해 얻은 고객에 대한 포괄적인 관점-옮긴이)을 설정하고 디지털 기반 활용 사례를 제공하는 데 있어서, 디지털이 도움이 될 것이다.

예를 들어 레드불과 같은 브랜드 전략은 음료 외의 분야에서 나타날 수 있다. 레드불이 스포츠 이벤트와 콘텐츠를 통해 소비자의 삶 속에 자연스럽게 자리 잡은 것으로 보아, 분명히 레드불은 더 많은 가능성을 보여줄 것이다.

● **윤리적 입장** — 이 글을 쓰기에 정말 적절한 때인 것 같다. 전 세계가, 특히 미국이 점점 양극화된 논쟁으로 인해 분열상을 보이는 것을 보면 2020년대가 맞나 싶은 생각이 들 정도니까. 소비자는 브랜드가 주요 이슈에 대해 입장을 정하고 올바로 행동하길 기대한다.

캔슬 문화(cancel culture, SNS를 기반으로 생겨난 손절 문화로 일종의 왕따/보이콧 행위에 해당-옮긴이)가 나타난 것은 수많은 브랜드와 기업이 이미 한계에 다다랐음을 보여주는 것일 수 있지만, 동시에 신생 브랜드와 기업에는 디지털 툴이 더 나은 소셜 리스닝을 통해 소비 심리를 파악하고 주요 사안과 관련해 직접 행동에 나설 수 있는 길을 열어줄 것이다.

예를 들어, 플라스틱 재활용 교육 캠페인을 디지털로 진행하거나, 비행기를 자주 타는 사람들을 위한 탄소 배출권 시장을 만든다거나, 최근

팬데믹을 극복하기 위해 소비자가 일선 근로자들에게 기부금을 전달할 수 있는 단순 디지털 마켓을 만든다거나 하는 경우를 생각해볼 수 있다.

디지털은 기업이 사회적, 윤리적인 중요 사안에 대해 약속을 지킬 수 있는 쉽고도 직접적인 방법이며, 앞으로 10년간 그러한 사례를 더 많이 볼 수 있었으면 한다.

❗ 지금 당장 해야 하는 3가지 실천 과제

향후 10년간 브랜드가 나아갈 방향에 대해 살펴보았는데, 앞으로도 계속 브랜드는 존재할까? 당연하다. 그러나 브랜드가 존재하기 위해서는 품질과 지위를 약속하는 것만으로는 불충분하며 그 이상의 것이 필요하다.

이와 관련해 꼭 필요한 3대 과제를 소개한다.

개방형 플랫폼과 마켓플레이스 및 미디어를 통해 브랜드에 대한 인식을 키우는 데 집중 투자하자. 그래야 소비자들이 해당 기업의 품질 프리미엄과 지위 프리미엄을 인정하고 기업의 윤리적 입장이 소비자가 우선시하는 가치에 부합한다고 판단할 것이다.

둘째, 제품 속성에 더욱 신경을 써서 소비자에게 추가 기능을 제공하기 위해 노력해야 한다. 소비자는 선호하는 브랜드로부터 이를 기대하기 때문이다. 핵심 제품의 가치 제안이 부실하면 주력 사업 외의 분야에서 뛰어난 포트폴리오를 구축했다 하더라도 위기를 맞게 된다. 좋은 예가 바로 언더아머이다. 맵마이런MapMyRun 등의 호평에도 불구하고 시장 점유율은 내려갔기 때문이다.

마지막으로 브랜드를 더 많은 상황과 고객 접점으로 확장하고 브랜드가 표방하는 가치를 고려해 그러한 가치 제안들을 통합적으로 관리하는 것이다. 그러면 5년 후 기업은 지금과는 다른 모습이 되어 있을지도 모르지만, 트랜스포메이션의 핵심이 바로 이런 것 아닌가?

현지화된 프랜차이즈의 미래

커뮤니티를 지원하는 오딘

말 그대로 베를린 한복판에 위치한 베를린 미테 구는 오딘이 거의 10년째 고향으로 여기는 곳이다. 그는 베를린 미테의 모든 면을 사랑했다. 티에르가르텐, 브란덴부르크문, 체크포인트 찰리, 포츠담 광장, 운터 덴 린덴 거리, 베를린 텔레비전 탑, 이곳의 모든 박물관과 모든 역사를 사랑했다.

그는 베를린에서 이런 동네에 산다는 게 무척 자랑스럽고 행운이라 생각해, 고유의 특징과 매력을 간직하도록 해야겠다고 결심했다. 주말에는 동네를 벗어날 일이 없다는 생각이 들었고, 이번 주말도 그처럼 이런저런 일들로 시간을 보내고 있었다.

주방용 세제와 샴푸가 거의 떨어진 걸 알고 그는 흔히 슈페티라 부르는 베를린의 전통적인 편의점인 동네 슈페트카우프Spaetkauf에 잠깐 다녀오기로 했다. 몇 년 전에 문을 닫는 슈페티가 빠르게 늘어갔는데, 알디Aldi가 특히 엄청난 속도로 새로운 편의점을 오픈하기 시작하면서 치열한 경쟁에 직면하게 된 것이었다.

소비자들은 온라인으로 옮겨갔고 오프라인 매장에는 소소한 생필품을 사러 갈 뿐이었다. 그러자 슈페티 점주들 대부분이 공동체 활동에 참여하고 모임 같은 것을 만들더니 서로 협업을 통해 지역사회와의 유대 강화에 나섰다. 그래도 이 슈페트카우프는 원래 모습과는 꽤 달라져 있었다.

오딘은 편의점에 도착해 리필 스테이션으로 가서 선라이트 프로 주방 세제 통과 선실크 샴푸 통을 채웠다. 유니레버는 도시 전역에 리필 스테이션을 설치했는데, 플라스틱과의 전쟁이 전면 시행되자 특히 슈페티에도 이를 설치해 놓았다. 그는 게임 컨트롤러 케이스가 완전히 닳아버려서 새 케이스를 사려고 했던 게 기억났다.

그는 재빨리 온라인 주문을 한 다음 좋아하는 디자인을 슈페티 매장 안 3D 프린터에 넣었다. 앉아서 커피를 마시는데 케이스가 프린트되어 나왔다. "3D 프린터가 널리 사용되기 전에는 이 모든 소모품을 어디서 다 구했을까?" 그는 궁금증을 안고 베를린 도심 최중심지인 미테로 향했다.

그는 몇 블록 떨어진 되네르 케밥 전문점에 들러 맥치킨 너겟을 샀다. 이 지점이 얻은 맥도날드 영업권이 가게 운영에 꽤 도움이 되는 것 같았다. 주문한 냉동 너겟과 튀김 오일을 받아 맥도날드에서 구입한 프라이어와 정해진 포장지를 사용해야 했는데, 모두 케밥 전문점에 부담이 되는 일은 아니었다. 아이란 버터밀크 드링크도 맥도날드의 호레카(호텔 및 식품 서비스 산업-옮긴이) 재료 공급처에서 납품받는 것 같았다.

그는 돌아오는 길에 은행에 잠시 들러 담당 투자 자문가를 만나기로 했다. 그의 회사가 조만간 ICO(가상화폐 공개-옮긴이)를 할 계획이었기 때문이었다. 독일 최대 은행인 도이체 방크와 코메르츠 방크는 몇 년 전부터 은행 플랫폼 협업을 진행해왔다. 이들은 서로의 은행을 이용했는데, 지금은 은행명 없이 핫데스킹(자율좌석제-옮긴이)처럼 자율 지점제인 핫 브랜칭 방식으로 운영하고 있었다.

이들은 공공 서비스와 전자상거래 제품 수령에 은행을 활용할 수 있도록 개방했고 다른 업체들도 이러한 지점을 이용할 수 있었다. 그는 핫 브랜칭 플랫폼이 두 은행에 모두 이익이 된다고 들었다. 누가 생각이나 했겠는가!

집으로 돌아온 오딘은 미테 구의 모든 것이 제대로 돌아가는 것 같아 행복했다. 슈페티도 남았고 되네르 케밥집도 남았고 은행도 남았으니까. 지역사회가 원래 모습을 간직한 것이다.

●●● 중앙 집중화에서 분산화 방식으로의 진화 이해하기

현재 우리 세계는 선사시대 이후 꾸준히 중앙 집중화 과정을 거쳐 왔다. 인간은 아프리카를 기원으로 점차 유럽과 아시아로 퍼져 나갔으며 베링 해협을 거쳐 북미와 남미로 차례차례 이동했다(클로비스 이전 정착지를 주장하는 사람들은 진정하시길. 이 책은 역사책이 아니다).

인간은 진정한 권위의 탈중앙화와 진취성을 따른 것이었다. 가능한 멀리. 사냥이 농경에 밀려나면서 인간들은 한 곳에 정착했다. 농경은 "소비한 열량에 비해 많은 열량을 생산"한다는 점에서 상당히 생산적이었기 때문에 전문화의 길이 열리고 생산과 예술, 그리고 정치체제가 탄생하게 됐다. 그리고 우리의 삶을 통제하는 권력이 우두머리에게 집중되면서 중앙 집중화가 시작됐다.

그러자 종교가 생겨났고 사후 세계를 관장하는 권력이 성직자와 종교 지도자에게 집중됐다. 이어 산업혁명이 등장했고 또 다른 형태의 중앙 집중화가 도입되면서 이번에는 규모의 경제와 자원의 거래가 나타났다.

내가 소유하는 것 중에 내가 사는 도시에서 만들어진 것은 거의 없는 것 같다. 그리고 이제 우리는 빙하기 이후 처음으로 다시 변곡점에 와 있다.

앞으로 10년간 다양한 형태의 제품과 브랜드가 소비자에게 탈집중화된 방식으로 제공될 것이다. 이를 구체적으로 알아보자. 우선 인플루언서들이 자체 마이크로 브랜드와 제품을 만들 것이다. 지역의 유통업체들이 나타나 대형 글로벌 업체들에 맞설 것이다.

지역 생산이 인근으로 확산되고 소비자의 가정에서도 생산이 가능해질 것이다. 지역 및 인근 업체들이 성장하고 글로벌 대형 기업들은 자사 플랫폼을 통해 이러한 지역 운동을 지원할 것이다(그림 5.4 참조).

얼마나 새롭고 유익한 방식인지 알아보자.

● **인플루언서 브랜드와 제품** ─ 지금까지 몇 차례에 걸쳐 인플루언서의 영향력에 대해 논해왔는데, 이들의 영향력은 지속될 것으로 보인다. 우리는 모방을 통해 학습하며 모방은 기본적으로 영향 모델의 기반이므로, 이런 방식이 변하지는 않을 것 같다. 변하는 게 있다면 바로 인플루언서의 진정성 또는 진정성의 결여와 같은 것들이다. 온라인으로 자신

글로벌에서	글로컬 방식으로
❶ 글로벌 유명 브랜드	➡ 글로벌 마케팅 플랫폼 기반의 지역 브랜드
❶ 글로벌 상품 / 가치 제안	➡ 글로벌 기술로 개발한 지역적 방법
❶ 글로벌 분산 제조 방식	➡ 글로벌 사양을 따라 지역에서 제조
❶ 글로벌 유통 관리	➡ 글로벌 가이드라인에 따른 지역 유통

그림 5.4 가치 제안의 현지화

을 실제와 다르게 꾸며내고 이를 수익으로 전환해 쉽게 돈을 벌려는 사람들이 급증하면서, 인플루언서 모델에 대한 믿음을 흔들어 놓았다.

나는 이런 상황이 더욱 악화되다가 개선될 것으로 보는데, 인플루언서의 진정성을 입증하고 악영향을 주는 이들을 퇴출시키는 플랫폼이 나타날 것이기 때문이다.

인플루언서들은 여러 가지 방식으로 소비자 여정을 탈중앙화할 것이다. 일단 요즘과 같은 유료 인플루언서 모델이 아니라 어느 정도의 진정성이 보장된 경우에 한해, 소비자들은 자신이 믿고 따르는 인플루언서가 제품을 시연할 때 비로소 제품을 인식하고 이를 진지하게 고려하기 시작할 것이다.

궁극적으로 인플루언서들은 처음부터 직접 자체 브랜드를 개발하거나 엄선한 브랜드 "목록"을 만들 것이다. 편의점 안 슬러시 머신 쪽으로 걸어가, 드웨인 존슨이 자기가 만든 브랜드 음료를 마신다는 식으로(헐리우드 스타 드웨인 존슨은 에너지 드링크 조아Zoa를 론칭했다-옮긴이) 슬러시를 주문한다고 상상해보자. 일명 더락 슬러시(더락은 드웨인 존슨의 프로레슬러 시절 예명-옮긴이).

인플루언서가 자신의 제품 아이디어를 미리 프로그램화하고 혼합하면, 소비자는 이를 묶음 상품으로 구매하고 인플루언서의 아이디어 믹스를 사용하는 대가로 비용을 지불할 수 있다.

카니예 웨스트 스타일의 달걀과 킴 카다시안 스타일의 시리얼로 아침을 먹거나 운동 후에 톰 브래디 스타일의 게토레이를 마실 수 있는 날이 올지도 모른다.

- **가내 제조 및 근린 제조 방식** ─ 기업들은 소비자와 가능한 가까운 곳에서 제품 제조나 조립이 이루어질 수 있도록 노력할 것이다. 이는 배송 및 라스트 마일 비용을 줄이고, 소비 지점에서 가까운 곳에서 개인화를 구현해 기업이 SKU 복잡성을 대폭 낮출 수 있다는 두 가지 장점이 있다.

이 개념을 중심으로 한 몇 가지 비즈니스 모델이 있다. 네스프레소Nespresso 머신을 예로 들어 보자. 네스프레소가 큰 성공을 거둔 데에는 다른 몇 가지 요인 외에도 우유와 물, 커피머신, 다양한 캡슐로 소비자가 집에서 혼자 수많은 종류의 커피를 만들어 마실 수 있다는 사실이 중요한 요인으로 작용했다.

이케아의 경우도 마찬가지다. 단순한 제품 디자인, 명확한 사용 설명서, 이동이 쉬운 부품 포장 등으로 운송 및 조립의 부담과 비용을 덜어내면서 가격을 낮출 수 있었던 것이다.

3D 프린팅의 경우에는 내 예측이 완전히 빗나갈지도 모르겠다. 3D 프린터를 개개인이 소유하게 되면 공예와 취미 이상의 큰 효용은 없을지도 모른다. 그러나 인근의 3D 프린팅 시설은 프린트 소모품을 구하는 데 특히 유용할 수 있으며 H&M과 자라 같은 브랜드의 패션 소품을 프린트하는 데 더 유용할 수도 있다.

게다가 제품 리필 스테이션, 포장지 없는 제품을 판매하는 사업장, 전자상거래 배송 지점 및 반품 장소, 레스토랑 브랜드의 다크 키친(오프라인 점포가 없이 주방만 있는 음식점-옮긴이) 등으로 활용 범위가 넓어질 수 있으며, 창고이자 공장 역할을 하면서 어느 정도는 다용도 공간으로 활용할 수 있는 근린 편의시설을 상상해볼 수 있을 것이다. 물론 스타벅스도 있다. 스타벅스는 늘 어디에나 있으니까.

● **하이퍼 로컬 기업** — 소규모 기업들은 특히 지금처럼 코로나 팬데믹의 여파를 감당해야 하는 상황에서는 다소 어려움을 겪겠지만, 이들 기업이 활용할 수 있는 플랫폼이 점점 늘어나면서 시간이 지날수록 사업 운영비가 낮아질 것이다. 지역 브랜드는 날개를 달고 여러 도시와 지역을 넘어 다양한 나라까지 훨씬 손쉽게 퍼져 나갈 것이다.

이미 전자상거래 플랫폼에서 판매하기 위해 다양한 시장에서 수입하는 물건의 규모가 엄청나다. 알리바바 에코 시스템에서 근무할 때 CEO는 제품을 하루 만에 중국에서 동남아시아 국가 어디로든 배송할 수 있었으면 좋겠다는 얘기를 하곤 했다.

전 세계 어디서든 판매가 가능한 상거래의 자유와 전 세계 소비자에게 다가갈 수 있는 마케팅의 자유를 함께 누릴 수 있게 되면 실로 국경 없는 비즈니스 모델이 탄생한다.

특히 서비스 부문에서 이런 변화는 비즈니스 프로세스 아웃소싱과 함께 오래전에 시작되었으며 이는 곧 개인 프로세스 아웃소싱으로도 넘어갈 것이다.

나는 서인도의 나시크라는 아름다운 마을에서 자랐다. 그곳은 특히 포도로 유명했다. 그처럼 목가적이고 건강한 환경에서 자란 청년 한 명이, 미국을 경험하고 돌아와 와인 제조에 뛰어들기로 했다. 그는 몇 년 후 와인 양조장을 세워 현지에 유행을 만들어냈고, 10년 후 나시크를 인도의 와인 생산의 중심지로 만들었다.

바로 지난주에 아내는 그곳에서 몇 천 마일이나 떨어져 있는 우리 지역의 전자상거래 플랫폼이 그 포도원 와인을 취급하고 있어서 매매가 가능하다는 사실을 알게 됐다.

인도의 2위권 도시였던 나시크산 신생 와인이 이렇게 성공할 수 있다는 것은 "글로컬" 마켓플레이스가 어떻게 지속적으로 진화하는지를 여실히 보여준다.

● **지역 유통 커뮤니티** — 영세 유통업체는 확실히 줄어들겠지만 완전히 사라지지는 않을 것으로 본다. 디지털 플랫폼은 대형 편의점 체인이나

패스트푸드 체인이 기본으로 누리는 것과 동일한 규모의 장점을 작은 매장에 제공할 것이다.

애그리게이터가 나타날 것이며, 중국에서는 이미 애그리게이터가 등장했다. 이들은 수천 개의 영세 상점들이 대형 편의점 체인과 직접 경쟁할 수 있도록 지속적인 현대화와 디지털화를 지원할 것으로 보인다. 아마 이 분야에서도 지역 사업자를 지원하는 소비자 동향이 영향을 줄 것이다.

영세업체들이 가진 다른 주요 장점은 낮은 자산 이익률을 받아들이는 데 엄청난 유연성을 발휘할 수 있다는 점이다. 일반 기업에서는 특정 매장이 성장 목표를 달성하지 못하거나 기대보다 훨씬 낮은 이익률을 기록하는 경우 매장 관리자가 그 책임을 지게 된다.

영세업체에서는 그러한 경우, 사업장 소유주가 훨씬 싸게 팔아 이익률이 대폭 줄어드는 상황을 감수할 것이며, 이러한 유연성 때문에 결국 생존할 것이다. 바로 이런 이유로 독립 판매자들이 소비자를 상대로 한 마켓플레이스 전자상거래에서 대규모 성장을 경험할 수 있었던 데 비해, 플랫폼이 브랜드 기업으로부터 구매한 후 소비자에게 판매하는 유통 전자상거래는 그렇지 못했다.

독립 판매자와 도매상들은 그 어떤 기업도 경험하지 못한 방식으로 경제성을 확보하며 성장할 수 있었다.

● **글로벌 대기업 플랫폼 —** 많은 대기업들은 점차 자사의 핵심 가치 증대가 신뢰할 수 있는 브랜드를 달고 양질의 제품을 만드는 것 외에도 수

년간 쌓아올린 자사 역량을 플랫폼으로 변환해 수익을 실현할 기회를 얻는 것이기도 하다는 사실을 알게 될 것이다.

내가 만든 허구적인 설정이지만 오딘의 일상 속 맥도날드의 예를 보자. 그리고 성장 압박에 시달리며 매장 자산을 구축할 자본이 없는 기업이 왜 자사의 브랜드 정체성과 성장 비결, 공급망을 플랫폼으로 변환해 이를 수백만 명의 개인에게 마이크로 프랜차이즈 영업권을 주려 하지 않는 것일까? 지점 자산을 보유한 은행들은 더 이상 경쟁 우위가 되지 못하는 자산을 매각하거나, 협업을 통해 수익을 실현하고 새로운 수입원을 창출할 방법을 찾아볼 수 있을 것이다.

이는 원래 있던 방식이다. 기업들은 "고객을 이용한 이익 확대" 전략을 통해 제품 교차 판매라는 명목으로 고객 관계의 핵심 자산을 수익으로 연결하는 데 익숙하다. 마찬가지로 기업의 모든 단일 자산으로부터 플랫폼 비즈니스 모델이 나타날 것으로 본다. 부동산 공간, 기계류 및 설비, 진열대 공간, 창고 공간, 유휴 인적 자원, 대리 관계, 공급 계약, 실행 방법 및 접근법, 현금 흐름 등 다양한 분야에서 기업은 이익을 내기 시작할 것이다.

❗ 지금 당장 해야 하는 3가지 실천 과제

그러면 앞으로 10년을 바라보는 기업은 어떻게 자사 프랜차이즈를 현지화할까? 내가 생각하는 3대 핵심 사항을 소개한다.

첫째, 진정성 있는 인플루언서에게 스마트하게 투자해야 한다. 이는 두 가지를 의미하는데, 하나는 인플루언서 관계의 효과를 측정하는 법을 파악하는 것이고, 다른 하나는 진정성에 중점을 두는 것이다.

둘째, 시험적으로나마 자사 제품의 현지화된 제조 또는 조립 방식을 면밀히 살펴봐야 한다. 경제적인 면에서 합리적 판단은 아닐 수 있지만, 일단 소비 심리와 소비자 수용성이 충분한 수준이 되면 이익도 따라올 것이다.

마지막으로, 플랫폼 전략을 구축하고 회사 내 모든 유휴 자산을 어떻게 제대로 활용할 수 있을지를 고민해야 한다. 그런 다음 유휴 자산을 최대한 활용하고 이를 더욱 확장해 실제 수익성 있는 비즈니스 모델을 만들어내야 한다.

자, 지금까지 기업이 미래 소비자를 위해 브랜드와 제품을 어떻게 만들어낼지를 살펴보았다. 먼저 기업이 다양한 방식으로 소비자 인사이트를 얻는 방법을 살펴본 다음 초개인화의 놀라운 이점을 알아보았다.

브랜드의 미래와 그 지속적인 연관성을 상세히 짚어보고, 제품 및 가치 제안의 현지화와 탈중앙화가 어떻게 기업이 유의해야 할 중요 개념이 될 것인가를 중심으로 내용을 마무리했다.

다음 혁신 분야에서는 공급망을 심층적으로 다루면서 미래에 기업의 제품 생산 및 유통 방식을 살펴볼 것이다.

The Digital Frontier

기업은 어떻게
제품을 생산하고
유통하는가

2005년의 일이었다. 나는 독일 남부의 럭셔리카 공장 안에서 열심히 일하고 있었다. 해당 브랜드로서는 첫 SUV를 시장에 선보이기 위해 준비하는 만큼 중요한 시기였다. 차는 멋져 보였다. 나는 조용히 책상에 앉아 엑셀 모델을 만드는 데 열을 올렸다.

브라티슬라바로 차량 문을 실어 보내는 것이 내가 하는 유일한 일이었다. 차대(chassis)를 독일 북부에서 만들어 기차에 실어 보내면 슬로바키아의 조립 라인에 도착했다. 차체는 브라티슬라바 공장에서 모양을 찍어내고 차량 문은 여기 바덴 뷔르템베르크에서 만들었다. 내 일은 단위 공정(batch)당 SUV 차량 문을 생산하는 데 걸리는 정확한 일정을 계획해서, 조립 라인에 제때 도착하도록 브라티슬라바행 기차에 실어 보내도록 하는 것이었다. 정말이지 죽을 것 같았다.

그로부터 몇 년 전인 2003년, 나는 뭄바이에서 졸업 논문을 쓰고 있었고 주제는 "종합품질 관리에 대한 다구치 기법 비평"이었다. 다구치 겐이치 박사가 그때까지 제안한 수많은 개념 중 중요한 두 가지는 "사회적 손실"과 "실험 계획법"이었다. 사회적 손실이라는 개념은 한마디로 기업은 저품질의 생산이 국소적으로 기업의 손익에 미치는 영향을 정량화하는 것이 아니라, 보다 폭넓게 사회에 미치는 손실을 생각해야 한다는 것이다.

그는 실험 계획법에서 다양한 조합의 입력 변수에 따른 시험 생산 방식을 제안하고 통계적 방법을 사용해 모든 입력 데이터의 최적 조건을 찾아야 한다고 주장했는데, 거의 AI의 전신에 해당하는 셈이다. 나는 이 두 가지 방법의 허점을 반박하려 했지만, 그에 대해 생각하면 생각할수록 그 근본 원칙이 논리적이며 단지 시대를 앞서간 것임을 알게 됐다.

몇 년 후 나는 다시 논문을 쓰게 됐다. 이번에는 베를린의 신축 공공 도서관에서 "자동차 산업의 협업 계획"을 주제로 쓰고 있었다. 아이디어는 간단했다. 공급자와 OEM 업체가 합동 팀을 꾸려서 데이터를 공유하고 하나의 회사인 것처럼 처음부터 끝까지 종합적인 생산 계획을 세우면 계약 협상 시 회사 운영의 귀중한 노하우를 공개함으로써 손실될 것으로 생각되는 가치보다 효율성의 이점이 훨씬 클 것이라는 게 내 가설이었다. 12~15년 전쯤인 그 당시만 하더라도 기업이 협업을 위해 정보를 공개하고 충분한 신뢰를 확보하는 경우는 상당히 드물었다.

이 세 가지 경험은 모두 기업의 의사 결정과 활동을 위한 전 단계에 해당하는 사례이다. 그러나 무엇보다도 다행스러운 것은 앞으로 10년간 기술적 수단을 통해 연결성과 효율성 및 활용률이 개선된 공급망을 중심으로 결국 아이디어를 실현할 수 있을 것이라는 사실이다.

이 혁신 분야에서는 네 가지 주제를 다룰 것이다. 공장을 시작으로, 미래의 제조업은 어떤 모습일지를 살펴본 다음, 창고 관리 및 물류의 측면과 그 진화 방식을 살펴볼 것이다. 그 다음에는 다양한 판매 경로(route to market)와, 특히 세분화된 유통 채널을 중심으로 미래 유통의 모습을 자세히 알아볼 것이다. 마지막으로 폐기물 재활용 및 회수의 중요 요소로서 역물류를 살펴볼 것이다. 이제 본격적으로 시작해보자.

미래의 공장

와하드의 전기 찜솥 조립

"할림! 코르마! 니하리! 파야!" 와하드가 딸들에게 이드(이슬람 축제-옮긴이)에 뭘 먹고 싶은지 묻자 다들 한 목소리로 외쳤다. 라마단 둘째 주였고 다들 금식 중이었다. 이른바 굶주림의 고비를 막 넘겼고 8일째 정도가 되면 몸이 금식에 익숙해지면서 한 달간의 금식이 더 이상 그리 힘든 일로 느껴지지 않게 된다. 그러나 그는 가족을 위해 이번에는 제대로 이드 축제 계획을 세우고 싶었다. 아내의 가족이 방문할 예정이었기 때문이다.

처가에서는 성공한 딸이 자전거 수리공의 아들과 결혼한 것을 늘 못미더워했기 때문에, 그의 경제력으로 인정받는다는 건 어림없는 얘기겠지만 요리 실력을 제대로 발휘하면 아내의 가족들에게 점수를 딸 수 있을 것 같았다. 와하드는 드디어 전기 찜솥을 살 때가 됐다고 생각했다. 찜솥으로 요리한 니하리(고기를 오랫동안 푹 고아 만드는 커리-옮긴이)라면 소기의 목적을 달성할 수 있을 테니까. 그는 즐겨 찾는 전자상거래 플랫폼으로 가서 주문을 했다. 여러 단계의 주문 처리 과정을 거치고 나면 며칠 안에 찜솥을 받게 될 것이다. 그 과정은 이렇다.

찜솥은 대략 6개의 주요 부분으로 구성되어 있었다. 유리 뚜껑, 와하드가 업로드한 패턴에 따라 맞춤 도색된 알루미늄 외부 용기, 세라믹 재질의 내부 솥, 온도 조절 장치, 전원 장치 및 손잡이 등의 플라스틱 부분이었다. 부품 조립 과정도 꽤 쉬웠고, 만들거나 사는 데 그다지 돈이 많이 들지도 않았다.

먼저 알루미늄 용기는 뭄바이에서 그다지 멀지 않은 곳에서 프레스로 찍어내 만들었다. 프레스 공장은 실시간으로 일자리가 올라오는 온라인 프레스 구직 시장과 직접 연계되어 있었으며, 사양에 따른 대량 생산 또는 주문 제작 방식의 소량 생산 작업에 투입할 직원을 찾고 있었다. 프레스 공장은 전 세계에서 일을 받아서 납기일과 가격을 맞추면 되었다.

와하드가 거의 표준 사이즈를 고른 것으로 보아 외부 용기는 대규모 단위 공정에서 찍어낸 것이었다. 주문을 받은 프레스 공장은 동일 도장 공장으로 넘어가는 몇 개 단위 공정을 통합했고 몇 시간 만에 배송 준비를 끝냈다. 마찬가지로 도장 공장은 마켓플레이스의 일부였으나 거의 현지에서 운영되고 있었기 때문에 프레스 공장과 우선 계약을 맺고 훨씬 저렴한 가격으로 맞춤 도색 작업을 할 수 있었던 것이다.

도장 공장 자체는 완전 무인 시스템이었다. 와하드가 찜기에 새겨 넣고 싶어 한 가족의 초상화를 로봇이 읽어내 이를 용기에 입히고 분무 도장 처리를 끝냈다.

온도 조절 장치와 전원 장치는 모두 영국에서 사전에 배송되었다. 영국은 요즘 저렴한 노동비와 값싼 생산비로 각광받는 나라였기 때문이다. 브렉시트로 인해 경쟁력이 상당히 높아지면서 직장이 없는 사람은 없었다. 다만 급여가 그리 좋지는 못 했다. 그러나 정말 놀라운 점은 세라믹 용기에 있었다. 이 경우 해당 브랜드 업체는 재활용된 소재를 압착해 적당한 형태로 쌓아 올리는 특허 받은 적층 기술을 보유하고 있었다.

이러한 세라믹 용기는 온도 조절 장치와 전원 장치, 도색된 알루미늄 용기와 함께 독일에서 미리 배송됐고, 와하드가 사는 곳에서 몇 백 미터 떨어진 인근의 제조 시설에 도착했다. 플라스틱 부품은 3D 프린터로 제작됐고 기술자가 10분 만에 전기 찜솥을 조립해 포장까지 한 후 검사를 마치자 출하 준비가 완료됐다.

와하드는 주문한 다음 날 수령 요청을 받았고 그는 제조 시설에 들러 맞춤 제작 전기 찜솥을 직접 수령했다. 인더스트리 4.0은 장모님에게 인정을 받는 데 도움이 되었다.

●●●　　**제조의 진화 이해하기**

인더스트리 4.0이라는 용어는 5년 가까이 업계에서 화제가 되었고, 늘 그렇듯이 전문 용어에 밝은 수많은 컨설턴트들은 검증된 방식을 적용할 준비가 되어 있다. 이들은 센서와 자동화, 데이터, 블록체인, 증강현실 및 그 밖의 다양한 기술용어에 대해 얘기할 것이다. 그러나 이런 기술적인 측면은 잠시 제쳐두고 기본 원칙이 무엇인지 생각해보는 것이 도움이 될 듯하다. 공장에 적용되는 혁신적인 활용 사례는 종류를 불문하고 인더스트리 4.0으로 폭넓게 분류되는 경우가 많은데, 대체로 그런 방식이 유용하긴 하지만 장기적으로는 핵심을 벗어나는 것이다.

인더스트리 4.0은 특히 탈중앙화, 인터페이싱, 자율 조정 및 가상화의 네 가지 핵심 원칙을 기반으로 제조와 연관되기(그림 6.1 참조) 때문에 이어서 살펴볼 것이다.

그런 다음 완전히 인더스트리 4.0으로 전환된 환경에서 여전히 인간의 몫으로 남은 역할은 어떤 것이 있는지 알아볼 것이다.

● **서비스로 탈중앙화** — 앞으로 10년간 제조 작업이 대규모로 탈중앙화 되기 시작하면서 특정 서비스로 나뉠 것이다. 여기서 몇 가지 영향을 고려해야 한다. 우선, 모든 단계의 작업 일정을 결정하는 중앙의 생산 계획 권한 자체가 사라지고, 그 대신 서비스 사업자가 작업을 맡아서 스스로 최적화하는 식으로 각 제조 단계가 독립적으로 운영될 것이다.

이는 실제 연관 작업을 처리할 수 있는 최대 생산 능력을 마켓플레이스에서 충분히 확보할 수 있는 경우에만 가능할 것이므로, 기업은 생산 능력과 일정에 제약이 생기면 추가 생산 능력을 확보하는 데 필요한 자본을 투자할 것이다. 마찬가지로 유휴 생산 설비나 생산성이 낮은 설비로는 일감을 찾지 못해 문을 닫을 것이다.

둘째, 생산 위치에 관계없이 네트워크에 연결된 원격 작업을 통해 부품이 동일 사양으로 생산이 가능해지면, 한 장소에서 중앙 집중식으로 제조하는 방식을 탈피할 수도 있다. 어쩌면 대형 공장의 시대가 끝날 수도 있다. 특히 앞으로 제품 조립 과정의 마지막 단계는 가능한 소비자와

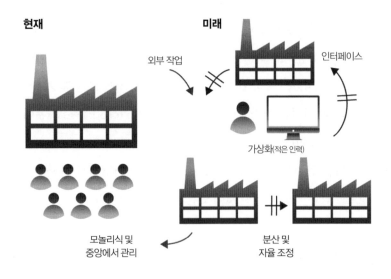

현재

미래

외부 작업

인터페이스

가상화(적은 인력)

모놀리식 및
중앙에서 관리

분산 및
자율 조정

그림 6.1 공장의 인더스트리 4.0

가까운 곳에서 이루어지게 될 수도 있다. 제조 작업의 마무리 공정이 사실상 3D 프린팅이 되거나 이케아 방식처럼 소비자가 직접 집에서 조립하는 방식이 되는 것이다. 셋째, 일감을 주고받는 투명한 마켓플레이스가 자리 잡으면 탈중앙화가 가능해질 것이다.

이러한 마켓플레이스는 때로는 사적인 내부 마켓플레이스가 될 수도, 때로는 활발히 일감을 거래하는 오픈 마켓플레이스가 될 수도 있다. 이러한 일을 따내는 기업들은 "고객"의 작업 할당 기준인 품질과 신뢰성을 기반으로 업무를 수행할 것이다. 이런 방식의 최대 장점은 바로 자산 활용률이 훨씬 높아지고, 자체 수요가 소진되어 유휴 상태인 생산 라인이 제3자를 위한 작업을 수행할 수 있다는 점이다.

마지막으로, 개별 사업부가 완벽히 탈중앙화된 방식으로 자체 일정을 결정할 수 있게 되면 자산 소유주가 품질과 효과 및 전문성에 집중할 수 있도록 적절한 인센티브를 설계하게 될 것이다. 그러면 더욱 경제적이고 견고하면서도 오래가는 상품을 만들 수 있으므로 사회적 비용이 줄어든다. 다구치 박사가 흡족해할 만한 결론이다.

● **인터페이스 구축** ― 제조 과정 대부분의 단계에서 완전 자동화 수준이 폭넓게 구현되면 장비 간 직접 통신이 가능해질 것이다. 이는 가치 사슬 전반에서 일어날 것이다.

예를 들어, 인플루언서들의 홍보로 입소문을 탄 상품의 소비자 기대 수요가 높아지면 그러한 정보가 유통 채널을 통해 조립 라인으로, 구성 요소 제조 단계로, 원자재 공급 단계로 즉시 전달되면서, 가치 사슬에서 탈중앙화된 다양한 서비스를 보유한 업체가 그에 따라 공급을 조정할 수 있는 환경이 구현될 수 있다. 이와 마찬가지로 원자재 가격이나 수급 상황, 또는 품질의 변화에 대한 정보가 가치 사슬을 따라 매장 및 브랜드까지 신속히 보고되어 유용한 소비자 편익으로 전환될 가능성이 있다.

여기서 제1파트에서 다뤘던 소프트웨어 개발 내 모듈화 추세의 비유를 언급하지 않을 수가 없다. 앞서 설명한 것처럼, 애플리케이션은 API와 연결되는 서비스로 쪼개진다. 마찬가지 상황이 실제 환경에서도 일어날 것이다. IoT와 5G 같은 기술들의 비중이 점점 커지면서 장비 간 통신을 지원할 것으로 예상된다.

AI 또한 특히 복잡하고 변수가 많은 소비자 시장과 원자재 시장에서 수요 예측에 활용되면서 그 역할이 점점 늘어날 것이다. 그처럼 가치 사슬 전반에서 종합적이고 전략적인 연계가 이루어지면 공급망의 모든 단계에서 수백만 달러의 불필요한 인벤토리 비용을 절약할 수 있으며 그 최종 수혜자는 소비자가 되지 않을까 싶다.

● **자율 조정 및 역할 유연성** — 이처럼 탈중앙화된 부서가 자사 공급자 및 소비자 부서와 직접 인터페이스를 통해 연결되면, 작업을 자율적으로 조정해 생산물의 품질을 유지하고 더욱 다양한 작업을 수행할 수 있도록 구성을 변경할 것이다. 장비는 자체 생산물을 모니터링하고 실시간으로 품질 변화에 대응해 일관성을 유지하고, 무엇보다도 제조 단계 전반에서 실시간으로 정보를 공유해, 사양 미달 생산물을 보완하도록 후속 공정 단계를 구성할 수 있을 것이다.

자동화된 시스템이 스스로를 실시간으로 재구성하게 되면 동일 제조 단계에서 설정 시간을 최소화함으로써 다양한 사양에 맞게 조정하고 생산할 수 있게 될 것이다. 그렇게 되면 여러 생산 라인을 둘 필요가 줄어들어, 제조 부서의 전반적인 업무 중단 시간이 줄어들 것이다.

● **가상화** — 가치 사슬의 다양한 단계에서 지리적으로 널리 분산되어 있으면서도 어느 정도 중앙 집중화된 인근의 복잡한 미니 공장 네트워크를 상상해보자. 이 공장을 운영하기 위한 핵심 요소는 제조 활동 전체를 투명하고 손쉽게 파악할 수 있는 기능일 것이다. 이러한 미래의 공장

을 세울 때는 그 규모나 복잡성에 관계없이 모든 장비와 인벤토리가 가상 환경에 제시될 것이다. 이는 IoT 센서 네트워크와, 공급망을 따라 제품의 위치 및 활동 상태를 끊임없이 업데이트하는 스마트 RFID 태그를 통해 구현될 것이다.

이런 정보를 가상 환경에 표시해 두 가지 주요 목표를 실현할 수 있는데, 즉, 적합한 웨어러블 기기를 통해 공장 직원들이 모든 필요한 정보를 한눈에 볼 수 있게 제공하고, 제조사가 작업의 상세 정보 전체를 세부적으로 파악할 수 있도록 간편한 컨트롤 타워를 제공해 일정대로 계획이 진행되게 하는 것이다.

여러 회사와 사업주의 분산된 생산 활동을 추적하기보다는, 예외를 관리하고 특히 근본 원인을 분석하는 것이 훨씬 수월한 일이 될 것이다.

● **인적 요소** — 그러면 여기서 인간의 위치는 어디쯤일까? 우리가 사서 쓰는 모든 것이 이처럼 스마트하게 연결된 공급망을 거쳐 자동화를 최대한 적용하는 방향으로 가게 될까? 자동화가 대세가 되면 공포감을 넘어, 공장 근로자들의 실직은 물론 기획 업무도 사라질 수 있다. 이를 피해갈 길은 없으며 기술 발전을 저해하면서까지 일자리를 보전하려다간 경쟁력 상실이란 결과만 떠안게 될 뿐이다.

그러나 시장 경제의 원리는 여기서도 작동한다. 가치 창출을 다뤘던 이 책의 제1파트로 다시 돌아가 보자.

작업 현장에서 로봇이 인간을 대체한다는 사실은 본질적으로 로봇이 더하는 가치 외에 인간이 더 이상 가치 창출에 기여하지 못하게 됐다는 것을 뜻한다. 이를 달리 표현하면, 로봇이 더 적은 비용으로 더 나은 품질을 만들어낼 수 있는 일을 사람이 했다는 이유로 추가 비용을 지불할 구매자와 소비자는 없다는 뜻이다.

그로 인해 세 가지 결과가 생길 수 있다고 본다.

우선, 사람이 만들었거나 사람이 서비스하는 제품에 실제로 어떤 가치가 있다고 소비자를 설득할 수 있는 분야가 생길 것이다. 정서적 애착이나 사회적 책임감 같은 것을 이유로 100퍼센트 수작업으로 이루어지는 분야는 지속적으로 성장할 것이다. 현명한 기업들은 전통적인 제조 방식을 일부 유지하며 이러한 프리미엄의 혜택을 누릴 것이다.

둘째, 사람들은 가치를 증대시키는 다른 일자리로 옮겨갈 것이다. 물론 이는 현실적으로 만만치 않은 일일 것이다. 나이가 들어 직업을 바꾼다는 것은 용기와 동기 부여가 필요한 일이며, 앞서 말했듯 사람들은 에너지를 절약하기 위해 쉽게 알아볼 수 있는 패턴을 고수하는 경향이 있다. 따라서 새로운 직업을 찾는 데 성공하는 사람들도 있겠지만 누구나 그렇지는 못 할 것이므로, 실업과 대중적 불만을 초래할 가능성이 있다. 이러한 변화 과정에서 대중적 불만은 쏟아져 나올 수밖에 없으므로, 선거에서는 인더스트리 4.0으로의 전환을 10년 이상 늦추는 사람에게 표심이 쏠릴 것이다.

그러나 그러한 시장은 글로벌 무대에서 점점 경쟁력을 잃고, 사회 전체의 직업 선택 모델이 완전히 달라질 수 있는 시장에 밀릴 것이다. 인더스트리 4.0으로의 전환은 어렵지만, 그야말로 가치를 창출할 수 있는 유일한 방법이다. 그렇지 않으면 다른 시장에 공급할 상품을 만들면서도 급여는 너무나 적어서 직접 만든 상품조차 구매할 수 없는 열악한 일자리로 다시 노동 인구가 내몰릴 수 있는 현실적인 위험이 도사리고 있다.

아마 선사시대에 농경이 자리 잡으면서 사냥꾼들이 이런 기분이었을지도 모르겠다. 이제 우리는 다시 거대 전환의 시대를 맞이해야 할 때다.

⚠️ 지금 당장 해야 하는 3가지 실천 과제

제조업을 선도하는 기업들은 인더스트리 4.0에 동참하기 위해 촉각을 곤두세우고 있거나 아니면 이미 시작해 향후 발전 방향을 모색하고 있을 것이다.

도움이 될 만한 몇 가지 사항을 소개한다.

인더스트리 4.0의 구현 기술뿐만 아니라 기본 원칙도 짚어보자. 블록체인을 사용해 공급망 추적을 개선한다는 건 그럴 듯하게 들리지만 그렇게 해서 정말 얻는 것이 무엇일까? 탈집중화가 목표라면, 정확히 어떤 식으로 탈집중화에 도움이 되며 이를 달성할 다른 방법은 없는 것일까?

기술 중심의 목표에 그치지 말고 원칙에 기반한 인더스트리 4.0 목표를 세워보자. 어떻게 더 많은 센서를 설치할지 외에도 어떻게 제조를 서비스 형태로 제공할 수 있을지를 고민해야 한다.

컨트롤 타워를 만들어서 공급망 전체를 완전히 투명하게 파악해야 한다. 야심찬 비전을 갖고 시작하다 보면 제조 데이터 전체가 얼마나 분산되어 있는지, 그리고 이를 한 곳에 모두 통합하기가 얼마나 어려운 일인지를 알게 될 것이다. 따라서 그러한 데이터 스레드를 구축하는 데 수년이 걸리므로 지금 시작하는 것이 가장 빠른 길임을 아는 게 중요하다.

가능하면 언제나 다방면으로 타사 제조업체와 개방적인 협업을 추진하자. 타사의 제조 네트워크를 제대로 활용하는 법을 파악하면 확실한 기술적 경쟁 우위를 갖춘 내부 제조 방식과 함께, 미래에 상당한 가치 창출 동인으로 삼을 수 있을 것이다.

미래의 성공한 기업은 우리 제품을 만드는 기업이 아니라 우리 제품을 가장 잘 만드는 노하우를 가진 기업이 될 것이다.

미래의 물류

제이든의 무인 제조 맥주

"제이든, 이거 당신이 주문한 맥주 상자네! 벨기에에서 온 거야?" 아내가 어리둥절한 듯 물었다. 가까운 데도 많을 텐데 왜 하필 해외에서 주문을 하는 건지 이해가 안 되는 모양이었다. 그러나 제이든에게는 이해하기 어려운 엉뚱한 구석이 있었고, 그녀는 행복한 결혼생활을 하려면 각자의 방식을 존중하는 수밖에 없다고 생각했다.

제이든은 크리스마스를 기다리는 아이처럼 맥주상자 쪽으로 달려가더니 상자를 열어 12개들이 듀벨Duvel을 꺼냈다. 듀벨은 알코올 도수가 무려 8.5퍼센트나 되는 페일 에일로, 제이든은 그 어마어마한 평판 외에도 아직까지 벨기에에서 가족 경영 방식으로 거기서만 양조된다는 사실이 마음에 들었다. 그리고 그는 유래가 담긴 이야기와 알코올 도수가 높은 맥주를 유난히 좋아했다.

안트베르펀(한국에서는 앤트워프라는 영어명으로 더 잘 알려져 있다-옮긴이) 근처의 맥주 양조장은 지금은 다른 양조장과 마찬가지로 완전히 자동화되었다. 시음은 여전히 실제 사람이 하지만 이제는 AI가 시장 영향 지표에서 실제 감정사를 손쉽게 뛰어넘었다. 공장에서 맥주상자를 조립해 물류 창고로 보내면 그곳에서 로봇이 차곡차곡 상자를 쌓아 창고 관리

시스템에 이를 기록했다.

제이든이 주문하기 몇 주 전에 아웃바운드 수출 컨테이너 작업이 계획됐는데, 최근에 서울에서 "사건"이 있었다. 유명 한국 래퍼인 "익스트림 페이엔Xtrim PayN"이 듀벨을 들이키는 모습이 포착되면서 주문이 폭증한 것이다.

무인 트럭이 화물 운반대를 수거해 이를 안트베르펜 항구까지 운송했다. 그러면 무인 항구 운반차가 컨테이너를 선박으로 가져가 실었다. 선박 역시 거의 무인으로 운영되는데, 보안 직원과 엔지니어링팀, 그리고 선원 몇 명이 배에 탔으나 이들이 배 위에서 하는 일은 거의 없었다.

선박은 컨테이너를 싣고 부산으로 향했고, 부산에서 무인 트럭이 화물 운반대를 수거해 이를 서울의 물류 창고로 옮겼다. 그날 밤 제이든은 주문을 하면서 주말 배송을 요청했다.

물류 창고에서 며칠이 지나고, 사전에 합의한 배송 시각으로부터 정확히 4시간 전 맥주상자는 화물 운반대에서 하차 후 냉장 장치로 옮겨졌다. 역시 로봇이 냉각 시스템을 조절했다. 배송 45분 전, 에카는 제이든에게 재빨리 확인했다. "45분 후에 상품을 받아도 괜찮을까요?" 제이든은 눈을 두 번 깜빡였다. 로봇이 냉장 장치에서 맥주상자를 꺼내 아웃바운드 수거대 위에 올려놓았고, 옆에서는 한 무리의 드론이 조용히 순서를 기다리고 있었다. 다음 차례를 기다리던 드론이 아래로 내려오더니 상자를 집어 들고 다시 날아올랐다.

드론이 떠나자 보안 직원인 박종민 씨는 등받이 의자에 앉아 손에 쥔

계수기를 클릭했다. 그러면서도 그는 그냥 드론 수를 세고 앉아 있는 것이 지금 같은 세상에서는 얼마나 쓸모없는 일인지 너무나도 잘 알았다. 그리고 정확히 30분 후 제이든의 아내는 배송을 받았다.

물론 거기서 끝이 아니었다. 맥주병 12개를 다 비우고 6번의 숙취를 겪은 후에는 무인 쓰레기 수거 트럭이 제이든의 유리 재활용 쓰레기통을 깨끗이 비운 다음 다시 지역 재활용 공장으로 가져갔다. 이 모든 과정이 무인 방식이었다.

●●● 진화 이해하기

인더스트리 4.0과 앞서 다룬 원칙에 관한 아이디어는 제조 못지않게 물류 분야에서도 잠재력을 실현할 수 있다. 특히 자율 조정은 여기서는 창고 보관과 운송이 자동화 형태로 나타나고, 탈중앙화는 이른바 물류가 우버화된 형태로 나타날 것이다.

디지털 구현이 핵심 역할을 하는 다른 중요한 몇 가지 동향이 나타날 것이다. 역물류는 전자상거래의 수익성과 재활용의 필요를 둘 다 고려할 때 중요한 성장 분야가 될 것이다. 지속가능성에 대한 소비자의 요구 역시 물류 분야에 영향을 미칠 것으로 예상되며 특히 친환경 공급망으로 전환하라는 압박이 거세질 것이다.

마지막으로 세계 무역에 중대 변화가 일어나면서 수입이 영향을 받게 될 것이다. 디지털은 기업의 수익 창출에 도움을 주면서 전 세계가 이러한 변화를 헤쳐 나가도록 이끌 것이다. 이 섹션에서는 이러한 내용을 다루고 오늘날 기술 현황을 살펴본 다음 일부 스타트업과 기업들이 어떻게 이러한 동향을 활용해 눈부신 발전을 이루고 있는지 알아볼 것이다.

• **자동화** ─ 운송 및 창고 관리 분야의 자동화는 강력한 가치 창출 동인으로서 다양한 형태로 나타날 것이다. 무인 차량, 드론, 외골격 로봇 및 기타 웨어러블 보조 기기와 전반적인 관리 및 가시성 시스템 등이 그 예이다(그림 6.2 참조).

무인 차량은 도로와 수로와 항공로를 오가며 승객보다 상품을 더 먼

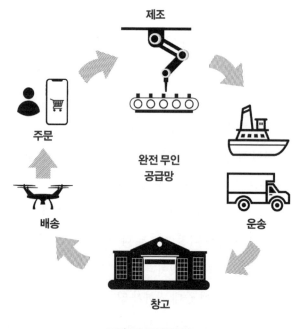

제조

완전 무인
공급망

주문

배송

운송

창고

그림 6.2 무인 공급망

저 실어 나르기 시작할 것이다. 특히 물류 창고 단지나 항구 내부와 같은 사유지에서는 무인 차량들이 이미 어떤 형태로든 사용되어 왔으며 머지 않아 대중교통 인프라로 확장될 것이다. 기계보다는 사람의 비중을 더 높여서 아직은 무인 차량을 "운전"하는 사람이 있어야 한다는 쪽으로 의견이 모아지는 것 같다. 선두 트럭에는 운전자가 타고 있지만 후속 차량에는 꼭 운전자가 없어도 되는 군집 주행을 상상해보면 될 것이다.

드론에 대한 논의는 한동안 계속돼 왔기 때문에 조만간 소규모로 상용 드론이 활용되기 시작할 것이다. 아마존의 MK27 드론 개발은 기술 타당성 측면에서나 규제 수준 파악 측면에서나 흥미로운 사례이며, 몇 년 후에는 이에 대해 합의가 이루어질 것으로 보인다.

업계는 이를 따를 것이다. 처음에는 적재량 2.27킬로그램(5파운드) 이하로 단거리인 경우에만 적용되다가 점차 빠르게 드론 활용에 가속도가 붙을 수 있다.

물류 창고 내부 자체에는 로봇의 작업량이 이미 엄청나게 많으며, 이는 전자상거래 분야의 거대 기업들이 주도해왔다. 아마존은 로봇 회사인 키바 시스템스Kiva Systems를 2012년에 인수해 이제는 아마존 로보틱스Amazon Robotics로 사명을 변경했으며, 20만 대가 넘는 키바 로봇이 아마존 물류 창고에서 일하고 있다.[88]

중국의 알리바바는 아직 로봇 회사를 사들이지는 않은 듯하다. 그러나 알리바바가 51퍼센트의 지분을 가진 물류 회사 차이니아오Cainiao는 긱플러스Geek+ 또는 퀵트론Quicktron과 같은 중국 스타트업과 협업하고 있으며 물류 창고에서 이와 비슷한 로봇들이 가동 중이다. 뿐만 아니라 스캔 기기와 스마트 RFID 태그를 통해 창고 내부에서 손쉽게 물품을 찾고 재고를 보관할 수 있다. 말 그대로 작업자들이 무거운 것을 들어 올릴 수 있게 해주는 외골격 로봇은 노동 생산성을 향상시키고 있다.

마지막으로 빅데이터와 AI 기반의 창고 및 물류 관리 시스템은 물류 창고와 운송 실적을 한눈에 보여주고, 배송 시간과 비용을 줄이기 위해 관리자들이 공급망 전체를 최적할 수 있도록 지원하고 있다.

● **우버화** — 스타트업 기업이 비즈니스 세계에 그처럼 엄청난 영향을 미치며 이를 지칭하는 동사까지 생겼다는 건 정말 놀라운 일이다. 우버화란 기존 자산의 유휴 생산 능력을 오픈 마켓플레이스에 제공해 해당 자산에서 더 많은 수익을 내는 것을 말한다. 물류 인프라, 특히 기업의 자체 물류 인프라를 유지하려면 막대한 설비 투자가 필요하며 불확실한 수요에 끊임없이 대응해야 한다.

교통운송 부문에서 각종 운송 수단을 제공하는 디지털 마켓플레이스가 나타나기 시작했으며, 앞으로 10년간 이러한 시장은 더욱 커질 것이다. 중국의 랄라무브Lalamove 및 고고밴Gogovan과 같은 스타트업은 밴을 통해 라스트 마일 배송을 우버화했다. 아마존은 2015년부터 아마존 플렉스Amazon Flex라는 유연한 라스트 마일 배송 모델을 운영해왔으며 2019년에는 50개 도시로 확장해, 누구나 아마존에 등록해 물건을 배송하고 하루에 몇 백 달러를 벌 수 있게 만들었다. 트럭 및 화물 운송을 위한 새로운 우버화 플랫폼도 있는데, 플렉스포트Flexport, 인도의 블랙벅BlackBuck 또는 넥스트 트럭킹Next Trucking 등이 이에 해당한다.

우버화된 물류 창고 분야에서도 플렉스Flexe와 같은 스타트업들이 있다. 플렉스는 기본적으로 표준화된 개방형 물류 창고 네트워크를 연결해, 기업이 온디맨드 형태로 필요에 따라 물류 창고를 사용할 수 있도록 통합 소프트웨어를 지원한다.

수백만 달러를 설비에 투자하는 대신 서비스로서의 창고를 이용하는 것이 명백한 이득이므로, 앞으로 10년간 이 분야는 고무적인 성장세를 기록할 것이다. 게다가 플렉스와 같은 기업들은 구글 검색을 통해 직접 전자상거래 주문을 받아, 어떤 브랜드 제품이든 소비자에게 배송할 수 있다. 앞서 전자상거래 섹션에서 전자상거래 서비스의 분화에 관해 다룬 내용이 바로 여기에 해당된다.

● **역물류 —** 한번 들어간 것은 결국 나오게 마련이다. 여기에서는 서로 다른 두 가지 흐름, 즉 두 가지 가치 제안을 살펴봐야 한다. 바로 전자상거래 제품의 반품과 재활용이다. 이 파트에서는 재활용에 관한 주제를 좀 더 자세히 살펴보겠지만 일단은 반품 물류를 집중적으로 살펴보자.

전자상거래에서 반품률은 몇 년간 평균 약 10퍼센트 안팎을 기록했는데, 배송비는 보통 제품 비용의 15퍼센트 정도를 차지한다. 물로 이는 평균이지만 적정 규모를 짐작할 수 있다. 이는 전자상거래 업체들이 제품을 회수하기로 한 경우, 제품 비용 자체는 제외하고 마진의 무려 1.5퍼센트를 제품 회수 비용으로 지출한다는 것을 뜻한다.

그리고 여기서는 어쨌든 아주 미미한 유통 마진을 말하는 것이다. 그러나 제품을 반품할 수 있다는 것은 전자상거래 구매의 중요한 동인이므로 반품 불가를 선택할 수는 없다.

고급 분석과 AI는 자동화 및 우버화와 마찬가지로 반품 비용을 낮추는 데 도움이 될 것이다. 소비자가 매장으로 물품을 반품하고 싶어 하는 이유는 반품 여부를 즉시 확인하고 즉시 환불을 받을 수 있기 때문이며, 전자상거래 업체들은 물품 반환(및 수거) 장소를 이미 우버화했다.

드론과 무인 차량이 소비자로부터 직접 물건을 수거하면 반품 운송비를 대폭 낮출 수 있다. 그러나 무엇보다도 유통업체들은 고급 분석 모델을 개발하고 소비자가 제품을 반품할 가능성을 예측하는 데 사용해, 반품비의 일부를 제품 가격에 반영할 것이다. 반품된 제품을 다른 비슷한 SKU와 매칭하고 해당 항목을 검토해 이러한 종류의 제품을 계속 판매해야 할지 재고할 것이다. 아니면 반품 예측 모델을 사용해 소비자에게 반품 보험을 판매할 수도 있다.

전자상거래 업체가 AI를 활용해 어떤 종류의 물품을 누가 반품할 가능성이 있는지를 잘 예측할 수 있다면 제품 불만족에 대비한 보험을 판매함으로써 수익성을 높일 수 있다.

● **친환경 공급망** — 기업들은 친환경적이고 지속 가능한 자사 공급망을 만들기 위해 노력할 것이다. 즉 탄소 중립, 무공해 및 에너지 효율을 내세울 것이다. 그러기 위해 기술과 새로운 자산에 상당한 투자를 할 것이고, 대부분의 기업은 앞 파트에서 다룬 윤리적 입장에 따라 브랜드 자산을 강화하기 위해 소비자에게 그러한 성과를 알리려 할 것이다.

예를 들어, 몇 달 전에 애플은 10년 후 공급망 전체에서 사용되는 에너지를 재생 에너지로 전환하겠다고 발표했으며, "2030년까지, 판매되는 모든 애플 기기가 기후 변화에 미치는 순 영향을 영(0)으로 줄일 예정"[89]이라는 어려운 목표를 제시해 모범적인 행보를 보였다. 그런 공약을 내걸다니 놀랍지 않은가? 그렇다. 이제 수많은 기업이 그 뒤를 따르는 모습을 보게 될 것이다.

이력 추적제 강화도 엄청난 혁신을 불러올 것이다. 소비자들은 제품의 QR 코드를 스캔하고 해당 제품이 어디서 어떻게 지속 가능한 방식으로 조립되었는지를 상세히 알아볼 수 있게 될 것이다.

예를 들어, 삼림 벌채와 노동력 착취 논란이 있었던 팜유 함유 제품을 얼마나 자주 사용해왔는지를 알면 놀랄 것이다.

디지털 구현은 소비자가 의사 결정을 내리기 전에 정보를 참고할 수 있도록, 데이터를 최신 상태로 손쉽게 이용할 수 있게 해준다. 블록체인이 공급망 내에서 지속 가능한 거래 기록의 진실성을 입증해, 소비자에게 정말 중요한 정보에 허위 사실이 없음을 보장할 수 있게 될지도 모른다.

● **미래의 수입 모델** — 마지막으로 소비재 부문에서 수입 및 국제 무역의 미래를 잠시 생각해 봤으면 한다. 국가 간 전자상거래가 활기를 띠고 있으며 앞으로 5~7년간 지속적으로 성장할 것은 분명해 보인다. 수천 마일 밖에서 구매를 원하는 소비자에게 전 세계 제품을 소개하면 당연히 엄청난 가치를 창출할 기회가 생긴다.

그러나 다음 10년이 끝나갈 때쯤에는 몇 가지 조건 변화로 이런 추세가 역전되거나 다소 약화될 것으로 보인다. 과거에는 인건비 차익에 따른 국제 무역 비중이 상당히 높았으며 이는 지금도 마찬가지고 앞으로도 지속되겠지만, 이러한 차익 거래의 혜택은 점점 설득력을 잃게 될 것이다. 대부분의 시장은 그때쯤이면 제대로 상품을 생산하는 데 필요한 자체 지식과 기술을 확보하게 될 것이다.

오늘날 중국과 같은 주요 수출국의 내수 시장은 최대 소비 중심지로 부상하고 있기도 하므로, 언젠가 이러한 시장의 막대한 수요로 인해 기업들이 현지 수요를 충당하기에도 급급한 때가 올 것이다.

그게 그리 나쁜 소식 같지는 않다. 수천 마일 떨어진 곳에서 값싼 상품을 실어 보내느라 세계의 자원을 고갈시키는 것은 사회의 궁극적인 안녕이라는 관점에서 볼 때 말도 안 되는 얘기다.

첫 파트에서 다룬 가치 창출 논리를 다시 떠올려보면, 중국 소도시의 공장에서 아이폰 케이스를 생산해 이를 다른 나라로 실어 보내고 푼돈을 받는 경우, 창출되는 가치가 전혀 없거나 사실상 순가치가 파괴된다고 볼 수 있다.

❗ 지금 당장 해야 하는 3가지 실천 과제

이제 물류의 미래라는 주제를 마무리하면서 다시 도움이 될 만한 몇 가지 사항을 소개한다.

로봇 공학과 자동화 분야에 아직 투자하지 않았다면 지금이야말로 적기이다. 몇 년만 지나면 무인 기술 혁신이 일어날 것이므로 지금 당장 이 기회를 놓치지 말고 잡아야 한다.

우버화라는 관점에서 볼 때, 이 분야에서 운송/물류 창고 플랫폼을 구축해 시장에 진출한 스타트업이 있을 것이므로 지금부터 이들과 작게나마 협업을 시작해야 한다.

마지막으로 공급망이 친환경이거나 친환경으로 전환하는 중이라면 디지털을 활용해 투명성을 제고하고 이 분야에서 소비자와의 유대를 강화해야 한다. 시장 이익 외에도 세상을 보다 깨끗하고 건강한 환경으로 만들고 있다는 자부심을 함께 느낄 수 있다.

판매 경로의 디지털화

●●● 누노의 방탕한 주말

에드는 유럽 출장으로 집을 비웠다. 요즘은 대체로 출장도 드물고 출장 가는 것 자체도 힘들다. 팬데믹으로 인해 전 세계가 출장이 필수가 아닌 호사스러운 경험에 가까우며 그리 중요할 것도 없다는 것을 알게 됐고, 덕분에 에드가 요즘 출장을 가는 일도 줄었다. 누노는 전혀 개의치 않았고 에드와 함께 하는 시간이 더 많아서 좋았다. 덕분에 함께 새로운 경험을 해볼 시간도 늘었던 것이다. 예전에 두 사람은 요즘처럼 요리 프로그램을 같이 보고 직접 새로운 요리를 만들어 먹기도 했다.

요즘 사람들은 좀처럼 요리를 하지 않았다. 음식을 밖에서 그냥 사먹는 게 훨씬 간편한데다 저렴하고 더 나았기 때문이다. 그러나 자기 손으로 직접 재료를 만지고 냄새를 맡고 주방에서 스스로 행복을 만들어가는 느낌은 그 무엇으로도 대체할 수 없는 경험이었다.

에드는 다음 주까지 이어지는 회의 때문에 유럽에 머무르게 되어서 집에 없었고, 이번 주말에 누노는 집돌이가 되어보기로 했다. 즉 하루 종일 TV를 보면서 그가 가장 좋아하는 세 가지인 감자칩과 아이스크림, 맥주를 마음껏 즐긴다는 뜻이었다.

십대 시절에는 아파트에서 나오면 바로 옆집에 구멍가게가 있었다.

326

그리고 길을 건너면 또 한 군데가 있었다. 그래서 첫 가게에 자신이 찾는 것이 없으면 두 번째 가게에 들렀는데 여전히 같은 자리를 지키고 있었다. 지금은 물론 D1, 아라, 후스토 이 부에노 같은 가게가 모두 같은 거리에 있어서 편리했다. 개성은 별로 없지만 더 많은 제품을 살 수 있게 됐기 때문이다. 그는 D1으로 들어가 독일 맥주를 몇 개 집어 들었다. 수입처와 좋은 조건으로 거래해서 그런지 여기서는 항상 좋은 가격에 살 수가 있었다. 동네 가게에서는 그런 가격을 찾을 수 없을 것이다.

그는 동네 가게 쪽으로 걸어갔다. 그가 여기서 쇼핑하는 걸 좋아하는 이유는 20대 후반의 가게 주인 후안과는 10분이면 산타페에 관한 대화를 끝내기 때문이다. 후안의 아버지는 그에게 가게를 물려주었으나 여전히 뒤쪽에 앉아 온종일 TV를 보고 커피를 마시고 후안의 잘못을 지적했다. 거리 이곳저곳에 현대식 상점들이 들어서면서 가게 자체는 더 이상 물건을 팔아서는 벌이가 안 됐다. 그래도 여전히 누노처럼 100여 명쯤 되는 충성 고객들이 있어서 1킬로미터 근방이면 무료 배달을 해줬다. 전자상거래 상품 수령 및 반품, 모바일 및 아이튠즈 크레딧, 요금 지불, 가게 앞쪽의 자판기 및 커피머신, 플라스틱 병 회수, 가게 뒤쪽의 KFC 미니 프랜차이즈 등이 가게 수입의 80퍼센트 이상을 차지하고 있었다. 그 정도면 가족이 안정적인 생활을 하기에 충분했다. 콜롬비아에는 그와 같은 가게들이 수천 개는 있었다.

그리고 사실 상호는 다 달라도 모두 구글의 상점 플랫폼에서 운영됐기 때문에 운영비를 낮출 수 있었고 그만큼 남는 이익도 많았다.

누노는 후안네 가게에서 감자칩 두 봉지와 아이스크림 두 통을 샀다. 후안이 감자칩을 구입한 전국 스낵 유통사는 후안에게 매장 홍보 물품 등 상당한 추가 혜택을 주었고 POS 장비 설치도 도와주었다. 사실 후안은 모든 제품의 40퍼센트 정도를 이 유통사로부터 구매했다.

심지어 작년에는 감자칩 브랜드로부터 콜롬비아 내 100대 매장에 들었다며 상을 받기도 했다. 누노가 그간 사갔던 감자칩을 생각하면 아마 누노가 올려준 매상도 한몫 했을 것이다. 아이스크림은 특별한 종류여서 후안은 대형 전자상거래 플랫폼에서 구입해 누노에게 팔았다. 누노는 물론 직접 해당 플랫폼에서 살 수도 있었겠지만 후안은 대량으로 구입했기 때문에 누노에게 훨씬 싼 가격에 팔 수 있었다.

누노는 옛날 버전의 반지의 제왕 확장판 3부작 전체를 몰아보기 할 생각에 급히 집으로 돌아갔다. 물론 그는 에드가 그리웠지만 지금은 몰아보기 좋은 기회였고, 그는 얼음처럼 차가운 헤페바이젠 캔맥주를 땄다.

●● 진화의 핵심 요소

다양한 상점을 거쳐 소비자의 손에 들어가기까지 제품이 유통되는 방식 또한 10년간 변화를 맞이할 것이다. 인더스트리 4.0의 투명성 원칙은 여기에서 다방면으로 적용되며 궁극적으로 최종 소비자에게 가치를 더해줄 것이다. 특히 매장 세분화 비중이 높고 수많은 판매 경로가 존재하는 시장에서는 마켓플레이스에서 무슨 일이 일어나는지 알 수 없다는 점 때문에 기업은 늘 애를 먹었는데, 디지털 구현은 이 문제를 해결할 것이다. 현대적인 유통 방식이 결국 자리를 잡겠지만 전통적인 유통의 현대화 자체도 효율성을 높이는 또 다른 방법일 수 있다. 과거에는 불가능했으나, 기술 발전으로 과거보다 확장성이 더욱 커진 지금은 가능하기 때문이다.

이 주제와 관련해 다섯 가지 항목을 살펴보면서 그러한 진화 과정을 다룰 것이다. 첫째, 현대적인 전문 유통 채널의 출현과 이로 인한 마켓플레이스의 변화 과정을 살펴본 다음 미래의 영세업체와 이들의 진화 과정을 다룰 것이다. 디지털을 활용한 매장 유통의 효율성 증대 방식과 점주들의 매장 서비스 확대 방식을 알아볼 것이다.

마지막으로 B2C 및 B2B 마켓플레이스가 최종적으로 어떻게 통합될 것인지를 살펴보겠다.

● **세분화된 유통 채널의 통합** ─ 개발도상국 시장에서 현대적 유통 방식의 비중이 지속적으로 증가하면서 10년 정도 지나면 선진국 시장을 따라잡을 것이라는 데에는 이견이 없다. 그리고 현대적 유통 방식 내에서 시대적 흐름에 더 적합할 것으로 생각되는 유통 채널은 편의성을 우선한 더 작은 형태이다.

소비자의 일용 소비재(FMCG) 쇼핑 요구 사항을 보면, 생필품을 채워 넣기 위해 마트에 가서 일주일치 장을 보는 일상이 전자상거래로 옮겨 갈 것이라 본다. 편의성을 뛰어넘는 장점은 없으며 10년 정도면 습관을 형성하기에 충분하고도 남기 때문이다. 현대적인 대형 유통업체 판매 대리점은 여전히 나름의 역할을 하게 될 것이다. 앞 파트에서 다뤘듯이 한 달에 한 번 여유롭게 쇼핑하러 가는 것 말이다. 그러나 주중에 밖에 돌아다니다가 생필품을 구매하러 잠깐 들르기에는 편의점이 적합한 형태가 될 것이며 점차 그 영향력이 확대될 것이다. 그러나 편의점 자체도 더 다양한 상품을 갖춘 대형 매장으로 변화하면서, 작은 편의점보다는 미니 슈퍼마켓에 더 가까운 형태가 될 것이다.

그러한 변화는 이미 나타나고 있다. 초대형 오프라인 슈퍼마켓은 한 달에 한 번 정도 가는 곳이 되고 전자상거래 플랫폼은 매주 장보기 위해 찾는 곳이 되고 대형 편의점은 주중에 오며가며 들르는 곳이 될 것이다.

그러면 영세업체의 경우는 어떨까? 특히 오프라인이나 온라인으로 소량을 구매하는 마이크로 쇼핑이나 마이크로 전자상거래의 경우에는 영세업체를 이용하는 것이 적합할 것이라 본다.

마이크로 전자상거래라는 말은 내가 처음 여기서 만든 말이 아닌가 싶다. 계획에 없이 매장에 잠깐 들어가 물건 하나를 사갖고 나오는 것은 작은 동네 가게만으로 충분하기 때문에 굳이 배송비를 지불해가며 살 필요는 없다. 편의점이 안 된다는 게 아니라 단순히 지리적 근접성 때문에 그렇다. 그래서 누노는 D1 마트에 가는 대신 길 건너 작은 가게에 간다. 그저 가깝기 때문이다.

마이크로 전자상거래의 경우에도, 누노는 후안의 가게에서 소량의 상품을 주문해 무료로 배달을 받는다. D1이나 아라는 무료 배달 서비스를 제공하지 않기 때문이다. 그런데 D1과 아라 같은 업체는 안 되는데 왜 후안의 가게는 무료 배달이 가능하고 이런 서비스를 제공할 여력이 되는 것일까?

● **영세한 미래형 매장과 매장의 경제성** — 위의 질문에 대한 답은 매장을 운영하는 기본 경제 모델이 다르듯이 소비자에게 제시하는 매장의 가치 제안도 달라야 한다는 사실에 있다. 매장의 가치 제안을 먼저 살펴보자. 미래의 영세 매장은 후안의 가게처럼 부수적인 서비스 제공을 통해 수입의 80퍼센트를 얻고 단 20퍼센트만 일용 소비재 판매를 통해 얻게 될 것이다. 과거에는 소비자에게 상품을 공급하는 능력이 영세 매장의 가장 귀중한 자산이었으나, 현대적인 유통 및 전자상거래를 통해 상품 공급이 가능해진데다 더 많은 상품을 더 저렴한 가격에 구할 수 있게 되면서 미래에 그러한 자산은 사라질 것이다.

영세 매장은 가까운 위치와 특색 면에서 유리한 점이 있을 것이다. 그리고 성공한 영세 사업주와 아마도 이들의 자녀들은 이러한 자산을 유리하게 활용하는 법을 알게 될 것이다.

사업주의 자녀들이 운영하는 매장에서는 거리가 가깝다는 장점을 활용해 다양한 서비스를 판매할 것이다. 이는 편의점에서 제공하는 여러 서비스 중 하나일 수 있으나 그 자체로 규모의 이점은 없다.

예를 들어, 매장 내에 자판기를 설치하면 매장 위치, 전자상거래 제품 수령/반품 지점, 전자지갑 충전 지점, 소비자와 가까운 거리가 중요한 이점으로 작용하는 다양한 서비스를 통해 수익 창출에 기여할 수 있다.

판매되는 제품의 20퍼센트는 거의 서비스를 이용하기 위해 온 소비자가 추가로 구매하는 경우에 가까우며, 영세업체들은 좋은 가격과 수익성을 보장해 줄 대형 구매자 네트워크에 참여할 것이다.

마지막으로, 경제성의 관점에서 볼 때 영세 매장 점주는 대형 전문 유통 채널의 체인점에 비해 항상 낮은 매장 자산 이익률을 적극 수용할 것이다. 이는 중요한 요인이다. 대기업이 매장을 운영할 수 없는 곳에서 가족 단위로 작은 매장을 소유하고 운영할 수 있기 때문이다.

● **새로운 판매 경로** — 내가 인도 서부의 작은 마을인 나시크에서 자랄 때 특정 브랜드나 제품의 "대리점 역할"로만 한 세대 만에 엄청난 부를 일군 집안들이 있었다. 이들은 비스킷 대리점, 석유 및 가스 대리점, 브랜드 의류 대리점, 페인트 대리점, 오토바이 대리점 등을 운영했다.

판매 경로의 진화 첫 단계를 바로 고향에서 본 것이었고, 이는 모든 개발도상국 시장에서 비슷한 양상을 보였다. 시간이 지날수록 이는 조금씩 변했다. 브랜드 기업들은 숙련도가 높고 준비가 잘된 판매점을 핵심 총판 대리점으로 지정했고, 브랜드 도달 범위를 넓혀 소비자 수요를 창출함으로써 이익을 얻으려는 사업자가 많아지면서 대규모 도매 채널이 출현한 것이다. 내가 자라면서 봐 왔고 지금도 여전히 존재하는 판매 경로는 이런 식으로 확립됐다.

21세기로 접어들어 브랜드 기업들이 앞다퉈 현대화를 추진하면서 이제는 더 나은 총판 관리 시스템, 판매부서 자동화, 매장 내 프로모터(판매 직원), 타사 판매부서 등이 갖춰졌다.

많은 기업들이 여전히 이 단계에 있다. 진정한 파괴적 혁신이 이제 일어나고 있으며, 소비자가 전자상거래와 전문 유통 채널로 옮겨가면서 전통적인 유통 채널은 어려움을 겪고 있고, 총판업체들은 하나둘씩 폐업하고 있다. 마진은 줄어들고 영업 직원들은 더 나은 기회를 찾아 나서고 도매 쪽은 정보가 거의 없기 때문이다. 그럼 이제 어떻게 될까?

디지털 구현이 이러한 판매 경로를 현대화하는 데 도움이 될 것이다. 대규모의 효율적인 다중 채널, 다중 브랜드 총판사들이 나타나 다양한 브랜드와 지역 및 채널 전반의 유통을 통합할 것이다.

더 나은 기술을 구현해 앞서 다뤘던 개방형 플랫폼을 비롯한 판매 리소스 활용률, 창고 및 운송 수단 활용률, 데이터 투명성, 브랜드 수익 창출을 위한 매장 인사이트 등을 개선하는 데 중점을 두고 이를 규모의 이점과 결합하면 대형 총판사는 마진과 브랜드를 안정적으로 확보하게 되므로 근본적으로 총판 업무에서 벗어날 수 있다.

대다수 브랜드 기업들은 잘 모르지만, 대형 온라인 총판사들은 훨씬 발전된 기술로 이미 온라인 채널을 관리하기 시작했으며 이러한 온라인 총판사들은 얼마 지나지 않아 자사가 온라인에서 서비스하는 것과 동일한 브랜드의 오프라인 유통을 현대화함으로써 막대한 기회를 얻을 수 있다는 사실을 알게 될 것이다.

- **매장 애그리게이터 및 매장 서비스** — 지난 몇 년간 중국에서 eRTM (electronic Route-to-Market, 오프라인 매장으로 유통망을 확장하는 디지털 소싱 플랫폼-옮긴이) 업체들이 출현하면서 그에 대해 수많은 논의가 촉발되었다. 알리바바 산하의 링쇼우퉁(LST)과 징둥닷컴(JD)의 신통루(XTL) 사업부가 시장을 주도하면서 300만 곳 이상의 영세 판매 대리점을 가맹점으

로 끌어들이겠다고 나섰다. 앞으로 10년간 이 분야에서 매장 애그리게이터와 서비스 사업자는 전 세계에서 계속해서 나타날 것으로 보이며, 영세 업체에 브랜드 제품을 공급하는 기술 기반의 총판사 역할을 하거나 아니면 앞서 언급했듯이 부수적인 서비스 사업자 역할을 하거나 그 둘이 하나로 합쳐진 역할을 하게 될 수 있다.

매장 애그리게이터 유통 플랫폼은 영세업체들이 전문 유통업체가 가진 것과 동일한 재고 확보의 이점을 제공하고 점주의 판촉 및 판매 업무에 도움이 될 수 있을 것이다(그림 6.3 참조).

무엇보다도 그러한 플랫폼은 점주의 사업적 지식을 확보하여 이를 마켓플레이스 전반에서 통합하고 전달함으로써 이익을 얻을 수 있을 것이다. 흔히 점주가 기술과 좋은 가격의 혜택을 누리면서 그러한 플랫폼의 주요 수혜자로 여겨지지만, 오프라인 유통 분야에 처음 발을 들여놓는 플랫폼 입장에서도, 예를 들어 서비스 사업자가 설치하는 스마트 POS 단말기에서 상당량의 인사이트와 실제 데이터를 얻는 등 상당한 이득을 누릴 수 있다.

- **B2B 마켓플레이스** — 마지막으로, 언젠가 B2B와 B2C 전자상거래 마켓플레이스가 완전히 통합되는 날이 올 것이라 본다. 대다수의 전자상거래 업체들은 인정하려 하지 않겠지만, 오늘날 전자상거래 구매의 상당 부분은 중소업체들이 차지하고 있으며 이들이 가치 사슬의 후반 단계에서 이를 판매한다. 전자상거래의 할인 수준이 높아서, 리셀러들이

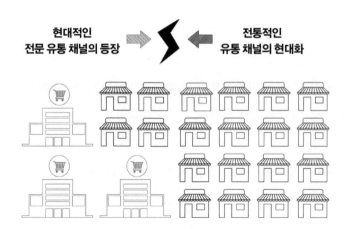

그림 6.3 전통적인 유통 채널의 현대화

지역 총판사를 통해 구매하는 것보다 온라인으로 구매해 이를 소비자에게 판매하는 편이 훨씬 유리하기 때문이다.

브랜드 기업들은 플랫폼과 함께 판매 대리점에 멤버십 혜택을 제공하고 대량 구매 시 할인율을 높이는 등의 방식으로 B2B와 B2C 판매 간 가격 차이를 유지하고 이처럼 "눈에 띄지 않는" 유통 채널을 공개해 합법화할 방법을 찾아낼 것이다.

⚠️ 지금 당장 해야 하는 3가지 실천 과제

이처럼 앞으로 10년간 유통 방식이, 특히 세분화된 유통 채널 부문에서 어떻게 진화할지 알아보았다. 이런 변화로 영향을 받게 될 기업들에게 다음의 몇 가지 핵심 권고사항을 소개한다.

먼저, 실적이 좋은 판매 대리점을 위한 프로그램을 만들어 시작하자. 기술업체 및 온라인 총판사와 협업하고 판매 대리점을 이용해 실제 비즈니스 모델을 만들어내자. 그렇지 않으면 그런 기회를 타사에 뺏길 뿐만 아니라, 나중에 자사 판매 대리점을 이용하려면 타사에 수수료를 지불해야 하는 상황이 올 수도 있다.

그러나 판매 대리점이 취급하는 상품과 서비스의 규모 자체가 단일 브랜드보다 훨씬 크다는 사실을 이해하자. 따라서 판매 대리점에 브랜드 자체를 훨씬 넘어서는 가치 제안을 할 필요가 있다. 그리고 판매 대리점 미래 소득의 최대 원천이라 생각되는 부가가치 서비스에 가치 제안의 80퍼센트를 집중하자. 단순히 제품 공급만으로는 판매 대리점이 가치 제안을 고수할 것이라 기대하기는 어렵다. 큰 손해를 감수하고서라도 판매 대리점을 끌어들이려는 경쟁업체가 쉽게 따라할 수 있기 때문이다.

온라인 총판사나 거래 중인 최대 총판사 몇 곳을 골라서 판매 경로의 대대적인 혁신과 디지털화에 대해 함께 논의하자. 브랜드 기업과 총판사는 자금력이 풍부한 외부 업체에 떠밀려 탈중개화(disintermediation) 수순을 밟는 것보다는 현실로 다가올 미래에 적극 뛰어드는 것이 훨씬 유리하다.

미래의 순환 경제

●●●   환경 지킴이가 된 바트

　　일요일 아침 10시였다. 아이스크림 카트가 지나갈 때 울리는 익숙한 멜로디가 들렸다. 이번에는 P&G가 롱아일랜드에 물품 공급 트럭을 보내면서 벨소리를 가져다 쓴 것이었다. 이는 P&G가 진행하는 포장재 줄이기 캠페인 활동 중 하나였는데, 이동식 리필 스테이션이 돌아다니면 소비자가 각자 집에서 쓰는 다회 용기에 원하는 물품을 채우는 식이었다. 구독 서비스 방식과 실제 사용량 방식으로 청구서가 발송됐다. 바트에게는 물론 매장에서 직접 물건을 사는 것보다 이 편이 훨씬 저렴했다.

　　그는 아리엘 세제와 다우니 섬유유연제 약간, 자신이 쓸 헤드 앤 숄더 샴푸와 아내인 질이 쓸 팬틴 샴푸를 약간 채웠다. 고르는 김에 타이드 캡슐 세제도 약간 집어 들었다. "핑!" 그는 녹색 별이 자신의 점수에 추가되는 소리를 들었다.

　　그날 늦게 바트는 타이틀리스트에서 새로운 골프웨어와 새로 나온 골프공을 받았다. 하나같이 여러 겹의 비닐과 골판지 및 뽁뽁이(버블랩)로 꼼꼼히 포장되어 있었다. 바트는 10년 전 세계를 단번에 사로잡았던 "분리! 배출!"이라는 캠페인 문구대로, 세심하게 분류한 후 올바르게 배출해 버렸다. 1980년대의 마약 퇴치 캠페인 문구였던 "Just say no(아니라고 말하라)"와 비슷하다는 얘기들을 하지만, 길거리에 쓰레기가 확 줄어든 걸 보면 분리 배출 문구가 훨씬 더 효과적이었다. 안타깝게도 마약 퇴치는 큰 효과를 본 편은 아니었다. 요즘 전자상거래로 물건 구입이 늘어나면서 바트는 매주 엄청난 양의 재활용 쓰레기를 분류해 내놓고 있는데, 대부분 재활용이 된다는 걸 알고 안심이 되었다. 올해로 배출량 1킬로그램을 찍은 게 100번째임을 알리는 "핑!" 소리가 또 들렸다.

바트는 그가 내놓는 쓰레기가 전부 유용하게 쓰인다는 사실을 알고 있었다. 실제로 일부 국가에서는 기업이 말 그대로 해양과 쓰레기 매립지에서 플라스틱 쓰레기를 "채굴"해 수백만 달러를 벌어들인 경우도 있다고 들었다. 사우디아라비아가 석유 고갈을 예상하고, 세계 최대의 쓰레기 하치장을 탐사하기 위해 최대 규모의 쓰레기 매립지 및 해양 채굴권을 즉시 사들였다는 소식은 특히 흥미로웠다.

저녁 늦게 그는 동네 편의점에 들렀다가 개인 물병을 빼놓고 온 게 생각이 났다. 좀처럼 없는 일이었으나 어쩔 수 없이 물병 하나를 사기로 했다. 페트병 위에는 "폐기물 중립"이라는 문구가 붙어 있었다. 이런 페트병을 환경에서 수거하는 비용이 그가 지불하는 물병 가격에 기본적으로 포함되어 있다는 뜻이었다. 몇 푼 안 했기 때문에 그는 별 고민 없이 샀다. 소액의 추가 요금 일부가 다시 바트에게 녹색 별 형식으로 적립되었고 "핑!" 하는 소리가 또 들렸다.

집으로 돌아온 바트는 책상에 앉아 일몰을 바라보면서 아름다운 뒷마

당의 고요함과 평화를 즐기기로 했다. 그는 팬데믹 이후 경제 불균형과 차별 증가로 힘들었던 시절을 떠올렸다. 세계의 명운을 걱정하다가 변화가 일어났던 순간이 생각났다. 인류가 오만함을 버리게 된 계기가 찾아온 것이었다.

그때부터 쓰레기의 종말이 시작되었고, 그는 그 상태가 지속되길 바랐다. 휴대폰을 보니 녹색별이 1,000개가 되어 있었다. 친환경 그린 슈퍼히어로 프로그램에서 "헐크" 레벨이 된 것이다. 그는 환경 지킴이가 된 것 같아 마음이 뿌듯했다.

●●● 순환 경제의 진화 이해하기

쓰레기를 생산하는 속도를 어떻게 줄일까, 그리고 이미 세상에 내놓은 현재 쓰레기를 어떻게 처리할 것인가는 물론 이 책에 내가 넣고 싶었던 중요한 주제다. 중요한 주제일 뿐만 아니라 몇 년 후면 쓰레기 문제가 지구에 아주 심각한 영향을 미칠 것이기 때문에 꼭 다루어야 한다고 생각해서다.

그리고 디지털 구현은 그러한 문제에 대처하는 데 중요한 역할을 할 것이다. 당연히 세계에 경각심을 불러일으켜야 하지만 그보다 더 중요한 것은 문제를 해결하려면 세계의 자원, 특히 자본이 필요하다는 것이다. 앞서 언급했듯이, 자본은 가치가 있는 곳으로 흐르며 사람들은 무리해서라도 돈을 벌고 싶어 한다.

오피니언 리더들이 모여 지구 최후의 날을 경고하면 이를 부인하는 사람들이 더욱 큰 목소리로 반격을 해대지만 많은 이들이 함께 팔을 걸 어붙이고 폐기물 회수를 통한 가치 창출 방법을 마련했으면 한다. 여기서는 포장재 줄이기 환경 솔루션과 소비자 교육, 회수 물류 및 재활용 능력, 소비자 가격 결정 및 일반적인 투명성을 다룰 것이다(그림 6.4 참조).

• **포장재 줄이기 환경 솔루션** — 포장을 완전히 없앤다는 생각이 제일 처음 들 수 있지만, 오늘날 이러한 목표를 달성하기 위한 전 세계적인 실험은 단계별로 나뉜다.

예를 들어, 스타벅스는 빨대 없이 아이스 음료를 마실 수 있는 새로운 컵을 도입하기 위해 노력하며, 뚜껑의 한쪽 부분을 주둥이처럼 길게 늘였다. 이미 써 본 사람도 있을 것이다.

이는 빨대를 없앴을 뿐 포장재 자체를 없앤 것은 아니다. 사용 후 녹아

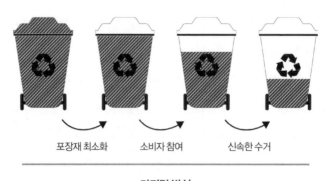

포장재 최소화   소비자 참여   신속한 수거

디지털 방식

그림 6.4 점진적인 플라스틱 폐기물 감소

없어지는 포장재나 밀랍 및 해조류 같은 천연 소재로 만든 포장재도 있으며, 해조류 포장재 중에는 먹을 수 있는 것도 있다. 이런 실험들은 중요하며 지속적인 관심을 기울여야 하지만, 개인적으로는 회수용 유리병 같은 다회용기와 바트가 사용했던 것과 같은 리필 스테이션이 널리 사용되는 쪽에 좀 더 희망을 걸고 있다.

덴마크의 뮤즈MUUSE 또는 벨기에의 굿리스Goodless 같은 기업들은 RFID를 활용해 추적과 리필이 가능한 스마트 컨테이너를 제작해, 충전량에 따라 과금하고 있다.[90] 체코의 미와MIWA(최소화한 폐기물, Minimum Waste의 약자로, 포장재 없는 유통 시스템을 개발하는 스타트업-옮긴이)는 실험적으로 스마트 용기 중심의 전체 시스템을 만들어냈으며, 이는 포장재 줄이기 환경 솔루션 혁신을 위한 이전 단계에 해당한다.[91]

항상 개인 병을 들고 다닌다고 생각해보자. 안에는 칩이 내장돼 있어서 말 그대로 어느 디스펜서든 사용할 수 있고 칩을 이용해 구매량만큼만 요금을 지불하는 방식이다. 아니면 자전거 공유 앱처럼 용기를 항상 대여하고 반환하지 않으면 벌금을 문다고 생각해보자.

이러한 디지털 활용 사례는 무엇보다도 플라스틱 사용량을 줄이는 데 꽤 도움이 될 것이다.

● **수거 시스템과 재활용 공장** ─ 대부분의 대기업은 2030년까지 제로 웨이스트를 달성하겠다는 야심찬 공약을 내놓았다. 이미 수거 중인 플라스틱의 양도 상당히 많다. 목표 달성까지는 갈 길이 멀지만 그래도 아주

성과가 없지는 않다. 사실 전 세계 기업들이 별도로 거액의 기금을 내놓으면 플라스틱을 남김없이 수거해 문제를 해결할 수 있겠지만, 그러기 위해서는 상상을 초월하는 노력과 돈이 들 것이고 오랜 시간 노력이 필요하다. 우선 대다수 기업들은 수거된 플라스틱의 가격을 인위적으로 올리려 할 것이다. 다시 말해, 플라스틱 수거 사업에 더 많은 업체가 뛰어들고 필수적인 수거 인프라 구축에 더 많은 자본을 투입하도록, 기업들은 플라스틱 수거에 높은 가치를 매길 것이다.

쓰레기 수거 사업은 안타깝게도 세계에서 가장 불투명한 기관들이 맡아 하고 있다. 디지털은 브랜드 기업과 재활용 공장들이 수거 기업에서 재활용된 플라스틱을 구입할 수 있고, 플라스틱의 가격과 출처의 투명성이 완벽히 보장되는 신뢰할 만한 마켓플레이스를 구축하는 데 큰 역할을 할 것이다. 블록체인이 중요한 축을 담당할 수도 있을 것이다.

마켓플레이스는 탄소 상쇄 플랫폼과 마찬가지로 소비자의 플라스틱 사용량을 줄이는 데 도움을 줄 수도 있다. 병에 든 생수 한 상자를 사고 플라스틱 수거 마켓플레이스에 가서 한 상자에 해당하는 "플라스틱 수거 크레딧"을 구매한다고 생각해보자. 이는 기본적으로 지구 반대편에 있는 사람이 12개의 빈 병을 수거하는 것과 같은 효과가 있으며, 그 과정에서 가치 및 고용 창출이 일어난다.

- **소비자 교육 및 소싱** — 플라스틱 수거의 아래 단계로 내려올수록 지역적 분포가 더 넓어지며 이를 회수하기도 더 어렵고 비용도 많이 든다.

어느 시점이 되면 기업은 재활용 소재에 더 비싼 가격을 지불해야 할 것이다. 그리고 보다 손쉽고 저렴하게 수거할 수 있도록 소비자에서 재활용 공장에 이르는 전체 처리 과정을 개선하는 것이 합리적이다.

이를 위해 가장 좋은 방법은 소비자가 수거 작업의 가능한 많은 단계에 참여하도록 유도하는 것이다. 기업은 소비자의 역할을 교육하고 인센티브를 부여할 방법을 찾을 것이다. 포장재에 붙어 있는 QR 코드를 스캔하면 소비자에게 포장재 제거 방법에 대한 명확한 지침이 제시될 수 있으며 가장 가까운 쓰레기통을 안내할 수도 있다.

기업은 또한 소비자가 직접 수거하는 방식을 활용할 수도 있다.

예를 들어 플라스틱뱅크Plasticbank[92]는 등록 회원이 플라스틱을 수거하면 식료품, 학교 교육, 건강 보험을 그 대가로 지원한다. 이는 형편이 좋지 않은 사람들의 구매력을 높이기 위한 것이기도 하지만 선진국에서도 효과적일 것이라 본다.

브랜드 기업들은 이에 대해 확고한 뜻을 가진 이들의 지지를 바탕으로, 소비자가 쓰레기 수거에서 "자신의 역할을 수행"하고 프로모션이나 멤버십 포인트를 통해 그에 대한 보상을 받을 수 있도록 할 것이다. 앞에서 소비자의 참여를 기반으로 한 혁신 분야에서 살펴보았듯이, 디지털은 그러한 수거 참여 플랫폼을 지원할 수 있다.

소비자는 자신이 수거한 쓰레기를 쓰레기 집하 센터에 가져가 쓰레기를 비우기만 하면 스마트 쓰레기통과 자신의 기기를 연동시켜 크레딧을 받을 수 있을 것이다.

- **소비자 가격 결정 및 등급 설정** — 수거와 분류에 참여하는 것 외에도 대부분의 소비자는 제품 자체를 구매할 때도 수거 비용을 지불하게 될 것이다. 전통적으로 포장 식품이란 소비자가 가게에서 포장용기 없이 무게를 달아 파는 제품을 구매하는 것을 뜻했다. 그러다 누군가가 제품을 포장해 배송하는 방식을 생각해낸 것이다.

제품뿐만 아니라 휴대성까지 함께 구매하게 되면서 제품과 서비스가 하나로 묶이게 되었다. 이후 플라스틱 포장이 도입되면서 이제 소비자는 제품과 함께 휴대하기 쉽고 가벼우며 버리기 간편한 플라스틱을 구매하고 있다.

이제 당연하게도, 소비자들은 환경오염에 동참하지 않을 권리를 요구하면서도 가볍고 저렴한 포장재 사용 중단은 꺼리고 있다. 브랜드 기업들은 제품에 또 다른 서비스를 추가해, 소비자가 제품 구입과 함께 경량의 휴대용 편의성을 누리도록 하면서도 플라스틱이 어느 시점에서 수거될 것이라고 보장해야 한다. 그리고 가치 있는 것에는 비용을 지불하는 것처럼, 소비자는 그러한 추가 서비스에 비용을 지불해야 한다.

다소 책임 회피처럼 들릴지도 모르지만 기업들은 대부분 플라스틱 문제 해결을 중요하게 여기고 있으며 경제적 손실을 감수하더라도 이를 적극 실행할 의지를 보이고 있다. 그러나 소비자가 서비스의 대가로 비용 지불에 합의하지 않으면 그러한 서비스가 제공될 일은 없을 것이다. 전자상거래에서의 무료 배송을 떠올리면 이해하기가 쉬울 것이다.

브랜드 기업들은 디지털 참여형 플랫폼을 사용해 프로모션을 활용하거나 앞서 예로 든 녹색친환경 슈퍼히어로와 같은 개념의 등급제를 통해 소비자에게 가치를 일부 돌려줄 수 있다.

● **투명성** ─ 투명성 문제는 앞으로 10년간 다방면에서 마주치게 되겠지만, 기본 활동에 대해서는 전면적인 투명성이 보장되는 플랫폼이 있어야 할 것이다. 소비자들이 특정 제품 포장 방식과 그러한 포장의 사용 후 처리 방식에 대한 정보를 확인할 수 있는 플랫폼이 그러한 예가 될 수 있다. 이를 통해 소비자들은 보다 적절한 구매 결정을 내릴 수 있을 것이다. 소비자, 기업, 및 정부가 쓰레기의 다양한 흐름을 볼 수 있고 장소별로 처리 가능한 쓰레기가 얼마나 많은지를 파악할 수 있는 플랫폼이 필요하다. 그러한 플랫폼에서 쓰레기 수거업체는 재활용 업체의 입찰 가격을 볼 수 있고, 재활용 업체는 판매자 측에서 내놓은 쓰레기의 출처와 상태를 볼 수 있어야 한다.

현재 판매 중인 쓰레기의 양과 가격을 보고 기업이 적합한 소싱 방식을 결정할 수 있는 플랫폼이어야 한다. 또한 고용 창출과 같이 수거 산업 활성화의 부가 혜택을 보여주어야 한다. 특히 전 세계가 볼 수 있는 일종의 글로벌 대시보드, 즉 타임스퀘어나 에펠탑, 부르즈 칼리파 등의 카운트다운 전광판에 수백만 톤의 쓰레기가 회수되고 있음을 지속적으로 표시하면서, 수십 년 후 쓰레기의 양을 제로로 만들기 위한 전 지구적 과제를 다 함께 시작해볼 수 있다. 디지털 구현은 이 모든 데이터를 통합해, 공정하고 정확하게 제대로 표시하는 데 중요한 역할을 하게 될 것이다.

⚠️ 지금 당장 해야 하는 3가지 실천 과제

아마 대부분의 기업이 해당되겠지만, 이런 변화에 영향을 받는 기업을 위해 도움이 될 만한 몇 가지를 소개한다.

먼저, 쓰레기 회수를 문제가 아닌 기회로 생각하자. 소비자는 기업이 쓰레기를 회수하길 기대하기 때문에 이는 가치 창출 기회가 된다. 따라서 이러한 기대를 충족하면서도 수익을 실현하는 방법을 찾아야 한다. 소비자 교육을 통해 참여를 이끌어내야 한다. 오피니언 리더뿐만 아니라 일반 대중이 참여할 수 있는 프로그램을 통해 쓰레기를 수거하고 회원 등급을 높이거나 크레딧을 얻을 수 있는 가치 교환 시스템을 만들어야 한다.

포장재 줄이기 환경 솔루션에 투자하자. 아이스크림 트럭처럼 관심 끌기용으로 보일 수도 있지만, 규모가 확장되면 획기적인 비즈니스 모델이 될 수 있으므로 자사 비즈니스에 맞는지 평가해 봐야 할 것이다.

마지막으로, 투명성에 투자하자. 투명성 문제는 문제가 해결되는 경우에만 사라질 것이며 문제 해결 여부와 문제의 범위를 모르는 것은 아무 행동도 하지 않는 것보다도 나쁘다.

지금까지 제품이 가치 사슬을 따라 제조, 보관, 운송, 유통을 거쳐 소비자에게 전달되는 방식과 포장이 다시 재활용되는 과정을 다룬 다섯 번째 혁신 분야를 살펴보았다.

또한 이와 관련된 다양한 주제를 다루었는데, 전통적이고 획일화된 제품 제조 및 유통 방식은 앞으로 심각한 난관에 부딪칠 것이다. 공급망이 분화되고 모든 단계에서 개방형 플랫폼 마켓플레이스가 도입되면 제조와 유통 과정이 훨씬 복잡해지겠지만 그만큼 효율성이 대폭 높아질 것이다.

이제 6개 혁신 분야 중 마지막 부분을 살펴볼 텐데, 여기서는 기업이 다양한 이해관계자와 함께 이러한 디지털 기반의 미래에서 어떻게 사업을 운영할 것인지를 다룰 것이다.

The Digital Frontier

PART

7

기업은 어떻게
협업하는가

우리는 지금 살고 있는 시대에 감사해야 한다. 꽤 많은 이들이 대체로 따뜻한 집 안의 안락한 침대에서 일어나는 호사를 누리면서 하루에 제대로 된 세 끼 식사를 하며 살고 있기 때문이다.

주말에는 일터에 나가지 않고 쉴 수 있으며, 일 자체도 아침 9시에 시작해 오후 6시쯤이면 끝난다. 안전한 직장생활을 위한 행동 강령이 있으며, 고용주는 직원 교육과 노트북 구매, 기업 연수 및 온갖 혜택을 지원하는 데 충분히 많은 돈을 쓴다.

예를 들어, 산업혁명이 한창인 1905년에 살고 있다면 삶이 좀 달랐을 것이다. 우선 열 살에서 열두 살짜리 아이들은 우리와 함께 일터에 나가 12시간 야간 근무를 했을 것이다. 생산 공장과 광산에서 일하는 아이들은 성인 남성 급여의 10~20퍼센트만을 받았을 것이다. 프랑스 대혁명 시기의 1800년의 프랑스에 살고 있다면 10일 단위의 일주일을 뜻하는 데카디decadi에 따라, 열흘 중 하루밖에 쉴 수 없는 일상이었을 것이다.

흥미롭게도 이틀을 쉬는 현대의 주말은 공장과 근로자 사이의 비공식적인 협의로 시작된 것이었다. 그래서 토요일 밤에 인사불성이 되도록 술을 마시고 싶은 근로자는 월요일 아침에 말짱한 정신으로 재충전해 출근하겠다고 약속하며 토요일 오후 2시에 퇴근할 수 있었다.

컨설팅 회사에서 일할 때 한 일본인 동료와 나눴던 신기한 대화가 기억난다. 네덜란드에 살던 내가 "1년에 휴가가 25일이에요."라고 말하자 일본인 동료는 "그것뿐이에요? 일본은 50일을 쉬는데. 일요일마다 쉬거든요!"라고 답했다.

산업혁명 이전 시대라면 근무 시간이 12~16시간이었을 것이고 근로 환경은 끔찍했을 것이다. 에어컨도 없고, 용광로 바로 앞에 서 있지 않는 한 난방은 꿈도 꿀 수 없었을 것이다. 시간당 10센트의 급여를 받으며 근무 중 사고로 죽을 확률이 훨씬 높았을 것이다.

그러나 사람들이 불만을 제기하자 상황이 나아졌으며, 이런 일이 반복되면서 상황이 점차 개선되는 실정이다. 우리는 중식 제공과 더 높은 급여, 더 나은 직책, 3일의 주말, 유연한 근무 조건, 더 좋은 업무 공간 등을 원하는데, 그런 욕망이 잘못된 것은 아니다. 불만을 제기하고 고용주에게 업무 방해로 인한 손실을 유발하는 것은 직원이 회사에 바치는 시간과 노력의 가치를 재평가하는 데 사용할 수 있는 상당히 유효한 수단이다. 그러나 여전히 일터는 마켓플레이스이며 구매자인 고용주는 주주에 대한 의무가 있다는 사실을 알아야 한다.

중소기업인 경우 주주는 고용주의 가족이 될 것이고 대기업인 경우는 주식을 보유한 이들이 될 것이다. 그 의무란 가능한 최고의 투자수익률(ROI)을 달성할 수 있는 직원을 고용함으로써 가능한 높은 수익을 올리는 것이다. 간단히 말해 당연히 직업을 가질 권리가 있는 사람은 없으며 신이 "직업이 있으라, 그리고 누구나 직업을 가지게 하라"고 말했다는 경전은 읽어본 적이 없다.

물론 산업혁명 이후 근로 환경은 개선되어 왔고 전 세계는 보다 문명화되고 현대화되면서 더욱 확장됐지만, 그 이후에도 구직 시장은 놀랍게도 달라진 게 거의 없으며, 오히려 한 세기 전에 비해 더욱 부자유스러워졌다. 이는 대부분 구직 시장이 정부를 위한 시장과 긴밀히 연계되어 있기 때문이다.

정부를 위한 시장이란 기본적으로 유권자가 민주적 지지의 대가로 사회적 서비스와 안전 등을 얻는 정치인을 위한 시장을 말하는 것이다. 정치인은 실제 급여 형태로 또는 부패를 통해, 또는 지위와 명성을 통해, 또는 자아 실현을 위한 사상적 목표를 통해 자신에게 "마진"을 남긴다.

고용주와 정부가 상호 이익을 위해 협업하는 경우 직원에게 이득이 되며 이는 효과적이다. 이 책 초반에서 살펴본 항공사와 신용카드사의 상호 의존적인 관계와 비슷하다고 보면 된다.

디지털은 앞으로 10여 년에 걸쳐 이러한 3자 방식의 기본 구조를 얼마간 변화시킬 것이다. 그 내용은 이 혁신 분야에서 다룬다.

금융의 미래를 먼저 살펴보고 앞으로 기업의 CFO가 된다는 것은 어떤 의미인지를 알아본 다음 고용과 고용 가능성의 문제로 돌아가 어떤 변화가 나타날지를 살펴볼 것이다. 향후 10년간 리더십과 이 모든 변화에 대응하기 위해 직원의 태도가 어떻게 변화해야 할지 논의할 것이다.

끝으로 정부의 미래를 살펴본다. 이제 마지막으로 본격적인 내용으로 들어가 보자.

금융의 미래

●●○ CFO 오딘의 삶

　　오딘의 아버지 역시 2000년대에 금융 전문가였다. 오딘은 단정하고 아주 전문가처럼 보이는 아버지의 이미지를 동경하며 자랐고, 결국 그 때문에 자신도 금융 쪽 일을 하기로 결심했다. 아이러니하게도 가장 기억에 남는 것이라면 저녁 늦게 완전히 녹초가 되어 퇴근한 아버지의 모습이었다. 하루 일하러 나갔다가 정장과 셔츠가 후줄근해져서 돌아온다는 게 믿기 어려웠다. 오딘은 그걸 멋지다고 생각했다.

　일에 모든 것을 쏟아 부은 금융맨의 90년대 이미지를 낭만으로 받아들였던 것이다. 실상을 제대로 알면 아마 그런 생각은 못할 것이다. 오딘의 아버지는 자신의 일을 대체로 싫어했다. 물론 그는 업무 시간의 20퍼센트 정도를 핵심 전략 업무에 할애했겠지만 대부분은 장부 금액을 조정하느라 정신없이 쫓기듯 일했고 월말 결산일이 가까워오면 하루하루가 지옥이었다.

　오딘은 요즘 아버지와 함께 시간을 보내며 당시를 추억해보지만, 그 어떤 것도 공감할 수가 없다. 오딘은 지금 중견 기업의 CFO인데 그의 아버지와 그의 직업이 완전히 다른 것처럼 느껴진다.

　오딘에게 월요일은 성과 평가를 하는 날이다. 그는 사업 현황을 상세히 파악하기 위해 자료실에서 시장 주도 제품을 분석하느라 몇 시간을 보낸다. 수많은 컴퓨터 화면과 실시간 통신이 오가며 모든 것이 완벽히 자동화되어 한 치의 오차도 없는 나사NASA 상황실처럼 보인다.

AI는 눈여겨봐야 할 모든 핵심 사항을 띄워놓는다. 그는 어떤 상황인지를 파악하기보다는, 왜 그런 상황이 특정 방식으로 발생했는지를 분석하는 식으로 대화가 흘러가는 것이 좋았다. 지난 주 뮌헨에서 주문 수량이 떨어진 것 같아 화면에서 세부 사항을 빠르게 확인하자 뮌헨의 한 지역에서 특히 팔라펠을 주식으로 한 음식 주문량이 줄어든 것을 알 수 있었다.

AI는 지역 뉴스에서 케밥 식당의 위생 문제를 다룬 최근 언론 보도와 관련이 있을 수 있으며, 소비자가 그래서 특정 유형의 요리를 멀리하게 된 것일 수 있다고 분석했다. 중동 음식과 인도 음식 선호도 간 유의미한 상관관계가 있다는 AI의 분석 결과에 따라 팀은 인도 음식이 눈에 잘 띄도록 판매 전략을 바꾸고 프로모션을 강화하기로 했다.

오딘은 매주 이런 분석을 했으며 주요 도시에 대해서는 매일 진행했다. 경쟁이 심화되고 소비자가 점점 똑똑해지는데다 세금 등의 비용도 늘어나는 바람에 마진은 매년 줄어들고 있었다. 오딘과 팀원들은 수익을 유지하기 위해 매일 조금씩이라도 효율성을 높여야 했다.

월말이 가까워졌으나 재무팀은 느긋한 한 주를 보낼 예정이었다. 결산이 완전 자동화됐고 월별 목표도 이미 달성한 상태라 모두 며칠간 쉬기로 했던 것이다.

오딘은 주말에 다섯 번째 ICO 준비를 할 계획이었다. 최근 두 번의 ICO에서 청약자가 많이 몰려서 곧 있을 추가 자금 모집이 기대되는 상황이었고, 특히 두유 제조기 사업에 자금을 투입할 예정이었다. 틈새시장을 노리는 가전제품 제조사와 제휴를 통해 가전제품을 판매하는 전혀 다른 사업 분야인데다가 고품질의 대두 공급망과 브랜드를 찾아야 했다. 손익 형태도 달랐고 대차대조표도 달랐고 가치 실현에 활용할 수 있는 수단도 달랐다. 그러나 오늘날 비즈니스는 다 이런 식이었다.

그는 아버지가 현역 때 겪던 번거로운 실무 작업은 전혀 할 필요가 없었지만 보다 폭넓은 비전을 갖고 통합된 목표를 설정해 다양한 사업 분야에서 성과를 끌어올려야 했다. 그리고 오딘은 CFO로 일하는 것이 좋았다.

●● ● ● **진화의 핵심 요소**

미래의 CFO와 재무부서는 오늘날과는 사뭇 다른 모습일 것이다. 이러한 미래는 상당히 빠르게 펼쳐지고 있으므로 앞으로 10년은 중요한 변화의 시기가 될 것이다. 대체로 재무부서는 과정 지향적인 건전성 관리에서 보다 전략적이고 조직에 직접 기여할 수 있는 업무로 옮겨갈 것이다.

이러한 변화가 일어나게 될 몇 가지 주요 분야에 대해 살펴볼 텐데, 우선, 재무부서의 반복적이고 지루한 업무의 상당수가 초자동화되면서 직원들이 그러한 작업에서 해방될 것이다. 다음으로, 데이터 사용이 얼마나 원활해지는지를 살펴보고, 데이터 가용성을 지원하는 데서 그러한 가용 데이터를 활용하는 쪽으로 무게중심이 어떻게 이동하는지를 확인할 것이다.

앞으로는 특히 수익성 악화를 해결하기 위한 데이터의 역할이 중요한 사안으로 떠오를 것이다. 기업은 통합된 목표 아래 다양한 비즈니스 모델을 운영할 것이므로 재무부서는 이 문제를 처리해야 할 것이다.

마지막으로 새로운 자본 조달 방식을 살펴볼 것이다. 이는 주류로 부상하면서 기업에 엄청난 기회를 가져다줄 것이므로 미래의 CFO는 이를 활용하는 법을 알아야 할 것이다(그림 7.1 참조).

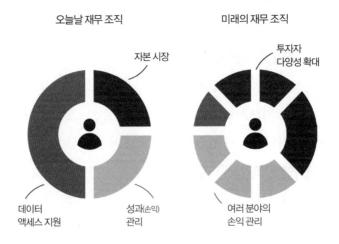

CFO의 인식 비중 변화

오늘날 재무 조직   미래의 재무 조직

자본 시장   투자자 다양성 확대

데이터 액세스 지원   성과(손익) 관리   여러 분야의 손익 관리

그림 7.1 CFO의 역할 변화

• **초자동화** — 몇 년 전부터 유행어로 떠오르기 시작한 로봇 프로세스 자동화(RPA)는 진화의 중요한 요소가 될 것이다. RPA는 기본적으로 사람이 반복하는 특정 작업 방식을 관찰하고 이와 유사한 작업 흐름을 디지털 방식으로 모방해 사람이 이러한 반복 작업에서 벗어날 수 있도록 해주는 기술을 말한다.

이는 특정 서비스를 수행하고 API를 통해 통신하는 모듈로 구성되는 소프트웨어 솔루션을 상향식으로 구축하는 것과는 다르다. 그 이점은 복잡할 수 있는 대규모 소프트웨어 구현과는 달리, "SAP 프로젝트"를 해본 사람이라면 알겠지만, RPA는 대규모로 한 번에 소프트웨어를 구현하기보다는 기존 작업 방식에 계층을 더하는 식이다.

이 책의 첫 파트에서 로우 코드에 대해 다루었듯이 아웃시스템즈 Outsystems[93]와 같은 기업이 탄탄한 비즈니스를 구축할 수 있었던 것은, 말 그대로 템플릿에 기능을 끌어와 내부 프로세스를 지원하는 자체 앱을 만들 수 있도록 지원하는 플랫폼이 있었기 때문이었다.

기업이 RPA를 도입하려면 다음 세 가지 문제를 결정해야 한다.

첫째, 표준 자동화는 어디에 사용하고, 맞춤형 자동화는 어디에 사용할 것인가 하는 문제로, 기업별 프로세스에 맞게 커스터마이징 옵션을 도입할수록 비용이 높아지기 때문이다. 맞춤 옵션 대신 시중에서 RPA 모듈을 구매하고 소프트웨어 모델링을 통해 수백만 달러를 절약하는 스타트업 사례를 많이 보게 된다.

둘째, 사람의 개입을 어느 정도로 고려해 설계해야 할지를 정해야 한다. 물론 최종 점검은 사람이 해야 하겠지만 솔직히 사람은 정확성을 확인하는 데 있어서 소프트웨어보다 훨씬 실수가 많다. 그래서 휴먼 인터페이스 human interface는 효율성 증진보다는 책임 할당이라는 관점에서 이해될 것이다.

마지막으로, 아웃소싱에서 인소싱으로의 전환을 고민해야 한다. 수년간 기업들은 대부분 BPO(비즈니스 프로세스 아웃소싱)를 최대한 활용해왔는데, 자동화보다는 인도에 있는 사람을 고용하는 것이 훨씬 더 비용을 줄일 수 있는 방법이었기 때문이다.

어쩌면 미래에는 RPA가 BPO보다 더 경제적인 솔루션이 되는 때가 올 수도 있을 것이다. 그리고 기업이 아웃소싱을 하면서도 BPO 사업자들이 RPA를 사용해 점진적인 비용 절감을 입증해야 하는 하이브리드 모델이 나타날 수도 있다.

• **실시간 성과 관리** — 내가 컨설팅 회사에서 근무할 때 고객을 위한 가치 증대 활동은 프로젝트의 첫 4주간 데이터를 조사하고 분석해 200페이지짜리 슬라이드로 시각화하는 데이터 분석가들을 온갖 장비와 함께 고객사에 파견하는 일이 상당 부분을 차지했다. 그런 방식은 고객사 경영진을 매료시키곤 했다.

대다수의 고객사는 지금도 여전히 그렇지만 과거에 데이터와 인사이트가 부족해서 한 달에 50만 달러를 들여 전문가팀을 꾸려야 인사이트를 얻을 수 있기 때문이었다. 신생 기업은 그런 경우가 적으며 10년 정도 지나면 기업이 외부 전문가에 의존하는 상황은 대부분 사라질 것이다. 서비스를 차별화하기 위해 자문의 품질에 의존해야 하는 컨설팅 회사로서는 아마 그다지 반가운 소식은 아닐 것이다.

이제 주간 회의에서 팀원들과 함께 앉아, 나라별 현금 흐름 정도를 빨간색과 녹색으로 표시한 세계 지도를 보면서 성과 정보를 자세히 검토한다고 해보자. 현금 흐름이야말로 기업 운영의 핵심 요소라는 것을 잘 알고 있기 때문이다.

빨간색으로 표시된 중국을 더블클릭하면 중국인 동료가 말할 것이다. "하지만 중국은 달라." 그러면 그 말에 수긍하면서 특정 카테고리를 더블클릭한다. 그러면 빨갛게 표시된 특정 브랜드의 특정 분야가 빨갛게 나온다. 그러면 해당 브랜드의 해당 카테고리에서 성과가 저조한 고객사가 나타날 것이다. 그런 다음 다시 더블클릭하면 성과 하락의 이유가 광고가 부족하거나 가격 책정에 문제가 있거나 제품의 품질이 미흡해서가 아니라 매대 점유율 하락 때문임을 보여주는 변량 분석 결과를 볼 수 있다.

영상 통화 버튼을 클릭해 해당 고객을 상대하는 영업 담당자와 통화해서 매대 점유율 하락 이유를 설명해달라고 요구하면 그는 계약 조건 협상이 틀어졌기 때문이라고 답한다. 그러면 회사에서는 현금을 쌓아두지 않는 현금 중립 정책에 따라 그가 재량껏 50bps만큼 조건을 높일 수 있다고 말해준다. 그러면 다음 주에는 빨간색이 사라진다.

출처가 여러 개인 성과 데이터를 통합하고, 근본 원인과 해결책을 자동으로 찾아, 빠르고 효율적으로 적절한 시장 변화를 이끌어내는 능력은 기업에 중요한 가치 창출 동인이 될 것이다. 이때 다양한 플랫폼의 통합이 일어나게 되는데, 실제로 파이브트랜Fivetran[94]과 같은 기업들이 나타나 데이터 웨어하우스와 파워 비아이Power BI 또는 태블로Tableau와 같은 대시보드로 데이터를 전송할 수 있도록, 다양한 데이터 소스를 위한 표준화된 커넥터를 개발하기 위해 노력하고 있다.

● **생산성 중심** — 성장보다도 생산성이 이제는 새로운 최우선 순위가 되고 있다. 아니 몇 년 후에는 그렇게 될 것이다. 지난 10년간 기업들은 엄청난 수익을 거두었는데, 사실 몇 십 년간 기업의 수익은 꾸준히 증가해 왔다. 그러나 몇 가지 이유로 이런 추세는 변할 것이다.

첫째, 중국과 인도에서 값싸게 공급되던 노동력이 빠르게 고갈되면서, 전통적으로 운영비 절감과 저렴한 노동력을 아웃소싱하기 위한 기지 역할을 했던 지역이 그러한 지위를 잃을 것으로 예상된다.

그 대안은 더 비싼 임금을 주고 국내 근로자를 고용하는 것이며, 포퓰리즘 정부는 기업에 국내 근로자 고용 압박을 넣을 것이다. 그렇게 되면 세금이 더욱 오를 것이고 기업은 포퓰리즘 정부의 세금 인상을 받아들여야 할 것이다. 경쟁이 더욱 치열해지면서 특히 지역 사업자들은 더욱 낮은 마진이라도 받아들이려 할 것이다.

마지막으로, 회사채 수익률이 너무 낮아서 기업이 10년 전과 같은 속도로 저금리 대출을 계속 조달하기가 어려워질 것이다. 그러면 마진을 확대하기가 더욱 어려워지고 성장도 마찬가지로 정체된다. 자연히 기업은 자산 생산성 향상에 눈을 돌릴 것이고, 이는 향후 10년의 핵심 주제가 될 것으로 본다. 코로나 19는 그러한 과제 해결을 가속화하는 데 큰 전환점이 되었다.

디지털 구현은 이와 관련해 여러 가지 면에서 도움이 될 수 있다. 우선, 비즈니스 성과와 자산 활용률에서 디지털 구현을 통해 투명성이 엄청나게 강화되면 기업은 정확히 어느 부분에서 생산성이 증대될 수 있는지를 곧바로 파악할 수 있다.

예를 들어, 미디어 배포 및 효과를 제대로 측정하면 브랜드 기업은 어느 부분에서 광고 지출이 과다한지 알 수 있다. 특정 서비스에 대한 수요와 공급 정보를 더욱 투명하게 제공하는 개방형 플랫폼을 통해 기업은 필요한 서비스와 실제로 서비스가 제공된 부분에 대해서만 정확히 비용을 지불할 수 있다.

예를 들어, 플랫폼에서 창의적인 인재를 구하는 경우 기업은 포괄 계약에 대한 거액의 대행료를 지불하지 않아도 되며, 자산 가치를 최대한 활용할 수 있을 것이다. 자판기에 제품들을 적절히 구비하고 재고를 보충해 동일 자판기 자산에서 매출을 끌어올리는 경우가 그에 해당한다.

마지막으로 기업들은 자산을 통해 더 많은 수익을 창출할 수 있을 것이다. 예를 들어, 자판기 자체에 OOH 표시 화면을 설치하면 부가 수입원을 만드는 데 도움이 될 것이다.

• **대안 비즈니스 모델** — 이 책 전체에서 기업과 브랜드가 현재의 단일 상품, 단일 목적 위주의 비즈니스를 넘어 추가 활용 사례를 포함하도록

확장할 필요가 있다는 점을 얘기했다. 또한 파트너십과 제휴에 대해서도 여러 차례 다뤘다. 이 모든 것은 기업의 재무 계획 방식에 심각한 영향을 주며 앞으로 기업에 큰 문제가 될 것이다.

오늘날 어떤 기업에서든 가장 영향력 있는 리더는 핵심 사업에 관여하는 사람들이며, 이들이 영향력이 있는 것은 핵심 사업부 출신이기 때문이다.

앞으로 기업은 가장 영향력 있는 리더보다는 장기적인 사업에 더 많은 자금을 과감히 할당할 수 있어야 할 것이다. 뿐만 아니라, 서로 연결되어 있으나 다른 비즈니스 모델들을 단일 집합으로 평가할 수 있는 역량을 길러야 한다.

다른 일용 소비재(FMCG) 기업과 비슷한 사업체를 갖고 있으면서, 디즈니와 비슷한 콘텐츠 사업 및 전자상거래 업체와 비슷한 유통업을 운영하고 있을 수 있다. 통합 관리되는 공공 서비스와 비슷한 서비스업을 운영할 수도 있다. 그러나 재무 구조를 보면 모두 완전히 다르다.

미래의 CFO는 이 모든 것을 관리할 수 있어야 한다. 대기업들이 디지털 시대에 사업을 시작할 수 없었던 근본 이유 중 하나는, 다른 대안이 없는 경우 이러한 사업들은 핵심 사업과 동일한 재무 기준을 따라야 하기 때문이다.

자원 할당이라는 관점에서 이는 명백한 실패지만, 기업은 증시 반등을 견인하기 위해 현금을 끊임없이 창출해야 하기 때문에 조율하기가 극도로 어려웠을 것이다.

• ICO와 크라우드 펀딩 — 디지털 구현으로 인해 앞으로 10년 후 기업의 자금 조달 원천이 근본적으로 변할 것이라는 얘기는 아니다. 상장 기업에 대한 개인 투자가 급증할 가능성이 높은데, 이는 앞서 말한 생산성 기회 때문이기도 하고 스타트업 분야가 항상 안정적으로 투자 수익을 실현하는 것은 아니라는 사실을 결국 알 것이기 때문이기도 하다.

그러나 이는 디지털과는 별 관계가 없다. 최근 3년간 ICO를 둘러싼 추측이 난무했는데, 불과 10년 후 ICO로 중대 혁신이 일어날 것이라 보지는 않지만 ICO 자금 조달 비중이 두 자릿수가 될 것이라 생각한다. 그럼 ICO란 과연 무엇일까?

ICO는 기업이 은행과 규제 기관 및 거래소를 완전히 건너뛰고 소비자로부터 직접 자금을 조달하는 방식이며, 소비자는 그 대가로 기업 주식이 아닌 토큰을 받는다. ICO 구매자는 이 토큰을 이용해 준비가 되면 언제든지 해당 기업의 제품을 이용할 수 있다.

오늘날 가장 성공적인 ICO는 블록체인 기업이 진행한 ICO이다. 실제 사례만 가지고는 이 개념을 이해하기가 어려우니 가상의 ICO를 가정해보자.

한 커피 체인점이 1,000만 달러가 필요해 100개 매장을 내기로 하고 프로젝트 계획과 이 계획에 대한 백서를 작성하는 상황이다. 소비자들이 토큰을 구매해 1,000만 달러를 모집하게 됐다고 해보자.

프로젝트가 준비되면 소비자는 구매한 토큰으로 2,000만 달러 상당의 커피를 무료로 마실 수 있다. 프로젝트의 완료 시점이 가까워오고 프로젝트에 대한 신뢰가 커지면, 대부분의 ICO 토큰 보유자들은 점점 높은 가격에 보유한 토큰을 팔 수 있게 된다.

ICO의 세계는 위험하다. 사기의 위험이 있는데다가, 탈중개화가 못마땅한 규제 기관과 은행들이 자금 모집 단계에서 중개인을 배제하지 못하도록 총력을 기울이면서 한층 복잡한 양상을 띠고 있기 때문이다. 중국 및 한국과 같은 나라들은 ICO를 완전히 금지시켰다.

앞으로 어떻게 될지 모르겠지만, 이러한 수요를 언제까지고 억누를 수는 없을 것이다. 오늘날 자본시장 중개기관의 중개를 거치는 것보다 훨씬 손쉽고 저렴하고 투명하게 자금을 조달할 수 있다는 점에서 분명히 가치가 있다. 이러한 자금 조달 채널이 발전해 더욱 주류로 편입되도록 사회적 합의를 찾을 수 있길 바란다.

❗ 지금 당장 해야 하는 3가지 실천 과제

지금까지 금융의 미래가 어떻게 진화할지 살펴보았다. 이 책에서는 소비자와 공급망의 진화를 깊이 있게 다루는 데 상당한 부분을 할애했는데, 금융업계에서는 그러한 현상이 초래할 결과에 대처해야 할 뿐만 아니라 효과적으로 변화를 조율해야 한다.

이는 RPA와 같이 좋은 면도 있지만 ICO처럼 나쁜 면도 공존하면서 기업 운영 방식을 재편하는 흥미로운 분야이다. 기업에 도움이 될 만한 몇 가지 사항을 소개한다.

재무부서를 별도의 두 개 하위 부서로 구분해 생각하자.

첫째, 서비스 부서이다. 반복적인 업무를 모두 일상적으로 처리하고 이를 자동화하는 서비스 부서에서는 RPA와 아웃소싱을 최대로 사용하고, 기술 전문가를 직원으로 두어 효율적으로 서비스를 제공하는 경우 인센티브를 제공하는 것이다.

둘째, 가치 창출 부서이다. 회계와 예산 수립 위주에서 가치 창출을 위한 자문 담당 부서 역할로 방향을 전환하는 것이다. 조직 내 그 누구보다도 세부 정보를 정확히 파악할 수 있는 능력을 갖추고 매일, 매주 성장과 생산성에서 한계 가치를 찾아 이를 실현할 수 있도록 인센티브를 부여해야 한다.

위험과 수익률이 완전히 다른 여러 비즈니스 및 비즈니스 모델로 자금 조달 수요가 세분화되면서, 자금 조달 출처도 이처럼 새로운 위험과 수익률의 특성에 맞게 변해야 한다. 핵심 비즈니스 투자 성향을 가진 사람이 초기 단계의 고위험 비즈니스에 자금을 지원한다는 것은 앞뒤가 맞지 않는다. 기업의 재무 구조를 파악해, 회사 내 사업부에 맞는 적합한 투자자를 연결시켜야 할 것이다.

고용의 미래

와하드와 와히다의 세상살이

해가 질 무렵이었다. 뭄바이의 해질녘 풍경은 무척 아름다웠다. 낮 동안 분주하게 움직이던 도시의 열기 때문인지 공기 중에 전류가 살짝 흐르는 느낌이었다. 밀집된 도심 환경에 갇혀 있던 모든 에너지가 이제야 다시 대기와 바다로 스며드는 것 같았다. 도시도 한숨을 돌리고 쉬면서 재충전을 해야 다음 날 아침 일찍부터 다시 바쁜 하루를 보낼 수 있을 것이다.

와하드와 아내는 나리만Nariman 포인트에서 초파티Chowpatty 해변에 이르는 마린 드라이브Marine Drive의 긴 산책 코스를 걷기로 했다. 이미 수세대에 걸쳐 수백만 명의 커플들이 이 길을 걸었다. 와하드는 그 오랜 시간에 걸쳐 수킬로미터에 달하는 이 길을 걸었던 사람들 사이에서 얼마나 즐거운 계획과 생각들이 오고 갔을까 궁금해졌다.

그 둘은 너무나 달랐다. 와히다는 명문 학교 출신이었다. 그러나 와하드는 고등학교를 중퇴하고 정식 교육을 제대로 받은 적이 거의 없었다. 물론 그는 아버지가 자전거 수리하는 모습을 옆에서 보면서 배운 것이 많았으나, 학교 공부를 마칠 능력은 없었다.

몇 년간 그는 다시 과거로 돌아가 학교 교육 과정을 마치고 싶어 했다.

그러다 온라인 교육을 알게 되면서 바로 마음이 동했다. 학습자의 진도에 맞춰서 공부할 수 있다는 점이 마음에 들었고 스스로 학습 목표를 선택해 구성할 수 있다는 장점도 있었다. 그러나 무엇보다도 그는 자신을 평가하는 전권을 가진 교사에게 끌려 다니지 않고 공부할 수 있다는 점이 좋았다.

그는 뭄바이에 왔을 때 처음에 어떻게 밥벌이를 해야 할지 몰랐다. 바이쿨라Byculla에 사는 고모와 함께 살면서 그는 처음 몇 달간 음식과 식료품 배달을 하며 살았지만 곧 알바 중개 마켓플레이스를 찾아냈다. 그의 상냥한 성격과 빠른 문제 해결 능력 및 아버지로부터 어렵게 배운 자전거 수리 방식 등이 많은 도움이 되었다. 그는 가능한 모든 수리 기사를 위한 온라인 과정을 수강해 빠르게 일을 배워갔고 이내 좋은 평점과 평가를 받아 많은 돈을 벌게 되었다.

와히다는 그와는 완전히 달랐다. 와하드는 와히다가 하는 일이 정확히 뭔지 잘 몰랐는데, 그녀는 프로젝트별로 몇 달에 한 번씩 일하는 장소가 바뀌는 것 같았다. 분명한 것은 그녀는 중요한 사람이었고 회사에서는 그녀의 능력을 매우 높이 산다는 것이었다.

와하드는 아내가 유능해서 좋았다. 특히 그가 일하고 싶을 때마다 일하며 딸들과 함께 시간을 보낼 수 있었기 때문이다. 와히다 역시 언제 어디서나 일할 수 있었다. 기대만큼의 성과를 내기만 하면 원하는 만큼 휴가를 쓸 수도 있었다. 뿐만 아니라 얼마를 벌고 싶은지도 스스로 결정할 수 있었다. 돈을 더 많이 벌고 싶으면 더 많은 업무를 맡으면 되었다.

작년에 몇 달간은 그렇게 일했다. 두 사람이 새로 구입한 아파트 계약금을 지불하기 위해 5~6개월간 그녀는 일주일에 6일, 하루 10~12시간씩 일하며 반년 만에 1년치 연봉에 해당하는 돈을 벌었다. 정말 도움이 되었다!

초파티 해변에 도착한 와하드는 와히다의 표정을 읽었다. "나는 쿨피(인도식 아이스크림-옮긴이)를 원해, 하지만 내가 먹자고 하고 싶지는 않으니까 쿨피를 먹자고 해줘, 내가 말로는 거절하겠지만 계속 권해서 못 이기는 척하고 같이 먹을 수 있게."라는 얼굴이었다.

"쿨피 먹을까?" 그가 물었다.

교육과 고용의 진화 이해하기

교육에서 고용으로 이어지는 전 과정이 앞으로 20~30년내 상당히 바뀔 것이라 보며, 2020~2030년 사이에는 본격적으로 그러한 변화가 시작될 것이다. 이 주제와 관련해 5가지 측면에서 이러한 진화를 살펴볼 것이다.

우선, 소비자들이 취업 준비를 위한 기초를 다지기 시작하면서 나타나는 직업 교육의 변화를 살펴볼 것이다. 그런 다음 고용 관행 및 고용 가능성과 그 변화 방식을 다룰 것이다. 기업에서 업무 경험은 매우 달라질 것이고 현재 각광받는 "애자일agile" 방법론은 조직에서 적절한 형태로 자리 잡을 것이다. 직원 보상 방식 역시 변화가 예상되며 여기서 내용을 짚고 넘어갈 것이다.

● **교육의 비제도화** — 이 책의 첫 부분에서 고등교육 관점에서 바라본 인도에서의 유년 시절을 얘기하면서 선택 가능한 몇 가지 현실적인 옵션, 즉 의사가 되거나 엔지니어가 되어야 하는 현실을 언급한 적이 있다. 그리고 거기에는 두 가지 흥미로운 인사이트가 있다.

첫째, 당시에, 그리고 아마 지금도 학교를 졸업한 수십만 명의 엔지니어들 중 극소수만이 여전히 학교에서 배운 핵심 공학 교육과 관련된 일을 한다. 이것이 꼭 나쁘다고 할 수는 없다. 이를 통해 특정 역량과 관련된 고용 기회가 확대됐으며, 모든 업무마다 필요한 학위를 갖출 수는 없다는 사실을 확인할 수 있기 때문이다.

한편으로 직원들이 비판적 사고, 협업, 가설 수립, 업무 계획 등과 같은 기본 역량을 갖출 수도 있는데, 직종을 불문하고 취업에 도움이 되는 이런 내용은 아마 공대에서도 수백 가지는 배울 것이다.

결국 교육은 이런 방향으로 갈 것이다. 기본 학교 교육을 통해 오늘날 고등교육 학위 과정에서 제공하는 기본적인 역량을 흡수할 수 있다. 고등교육 학위가 취업의 필수조건인 것처럼 오도할 게 아니라, 구직자가 목표한 일자리를 얻을 수 있도록 직접 구성한 학습 과정을 선택할 수 있게 만들면 된다. 그리고 여기서도 레고 모델이 나타날 수 있다.

은행이 신용 위험 분석가 직무에 필요한 10개 교육 과정을 권장하는 경우, 구직자는 틈날 때 자유롭게 해당 과정을 수료하면 되는 것이다. 이 새로운 제도에서는 정부가 자금 지원을 통해 수강생의 특정 교육 과정 이수를 유도하는 경우를 제외하면 굳이 교육 기관의 힘을 빌릴 필요가 없다.

온라인 학습은 곧 교육의 주축이 되어 오프라인으로 확대될 것이다. 여러 번 비교한 오프라인 슈퍼마켓과 전자상거래의 경우와 좀 비슷하다. 학생들은 원격 학습 "전자상거래"를 통해 대부분 필요한 학습량을 채우겠지만, 대학이나 기관에서 직접 경험을 얻고 싶어 하는 경우도 있을 것이고 오프라인에서도 완벽한 모듈식의 온디맨드 학습 마켓플레이스가 등장할 것이다. 어쩌면 현재의 모든 캠퍼스는 독립 교육기관이 오프라인 활동에 사용할 수 있는 공동 학습 공간이 될 수도 있을 것이다.

● **고용 가능성과 고용** ― 앞 파트에서도 서비스 마켓플레이스에 대해 살펴봤지만, 이러한 추세는 앞으로 고용 변화를 정의하는 핵심이 될 것이다. 오늘날 대부분의 기업들은 풀타임 직원과 계약직 직원이라는 다소 이원화된 체계로 운영된다.

앞으로는 풀타임으로 일하는 직원의 수가 점점 줄어들 것이며 계약직 직원들 역시 다양한 유형으로 나뉠 것이다. 일단 풀타임 직원으로 등록된 인원이 훨씬 줄어들 것이다. 풀타임 직급은 전일제 근무가 필요할 정도로 다양하고 폭넓은 권한을 가진 직원 또는 조직의 핵심 경쟁력을 갖춘 부서에 속한 직원에게만 할당될 것이다.

오늘날 대다수의 기업은 상당수의 계약직 직원이나 임시 직원을 보유하고 있으며, 이들은 인재 풀을 확장하는 중요한 역할을 담당하고 있다.

이런 직원들이 실제로 회사에 헌신하는 경우 풀타임 직원들과 비슷한 혜택과 편의를 누리게 될 것이며, 고용주는 계약직 직원들이 계속 회사에 남게 하려면 이러한 혜택을 확대해야 할 것이다.

그러나 더 눈여겨봐야 할 대상은 완전히 새로운 기여자 그룹으로서 전문성을 갖춘 프리랜서들이다. 기업들은 풀타임 직원이 필요하지 않은 핵심 업무를 떼어 마켓플레이스에 올리면 그 일을 맡을 만한 프리랜서를 구할 수 있다. 이는 시장 진입 전략을 구상하거나 사업 계획을 작성하거나 RPA 애플리케이션을 개발하는 등의 중요한 일이 될 수 있다.

프리랜서들은 작업에 대해 고용 기업의 평가를 받으며 처리한 업무에 대해 보상을 받게 될 것이다. 그리고 마켓플레이스에서 건강보험 같은 혜택을 지원할 수도 있다는 생각에 계속 마켓플레이스에 참여할 것이다.

고용 가능성은 기업 환경에 따라 달라질 것이므로 기업과 프리랜서는 서로 원하는 경우에 고용 관계를 형성해 고용 유연성을 높일 수 있다.

● **직장에서의 애자일** — 이제 애자일에 관해 얘기할 때다. 지난 몇 년간 애자일이라는 말이 유행했고 한때 애자일팀에서 일해 본 경험이 다들 있을 것이다. 그 결과는 복합적이었다. 효과적일 때도 있고 그렇지 않을 때도 있다. 그리고 성과를 하나의 제품으로 생각하고 고객에게 이를 반복적으로 선보이며 이를 점진적으로 개선해나간다는 아이디어는 기업의 프로젝트 목표가 꼭 시제품 출시가 아닐 경우에는 오히려 복잡하게 느껴질 수 있다.

또한 애자일에 대한 만족감은 전문 스크럼 마스터 및 애자일 코치를 양산했고, 이들은 리더들이 스크럼 3-4-3이야말로 모든 문제의 해법이라고 아무 의심 없이 받아들이게끔 만들었다.

컨설팅 회사도 이러한 시류에 편승하면서, "애자일 전환"을 핵심 권고 사항으로 내세우는 글이 여기저기 넘쳐난다. 이는 "돈을 벌자" 같은 말과 별로 다를 게 없다. 그렇긴 하지만 인더스트리 4.0의 경우처럼, 애자일을 분석해 애자일의 특징을 살펴보고 기업별 상황과 문제에 최적화된 해법의 기반이 되는 접근 방식을 도입하는 것이 중요하다(그림 7.2 참조).

애자일이 인기 있는 이유는 조직에 적용되는 몇 가지 원칙 때문이다. 즉 다양한 부서 구성원들이 모인 다기능 팀, 업무에 대한 수요와 공급 간 분리, 오버 커뮤니케이션, 권한 부여(empowerment), 시간적 압박, 유연한 목표와 유연한 업무 등이 이에 해당된다.

다기능 팀의 확실한 장점은 업무 전체를 수행하는 데 필요한 기술이 이미 팀 내부에 있는 셈이기 때문에 지원을 기다릴 필요가 없다는 것이다. 업무 수행 범위를 규정하되 그 방식은 별로 상관하지 않는 제품 총괄 책임자와, 업무 완료에 집중하는 스크럼 마스터를 합의에 따라 구분해 놓으면 권한의 범위가 명확하고 안정적으로 유지된다. 매일 오버 커뮤니케이션을 하는 팀은 업무 진행 상황을 공유하느라 시간을 낭비하지 않으며 언제나 원활한 업무 소통이 이루어진다.

팀은 핵심 의사 결정자와 직접 연관된 경우가 대부분이며 운영위원회나 장기간의 승인 절차가 필요 없고, 의사 결정은 현장에서 이루어진다.

애자일이 중요한 7가지 이유

❶ 다기능 팀의 칸막이 문화 타파

애자일 팀

❷ 업무 수요 및 공급의 분리로 핵심에 집중

제품 총괄 책임자   스크럼 마스터

❸ 오버 커뮤니케이션으로 조직 – 개인의 목표 일치

스크럼 마스터

❹ 권한 부여로 시간 절약

스크럼 마스터   애자일 팀

❺ 스프린트로 시간 압박

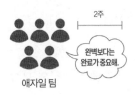

애자일 팀

❻ 제품 백로그로 유연성 강화

제품 총괄 책임자

❼ 팀의 유연한 업무 수행

애자일 팀

그림 7.2 실제 애자일의 이점

스프린트(반복되는 개발 주기-옮긴이)로 인해 인위적인 시간 압박이 생기면 팀은 시간을 낭비하지 않고, 완벽을 기하기보다는 적당히 만족할 만한 결과물을 내는 데 집중할 수 있다. 업무 전체, 또는 에픽(Epic, 작은 작업으로 나눌 수 있는 대규모 작업-옮긴이)을 스프린트로 쪼개면 팀의 중기 계획을 유연하게 조정하면서도 장기 목표와 단기 작업을 확정할 수 있다.

마지막으로 팀 전체가 업무에 참여하기 때문에 역량을 갖춘 사람이라면 누구에게나 작업이 할당되므로 결국 팀의 전체 활용도가 훨씬 높아지면서 더 많은 업무를 처리하게 된다.

스크럼Scrum 접근 방식을 앞으로 모든 문제에 적용할 수 없을지는 모르지만 위에서 언급한 원칙들은 대다수의 기업이 다루는 수많은 문제에 매우 적합하다. 시간이 지날수록 경직된 구조에서 일하기보다는, 일 년 정도 지속됐다가 해체되고 업무에 따라 이동하는 반영구적이고 유연한 팀 구성 방식으로 옮겨가는 조직이 늘어날 것이다.

● **업무 환경 자체 —** 사무 공간은 앞으로 10년 후에는 지금의 모습과는 엄청나게 달라져 있을 것이다. 코로나로 인해 원격 근무가 서둘러 도입되면서 상호작용 방식이 이렇게 굳어질 것이라는 전망도 많다. 그러나 이를 뉴 노멀new normal로 생각하기에는 원격 근무에 대한 이해가 충분하지 못하다. 앞으로 10년간 몇 가지 변화가 일어날 것이라 생각한다.

원격 근무는 물론 널리 정착되고, 대부분의 기업에서는 재택 근무를 허용하기 위해 "상시 접속"을 조건으로 내걸 것이다. 그러나 이를 균형 있게 실행하려면 업무 수행 범위를 훨씬 더 명확히 규정하고 각 관리자가 모든 직원과 이를 공유해야 할 것이다.

대면 접촉이 필요한 경우도 생길 수 있는데, 오랫동안 사무실을 떠나 있다 보면 자발적으로 노력하며 조직에 헌신하던 직원의 업무 몰입도가 점점 낮아질 위험이 있기 때문이다. 사무 공간은 확실히 줄어들 것이다. 팬데믹 이전부터 이미 줄어들고 있었다. 남은 공간은 회의실과 대규모 모임 장소 등으로 대부분 활용되면서 공용 공간의 성격이 짙어질 것이다. 출장도 대폭 줄어들 것이다. 고화질 영상 회의 시스템이 도입된 지는 꽤 됐으나 상당한 자본 지출이 필요한 부분인데, 이제 기업들은 이러한 시설을 만드는 것이 이익이라고 생각할지 모른다.

재택 근무를 좋아하는 사람들도 가끔씩 외출이 필요한데, "카페에서 일하기"가 적합한 대안이 될 수 있다고 본다. 개인적으로는 어느 정도 프라이버시가 보장된 업무 공간에서 시간당 비용으로 이용할 수 있는 업무용 카페 모델이 생기길 바라고 있다. 회사가 소액의 비용을 부담하는 방식이 될 수 있으며 가격대는 우리 어른들이 중요한 업무를 처리할 수 있게끔 13~14세 아이들은 출입하기 어려운 수준이면 좋을 것이다.

● **보상 모델** — 마지막으로 보상 방식 역시 바뀔 수 있다. 전통적인 기본급 + 상여금 + 보통주 모델은 문제가 많다. 기본급 자체는 기준으로 삼기가 대단히 어렵다. 업무 특성이 매우 달라서 이를 기준으로 삼으려 했다가는 기준이 틀렸다며 이에 항의하는 사람들이 나올 것이기 때문이다.

앞으로 개방형 서비스 마켓플레이스가 생기고 글래스도어Glassdoor와 같은 업체가 제공하는 연봉 정보가 더욱 투명해지면 직원과 기업 모두 올바른 기준점을 설정해 기본급을 협상하기가 훨씬 수월할 것이다. 상여금 지급 방식에는 프로세스와 사고방식 차원의 혁신적 변화가 수반되어야 한다. 상여금은 기본적으로 기업이 고성과자와 저성과자의 차이를 객관적으로 구분해 보상을 차별화할 수 있다는 전제가 깔려 있다.

그러나 시장, 부서 및 연공 서열에 따른 성과를 객관적으로 세분화한다는 것은 대단히 어렵기 때문에 상여금은 대부분 어느 정도 공정하면서도 불합리한 면이 뒤섞인 기준에 따라 할당된다.

주식을 지급하는 방식도 마찬가지다. 활동과 성과를 보다 투명하게 파악할 수 있으면 더욱 명확히 성과를 차별화할 수 있게 될 것이다.

❗ 지금 당장 해야 하는 3가지 실천 과제

지금까지 업무의 미래와 그 안에서 일어날 수 있는 파괴적 혁신에 대해 알아보았다. 기업에 도움이 될 만한 다음 몇 가지 사항을 소개한다.

프리랜서와 외주 에이전트를 활용하는 작은 조직을 적극적으로 고려하자. 시범 사업에서 협업할 마켓플레이스 파트너를 선택할 수도 있다. 적합한 에이전트 유형을 평가하고 관리하기 위해 내부 역량을 키워야 하며, 지금부터 시작해야 향후 품질 및 효율성 증대로 인한 혜택을 누릴 수 있을 것이다.

주도적으로 사무 공간을 없애고 분산형 위치 모델을 찾아야 한다. 직원들은 처음에는 싫어하겠지만 곧 그 효과를 확인할 수 있으며 수많은 비용을 절약하게 될 것이다.

　마지막으로 열린 태도로 보상 모델을 재고해보고 신생 기업들은 실제로 어떻게 하고 있는지, 신입 직원들이 신경 쓰는 부분은 무엇인지 파악해보자. 뉴노멀이 자리 잡기까지 10여 년의 시간이 있으니 지금이 시작하기에 더없이 좋은 때다.

리더십의 미래

"지휘자" 제이든

"어서 오세요, 보스!" 제이든이 일주일간의 휴가를 마치고 사무실로 들어서자 분석 담당자인 제이든의 부하 직원 하나가 그에게 말했다. 제이든은 누군가가 그를 보스라고 부를 때마다 다소 오글거리는 기분이었다. 시대에 뒤떨어진 호칭 같고 왠지 비꼬는 느낌마저 들었기 때문이다. 그는 부하 직원들에게 그렇게 부르지 말라고 할까 하다가, 그렇게까지 하고 싶지는 않았다. "어이, 고마워." 제이든은 "어이"라는 말이 복잡한 여러 상황에서 긴장을 푸는 데 얼마나 유용한지를 알고 놀라워했다. 지금 같은 경우에는 아주 쿨하게 부하 직원이 받들어 모시는 위치에서 한 걸음 내려왔다는 인상을 줄 수 있었다. 잘된 일이었다.

제이든의 아버지는 작은 증권사로 사업을 시작했으며, 수년이 지나자 중견급 증권사로 성장했다. 온라인 증권 중개가 주류가 되기 시작하면서 폐업 위기에 내몰리자, 제이든이 참여해 로보robo 투자 서비스를 설립해 현재는 증권사의 핵심 업무를 담당하고 있다. 아버지가 한 발 물러나자 제이든이 CEO가 되었다. 그는 사업을 물려받은 이후 사업의 속성 자체를 변화시키는 것 외에도 조직의 업무 방식에 몇 가지 근본적인 변화를 주었다.

우선 그는 조직을 적정 규모로 축소했다. 어려운 결정이었지만 옳은 일이었다. 직원들이 하는 일 없이 빈둥대서가 아니었다. 지역의 구인/구직 마켓플레이스에서 필요할 때 계약직을 채용하는 것이 훨씬 수월했다. 더 경제적인 방식이기도 했다. 그는 구직 중인 우수한 인재들을 몇 명 채용했다. 조직은 훨씬 수평적인 분위기가 되었고 제이든 외에 직속 부하 직원을 둔 사람은 두 명뿐이었다. 그는 편안하게 다가갈 수 있는 이미지를 만들기 위해 열심히 노력했고 신격화된 CEO 취급을 당하는 게 너무 싫어서 팀원들이 그를 동료처럼 대하길 바랐다.

그는 많은 업무 권한과 책임을 위임했고 직원들이 직접 의사 결정을 내리도록 했으며 필요할 때는 개입하기도 했다. 그는 팀 리더들과 마찬가지로 개별 전문 중개인에게도 급여를 지급했다. 그는 이 문제를 중요하게 생각했다. 수많은 직원을 거느린 것이 마치 대단한 사람이라도 된 것 마냥 더 많은 보상을 받으며 으쓱거릴 일은 아니라고 여겼기 때문이다. 단지 맡은 책임이 다를 뿐이었다. 팀에는 과제를 던져주고 서로 협력해서 해결하도록 했다. 그러고 나면 또 다른 과제를 제시했다.

팀은 처음에는 그가 만족할 줄을 모른다며 불만을 쏟아냈지만 곧 서류 작업을 하는 것보다는 문제를 해결할 때가 가장 행복하다는 사실을 알게 됐다. 팀은 매우 단합된 모습이었고 사무실에서는 언제나 유쾌한 분위기가 느껴졌다. 그는 그렇게 만들기 위해 노력했다.

사무실은 그와 팀원들 모두가 깨어 있는 시간의 대부분을 보내는 곳이었기 때문에 누구든 편안해하고 머무르고 싶어 하는 공간으로 만들고 싶었다.

제이든은 아버지와는 전혀 달랐다. 그는 스스로 판단하고 행동하면서 오케스트라의 "지휘자" 같은 리더가 되기로 했다.

●●● 리더십의 진화 이해하기

앞으로 10년 후 조직을 이끌 사람들은 아마 현재 30대 중후반일 것이다. 즉 "밀레니얼 세대에 가까운" 사람들인 것이다. 이보다 스무 살쯤 많은 사람들은 밀레니얼 세대의 이상한 사고방식을 이해하기가 어렵겠지만, 이들을 이해하는 것은 중요하다. 앞으로 10년간 기업을 이끌어가고 스톡 옵션을 관리할 리더십 있는 인재들을 개발하는 것은 윗세대의 몫이기 때문이다.

젊은 리더들에게 나이든 세대의 방식을 가르치는 것으로는 충분하지 않으며, 밀레니얼 세대는 그런 식으로 움직이지도 않는다. 그래서 여기서는 일단 기업 구성원의 변화를 살펴보면서 앞으로 리더십 모델을 어떻게 조정해야 할지에 대한 몇 가지 인사이트를 제시할 것이다. 그런 다음 "평등한" 리더의 의미를 짚어보고 수평적 조직과 수직적 조직을 비교 분석할 것이다.

그리고 앞으로 10년간 리더가 직원의 사고 방식과 동기 부여를 어떻게 관리해야 하는지에 대한 몇 가지 내용을 심층적으로 다룰 것이다.

● **작은 조직** ─ 다음 10년간 조직의 규모는 직원 수가 줄어들면서 더 작아질 것이다. 변화의 주요 동인은 업무와 역량이 지속적으로 마켓플레이

스로 아웃소싱되는 것에 따른 것이며, 프리랜서와 계약직 직원의 고용이 크게 늘어날 것이다. 자동화로 인해 물론 직원을 고용할 필요가 절대적으로 줄어들면서 조직의 규모는 더욱 줄어들 것으로 보인다. 그로 인해 여러 명에게 분산되어 있던 책임이 소수에게 점차 집중될 것이다.

결국 리더들은 어떤 분야에서 한 가지 직무를 수행하다가 점차 둘 이상, 나아가 전부는 아니더라도 여러 가지 직무를 수행하게 될 것이다(그림 7.3 참조).

리더의 수가 줄면 직무는 점점 늘어날 것이므로, 그런 종류의 직무를 수행하는 데 익숙해져야 할 것이다. 여기에는 양면성이 존재하는데, 오늘날 리더들은 이런 상황에 준비가 미흡한 상황이다.

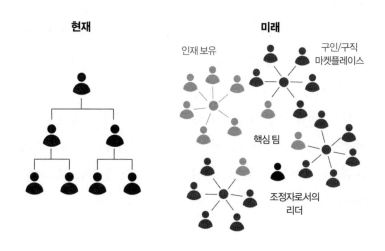

그림 7.3 새로운 유형의 조직

첫째, 오늘날 리더들은 대부분 직장생활 초반에 맡은 직무에 따라 경력 개발 과정을 밟으며 수십 년간 해당 직무에서 경험을 쌓고 성장해왔지만, 자신의 전문적인 직무를 벗어나고 싶어 하거나 이를 시도하는 경우는 거의 없다. 그러나 이런 경향은 바뀔 것으로 보인다.

예를 들어 상거래 분야 리더들이 마케팅 업무를 맡고, 마케팅 분야에서 브랜드 및 업종별 리더들이 미디어 관련 업무를 맡고, 미디어 분야에서 TV와 오프라인 담당 리더들이 디지털 미디어 관련 업무를 맡고, 디지털 미디어 분야에서 마케팅 과학 담당 리더들이 창의적인 업무를 맡게 되는 날이 올 것이다.

모든 리더가 모든 것을 알아야 한다고 말하는 것은 아니지만, 모든 리더는 업무 범위를 규정하고, 업무를 수행하고 업무 수행 결과가 초반에 규정한 업무 범위를 충족하는지 여부를 평가하는 방식을 모두 알고 있어야 한다.

둘째, 상당히 많은 리더들이 수년간 현장 실무 능력을 잃어버렸다. 더욱 심각한 것은 리더십을 그 자체로 하나의 직업으로 여기기 시작하면서 수많은 리더들이 자신의 주 업무가 조직을 리드하는 것이라 여기게 되었다는 점이다. 이는 대규모 팀과 함께 사업 방향을 설정하고 추진력을 이끌어내야 하는 경우에는 당연히 그렇게 생각하는 게 맞겠지만, 점차 팀 규모가 줄어들 것이므로 리더들은 팀원들과 적극적으로 소통하며 일해야 할 것이다.

- **통합보다는 조화** — 미래의 조직은 오늘날에 비해 훨씬 수평적이고

폭넓은 모습이 될 것이다. 오늘날 대기업은 대부분 여러 층으로 이루어진 수직 구조이며, 여러 층의 또 다른 범주와 부서가 있다. 최하층에는 지출과 수입을 관리하는 운영 부서가 있다. 최하위 팀과 본사의 경영진 사이의 중간층은 기본적으로 정보 통합과 요약을 담당하는 층이다.

"7명을 넘지 않는 통솔 범위(한 명의 관리자가 직접 관리하는 사람 수―옮긴이)"라는 고전적 이론은 폐기되어야 한다고 본다. 자동화가 거의 안 되어 있고 엄청난 정보 비대칭이 존재하며 수많은 사람들이 서로 멀리 떨어져서 일하는 환경에서나 맞는 얘기다.

팀 규모가 줄어들고 더 균일한 집단에 가까워지며 부서 간 긴밀한 소통이 이루어지는 미래의 조직에서는 리더가 정보 요약에 시간을 낭비할 필요도 여유도 없을 것이다.

제이든의 오케스트라 지휘자 비유는 여기에 아주 잘 들어맞는다. 어느 것 하나 빼놓을 것 없이 중요한 역량을 다양하게 갖춘 팀원 전체를 지휘하는 리더인 것이다. 물론 악장이 있고 대부분의 악기 파트별 수석이 있으나 리더는 단원들을 위해 악기를 대신 연주하지 않는다. 리더의 역할은 연주를 이끌어가면서 각자 해야 할 일을 보여주고 모두가 아름다운 음악으로 조화를 이루도록 하는 것이다.

그러기 위해서는 리더가 악기별 연주 방식과 소리가 나는 방식을 어느 정도 알고 있어야 하며 특히 지휘자는 단 한 명이어야 한다. 지휘자가 현악기 파트나 오케스트라 자리 배치에서 왼쪽과 오른쪽에 각각 한 명씩 부지휘자를 두고 이들이 수석 주자들을 지휘하고 수석 주자들은 개별 연주자들을 지휘하게 한다고 생각해보자. 음악이 만들어질 수가 없다.

- **고위 관리자가 아니라는 축복** — 현대 조직의 고질적인 문제이면서도 자주 언급되지 않는 것 중 하나는 바로 불만을 느끼는 중간 관리자이다. 대기업에서 일하는 모든 사람은 내가 여기서 무슨 말을 하는 것인지 정확히 이해할 것이다. 문제는 간단하다. 대부분의 직원들은 마음에 드는 회사에서 직장생활을 시작하고 소득이 생겨서 물건을 살 수 있다는 사실에 기뻐한다. 그 상태가 7~10년쯤 지속되다가 중간 관리자가 된다. 그리고 회사에 붙어 있고 싶어 하는 사람들은 대부분 언젠가는 그 자리에 오른다.

피라미드는 여기서부터 점점 가파르고 좁아지며 다섯 명 중 두 명 정도만 중간 관리자급에서 승진하는데, 나머지 세 명은 매우 불만과 좌절을 느끼며 격한 감정을 보이다가 적당히 회사 생활을 하기로 마음먹거나 기회를 잡기 위해 다른 직장의 중간 관리자로 이직한다. 여기서 고위 관리자가 되고 싶어 하는 사람에 비해 자리는 턱없이 부족하다는 것이 문제의 핵심이다. 이 문제는 절대 나아질 수가 없는데, 고위 관리자를 위한 자리는 갈수록 줄어드는 구조이기 때문이다.

이 문제의 유일한 해법은 승진만이 성공이라는 식의 잘못된 개념을 버리는 것이다. 내가 스타트업에 다니던 시절, 가장 중요한 성공 요인 중 하나는 좋은 창립자인 CEO가 있고 모두가 그를 위해 일한다는 사실이었다. CEO가 정말 좋은 사람이라는 이유로 아무도 그를 대신하고 싶어 하지 않는다는 것을 알기에 우리는 계속 열심히 함께 일할 수 있었다.

승진욕으로 인한 갈등을 걱정할 필요가 없었고 그래서 각자의 직무 범위에서 서로를 뛰어넘기 위해 노력한 결과 놀라운 성공을 거둘 수 있었다. 직원들은 대규모 팀을 거느리기보다는 회사에 가치를 더하는 데 집중하는 리더를 위해 자부심을 갖고 열심히 일하게 마련이다.

● **과제 제시** ─ 프레드릭 허즈버그Frederick Herzberg의 동기 유발 및 직무 만족도에 관한 이론이 나온 지 60년이 지났으나, 내 경험상 이 이론이 지금처럼 잘 들어맞았던 적은 없었던 것 같다. 한마디로 그는 직업 안정성과 급여와 같은 위생 요인은 동기를 유발하지 못하지만 이런 요인들이 없으면 동기를 아예 없애버릴 수 있다고 주장했다.

과제를 극복할 때만 느낄 수 있는 성취감을 얻을 기회를 주어야 동기와 유대감 형성, 만족도를 기대할 수 있다.

스타트업 채용의 핵심 유인 요소인 스톡 옵션과 매력적인 제반 조건을 보장받는 것 외에, 스타트업에 계속 남게 되는 이유가 바로 이런 점이라 생각한다. 초기 단계이거나 어느 정도 자리를 잡았다 하더라도 스타트업은 일하기 편한 곳은 아니다. 모호하고 미숙한 부분이 너무나 많고 지속적인 위험이 도사리고 있으며 목표 성과 관리가 대체로 이루어지지 않는데다가 극복해야 할 비즈니스 과제도 엄청나게 많다. 그러나 하나둘씩 과제를 해결하기 시작하면서 내면에 변화가 일어난다.

초창기에는 이것이 문제를 해결한 데서 오는 단순한 안도감이라 착각했으나, 얼마 지나지 않아 과제야말로 본질적인 요소이며 인간의 근본 속성과 관계가 있다는 사실을 알게 됐다. 따라서 리더들은 팀원들의 사고방식에 이와 같은 변화를 만들어내야 한다. 지금의 기업 운영 방식과는 다르기 때문이다. 과제는 곧 만족을 뜻한다. 과제는 문제가 아니며 이는 새로운 세계의 방식이다.

● **정서적 균형** — 밀레니얼 세대는 항상 행복에 집착하는데 이는 놀라운 일이 아닐 수 없다. 자유를 위해 목숨을 포기해야 했던 세대도 아니고 전쟁을 겪은 세대도 아니며 사회적 정의를 추구하는 데 몰두했던 세대도 아니다. 그저 행복을 원하는 것이다.

주관적 웰빙 이론, 다시 말해 인간이 스스로의 행복을 어떻게 지각하는가에 관한 이론에 따르면, 행복은 두 가지 구성요소, 즉 삶에 대한 만족과 정서적 균형으로 측정해야 한다. 삶에 대한 만족에 이어 과제 극복에 따라 나타나는 직무 만족을 얘기했는데, 그렇다면 정서적 균형은 어떨까? 정서적 균형이란 무엇일까?

정서란 특정 감정을 경험하는 것을 말하는데, 설렘, 관심, 자부심, 배려, 또는 강인함과 같은 긍정적인 감정과 적의, 초조, 공포, 괴로움, 또는 짜증과 같은 부정적인 감정이 있으며, 개인이 실시간으로 경험하는 행복은 어느 시점에 긍정적 또는 부정적 감정에 영향을 받는 정도에 좌우된다. 앞으로 기업들은 긍정적 영향은 최대화하면서 부정적 영향은 최소화한 업무 경험과 환경을 제공할 수 있어야 한다.

나는 직장생활을 하는 내내 무엇 때문에 자부심을 느끼거나 긴장을 하는지, 무엇 때문에 부끄러워하거나 속상한지에 대해 별로 질문을 받은 적이 없지만, 그러한 감정들은 그 어떤 것보다도 직장에 대한 인식을 형성하는 데 큰 역할을 했다.

기업은 직원들이 일상생활을 하며 어떤 영향을 받는지를 더 잘 파악하고 이에 대응하기 위해 적극적인 조치를 취해야 할 것이다. 분기별로 피드백을 주거나 일 년에 한 번 상여금을 주는 것만으로는 행복을 전달할 수는 없다. 행복은 매일 우리 눈앞에서 일어나는 각각의 경험과 상호작용 속에서 얻어야 하는 것이다. 세계 최고의 인재들은 이런 점을 고려해 고용주를 선택할 것이다.

🔔 지금 당장 해야 하는 3가지 실천 과제

비즈니스 트랜스포메이션을 시작하고 그 과정에서 자체 혁신을 꾀하는 기업을 위해 도움이 될 만한 가장 중요한 3가지 사항을 제안한다.

사람 중심의 리더십이 아닌 분야별 리더십과 비즈니스 리더십을 정의하자. 승진이 성장하기 위한 유일한 방법이 아님을 받아들이도록 세대의 사고방식을 바꾸려면 시간과 끊임없는 노력이 필요하며 실제 행동으로 보여줄 수 있어야 한다. 회사의 사고방식이 어떻게 변했는지를 보여주고 조직의 사고방식도 변할 것임을 보여주려면 아마 사람 중심의 리더보다는 분야별 리더에게 더 많은 보상이 돌아가야 할 것이다.

둘째, 장기적인 조직 규모 감축 계획을 세우자. 물론 어려운 일이지만, 장기간에 걸쳐 조금씩 점진적으로 회사 규모를 줄여나갈 계획을 세우면 한 번에 대대적인 해고를 감행하는 것에 비해 인원 감축으로 인한 마찰이 대폭 줄어들 것이다.

마지막으로, 항상 즐거운 업무 환경에서 과제를 해결한다는 새로운 시각으로 직원 만족도를 고려하자. 주관적인 웰빙이라는 개념을 중심으로 툴과 인프라를 구축하면 성과가 훨씬 향상될 것이다.

정부의 미래

움직임에 동참하는 누노와 주차 위반 벌금을 내는 바트

누노는 요즘 걱정이 많았다. 미국에서 유입되는 이민자나 종종 더 나은 미래를 찾아 라틴아메리카로 오는 불법 이민자에 대한 폭력과 차별이 점점 심해지고 있었기 때문이다. 이민은 경쟁력 있는 경제의 근간이었고 원하는 곳에 정착할 수 있다는 점 때문에 그가 생각하기에는 인류가 지켜야 할 기본 자유 중 하나였다. 특히 콜롬비아인들은 수십 년간 역이민을 경험해왔기 때문에 그는 이러한 새로운 이민자들에게 좀 더 온정을 베풀어야 한다고 생각했다.

정부는 현재 모든 콜롬비아인들뿐만 아니라 국경을 넘어온 모든 개인에 대한 엄청난 양의 데이터를 보유하고 있는 것으로 알려져 있었다. 이에 대해 상당한 저항이 있었고, 이런 데이터가 오용되지 않도록 잘 보호하겠다는 정부의 약속에도 불구하고 여전히 몹시 불편하게 느껴졌다. 다행히 그는 정부의 데이터 사용 내역을 쉽게 추적할 수 있었고 정부는 실제 상황에 대한 명확한 데이터 요소를 제공할 수 있었다. 부정확한 정보로 인해 공포감이 조성되면 더 많은 피해가 발생할 수 있다.

이번에는 유력 기술 기업들이 상황에 올바로 대처하는 방식이 마음에 들었다. 분열을 조장하는 댓글을 금지하고 사실을 꼼꼼히 확인하는 데 아주 열심이었기 때문이다. 그는 구글과 페이스북이 현실 세계에서 정치인보다 훨씬 더 많은 영향력을 발휘하고 있다고 생각했기 때문에 이들 기업이 옳은 일을 하는 모습을 보여주는 게 중요했다.

몇 천 마일 떨어진 곳에서 바트는 현지 당국의 메시지를 받고 잠에서 깼다. 주차 허용 시간을 30분이나 넘겨서 벌금이 20달러가 나왔다는 것이었다. 정말 짜증이 났지만 그래도 토큰화된 신용카드로 클릭 한 번이면 벌금을 지불할 수 있었다.

그는 곧 출시될 새로운 플랫폼이 나오기만 기다리고 있었다. 그러기 위해서는 중앙 시스템에 연결되어 결제 정보가 토큰화된 IoT 기기가 먼저 차량에 탑재되어 있어야 했다. 그러면 구글 지도에서 비어 있는 주차 공간을 찾아 예약하고 주차하면 끝이었다. 차량이 주차장에 머무른 시간 동안만 정확히 요금이 자동으로 결제됐다. 특히 AI 알고리즘을 이용해 주차장을 찾는 예상 차량 수에 따라 주차 요금이 변동됐다. 단 이 경우에는 지방 정부가 "주차 공간을 찾는 데 소요된 시간"을 최소화하기 위해 최적화를 실행하고 있었다.

그날 늦게 바트는 ICO를 통해 투자한 다국적 대기업의 주주 총회에 참석하러 다시 시내로 나가고 있었다. 이 기업은 신흥 경제국의 마닐라와 뭄바이 같은 대도시를 중심으로 플라스틱 쓰레기를 채굴하고 이를 다시 재활용 가능한 레진으로 변환하는 사업을 벌이고 있었다.

그는 회의를 기다리면서 회사 정보를 살펴보다가 라오스와 방글라데시에서 막 착수한 일부 대형 인프라 프로젝트 현황에 대해 알게 되었다.

그는 해당 프로젝트에 대해 ICO 토큰을 이미 구매해둔 상태였다. 그는 중요 투자 할당액 결정 건으로 회의 때 몇 가지 핵심 사안에 투표할 생각이었다. 미국 선거에서 투표하는 것만큼 이 투표가 중요할 것이라는 생각이 들었다.

호텔 안으로 걸어 들어가면서 그는 길 건너편 인도에 있는 가난한 노숙자를 보고는 사회의 가장 가난하고 절박한 계층의 삶을 개선하기 위해 신기술의 장점을 어떻게 활용할 수 있을까 하는 질문이 떠올랐다.

●●● 정부 서비스의 진화 이해하기

나는 정부 서비스와 민관의 상호작용이 미래에 디지털 구현을 통해 어떻게 변화할 것인지를 살펴봄으로써 혁신 분야에 대한 논의와 이 파트 전체를 종합해보고자 했다. 물론 주제 범위가 크기 때문에 아예 책 한 권으로 따로 써도 될 정도인데다, 실제로 이 주제를 다룬 훌륭한 논문들도 이미 나와 있다.

그러나 여기서는 몇 가지 사항만 집중적으로 다룰 예정이며, 지금까지 살펴본 다른 주제만큼 자세히 다루지는 못 할 수도 있다. 이는 모두 현재 기업에서 일어나는 일들이며 우리가 할 수 있는 일은 딱히 많지도 않다. 그러나 소비자가 기업과 상호작용하는 방식이 이로부터 영향을 받을 것이라는 점을 알고 있어야 한다.

- **시민 데이터베이스** — 좋든 싫든 각국 정부는 모든 시민에 대한 데이

터를 수집하고 저장하기 시작할 것이다. 그러기 위해서는 아직 디지털화되지 않은 가용 데이터를 디지털화하고, 사람들이 어디서 정부 서비스를 이용했는지에 대한 상세한 분석 자료를 보유해야 한다. 여기에는 공공 CCTV 카메라에서 추출한 영상 자료와 소비자가 정부에 수동적으로 제공하게 되는 다른 형태의 데이터가 포함될 것이다.

2018년 사례가 좋은 예인데, 당시 중국은 팝 콘서트에서 안면 인식 기술을 활용해 범죄자를 체포했다. 결정적으로, 시간이 지날수록 기업이 정부와 얼마나 많은 소비자 데이터를 어떤 상황에서 공유해야 하는지를 보다 투명하게 알 수 있게 될 것이다. 나쁜 정부인 경우에는 좋은 결과가 나올 수 없지만, 좋은 정부인 경우는 안전과 보안 및 다른 여러 서비스에 상당한 이점으로 작용할 것이다.

30여 년 정도 지나면 정부를 위한 시장이 좀 더 자유롭고 합리적으로 변할 가능성이 있다. 그때까지는 시민 데이터가 정부에 집중되면서 사회의 고통 받는 약자들에게 지속적인 위험으로 작용할 것이다.

● **대형 기술 기업의 역할** — 오늘날 페이스북과 구글처럼 전 세계 인구의 상당수에게 그토록 깊고 즉각적인 영향을 미치며 삶 속으로 들어온 존재는 없었다. 최대 종교와 최대 인종 집단의 규모를 훨씬 능가하는 수준으로, 인구 대국인 중국과 인도 정도만이 상대가 될 것이다.

대형 기술기업이 소비자를 기반으로 삼는 경우 정부가 어떻게 이러한 권력 집중에 대응할지 지켜봐야 한다. 케임브리지 애널리티카Cambridge Analytica의 예는 이미 페이스북이 특정 정부 인사에 얼마나 큰 영향을 미치는지를 이미 보여주었다(영국의 정치 컨설팅 업체인 케임브리지 애널리티카는 지난 2016년 미국 대선 때 페이스북 이용자 8,700만 명의 데이터를 수집해 정치 캠페인 등에 이용한 것으로 드러나 사회적 논란을 일으켰다-옮긴이). 그리고 거대 기술 기업들을 작게 쪼개야 한다는 논의가 일어나면서 규제 기관들이 나서서 압력을 행사하기 시작했다.

10년쯤 지나면 기술 분야의 경쟁은 더욱 격화될 것이며, SNS에서 페이스북과 구글의 독점적 지위도 언제까지고 계속되지는 않을 것으로 본다. 그래도 협업은 필요하다. 앞서 논의했다시피 정부를 위한 시장, 고용 시장, 상품 및 서비스 시장은 불가분의 관계에 있기 때문이다.

● **대안 운동** ─ #미투MeToo, BLM(흑인의 목숨도 소중하다) 등의 운동은 디지털 기술이 없었더라면 존재할 수 없었을 것이다. 전통적인 정부들은 모든 시민을 제대로 보호하고 서비스를 제공하지 못하고 있으므로 대중 운동의 형태로 정부에 대한 대안을 모색하는 움직임은 계속될 것이다.

앞으로 10년은 확실히 격동의 시기가 될 것이다. 단순히 인구 구성의 변화로 인해 정치권력이 사회 보수세력에서 보다 진보적인 세력으로 옮겨가면서 전 세계에 전면적인 세대 교체가 일어날 것이다. 경제적 좌파와 경제적 우파 간 첨예한 논쟁은 지속될 것이다. 궁극적으로 합의가 이루어지겠지만, 늘 그렇듯이 패자는 나오게 마련이다.

그러나 소수집단은 이와 비슷한 운동을 통해 의사를 표현하고 전 세계에서 비슷한 생각을 가진 사람들을 찾을 수 있게 될 것이다. 양쪽이 공존할 수 없고 옳은 길은 하나뿐이라는 식의 인종차별주의, 성 평등, 또는 멍청한 백신 반대 운동과 같은 문제를 얘기하려는 것이 아니다. 그보다는 채식주의나 원자력과 같은 어중간한 영역에 가까우며, 소수자가 의견을 낼 수 있고 다른 세계 시민들과 함께 세계 속에서 어울려 살아갈 수 있는 그런 사회가 다가올 것이다.

• **스마트 시티** — 도시는 점점 촘촘히 연결되면서 살기 좋은 환경이 될 것이다. 자율 주행 차량, 전기차 등의 교통수단과 친환경 건물, 태양열 발전, 오염 방지 등 환경 면에서 혁신이 일어날 것이다.

공공건물 관리 방식이 진화하고, 도시의 다양한 영역을 이용하고 보호하는 방식이 개선될 것이다. 보건의료 인프라 및 폐기물 관리 인프라 등의 이용을 디지털로 관리해 효율성과 품질이 개선될 것이다. 전기와 수도 등 공공 서비스 역시 완전히 디지털화될 것이다. 도시 전체에 와이파이가 완벽히 지원되고 모든 서비스 시설은 IoT에 연결되어 위치가 활성화될 것이다. 공유 경제는 전역으로 확대되면서 모든 활용 사례에 적용될 것이다. 미래 스마트 시티에서는 삶이 한결 편리해질 것이다.

• **디지털 무산자** — 마지막으로 안타깝게도, 전 세계에는 여전히 가난한 사람들이 많을 것이다. 2030년에도 여전히 전 세계 인구 6억이 극도의 빈곤 속에 살아갈 것이다.[95] 아쉽게도 디지털 구현의 부족한 점 중 하나는 바로 빈곤을 퇴치하는 데는 놀랍게도 거의 도움이 되지 않는다는 사실이다. 그에 반해 이미 풍족한 생활을 누리는 소비자들에게는 엄청난 혜택을 가져다준다. 실제로 모든 징후는 극빈층에게는 위험을 감수

하면서 고통에서 벗어날 수 있는 기회마저 점점 줄어들고 실업의 가능성만 더욱 늘어날 것이라는 사실을 가리킬 뿐이다. 아마 이를 변화시킬 유일한 방법은 디지털 구현의 수혜를 입은 사람들이 극빈층에게 직접 부를 이전하는 수밖에 없다.

디지털 플랫폼을 통해 소비자가 기부한 금액이 빈곤층에게 추적 가능한 방식으로 전달되는 형식이 되거나, 아니면 여유 있는 소비자에게 가치를 제공함으로써 부를 창출한 빌 게이츠와 팀 쿡처럼 기부 서약을 한 사람들이 대규모 자선 사업을 통해 빈곤층을 지원하는 형식이 될 수 있다. 자본 시장에서 보면 비합리적이지만 한편으로는 완벽히 합당한 가치 교환이 있다면 바로 이 경우가 해당될 것이다.

이로써 6개 혁신 분야를 모두 다뤘다. 6개 혁신 분야에서는 24개 핵심 주제를 다뤘으며, 이 24개 주제에서는 진화의 120가지 핵심 영역을 다뤘다. 검토가 필요한 모든 사항을 다 검토했을까? 당연히 아닐 것이다. 지금까지 다룬 모든 사항을 검토할 필요가 있었을까? 아마 아닐 것이다. 그러면 우리는 보다 현실적이고 그럴 듯한 디지털 미래를 고민할 준비가 잘 되어 있을까? 그렇길 바란다. 다음 파트에서는 우리 앞에 펼쳐진 이러한 현실 속에서 새로운 변화를 만들어내는 기업을 위해 간단한 접근 방식을 제시할 것이다. 이는 절대 유일한 성공 방식은 아니며, 내가 사용하는 언어와 틀을 통해서만 그러한 과정을 설명할 수 있는 것도 아니다. 그러나 디지털 구현을 통해 가치 창출 방식이 결정되는 과정이 아주 명확히 드러날 것이라 생각한다.

The Digital Frontier

트랜스포메이션은
어떻게 실현되는가

이제 드디어 경영학 서적에서 대개 가장 지루한 부분인, 프레임워크와 이론으로 점철된 "방법론"에 관한 파트를 만날 차례다.

묘책을 잔뜩 기대한 독자라면 스스로 깊이 고민해봐야 한다는 사실에 실망할지도 모른다.

그렇지만 이 점을 생각해보자.

피아노 연주에 관한 모든 글을 읽고 나면 피아노를 칠 수 있게 될까? 당연히 아니다. 반면에, 기후 변화에 관한 글을 더 이상 읽지 않고 아예 생각조차 않는다면 기후 변화가 사라질까? 역시 아니다. 결국 이 문제를 다 같이 해결해야 하며, 이 책에서 나와 함께 "방법론"을 시도해보고 각각 처한 환경에서 할 수 있는 일을 해야 한다.

장담하건대, 이 책의 마지막 30페이지는 즐겁게 읽을 수 있을 것이다.

스포츠 비유로 보는 트랜스포메이션

2016년은 스포츠계로서는 엄청난 한 해였다. 세 개 스포츠 종목에서 세 팀이 믿을 수 없는 일을 해냈기 때문이다. 레스터시티Leicester City FC(풋볼클럽), 일명 폭시스The Foxes는 직전 시즌의 대부분을 리그 하위권에서 맴돌다가 132년 클럽 역사상 최초로 영국 프리미어리그에서 우승했다.

골든 스테이트 워리어스Golden State Warriors는 24연승으로 시즌을 시작해 73승 9패로 시즌을 마감하며 NBA 역사상 최고의 정규 시즌을 치러냈다. 그러다 NBA 결승전에서 클리블랜드 캐벌리어스Cleveland Cavaliers에 예상외로 패배했으나 결국 대기록을 달성했다.

시카고 컵스Chicago Cubs는 야구 월드시리즈 7차전에서 추가 이닝으로 108년 만에 우승을 거뒀다. 굉장한 한 해였다! 나는 정말 뭐든지 가능하다면 도널드 트럼프도 대통령에 선출되지 않을까 궁금해졌고 확신하기에 이르렀다.

왜 이런 일이 가능했을까? 이들이 어떻게 챔피언십 우승이라는 5,000분의 1의 확률을 깨고 이를 현실로 만들어냈는지 알아보기 위해 레스터시티 FC의 사례를 자세히 살펴보자.

간단한 말하면 이들이 전략을 수립해 제대로 실행하면서 결국 스스로

운을 만들어냈기 때문이었다. 폭시스의 시즌 상반기와 하반기는 완전 딴판이었다. 상반기에는 득점이 굉장히 많았는데 그만큼 내준 것도 많았다. 하반기에는 아주 분석적인 접근 방식을 취하면서 골을 덜 내줬고 1대 0으로 승리를 여러 번 거뒀다.

팀 구성을 그대로 유지하면서 11명의 스타팅 멤버를 거의 바꾸지 않았다. 과거 프리미어리그 챔피언스 리그에서는 평균 95.4회 선수를 교체했으나 2016년에는 27회에 그쳤다. 득점 전략 또한 다른 프리미어리그 챔피언스 리그 때와는 달랐다. 상대적으로 공 점유율이 낮았으며 패스도 적게 했고 정확도도 떨어졌다. 기본적으로 상대 팀이 공을 갖고 논셈인데, 역전의 기회를 잡자 제이미 바디Jamie Vardy가 무서운 속도로 공을 몰고 가 득점에 성공했다.

선수 영입에 있어서 높은 투자 대비 성과(ROI)를 달성했는데, 스카우트 총괄이었던 스티브 월시Steve Walsh는 2부 리그 클럽 팀인 노팅엄 포레스트Nottingham Forest에 있던 리야드 마레즈Riyad Mahrez를 찾아내 약 50만 달러를 주고 데려왔으며 시즌이 끝난 후 그의 몸값은 최대 5,000만 달러로 뛰었다.

이제 클라우디오 라니에리Claudio Ranieri 감독과 선수들이 2부 리그로 강등되지 않기 위해 좋은 선수들과 계약하고 플레이북(작전 모음집-옮긴이)과 특유의 축구 스타일을 만들었던 2016년을 떠올려보자. 그러다 중간에 다른 결과가 나오는 것을 보고는 경기 스타일을 바꾸었다. 시즌 내내 팀원들은 하나가 되어 의욕을 불태우며 기분 좋게 역사를 만들어냈다.

그러나 물론 운도 작용했다. 어느 정도는 운이고 어느 정도는 판타지적인 요소가 섞여 있었다. 최대 적수인 아스날Arsenal은 시즌의 가장 중요한 시기에 경기를 성공적으로 치를 만한 패기가 없었고, 맨체스터 유나이티드Manchester United와 맨체스터 시티Manchester City는 둘 다 암울한 시즌을 보내고 있었던 것이다.

로베르트 후트Robert Huth가 토트넘을 상대로 후반 헤딩골을 넣은 것이나, 레오나르도 울로아Leonardo Ulloa가 아스날을 상대로 한 경기에서 마지막 몇 초를 남겨놓고 페널티킥을 얻어낸 일은 모두 바로 그 결정적인 순간에 일어났던 것이다.

사람들은 레스터시티의 억만장자 구단주인 비차이 스리바다나프라바Vichai Srivaddhanaprabha가 불교 사원을 지어 팀을 축원하고 행운을 빌어주도록 승려들을 지원한 덕분이라고 얘기한다. 이는 판타지 같은 얘기겠지만, 분명한 것은 레스터시티FC에는 플레이북이 있었고 이를 철저히 따라 스스로 운을 만들어갔다는 사실이다. 물론 팀 전체의 단결력도 영예로운 승리의 바탕이 됐다. 아마 언젠가는 영화로 만들어져 다 같이 즐기는 날이 올지도 모른다.

그러나 여기서 기억할 점이 있다. 트랜스포메이션은 몇 년에 걸쳐 수백 명의 노력이 필요한 복잡한 과정이기 때문에, 상황이 어떻게 펼쳐질지 예측하기가 불가능하지만 의지를 갖고 계획을 세워 필요할 때 방향을 전환할 수 있는 유연성을 기른다면, 우리도 스스로 운을 만들어갈 수 있다는 사실이다.

3³ 프레임워크 디지털 트랜스포메이션을 구축하고 실행하기 위한 9단계

철저한 디지털 트랜스포메이션 추진을 위해 내가 권장하는 접근 방식에는 3가지 에픽이 있으며, 각 에픽 내에는 3개의 스프린트가 있다. 내가 여기서 애자일 스크럼Agile Scrum 언어를 사용하는 이유는 근사해 보이기 때문이기도 하지만 한편으로는 여러분이 이를 자사의 대규모 애자일 트랜스포메이션으로 생각하길 바라서다.

여기서 스크럼 사고방식을 활용하면 앞서 언급한 애자일의 모든 이점을 활용할 수 있으며, 대체로 시간 낭비 없이 속도감 있게 여러 단계를 거치면서도 3개 스프린트를 각각 유연하게 처리할 수 있다.

각 에픽 내에서 스프린트 항목들을 자유롭게 바꿀 수 있지만, 다음 단계로 넘어가기 전에 하나의 에픽을 끝내는 것이 좋다(그림 8.1 참조).

여기에 3³ 모델을 소개한다.

에픽1 – 디지털 미래 상상하기

스프린트1 – 자체 통화 및 가치 목표 정의

스프린트2 – 자체 디지털 혁신 분야 탐색

스프린트3 – 이용 가능한 가치 풀의 우선순위 설정

에픽2 – 트랜스포메이션 단위 구축

스프린트4 – 플랫폼 아이디어의 청사진 설계

402

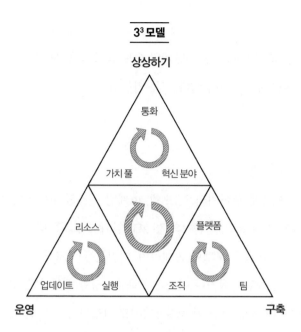

3³ 모델

상상하기

통화

가치 풀   혁신 분야

리소스   플랫폼

업데이트   실행   조직   팀

운영   구축

그림 8.1 디지털트랜스포메이션의 3³ 모델

스프린트5 - 트랜스포메이션 팀 선발

스프린트6 - 트랜스포메이션 조직 구성

에픽3 - 디지털 트랜스포메이션 운영

스프린트7 - 해당 조직에 적절히 리소스 공급

스프린트8 - 일상적인 플랫폼 실행

스프린트9 - 매년 플랫폼 업데이트

앞으로 20여 페이지에 걸쳐 이러한 에픽과 스프린트를 훑어보고 이들 각각의 의미와 어떤 결과가 나올지 살펴본 다음 몇 가지 예를 들어 설

명할 것이다. 그 전에 먼저 이 프레임워크의 단계 수에 대해 잠시 생각해 보고자 한다. 왜 9단계일까? 10단계일 수도 있지 않을까? 7단계는 안 되나? 그에 대한 답은 "그렇다"이다. 모두 가능하다.

●● 왜 3³일까?

오마에 겐이치의 3C모델, 마케팅 믹스의 4P 전략, 마이클 포터의 5가지 경쟁 요인, 맥킨지의 7S 프레임워크, 9블록 비즈니스 모델 캔버스 등 수없이 많은 모델이 존재하며, 이것들은 비교적 잘 알려진 것들이다. 경영 컨설턴트였거나 이들과 일해 본 경험이 있다면, 업계에서 농담 삼아 이야기하는 모든 건 항상 3가지로 나뉜다는 말을 알 것이다.

그래서 나도 자문해봤다. 얼마나 많은 단계가 있어야 할까? 당연히 정답은 없다. 트랜스포메이션을 위한 기업 설립과 같이 복잡한 일에는 다양한 변수가 존재하기 때문에, 세부 내용을 조정하고 각 칸에 해당하는 활동의 위치를 바꾸면 다양한 면을 제시할 수 있다.

그래서 나는 프레임워크의 구조는 고정된 것이라기보다는 이해하고 구현하기 쉽게 만들어져야 하는 것이라 생각했다.

십진법을 예로 들어 보자. 십진법이 다른 기수법보다 뛰어나다는 수학적 근거는 전혀 없다. 누군가는 우리 손가락이 열 개고 그렇게 숫자를 세는 방식이 익숙하기 때문이라 말하겠지만, 십진법이 왜 가장 대중적인 체계로 자리 잡았는지에 대한 의견도 제각각이다.

초기 문명에서는 하나, 둘, 셋, 그리고 다수의 네 가지 측량 값만 있었다.

고대 바빌론인들은 기수가 60인 60진법을 사용했으며, 여전히 한 시간을 60분으로 나누고 1분을 60초로 나누는 것은 이 때문이다.

그러나 엄밀히 말해 어느 날 갑자기 하루가 열 시간이고 한 시간은 100분이며 1분을 100초라고 정해도 이상할 것이 없다. 중요한 것은 단순함과 습관이기 때문이다.

인지심리학에는 컨설턴트가 세 가지로 나누어 조언하는 성향을 어느 정도 설명해주는 다른 흥미로운 개념도 있다. 바로 "덩이짓기(chunking)"란 개념이다. 덩이짓기 이론에 따르면 우리는 개별 항목들이 하나로 묶일 때 더 잘 기억한다고 한다. 인간의 정신이 처리하고 저장해 한 번에 기억해낼 수 있는 새로운 덩어리, 즉 의미 단위의 수에 대한 연구들도 있는데, 그 수는 2~4개 정도인 것으로 밝혀졌다.

새로운 주제를 만났을 때 세 가지로 나누어 생각하는 것이 편하게 느껴지는 이유도 아마 그래서일 것이다. 그래서 나는 세 가지 에픽으로 나누는 것이 좋을 것이라 생각했다. 숫자 3이 유용한 또 다른 점은 앞서 소개한 시어핀스키Sierpinski 삼각형처럼, 하나를 골라 더블클릭하면 세 가지 항목이 다시 나타나고 이를 계속하다 보면 어떤 주제가 나와도 프랙탈처럼 깊이 파고들어갈 수 있다는 것이다.

이러한 과학적 사실들을 바탕으로 나는 3^3 모델이야말로 트랜스포메이션 프레임워크를 명확히 설명하기 위한 이상적인 방법이라는 결론을 내렸다. 내 말의 요점을 파악했다면, 좋다. "엉뚱한 얘기 말고 9단계 얘기나 계속합시다."라는 생각이 든다면, 그것 역시 좋다. 9단계 얘기도 계속할 테니까.

에픽 1 – 디지털 미래 상상하기

맥킨지에 들어간 지 둘째 주나 셋째 주였을 것이다. 당시 신입 직원이었던 나는 리더 그룹을 도와 글로벌 에너지 및 소재 관련 콘퍼런스를 준비하라는 지시를 받았다. 나 같은 젊은 분석가가 할 일은 슬라이드 만들기에서 출장 요리 업체와 계약 사항 조율, 택시 예약 등 잡다한 일들이다.

콘퍼런스 마지막 날에는 암스테르담의 오쿠라 호텔에 가득 모인 사람들 앞에서 다수의 업계별 리더들이 연설을 하기로 되어 있었고, 나는 대형 회의장 뒤편의 작은 책상에 앉아 줄곧 화면과 연결된 노트북을 들여다보고 있었다. 슬라이드를 띄우고, 리모컨이 작동하지 않을 경우 다음 화면으로 클릭해 넘겨야 했기 때문이다.

한참 바쁘게 일을 하는데, 어깨를 톡톡 치는 듯한 느낌이 들어 돌아보니 세계 최대 정유회사 가운데 하나인 회사의 CEO가 내 뒤에 서 있는 것이 아닌가. "이걸 좀 슬라이드에 띄워줄 수 있습니까?" 그가 주머니에서 노란색 포스트잇을 몇 장 꺼내더니 나에게 건넸다. "그리고 USB에도 스캔한 게 몇 장 있습니다. 그 내용을 소개하고 싶군요."

그는 나에게 지시하고는 무대 쪽으로 걸어가기 시작했다. 준비할 시간이 7분 정도밖에 없었다. 나는 미친 듯이 작업을 했고 그는 무대에 올랐다. 스캔 자료는 그의 개인 수첩에서 가져온 것이었다. 그가 차기

CEO가 될 것이라고 이사회가 전화로 알려온 그날 밤 손으로 갈겨쓴 메모였다. 중요 항목별로 간단히 정리한 그의 계획과 이 거대 조직에 대해 그가 상상한 미래에 관한 내용이 적혀 있었다.

그렇게 간단하게, 15~20단어쯤 되었나, 이 대기업이라는 조직을 향후 10년간 어떻게 이끌어가야 할지가 그 몇 개의 단어에 담겨 있었다. 당시 스물네 살이었던 내가 얼마나 놀라고 매혹됐을지 짐작할 수 있을 것이다.

그리고 이 상상하기 에픽에서 나는 바로 그런 점을 제안하고 싶다. 비즈니스 맥락을 목표에 따라 세심하게 파악하고 정확히 어느 분야에서 수익이 최대가 될지를 철저히 따져보는 혜안을 발휘해, 야심찬 비전을 세우는 것이다(그림 8.2 참조).

● ● ● **스프린트 1 통화 및 가치 목표 정의**

디지털 트랜스포메이션은 가치 창출이 핵심이 되어야 하며, 가치 창출이 없는 디지털 트랜스포메이션이란 있을 수 없다. 물론 디지털 이니셔티브를 통해 얻을 수 있는 가치는 때로 추가 판매나 비용 절감과 같은 직접적인 형태로 나타나기도 하며 직접적인 가치 증대 활동을 구별하기가 다소 어려운 경우도 생길 수 있다.

어떤 이니셔티브가 회사의 투자자본수익률(ROI)에 어떻게 영향을 주는지에 대한 연결 고리를 찾지 못하거나 그 논거를 댈 수 없으면 추진하

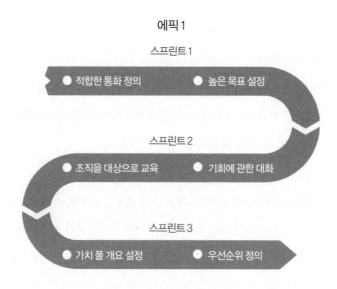

에픽 1

스프린트 1

● 적합한 통화 정의   ● 높은 목표 설정

스프린트 2

● 조직을 대상으로 교육   ● 기회에 관한 대화

스프린트 3

● 가치 풀 개요 설정   ● 우선순위 정의

그림 8.2 디지털 미래 상상하기

지 않는 것이 좋다. 자선 사업가이거나 순수 과학 연구자이거나 예술가가 아니라면 그렇게 해야 한다.

가치 창출의 의미는 오로지 한 가지다. 기업의 생산 활동이 보상받을 가치가 있을 만큼 마켓플레이스 전체에 혜택을 가져다주는가? 그러나 가치 창출이 한 가지만을 의미한다 해도 그 표현 방식은 여러 가지이기 때문에 기업은 자사에 적합한 것을 선택해야 한다.

기업 가치는 이를 가장 포괄적으로 지칭하는 말일 것이다. 아니면 기업 가치와 관련된 수입이나 현금 흐름 증대라고 말할 수도 있다. 아니면 아주 구체적으로 범위를 좁혀서 자산 생산성 향상이나 운영비 절감 또는 미디어 도달률 증대, 아니면 궁극적으로 기업 가치로 이어지는 요소를 얘기할 수도 있다.

나는 항상 구체적이기보다는 더 폭넓은 쪽을 권한다. 그래야 제약에서 자유로울 수 있으며, 아주 확실한 경우를 제외하고는 좋은 기회가 어디에서 나타날지 모르기 때문이다.

일단 통화(currency, 여기서 통화가 꼭 돈일 필요는 없으며, 플랫폼을 통해 교환이 가능한 것을 모두 가리킨다고 보아야 한다. '좋아요' 버튼이나 별점과 같은 무형의 가치도 플랫폼에서는 통화가 된다-옮긴이)를 정의하고 나면, 예를 들어 기업 가치라고 할 때, 조직에 적합한 수준의 목표를 제시해야 한다. 그 경우 지나치게 목표를 낮추지 않는 것이 좋다. 나는 트랜스포메이션을 시도했다가 그저 그런 성과에 그치는 경우를 봤는데, 이는 목표가 그저 그런 수준이었기 때문이고 그저 그런 수준에 그친 것은 리더들의 상상력이 부족해서가 아니라 적절한 "근거"도 없이 성장 전망을 내세우는 것이 조직 문화에 적합하지 않았기 때문이었다.

성장 목표의 근거에 초점을 맞춘다는 사실은 재미있다. 마치 개인이 가늠할 수 있는 수준 이상으로 기업이 성장하면 안 된다고 선포하는 것과 비슷하기 때문이다. 그래서 폭넓게 사고하고, 개인의 한계가 회사의 한계가 되지 않게 하는 것이 좋다. 그리고 의구심이 들 때는 "10년 후 회사 가치를 두 배로"라고 말해보자. 이렇게 표현 방식만 바꿔도 10년 후 완전히 새로워진 회사를 만들기 위해 노력하게 될 것이다.

창립 이후 지난 23년간 넷플릭스의 시가 총액이 어떻게 2,000억 달러 이상이 되었는지 살펴보면 다소나마 위로가 될지도 모른다. 넷플릭스 창사 이후 23년을 4개의 트랜스포메이션 또는 단계로 뚜렷하게 나눌 수 있다. 1997년 창립 이후 5년 후인 2002년 IPO를 진행할 때까지의 기간인 첫 번째 구축 단계에는 시가 총액이 2억 5,000만 달러에 이르렀고, 1년이 조금 넘은 시점에서는 10억 달러를 돌파했다.

넷플릭스는 5년여 만에 10억 달러 가치의 회사를 일구어 낸 셈인데, 비즈니스 모델은 흥미로웠지만 혁신이라고 할 정도는 아니었다.

그러다 DVD 렌탈 중심의 첫 번째 성장 국면이 시작됐고 2010년에는 10억 달러 가치에서 100억 달러가 넘는 기업으로 성장했다. 다시 이 기간의 가입자 수는 마찬가지로 편리함을 앞세운 가치 제안에 힘입어 증가했다.

그러다 두 번째 구축 국면이 찾아온다. 넷플릭스는 DVD 렌탈업체에서 변신을 꾀하며 스트리밍 서비스에 집중하기 시작했고, 2013년에는 최초의 오리지널 콘텐츠인 하우스 오브 카드House of Cards를 선보였다. 이때부터 넷플릭스의 질주가 시작됐다. 넷플릭스는 작품 제작의 질을 높이고 연결성과 스트리밍 속도도 대폭 개선하고 저비용으로 부채를 조달하고 콘텐츠 제작을 지원함으로써 2015년에는 시가 총액이 500억 달러를 넘어섰다.

그리고 지난 5년간 가입자 수가 폭발적으로 증가하며 두 번째 성장 국면을 맞았고 내가 마지막으로 확인했을 때는 시가 총액이 2조 달러를 돌파했다.

기업은 이제 뛰어난 가치 제안을 통해 성장 잠재력을 갖춘 2002년 넷플릭스와 비슷한 상황인지, 아니면 기술과 고객 변화의 거대한 물결에 올라탄 비즈니스 모델을 도입했던 2010년의 넷플릭스와 비슷한 상황인지를 스스로 판단해야 한다. 다들 2010년의 넷플릭스이길 바란다. 100억 달러와 1,000억 달러의 차이는 굳이 말할 필요도 없다.

이러한 목표에 도전하지 않는 한, 자유로운 사고로 획기적인 결과를 만들어내기는 어려울 것이다.

● ● ●　　**스프린트 2** 각자의 디지털 혁신 분야 탐색

이 책에서는 6개 혁신 분야를 살펴보는 데 상당한 지면을 할애했으며, 소비자 대상 기업을 가능한 폭넓게 다룰 수 있도록 최대한 일반적인 수준에서 설명하고자 했다. 그와 달리 기업별로 고유의 상황에 맞게 그 범위를 한정할 수도 있다. 그런데 어떻게?

나는 제3자인 컨설팅 회사를 불러다가 디지털 트랜스포메이션 계획을 대신 수립하게 만드는 방식은 별로 좋아하지 않는다. 컨설턴트들이 별 도움이 안 된다는 게 아니다. 오히려 트랜스포메이션을 추진하고 그 과정을 실사하기 위해 일시적으로 역량을 동원하는 경우 컨설팅은 효과적이다. 그보다는 동향을 제대로 파악하는 데에는 세 가지 측면이 필요하기 때문이다. 기술과 동향 자체, 비즈니스에 대한 이해, 그리고 회사의 조직 문화에 대한 이해이다.

철저한 조사를 통해 기업의 사업 분야와 운영 방식에 맞는 기술과 인

사이트를 찾고, 회사 리더들이 직접 적정 시간을 투자해 기술 발전 동향을 파악하고, 다른 회사 및 스타트업이 그러한 기술을 기반으로 사업을 추진하는 방식을 이해하는 수밖에 없다. 자사 비즈니스를 파악하는 업무를 외부 업체와 컨설턴트에게 외주를 주는 문화가 널리 퍼져 있다는 사실은 그런 의미에서 충격으로 다가온다.

나는 1~2주 정도 전 직원이 시간을 내는 방식을 추천한다. 한 번에 한 주 전체를 쓰거나 한 분기 동안 주 1회 정도 시간을 할애할 수도 있다. 또는 시간차를 두어서 모든 직원이 동시에 자리를 비우지 않도록 하고, 조직 전체가 다양한 기술을 심층적으로 학습할 수 있도록 교육 프로그램을 제공할 수도 있다.

직접 기술에 대해 알아보고, 앞서 다룬 6개 혁신 분야에 기술을 응용할 수 있는 방법에 대해 미래학자들의 자문을 구하고, 다른 회사와 스타트업의 사례를 살펴보고, 진화 과정을 짚어보는 것이다. 전 직원이 반드시 갖춰야 하는 새로운 역량이라 생각하고 모든 직원을 교육해 자격증을 부여하는 것이다. 나중에 얻을 수 있는 솔루션은 아직은 생각하지 말고 일단 현재 상황을 파악하는 데 집중하자.

디지털 마케팅이나 전자상거래 위주의 비슷비슷한 프로그램은 많지만 폭넓은 주제를 깊이 있게 다룬 프로그램은 별로 없다. 이 책을 수천 권 구입해서 회사의 모든 직원에게 한 권씩 선물해보자!

그리고 다시 각자 자리로 돌아가 그 내용을 곱씹어 본 다음 회사에서 가치 창출 기회에 관한 대화를 시작하는 것이다. 플랫폼을 사용하면 이러한 아이디어와 대화를 기록하고 그에 대한 투명성을 높일 수 있다.

직원들이 실제로 기술을 잘 이해하고 충분한 시간을 들여 내용을 숙지한 다음 그 의미를 내재화하기만 한다면, 직원들은 타사 컨설턴트보다 훨씬 강력한 가치 창출 기회를 제시할 것이다. 물론 컨설턴트는 전 과정을 조율하도록 도울 수 있으며 그런 역할을 할 사람을 한 명 정도 고용하는 것은 좋을 것이다.

에어비앤비는 그 점에 있어서 하루아침에 만들어진 게 아니었다. 브라이언 체스키Brian Chesky, 네이선 블레차르지크Nathan Blecharczyk 및 조 게비아Joe Gabbia가 대개 사업에 뛰어들 때 그렇듯이, 주택 임대 공간을 깊이 경험해보고 복잡한 면을 모두 이해할 수 있었더라면 정말 좋았을 것이다.

이런 경험이 부족했던 탓에, 이들은 아주 어렵게 사업 감각을 키워나갔다. 예를 들어 소비자 혁신 분야의 경우, 2007년에 시작된 에어비앤비는 디자인 박람회 참가자들이 에어 매트리스에서 잘 수 있게 숙박 서비스를 제공하고 도시 가이드 역할을 한다는 아이디어가 비즈니스로 연결된 경우였는데, 어느 시점부터는 룸메이트를 매칭해주는 서비스를 시도했다. 그러나 이는 그다지 획기적인 결과를 가져다주지는 못 했다.

1년 후인 2008년이 되자 세 창업자는 소비자가 겪는 진짜 문제는 고질적인 호텔 객실 부족이라는 것을 알게 됐고, 이러한 인사이트를 활용해 세 번만 클릭하면 방을 예약할 수 있는 편리한 경험을 만들어내면서 엄청난 가치 창출 기회를 열었다. 호스트를 위해서는, 전문가의 사진을 게시하고 후기를 작성하는 식으로 초창기부터 지원을 계속해왔지만, 많은 호스트들이 게스트 숙박 후 집이 완전 엉망이 되는 데 넌덜머리를 낸다는 사실을 나중에서야 알고 2012년 100만 달러에 달하는 "호스트 보호 프로그램(Host Guarantee)"을 들고 나왔던 것이다.

초창기에 이들이 크게 간과했던 부분은 호텔 세수를 거둬들이는 데 익숙했던 규제 기관들이었고, 이는 전 세계에서 사업을 운영하는 데 큰 골칫거리가 되어 왔다. 에어비앤비는 호텔세를 징수하고 커뮤니티 프로그램을 시작하면서 이 문제를 계속해서 해결해갔으나 결과는 복합적이었다.

자사의 혁신 분야를 철저히 분석해 디지털 트랜스포메이션의 모든 측면을 차근차근 검토해야 한다. 급박하게 상황이 변하고 있다고 생각해왔겠지만, 그래도 시간은 있다. 시장에서 1년 앞서갔다거나 뒤처졌다고 기회가 달라졌다거나 사라진 경우는 본 적이 없다.

● ● ● **스프린트 3** 이용 가능한 가치 풀의 우선순위 설정

해당 혁신 분야에 대한 연구가 마무리되어 가면 너무나 많은 기회가 사방에 널려 있다는 생각이 들 것이다. 디지털 미디어에서 전자상거래, 새로운 제품과 인더스트리 4.0에 이르기까지, 이러한 이니셔티브를 비교할 때 정확하지는 않더라도 신뢰할 만한 관점을 확립할 필요가 있다. 다양한 아이디어로 마음이 기울기 시작하면 이른바 "반짝이

는 물체증후군(BSOS, 또는 SOS라고도 하며, 최신 유행에 관심이 쏠리다가 새로운 것이 나타나면 버리는 경향-옮긴이)"을 조심할 필요가 있다.

예를 들면, 몇 년 전 챗봇에 대한 기대감이 엄청나게 높았으며 기업들은 저마다 언제쯤 챗봇을 출시할 수 있을지 가능성을 타진했다. 챗봇이 필요하거나 유용한지는 중요한 게 아니었다. 일단 챗봇이 있어야 했던 것이다. 그로부터 2년 후 챗봇에 대한 열기가 사그라들면서 관련 논의도 쏙 들어갔다. 그러면 어떻게 해야 반짝이는 물체에 혹하지 않을 수 있을까?

두 가지 방식이 있다. 철저한 조사와 데이터 중심으로 생각하는 것이다. 디지털 구현 기회는 어디에나 있으므로, 디지털이 가치를 더할 만한 분야를 종합적으로 폭넓게 따져보는 것이 중요하다.

디지털 목표가 제대로 공유되지 않거나 통합된 가치 프레임워크에 따라 다른 유사한 기회들을 제대로 평가하지 못할 때 가치를 잃는 기업들을 본다. 따라서 마케팅팀은 자체적으로 디지털 마케팅 혁신을 추진하고, 커머셜팀은 팀 목표 달성을 위해 노력하고 제조팀은 인더스트리 4.0이 가져올 파급 효과를 분석하고, 유통팀은 공급망의 디지털 문제를 처리하는 등 각 팀이 자기 과제를 우선시하다 보면 기회를 잃게 된다.

2번 마케팅 기회가 1번 커머셜 기회보다 크다면? 더 큰 기회를 선택해야 하지 않을까? 아니면 모든 사무 공간을 매각하고 온디맨드 사무실 모델로 전환하는 것이 진정한 혁신을 가져온다면? 누가 그러한 유형의 가치를 원할까?

디지털 트랜스포메이션은 예외 없이 모든 것을 포함해야 한다.

동일 가치 평가 프레임워크에 따라 모든 기회를 소중히 여겨야 한다. 어떠한 이니셔티브든 적정 기간, 예를 들어 10년간 이니셔티브를 통해 얻을 것으로 기대되는 영업 소득 증대에 최적의 추정치를 내야 한다. 이는 생산성 향상이 될 수도 있고 추가 비즈니스나 직원 만족도 향상, 또는 그 어떤 것이든 될 수 있다. 그게 핵심이 되어야 한다.

스타트업 투자자들은 적극적인 창업자들의 사업 계획서를 보고 투자 대상에 대해 어느 정도 안심할 수 있도록 여러 가지 방식으로 이를 평가한다. 대체로 4가지 접근 방식이 있는데, 비슷한 수준의 거래 살펴보기, DCF (현금 흐름 할인법) 가치 또는 장부 가치 계산하기, 유사업체와 비교해 상대적인 위험을 판단할 수 있는 성과표 활용, 또는 단순히 기대 수익률을 미래의 기대 가치에 적용하기 등이 이에 해당한다. 대개는 직감에 지나지 않는 판단을 합리화하기 위해 수많은 수학적 기법이 활용된다.

내가 추천하는 방법은 영업 소득 증가 기여분에 따라 각 이니셔티브를 서로 비교하고, 팀의 상대적 강점과 제품 구상 능력, 소비자의 신제품 수용 의사, 경쟁 환경 등을 고려하는 위험 점수 계산 프레임워크에 따라 이니셔티브의 상대 점수를 계산하는 것이다. 그런 다음 위험 점수를 이니셔티브에 적용하고 서로 비교할 수 있도록 값을 조정한다.

이 글을 쓰는 지금, 알리페이Alipay를 소유한 앤트파이낸셜Ant Financial이 역대 최대 규모의 IPO를 중단할 것이라는 관측이 나왔다. 중국 규제 당국이 중단을 명령하기도 전의 일이었다.

전 세계의 위워크_{WeWork} 지점들이 그럴싸한 아이디어를 내놓으며 기대감을 증폭시킨 가운데, 이 회사는 조용히 가치 풀을 하나 둘 찾아가면서 항저우의 평범한 사무실에서 주주들을 위해 가치를 창출해왔던 것이다.

타오바오 구매자와 판매자들을 위한 간단한 에스크로 서비스로 시작해 중국 내 거의 모든 은행과 연결된 전자 지갑 서비스와 모바일 결제로 넘어가더니, 청구서 결제를 지원하고 편리한 투자 펀드를 출시한 다음 간편 대출 상품을 내놓으면서, 끊임없이 좋은 기회를 찾아 다방면에서 소비자를 고객으로 끌어들이려 노력하는 모습을 보였다.

IPO를 통한 기업 가치가 3,000억 달러 이상으로 평가되는 것은 당연해 보인다. 기업은 이러한 역량을 갖추고 좋은 아이디어를 좋은 사업 계획으로 바꾸어 우선적으로 추진할 수 있도록 해야 한다.

첫 번째 에픽을 다 살펴보았으니 이제 앞으로 10년에 걸친 달성 가능한 목표를 구상하기 시작했을 것이다.

과감한 목표를 세우고 연구를 거듭하며 어디에 기회가 있는지를 파악하면 된다. 그리고 가치 평가를 완료하고 나면 어떤 가치가 있는지를 알 수 있다.

이제 다음 에픽으로 넘어가 목표를 달성하는 데 도움이 되는 혁신 수단을 개발할 때다.

에픽 2 - 트랜스포메이션 단위 구축

이 파트를 집필하는 동안 넷플릭스에 내가 좋아하는 프로그램의 시즌 3이 공개됐다. 「수부라: 로마의 피」는 이탈리아어로 나와서 자막을 켜고 본다. 이 프로그램은 로마의 지하 세계에 사는 범죄자들을 그린 이야기로, 다양한 영역의 범죄를 반영해 그 구조가 아주 입체적이다.

현지 로마의 범죄자 집안과 로마(집시), 경찰, 현지 정부, 바티칸 교회, 이탈리아 은행가, 그리고 물론 시칠리아 마피아까지 이권에 얽힌 각양각색의 인물들이 나온다. 이러한 요소들이 끝내주게 멋진 이탈리아 힙합 사운드트랙을 배경으로 폭력과 음모와 극적인 국면이 연출되면서 멋진 이야기가 만들어져 나온다. 아름다운 로마가 배경이라는 것 외에도 이 시리즈에는 흥미로운 요소가 있는데, 바로 완벽한 캐릭터가 없다는 사실이다.

그리고 보다 보면 극중 인물에게 깊이 감정 이입하게 되는데 바로 그 인물이 다섯 명을 죽인다든가 하는 식으로 너무나 무책임한 행동을 저질러서, 그 사람이 정말 주인공이 맞나 싶은 생각까지 들 정도다.

아다미 범죄 집안의 젊은 후손인 아우렐리아노, 집시족의 전도유망한 젊은이 스파디노, 그리고 경찰관의 아들인 렐레와 경찰 조직에 새로 들어온 부패한 인물이 등장한다. 서로 적대적인 관계에 있던 젊은이들이 다 같이 뭉쳐 로마를 장악하겠다는 공통의 목적 아래 힘을 합친다. 이들은 모두 속을 내보이지 않고 막강한 조직을 꾸려 전권을 휘두르는 우두

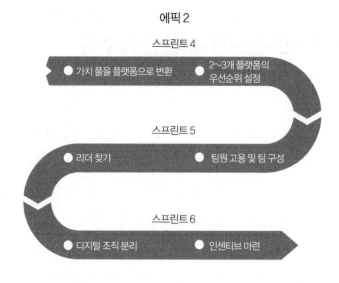

에픽 2

스프린트 4

● 가치 풀을 플랫폼으로 변환   ● 2~3개 플랫폼의 우선순위 설정

스프린트 5

● 리더 찾기   ● 팀원 고용 및 팀 구성

스프린트 6

● 디지털 조직 분리   ● 인센티브 마련

그림 8.3 트랜스포메이션 단위 구축

머리인 이른바 사무라이의 손에 놀아난다.

이 드라마를 예로 들며 시작한 이유는 여기에 디지털 트랜스포메이션을 위해 구성할 팀과 이 에픽에서 다룰 리더와의 유사성이 많기 때문이다. 이러한 범죄 집단이 동맹을 결성하고 영토를 획득하는 방식에서 힌트를 얻어, 창업 또는 인수(build or buy) 방식으로 디지털 트랜스포메이션 조직을 구성할 때 참고할 수 있다. 그리고 고약한 3인방이 밀수품을 몰래 들여오고 세금을 빼돌리는 데 쓰는 다양한 수법은 앞으로 다룰 플랫폼의 구축 필요성을 제대로 보여준다. 범죄 이야기는 참고만 하도록 (그림 8.3 참조).

●● ● 스프린트 4 플랫폼 아이디어의 청사진 설계

플랫폼은 디지털 트랜스포메이션의 구성요소이다. 구체적인 디지털 성과를 도출하는 데 아주 중요한 개념이기도 하다. 그런데 이러한 플랫폼은 과연 무엇을 말하는 것일까? 플랫폼에 대한 얘기는 수없이 나오지만, 사고형 리더들은 플랫폼이 미래라는 알쏭달쏭한 말만 할 뿐 아무도 정확히 설명해주지 않는다.

그래서 내가 설명해보려 한다. 플랫폼의 어원을 뒤져본들 딱히 도움이 되지는 않는다. 플랫폼이라는 말은 고대 불어인 플랏폼Plateforme에서 비롯된 표현으로, 이는 평평하다는 뜻의 고대 그리스어 플라투스platus와 형태라는 뜻의 라틴어 포르마forma에서 왔다. 그러니까 우리는 평평한 형태에 대해 얘기하고 있는 셈이다.

좀 더 나아가 마켓플레이스라는 목적에 맞게 플랫폼을 정의해보자. 마켓플레이스는 가치 창출 사슬에서 바로 인접한 두 실체가 서로를 찾아 가치 교환이 이루어지는 거래에 참여하는 곳을 말한다. 그러므로 플랫폼을 구축하는 것은 곧 마켓플레이스를 구축한다는 뜻이다.

이는 좀 비약처럼 들릴 수 있으나 그게 바로 내가 의도하는 바다. 전자상거래 웹사이트나 재래시장의 시각적인 면을 넘어서는 개념으로 마켓플레이스를 확장하는 것이다. 디지털화된 OOH 미디어에 관한 혁신 분야를 다룰 때 스크린 소유자가 브랜드 기업에 스마트 스크린을 판매하는 마켓플레이스에 대해 얘기했으며, 소비자와의 유대감 형성을 다룰 때는 브랜드 기업과 소비자가 서로 부가 가치와 충성도를 교환하는 마켓플레이스에 대해 얘기했다.

인더스트리 4.0 제조 관련 맥락에서도, 두 제조 부서 간 인터페이스 플랫폼을 미리 합의한 일정에 따라 부서끼리 부품을 교환하는 내부 마켓플레이스로 구상할 수 있다. 이런 점을 고려해 플랫폼이 중요한 이유를 자세히 살펴봐야 한다. 그리고 거기에는 구축 용이성, 변경 유연성, 손쉬운 수익화라는 주요 세 가지 이유가 있다.

이니셔티브를 플랫폼으로 구축하면 전체에 리소스를 공급해 조직의 나머지 부분과의 관계망에 얽매이지 않고 효과적으로 개발할 수 있다. 플랫폼으로 구축하고 나면 자율 조정 방식을 통해 결과물의 품질을 끌어올리는 데 집중할 수 있다. 게다가 독자적인 플랫폼으로 구축할 경우 외부 업체와 함께 이를 수익화할 수 있으며, 이 책 전체에서 살펴본 것처럼 자산을 통한 효율적인 수익 창출은 가치 창출의 핵심 동인이 될 것이다.

실제로 이 스프린트를 실행할 때 가장 중요한 것은 투자의 기반이 되는 플랫폼을 중요도에 따라 3개 정도 추려내는 일이다. 더 많은 아이디어를 갖고 초반 스프린트를 끝냈다면 이 시점에서는 두 가지 작업이 필요하다.

첫째, 가치 풀 목록을 살펴보고 이를 플랫폼 목록으로 전환해야 한다. 거래소가 명확히 정의된 마켓플레이스 형태로 플랫폼 아이디어를 구체화하고, 가치의 원천 또는 영업 이익 증가분을 분명히 제시하는 것이다.

이 시점에서는 다양한 플랫폼을 살펴보고, 팀, 파트너, 고객 또는 다른 이해관계자의 속성이 비슷하다는 이유로 여러 플랫폼을 하나의 대규모 플랫폼에 통합하는 것이 합리적인지를 판단해야 한다.

물론 조직의 규모에 따라 우선순위를 정하고 어느 정도까지 받아들일 수 있는지를 판단해야 한다. 그러나 원래 오프라인 사업을 하던 기업이 한 번에 넷 이상의 성공적인 플랫폼을 내놓는 경우는 아직 본 적이 없다.

이 플랫폼 아이디어를 그럽허브Grubhub의 예를 통해 음식 배달 사업자 관점에서 한번 살펴보자.

그럽허브는 2004년에 배달 레스토랑 메뉴를 온라인으로 제공한다는 아이디어를 사업으로 연결시키면서 시작됐다.

여기서 마켓플레이스는 레스토랑이 소비자와 메뉴 정보를 교환하는 장이었을 것이고, 그럽허브는 그 대가로 레스토랑으로부터 수수료를 받았다. 2015년에 그럽허브는 자체 배달 시스템이 없는 레스토랑을 위해 플랫폼에 배달 서비스를 추가했다.

여기서 또 마켓플레이스는 배달료를 지불하는 소비자에 대한 배달 서비스 제공한다. 그럽허브는 매장 통합 플랫폼을 출시해 레스토랑이 온라인 음식 주문을 보다 쉽게 관리할 수 있게 만들었고, 가상 레스토랑 플랫폼에서는 실제 오프라인 매장이 없는 레스토랑도 온라인으로 음식을 판매할 수 있도록 했다.

이 외에도 다양한 서비스를 독립 플랫폼으로 만들 수도 있었으나 그럽허브는 이를 더 큰 마켓플레이스로 통합해 레스토랑 사업자와 소비자 모두에게 식사 주문과 배달이라는 서비스를 판매하기로 한 것이었다.

이 스프린트를 위 사례와 비슷하게 최대 3개 플랫폼으로 이루어진 청사진으로 마무리한다는 목표를 세워야 한다. 앞으로 10년간 이러한 플랫폼은 매우 귀중하고 특별한 자산이 되어 줄 것이다.

●●● 스프린트 5 트랜스포메이션 팀 선발

조직에서 디지털 트랜스포메이션은 누가 담당해야 하느냐는 핵심 질문이지만 정답이 없다. 정답이 없다고 해서 좋은 답이 없다는 뜻은 아니며 나쁜 답도 있다. 이상적인 답이 되려면 상업적 가치 창출자, 기술 전문가, 전략가 및 에반젤리스트의 네 가지 자질을 갖춘 인물이 필요하다. 네 가지 자질을 모두 갖춘 사람이 적임자겠지만, 그러기란 사실상 불가능하다. 세 가지만 갖춰도 훌륭한데, 무조건 세 가지 자질만 있다고 되는 것은 아니다.

대부분의 리더들은 잘해야 그 세 가지 중 두 가지에만 해당되거나 한 가지만 갖춘 안타까운 경우도 있다. 이런 경우는 오답이 될 것이다. 세 가지 자질을 갖춘 사람을 골라야 한다면 어떤 자질을 포기하는 게 좋을까? 아이러니하게도 기술 기업을 창업할 때 꼭 필요하지 않은 리더의 자질이 하나 있다면 바로 전문 기술 지식이다.

간단히 제안을 하자면, 경영진 중에서 카리스마 있고 전략적 사고를 하면서 수익 창출을 위주로 하는 사람을 찾아서 기술 교육과 지원을 제공하는 것이 좋다. 물론 네 가지 자질을 다 갖춘 사람이라면 더할 나위 없지만.

내부 스타트업을 설립할 때는 비전에 대해 얼마나 자신이 있는지, 기본적인 동향을 얼마나 잘 알고 있는지, 그리고 얼마나 설득력 있게 그런 자신감을 사업 계획서로 구체화할 수 있는지를 따져보게 된다.

그 경우 투자자나 회사 경영진은 다음 두 가지 얘기를 할 것이다. (1) 좋은 생각인 것 같고, 유행 흐름을 보니 그 아이디어가 통할 것 같다. (2) 경험상 사업 계획서에 설명한 그대로 진행되지는 않겠지만, 이 아이디어를 낸 사람들이 방법을 찾아낼 것이다. 그게 바로 스타트업 창업자들이 카리스마가 넘치는 이유이다. 게다가 내향적인 사람조차도 투자자들 앞에서는 열렬히 호소하는 교회 지도자처럼 변하기 마련이다.

그러니 구상 중인 아이디어가 있다면 이를 설명하고, 실행할 만한 사람을 찾아 납득시키면, 아마도 회사 내에서 제2의 페이스북을 만들게 될지도 모르는 일이다.

다음은 팀 구성이다. 적합한 리더를 찾으면 팀은 그를 따르게 되어 있다. 기억할 것은 이 경우 리더는 해당 비즈니스를 제대로 파악한 예리한 전략가이자 약장수 같은 모습을 보여야 한다는 것이다. 존재하지도 않는 대상에 자신의 미래를 투자하도록 직원의 동기를 유발하기는 어렵기 때문에 카리스마와 스토리텔링이 필요하다.

적절한 내러티브가 곁들여지면 팀원을 채우는 데는 전혀 문제가 없을 것이다. 본사는 배울 기회가 많고 더 재미있는 환경에서 일하고 싶어 하는 사람들로 흘러넘칠 것이다. 연봉이 대폭 깎이면서도 안정적인 직장을 버리고 스타트업에 합류하는 경험 많은 전문가가 많다는 사실만 봐도 알 수 있다. 불만을 느끼는 중간관리자를 활용할 수도 있다. 외부 인사를 고용해 팀의 기능적 전문성을 보완하면 준비가 끝난다.

따로 소개가 필요 없는 회사인 링크드인을 보자. 2003년에 설립되어 오늘날 전 세계에 2만 명이 넘는 직원이 근무하는 이 회사는 2016년 260억 달러에 마이크로소프트에 인수됐다.

창업자인 리드 호프먼Reid Hoffman은 실리콘 밸리에서 이름을 날리다가 2000년 초반에 페이팔에 COO로 합류한 후 2002년 말에 링크드인을 창업했다. 공동 창업자인 앨런 블루Allen Blue 또한 마찬가지로 호프먼을 따라 소셜넷Socialnet과 링크드인에 합류하게 됐으며, 장 뤽 바양Jean Luc Vaillant은 소셜넷에서 호프먼과 함께했다. 경험이 풍부한 전문가인 호프먼은 예전부터 알고 지내던 학교 동기와 동료 등 자신의 인맥을 활용해 팀을 꾸렸다. 이런 이야기는 스타트업 분야에서는 계속 반복된다.

자신만의 디지털 트랜스포메이션 팀을 꾸릴 때는 이처럼 창업자 주도의 유기적인 팀 구성 방식을 버리면 안 된다. 초창기 어려운 시기에는 대인 관계를 바탕으로 팀원들이 서로 의지하고 협력하면서 창업의 어려움을 함께 헤쳐 나가기 때문이다.

●●● 스프린트 6 트랜스포메이션 조직 구성

스타트업을 창업하려면 스타트업 창업 규칙을 따라야 한다. 경영대학원에서 배운 금융의 기초로 돌아가 보자.

기업 가치는 모든 **기대되는** 미래 할인 현금 흐름의 현재 순가치를 말한다. 여기서 가치 평가에 대해 설명하지는 않겠다. 그보다는 무심코 넘어가는 "기대되는"이라는 단어의 정의를 좀 더 자세히 들여다보자.

전 세계의 유니콘 기업(기업 가치가 10억 달러 이상이고 창업한 지 10년 이하인 비상장 스타트업 기업-옮긴이)과 데카콘 기업(기업 가치가 100억 달러 이상인 비상장 스타트업 기업-옮긴이)은 그 단어에 기초를 두고 세워진 기업이기 때문이다. 수입과 수익성 증대는 기업 가치를 높일 수 있는 좋은 수단이지만, 기대치를 높이는 행위 또한 기업 가치를 높이는 데 도움이 된다.

기존 기업과 스타트업 기업은 이러한 수단을 적극 활용하지 못했다. 많은 기대를 받는 기업에서 불확실성이 높은 부분이 실패하면 확실하고 믿을 수 있는 핵심 비즈니스를 포함한 기업 전체의 가치까지 쪼그라들지도 모른다는 위험 때문일 것이다. 그러나 위험이 없으면 보상도 없으므로 기업들은 기대를 바탕으로 스타트업에 투자할 것인지를 결정해야 한다.

그리고 스타트업처럼 생각해야 한다면 행동도 스타트업처럼 해야 한다. 스타트업을 운영하면서 기존 기업의 규칙을 적용할 수는 없다. 이는 마치 퍼터를 가지고 골프 코스에서 첫 티샷을 하는 것과 비슷하다. 어느 정도 경기를 진행할 수는 있겠지만 좋은 드라이버를 갖고 경기에 임하는 것과는 비교가 안 될 것이다.

그런데 그 반대도 마찬가지다. 스타트업의 규칙을 기존 기업을 운영하는 데 적용할 수는 없으며, 그렇게 하다가 위워크에 어떤 참사가 일어났는지 다들 알고 있다.

스타트업을 운영하는 가장 쉬운 방법은 스타트업을 시작하는 것이다. 이는 자체 조직을 운영하며 디지털 트랜스포메이션을 추진해야 한다는 주장에 상당한 힘을 실어 준다.

단순히 트랜스포메이션을 하지 말자는 주장도 있다. 디지털 트랜스포메이션을 시작하면 내부에서 다양한 반응이 나올 것이고 이에 대한 불신은 매우 다양한 형태로 나타날 것이다. "비즈니스에 도움이 안 될 것"이라 생각하며 납득하지 못하는 사람들과 "지켜봐야 한다"고 생각하는 위험 회피형, 그리고 최악에 해당하는 "기대된다"며 찬성하는 척하지만 말뿐인 사람들이 나타날 것이다.

이런 종류의 암묵적인 반발은 자주 일어나는데, 이런 문제를 외면할 수 없다는 것을 어느 정도 알고 있으면서도 그다지 긴급하다고 느껴지지 않아 굳이 뭔가를 하지 않으려는 것이다. 나는 이런 이유로 디지털 트랜스포메이션의 활용 사례를 별도의 조직으로 구분하는 것이 중요하다고 본다.

단기 성과에 따라 보상을 받는 리더들이 3년, 5년, 또는 10년 후, 상여금 지급 기간을 훨씬 넘어서는 것도 모자라 임기가 끝난 후에나 결실을 보는 이니셔티브를 위해 열심히 노력할 것이라 기대하는 것은 말이 안 된다. 대체로 직무 범위를 넘어선 일을 직원에게 시키는 데 너무 많은 시간을 들이고 있다. 의지와 능력이 가장 뛰어난 리더들을 산하 조직으로 독립시켜 새로운 디지털 플랫폼을 구축하도록 자금과 인센티브를 제공하는 방식이 훨씬 성공할 확률이 높다.

구글의 알파벳(실제로는 알파벳의 자회사가 구글이다)은 성공적인 제품(구글의 경우는 검색)을 갖추고 여전히 강력한 혁신 기업으로 평가받는 좋은 예인데, 수년간 신사업을 키운 다음 적당한 시기에 자회사 형태로 따로 분할해 이를 통합하면서도, 독립성을 보장하며 확장하도록 지원하는 것이다. 안드로이드, 구글 지도, 유튜브 등의 제품을 생각해보자. 이들은 현재 알파벳의 사업에 긴밀히 통합되어 있으나 웨이모Waymo 또는 칼리코Calico와 같은 신생 조직은 알파벳이 이러한 사업을 확장하는 동안은 독자적으로 운영되고 있다.

새로운 사업을 자유롭게 구축하면서도 동시에 이들의 비즈니스 전략이 모회사의 전략과 유기적으로 연계되고 기업 지배구조에 확고히 통합되도록 균형을 찾아야 한다. 이상으로 두 번째 에픽을 마무리해야겠다. 이제 디지털 트랜스포메이션의 기본 요소가 될 자사의 플랫폼 우선순위 구조가 그려졌을 것이다.

이로써 리더와 함께 스타트업 팀을 꾸려 새로운 조직으로 독립하고 그 안에서 이런 플랫폼을 구축한 단계에 와 있다. 다음 에픽에서는 이러한 조직에 적절히 자금을 지원하고 지속적으로 운영하기에 적합한 환경을 만들고 디지털 목표를 계속 업데이트하는 방법을 다룰 것이다.

2020년 9월 6일, F1 차량이 가능한 최대 속도로 끌어올릴 수 있는 이른 바 '속도의 전당' 이탈리아의 몬차 국립 자동차 경주장에서였다. 그 해에는 주요 직선 구간에서 최대 시속 360킬로미터를 기록했다.

경주에서 극적인 드라마가 펼쳐지면서 의외의 결과가 나왔는데, 스쿠데리아 알파 타우리Scuderia AlphaTauri 레이싱팀의 피에르 가슬리Pierre Gasly가 우승을 한 것이다. 다들 이 같은 이례적인 결과를 반겼고 널리 축하하는 분위기가 이어졌다. 거기에는 몇 가지 이유가 있었다.

지난 10년간 상위 세 팀이 순위를 장악했던 F1 경기에서 새로운 팀의 우승은 신선하게 다가왔던 것이다. 알파타우리는 레드불 레이싱의 주니어팀이고 피에르 가슬리는 레드불에서 반 시즌 동안 저조한 성적을 낸 후 2019년에 가차 없이 알파타우리로 강등됐다. 그는 이번 우승으로 부진을 만회한 셈이 됐다. 그리고 주니어팀이 메인팀을 꺾을 수 있다는 생각이 모두를 그토록 흥분시켰던 것이다.

이 비유가 흥미롭게 여겨지는 데에는 몇 가지 이유가 있다. 첫째, 레드불과 알파타우리는 몇 가지 동일한 중요 부품을 사용한다. 2020년에는 혼다가 공급한 동일 엔진과 동일한 기어박스, 동일한 앞뒤 현가장치, 그리고 규정에 따라 허용되는 모든 동일 부품을 사용했다. 그러나 무엇보다도 중요한 사실은 공기역학 면에서 완벽히 독립적인 방식을 따랐다는 점이다.

물론 레드불팀은 엄청난 투자를 받고 있으며, 최고의 드라이버로 선수단을 꾸린다. 그러나 그 때문에 알파타우리팀은 더욱 성공에 목말라했고 간혹 가다 2020년 몬차 경기와 같은 기량을 끌어낸다. 이 2군팀은 레드불 레이싱팀에 더 많은 수익 실현 기회를 안겨주었고, 레드불이 이를 계속 별도의 팀으로 두는 이유는 나중에 팀 일부나 전체를 분할해 매각하기 위해서다. 여기서 얻을 수 있는 흥미로운 교훈이라면 디지털 비즈니스 운영을 위해 자매 조직을 설립하는 경우 주요 사업을 연계하면서도 시장에서 성공하기에 적합하다고 생각되는 방식으로 사업을 운영해야 한다는 것이다(그림 8.4 참조).

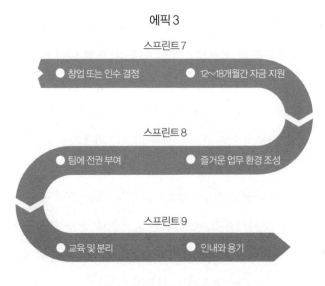

에픽 3

스프린트 7

● 창업 또는 인수 결정   ● 12~18개월간 자금 지원

스프린트 8

● 팀에 전권 부여   ● 즐거운 업무 환경 조성

스프린트 9

● 교육 및 분리   ● 인내와 용기

그림 8.4 디지털 트랜스포메이션 운영

스프린트 7 해당 조직에 적절히 리소스 공급

새로운 디지털 트랜스포메이션 조직을 위해 리소스를 분할할 때는 중요한 두 가지 결정을 내려야 한다.

소액 지분을 갖고 창업, 인수 또는 투자할 것인가 아니면 지배 지분을 갖고 투자할 것인가? 그리고 창업을 결정한 경우에는 얼마만큼의 자금을 이 조직에 제공해야 할까? 일단 첫 번째 질문부터 파헤쳐보자.

물론 정답은 없으며 반드시 창업해야 한다거나 반드시 인수해야 한다거나 반드시 투자해야 한다는 식으로 일반화할 생각도 없지만, 각각의 접근법이 가진 장단점을 자세히 살펴보고 배울 점이 있는지를 생각해보자. 먼저 창업이냐 인수냐 하는 문제부터 살펴보자. 여기서 관건이 되는 장점은 시장 진입 시간(TTM)이다.

이미 스타트업이 있는 경우에는 물론 스타트업 창업부터 해야 하는 경우에 비해 가치를 더 빠르게 실현할 수 있다. 또한 이미 존재하기 때문에 시장 진입 위험이 낮은 반면에, 내가 직접 구상한 계획이 실현될 가능성은 불투명하다. 그래서 플랫폼과 이를 기반으로 한 기회에 확신이 있고, 가치 풀을 자체적으로 평가한 것과 비교해 가용자산 가치가 합리적인 수준에서 평가된다고 생각한다면, 인수가 답이다.

다음으로, 100퍼센트 인수, 지배 지분 취득, 또는 소액 지분 취득의 3가지 가능성을 고려해보자. 조직의 핵심 요소로 만들려는 플랫폼이나 자산에서 소액 지분을 취득하는 것이 그다지 의미 있을 것 같지는 않다.

스타트업의 이사회에 소속되면 권한이 있다는 생각이 들겠지만, 나는 스타트업에서 근무하던 시절 회사 전략 및 운영에 대한 소액 투자자들의 영향력이 얼마나 보잘 것 없는지를 봐왔다. 순전히 양도 차익을 목적으로 투자하는 경우라면 막대한 이익을 실현할 수도 있겠지만 지금은 그게 목적이 아닌 경우를 말하는 것이다.

따라서 100퍼센트 투자냐 아니면 지배 지분이냐를 따져봐야 하는데, 이때도 두 가지 측면이 반영돼야 한다. 궁극적으로 완전 소유를 목표로 하는 회사 지분의 70퍼센트를 취득하는 것은 나머지 30퍼센트의 지분을 나중에 더 높은 가격으로 취득할 것이라는 의미다. 반면에 여전히 회사 지분의 10퍼센트를 보유한 경영진이 없고, 전략적 투자자든 순전히 재무적 투자자든 의욕적인 외부 투자자들의 자극이 없으면 스타트업은 활력을 잃을 수 있다.

앞서 다룬 외부 파트너에 플랫폼 수익을 제공한다는 아이디어와, 스타트업은 스타트업의 사업 방식에 맞게 운영해야 한다는 개념의 결합은 내가 가장 선호하는 방식이다. 적합한 스타트업을 찾아서 지배 지분을 취득하고 경영권을 유지한 다음 훨씬 높은 가치 평가를 받아 외부 투자자를 끌어들이는 것이다. 모기업과 연결돼 있고 위험은 낮으며 몇 년 후에는 비즈니스를 완전히 분할할 수 있기 때문이다.

스타트업을 시작하는 경우 자금 지원을 얼마나 해야 할까? 첫 18개월 간은 팀에 자금을 지원해야 할 것이다. 처음 몇 년간 대다수의 스타트업은 12~18개월 미만의 가용 자금밖에 없어 매년 자금 조달을 통해 자금력을 강화하는 편이다. 물론 일반적인 평균을 말하는 것이다.

스타트업 커뮤니티에서는 항상 자금을 조달하고 그것도 가능한 최대로 조달해야 한다는 말이 구호처럼 돌아다닐 때가 많기 때문이다. 가급적 자금 조달 시기를 최대한 늦추고 보유한 현금으로 최대한 오래 버텨서 더 나은 가치 평가를 받을 수 있도록 자금 조달 시기를 적당히 조정해야 한다. 그러나 너무 늦게 자금을 수혈해 현금이 바닥나고 호시탐탐 기회를 엿보던 투자자들의 손에 넘어가 다운라운드(기업이 후속 투자 유치 시 이전 투자 때의 가치보다 낮게 평가받는 것-옮긴이)가 발생하지 않게 하는 것도 중요한 재능이다.

예를 들면 내가 일했던 스타트업의 창업자는 6개월치도 안 되는 자금을 제공하겠다는 잠재적 투자자의 제안을 과감히 거절해 해당 투자자로부터 더 나은 조건을 받아냈다. 그러나 누구나 이런 재능이 있는 것은 아니다. 그래도 디지털 조직에서는 직원들이 현금 부족을 걱정할 필요가 없다. 나는 이런 점이 장점이라기보다는 단점에 가깝다고 보는데, 앞에서 언급했듯이 경영진이 지분을 보유하면서 외부에서 자금을 조달하는 것이 중요하기 때문이다.

지분 희석을 우려하는 경영진은 자금 사용 시 보다 신중하게 의사 결정을 내리고 보다 공격적으로 성장을 모색한다. 이러한 스타트업의 생리를 이해해야 성공의 가능성이 높아진다.

스타트업 창업, 인수 또는 분할 유형에 딱 맞는 예로는 주인이 바뀌었지만 리더는 바뀌지 않은 트립어드바이저TripAdvisor를 꼽을 수 있다. 2000년, 스티븐 카우퍼Stephen Kaufer와 공동 창업자들이 설립한 트립어드바이저는 2005년에 IAC에 인수되어 몇 개 여행 회사와 합병된 후 익스피디아Expedia로 분사됐는데, 스티븐 카우퍼가 계속 CEO를 맡았다. 2011년에 익스피디아는 현재 우버 CEO인 다라 코스로샤히Dara Khosrowshahi가 이끌고 있었고, 트립어드바이저를 분할해 나스닥에 상장시켜 기업 가치를 40억 달러로 평가받았다.

스티븐 카우퍼는 변함없이 회사를 이끌었다. 여기에는 변수도 많긴 하지만, 서로에게 이익이 되는 비즈니스를 창업 또는 인수하고 이를 통합했다가 나중에 다시 분할하는 방식으로도 지속 경영과 핵심 사업 성장을 모색할 수 있다는 사실을 알 수 있다.

●●● 스프린트 8 일상적인 플랫폼 운영

앞 파트에서 논의한 정서적 균형은 스타트업의 일상적인 운영 방식의 핵심 요소이다. 디지털 조직에서도 업무 및 회사 운영 방식에 그러한 긍정적인 요소를 모두 반영하는 것이 좋다.

내가 일했던 스타트업이 괜찮았던 데에는 4가지 이유가 있는데 이는 궁극적으로 회사의 성공에도 크게 기여했다고 생각한다. 급여 수준, 전권 부여, 성과주의, 즐거운 업무 환경 등이 그러한 요소였다. 이를 좀 더 자세히 살펴보자.

내가 창업팀에 합류한 것은 몇 년만 지나면 컨설팅 회사에서 일할 때나 이후 직장에서 근무할 때보다 더 많은 돈을 벌 수 있는 기회가 있었기 때문이었다. 대부분은 나처럼 생각할 것이다. 아무리 해당 분야의 경험 자체를 높이 사더라도 급여 수준이 높지 않으면 스타트업에 뛰어들 리가 없다.

트랜스포메이션 책임자에게 적용되는 것과 비슷한 보상 메커니즘을 마련하는 것이 중요하다. 그래야 최고의 인재를 확보하고 이들이 기업 가치를 높이기 위해 최선을 다하도록 만들 수 있어서다. 당시 직원들은 모두 전권을 부여받았고, 필요한 경우에는 자유롭게 의사 결정을 내릴 수 있었다. 그렇다고 해서 무책임해도 된다는 뜻은 아니었다. 오히려 직원들은 불확실한 상황에서도 신속히 의사 결정을 내릴 것이라는 기대를 받았고, 이는 당연히 갈등의 요인이 됐다.

CEO는 내가 일한 지 3개월쯤 됐을 때 나를 따로 부르더니 아무도 나에 대해 불만을 표하지 않았다는 사실이 마음에 안 든다고 했다. 그는 내가 좀 더 적극적이고 주도적이길 바랐던 것이다. 그리고 그런 자유가 우리 모두가 위험을 감수하는 데 도움이 되었다.

우리 회사는 매우 성과 지향적이었다. 아무리 부서 내 유능한 인재라 해도 성과가 좋지 않으면 퇴출이었다. 가능성이 아닌 결과에 따라 보상받았다. 나처럼 컨설턴트 출신인 사람들 다수는 처음 몇 달을 힘겹게 보내며 이를 바로 깨달았다.

성과 평가가 거의 주관적인 환경에서 일할 때에는 함께 일하는 여러 동료들이 피드백을 주면 그것이 내 "등급"이 되는데, 스타트업에서 내 가치는 판매량으로 정해졌다. 그리고 이런 분위기는 "내 동료들을 지지한다"와 같은 생각과, 수많은 기업의 성과 평가에 만연한 연고주의를 사라지게 만들었고, 업무에 적합한 사람들만 남겼다. 물론 언제나 완벽하지만은 않으며 스타트업 창업자에게는 항상 "측근"이 있고 창업자와 얼마나 가까운가가 핵심적인 성공 요인이 된다. 그러나 그렇다 하더라도 우리 회사에는 내가 경험한 그 어떤 곳보다도 객관적인 성과 평가 문화가 있었다.

그리고 마지막으로 일상적인 경험, 꼭 필요한 것만 갖춘 즐거운 업무 환경이 있었다. 우리 사무실은 대부분 책상과 의자가 수백 개씩 놓인 대형 사무실이었고 모두가 같은 공간에 앉아 있었다. 마케팅 회의를 한다고? 20미터쯤 걸어가면 마케팅팀이 나왔다. CEO에게 알리고 싶은 사항이 있다면? 자리에서 일어나 큰 소리로 말하면 된다.

사무실에서 보내는 하루하루가 마치 사회운동에 참여하는 느낌이었고, 평균 연령이 20대 후반에서 30대 후반을 유지하는 데 확실히 도움이 됐다. 그러나 젊은 직원이 없이는 회사 운영이 불가능하다는 뜻일까? 아니면 나이든 리더들은 위계질서를 타파하고 재미있는 사람이 될 수 없다는 것일까? 그렇지 않다. 그리고 내가 지금 다니는 회사의 CEO는 직장생활을 하며 만난 사람 중 가장 친해지기 쉽고 공감을 잘하는 고위 임원이다. 그러나 수평적 조직을 만들기 위해서는 20여 년간 사내 리더들에게 맞게 만들어 온 조직문화가 엄청나게 변해야 한다. 극적인 변화를 하려면 극적인 조치가 필요한 법이다.

이 책에서 몇 번이나 언급했던 유망 기업인 스포티파이를 보자. 현재 이 회사의 가치는 500억 달러를 훌쩍 넘어설 것으로 평가된다. 그 성공의 기반이 된 요소 중 하나는 바로 "스포티파이 모델"이었다.

스포티파이의 엔지니어링팀이 고안한 이 모델은 고품질의 상품을 신속히 제공하기 위해 조직을 편성하면서, 직원들을 위해 훌륭한 업무 환경을 조성하는 과정에서 나오게 된 것이었다.

다양한 부서의 직원들은 업무별로 나뉜 스쿼드Squad라는 조직 단위로 일하며, 특정 분야에서 여러 개의 스쿼드를 묶어 트라이브Tribe를 형성한다. 각 트라이브에 속한 트라이브 리드, 제품 기획자, 디자인 기획자 세 명이 이러한 분야들을 유기적으로 연계한다.

고위 기술 책임자들은 전문 분야에서 모범 규준과 엔지니어링 표준을 유지하는 챕터Chapter를 이끈다. 그리고 개인적인 관심사에 따라 직원들이 모일 수 있는 길드Guild가 있으며, 핵심 목표를 달성하기 위해 다수의 트라이브가 모이는 얼라이언스Alliance가 있다. 이 모든 것이 복잡하게 생각될 수 있지만 그대로 따라할 필요는 없다.

스포티파이가 그랬던 것처럼, 디지털 벤처는 가치를 창출할 수 있도록 권한을 부여하고 민첩성을 활용하는 방식을 혁신해야 한다.

●●○ 스프린트 9 매년 플랫폼 업데이트

이 마지막 스프린트에서 마지막으로 한 가지 사례를 꼭 짚고 넘어가고자 한다. 바로 줌Zoom에 관한 얘기다. 이 글을 쓰는 지금 줌의 기업 가치는 1,400억 달러를 돌파하며 스타트업 성공 신화를 이어가고 있다.

줌은 2011년 에릭 위안Eric Yuan이 창업한 기업으로, 마이크로소프트의 스카이프Skype, 구글의 행아웃Hangouts, 시스코Cisco, 블루진스BlueJeans와 같이 자금력이 풍부한 다른 스타트업 등이 이러한 화상 회의 서비스 분야에 포진해 있다. 그러나 우수한 제품과 파트너십을 통해 줌은 가치 제안을 지속적으로 개선해왔으며 여러 차례 자금 조달을 거쳐 2019년에는 IPO를 하기에 이른다.

코로나가 닥치자 줌 사용량과 주가가 폭등했고 동시에 보안 문제가 최우선 과제가 되면서 줌은 암호화에 더욱 총력을 기울이기 시작했다. 전 세계가 장기적으로 원격 근무 형태로 변화할 조짐을 보이자 줌은 하드웨어 파트너십을 구축하며 가치 제안을 확대해 나가고 있다.

지난 10년간 영상 통화 품질 개선에 끈질기게 매달려 온 회사가 대단할 것 없어 보이는 화상 회의 분야에서 그토록 엄청난 혁신을 일으켰다는 사실이 굉장하게 느껴진다.

디지털 트랜스포메이션을 일회성이 아닌 장기간에 걸친 실시간 혁신 역량으로 만들 수 있는 방법은 무엇일까? 물론 "이사회"의 승인을 조건으로 회사의 사업 방향을 결정할 전권을 부여하면 사내 스타트업은 스스로 배우고 발전해 나갈 것이므로 걱정할 필요가 없다. 그러나 이러한 파이프라인을 열어두고 새로운 아이디어가 흘러들어 올 수 있게 해야 트랜스포메이션이 지속될 수 있다.

효율적인 조직 구조와 인센티브를 갖추고 적절한 교육을 병행하는 조직은 자체 혁신을 통해 독자적인 생존 역량을 발휘할 것이다.

디지털 트랜스포메이션을 담당하는 별도의 부서를 만들어야 하며, 마케팅이나 영업, 공급망 또는 IT 부서 내에 편입시켜서는 안 된다.

디지털 리더가 사업부나 사업단위와 동등한 수준에서 기업 고위 경영진에게 직속으로 보고하게 하는 것이다. 새로운 벤처 사업 등을 담당하는 조직이 있으면 디지털 팀이 자리 잡기에 적합할 수 있다. 디지털 팀을 부서 산하에 두면 포괄적인 플랫폼 구상의 이점을 완전히 잃게 될 뿐만 아니라, 내부 지배구조로 인해 사업의 우선순위와 시급한 문제도 뒷전으로 밀리게 될 것이다. 기존 조직으로서는 성가실 수 있지만, 중대 혁신을 실현하기 위한 가장 좋은 방법이다.

앞에서도 다루긴 했지만, 기술을 심층적으로 이해할 수 있도록 조직 차원의 교육에 집중 투자하라고 다시 한 번 강조하고 싶다. 연중 내내 반복적으로 진행되는 교육 프로그램을 운영하면 언제든지 전 세계 어디서나 여럿이 학습할 수 있다. 깊이 있는 학습 프로그램을 제공해, 즉시 토론을 끌어내고 아이디어를 다듬을 수 있도록 해야 한다.

여기서 디지털은 기술 팀이 사업 방식을 학습하는 것을 가리키는 것이 아니라, 비즈니스 팀이 기술을 통해 미래 사업 방식을 학습하는 것이라는 생각을 확실히 심어줘야 한다. 사전에 합의한 목표에 따라 내부 스타트업에 인센티브를 줄 때에는 사내 다른 부서와 마찬가지 방식을 적용해야 하며, 외부 고객을 상대로 플랫폼과 서비스를 수익화함으로써 가치를 창출한 경우도 이에 포함되어야 한다. 그러나 외부 자금을 조달하기 위해서는 인센티브를 더욱 늘려야 한다. 자금 조달은 중요하다.

팀이 항상 가치 창출을 고민하고 어떻게 해서든 목표를 달성하게 만드는 원동력이며, 동시에 스타트업이 자금 조달 의무에서 자유로워질 수도 있기 때문이다. 다른 중요한 점은 바로 인내심이다. 디지털 플랫폼은 데이터 축적이 핵심이다. 소비자 한 사람 한 사람의 정보가 축적되고 매주 지식과 경험이 쌓인다. 스타트업이 수명을 다해가는 것은 자금이 바닥날 때뿐이며 내부 스타트업 역시 그와 마찬가지로 취급해야 한다.

그러나 무엇보다도 대담함을 발휘하는 것이 중요하다. 상대적으로 평화로운 시기였던 90년대에 유년 시절을 보내면서 나는 그다지 고생을 한 적이 없었다. 세계대전이라든가 공산주의라든가 마피아나 테러에 대한 얘기를 들으면, 전 세계에 나와 같은 피부와 살과 뼈를 가진 사람들이 그처럼 극적인 경험을 하면서 살고 있다는 사실에 매료되곤 했다.

어린 시절과 20대를 나름 행복하게 지내면서 나는 세상에서 뭔가 뛰어난 일을 하려면 주변 환경이 받쳐줘야 하며, 무엇보다도 나 자체가 먼저 뛰어난 사람이 되어야 한다는 생각을 했던 것 같다. 최고의 순간이 최고의 능력을 끌어내는 것 같다.

아마 기업에도 같은 논리가 적용될 것이다. 그리고 지금처럼 근본적인 변화가 일어나는 시기에는 여러 냉전이 동시에 일어나는 것과 비슷하다. 세대 변화가 진행 중이고 밀레니얼 세대는 상당수가 30대에 접어들었으며 서구에서 동양으로 경제의 중심축이 이동하고 있다. 게다가 사회적 진보와 보수 간의 가치 충돌과 심각한 빈부격차로 인한 권리 충돌이 일어나고 있다. 바다에는 쓰레기가 넘쳐나고 우리 폐는 매연으로 가득 차 있다. 몇 년을 주기로 엄청난 기술 변화가 일어나고 있으며, 기기는 점점 쓸모없어지고 있으며 그와 함께 라이프 스타일도 구식이 되어 가고 있다. 그리고 그 모든 변화의 한가운데에는 아직까지도 수그러들 기미가 보이지 않는 글로벌 팬데믹이 자리하고 있다.

그렇다. 여전히 전쟁은 진행 중이지만 그와 함께 변화를 만들어낼 수 있는 기회도 분명히 함께 오고 있다. 모든 초거대기업의 창업자가 언젠가 아침에 일어나 첫 전화 통화를 하기 전에, 아니면 코드 첫 줄을 작성하기 전에, 경영 사례에 대한 첫 단락을 타이핑하기 전에, 또는 친구를 만나 커피를 마시면서 처음으로 자신의 아이디어에 대해 얘기하기 전에, 어느 순간 주저하며 공상에 지나지 않는 건 아닐까 고민한다고 상상해보자. 그러나 내면의 어떤 힘이 이들을 계속 끌고 가면서 어쨌거나 첫발을 내디딘 것이다.

처음에 어떤 아이디어를 가졌건 오늘날 이들이 일군 비즈니스는 처음과는 전혀 다른 모습일 가능성도 매우 높다. 그러나 이들이 용기가 없어서 첫 발을 내딛지 못했다면, 이들의 삶뿐만 아니라 수십억 명의 삶도 변하지 않았을 것이다.

이로써 여러분은 마지막 에픽을 통해 디지털 트랜스포메이션에 리소스를 투입하고 이를 실현하며 용기를 적절히 발휘해 지속적인 성공의 발판을 마련하는 과정까지 모두 살펴보았다.

여기가 끝이다. 몇 백 페이지에 걸쳐 가치 창출을 알아보고 10대 기술 동향과 10대 소비자 동향을 살펴보면서 긴 여정을 지나왔다. 그런 다음 일반적으로 도달, 고객과의 유대감 형성, 상거래, 제품과 브랜드, 제조 및 유통과 기업의 6개 혁신 분야를 짚어보았다.

그리고 마지막으로 3³ 프레임워크를 살펴보면서 디지털 트랜스포메이션의 기반이 되는 청사진을 제시했다.

독자들과의 여정은 여기서 끝이지만 나는 앞으로의 10년을 조용히 지켜보면서, 기업이 앞으로 나아가는 방향에서 인사이트를 얻고 그런 결과에 도달하게 된 원인의 본질을 파악하기 위해 노력할 것이다.

| 에필로그 |

2060년 11월 어느 날 아침이 밝았다.

베를린에 사는 오딘은 아침 6시에 막 잠에서 깨고 있었다. 다음 달 60세 생일을 앞둔 마당에 지난 25년의 세월을 생각하니 감회가 새로웠다. 그는 쉘 주유소에서 지금의 반려자와 첫 데이트를 했던 날 저녁 늦게 짧은 100킬로미터 해변 도로를 드라이브할 생각으로 기대감에 부풀었던 기억이 났다. 그들은 여전히 따로 살면서 결혼과 우정 사이 그 어디쯤의 관계를 유지하면서 25년간 문제없이 지내왔다.

오딘은 준비를 마치고 편안히 이동 캡슐에 올라탔다. 지금은 수면 아래로 완전히 가라앉은 로스토크(독일 북부의 항구도시-옮긴이) 방향으로 속도를 내기 시작했다. 제때 지구 온난화를 막지 못해서 이제는 전 세계 자원의 대부분을 초대형 댐 건설과 토지 복원에 쏟아 붓고 있었다.

몇 분쯤 지나자 그녀의 캡슐이 시야에 들어오더니 그의 캡슐과 나란히 달리다가 결국 연결되었다. 경계면이 위로 스르륵 올라가더니 두 캡슐이 하나가 되었고, 그녀는 그의 옆자리에 나란히 앉아 뺨에 가볍게 키스했다.

한편 뭄바이는 오전 10시 30분이었고 와하드는 막 아침식사를 끝냈다. 딸들은 이들 부부와 여전히 함께 살고 있었고 그는 그 사실에 무척 행복했다. 한명은 해양 채굴 엔지니어였고, 다른 한 명은 100세 이상 고령자의 권리 전문 법률가로 일하고 있었다. 그는 인도 북부의 최신 뉴스를 확인하기 위해 세 번째 프로젝터를 켰다.

3년간 북부 전역이 심각한 식량 폭동으로 몸살을 앓았고, 그는 뭄바이로 확산될까 봐 불안감을 떨쳐내지 못했다. 소수자로서의 삶은 전 세계 어디에서도 나아지지 않았고 분노는 항상 가장 취약한 집단을 향했다. 그는 뉴스를 잠시 지켜보다가 더 이상 생각하지 않기로 했다.

그는 2030년대로 되돌아가고 싶은 기분이 들었다. 콘텐츠 기기에 변수를 몇 개 입력하자 5분 만에 1시간짜리 2035년 어느 일요일 집에서의 기억이 인위적으로 렌더링이 되면서 3D 프로젝터에 표시됐다.

서울에서 점심을 먹은 지 얼마 안 되어 제이든은 강남의 400층짜리 아파트 발코니에 나와 앉았다. 그는 하늘을 올려다보았으나 여전히 도자기 같은 그의 얼굴 위로는 햇빛 한 줄기도 쏟아지지 않았다.

몇 차례의 이식과 다른 미용 시술을 받은 얼굴은 지금도 여전히 젊음을 유지했다. 하늘을 가득 메운 드론 떼와 작은 위성들이 햇빛을 가리고 있었다.

정부는 비행금지 구역에 관한 규정을 만들었으나 크게 달라진 게 없었다. 그 역시 비행금지 구역이 필요했다. 그는 건물 밖으로 거의 나가지 않았다. 그가 사는 500층 아파트는 단순한 고층 빌딩을 넘어 작은 마을 전체가 빼곡히 들어와 있는 것이나 마찬가지였고, 한때 유행의 중심지였던 강남의 수많은 구역에 걸쳐 뻗어 있었다.

보고타는 자정이 가까워지고 있었다. 누노는 막 잠자리에 들려던 참이었다. 에드가 자살한 지 이제 10년쯤 되었고 누노는 치안 당국을 탓했다. 안타깝게도 정부는 계속해서 아주 강경한 이민정책을 폈고 에드는 이러한 보호주의적 정책에 반대하는 대규모 글로벌 운동에 참여했었다.

누노가 볼 때, 에드는 뒤이어 일어난 내전에서 극도의 감시를 받으며 간접적인 표적이 되었고, 결국은 견디기 힘든 상황에 몰리고 말았다. 그러다 그는 인생의 전환점을 맞았다. 내전에서 승리하면서 좀 더 살기 좋은 나라가 되었으나, 누노는 행동주의에 적극 나서게 됐다. 그는 바이올린을 포기하고 모든 노력을 새로운 관심사에 쏟아 부었다. 바로 산림 복원이었다. 지난해 아마존 열대우림이 150년 전 상태로 완벽히 복원되었다. 에드는 그를 자랑스러워할 것이다.

그로부터 북쪽으로 몇 천 마일 떨어진 곳에 사는 바트 역시 막 잠들려던 참이었으나 엄밀히 말해 더 이상 잠이라 할 수는 없었다.

바트는 올해 90세였고, 그가 계산해보니 무게로 따져 약 65퍼센트만이 자기 몸이었다. 그는 새로운 인공 위와 식도, 대장 일부를 달았던 것이다. 75세 이후에는 레니 제산제도 듣질 않았다. 게다가 양 다리에는 하지 지지대를 달았고 체내에 다른 작은 임플란트도 심었다. 그는 여전히 골프를 즐겼지만 더 이상 필드에는 나갈 수 없었다. 가상공간에서만 가능했던 것이다.

사실 지난 달 그는 바하마로 5일간 가상 휴가를 떠났다. 그는 이 휴가에서 45세였고 가상 다이빙은 재미있었다. 바하마가 더 이상 존재하지 않는다는 게 안타까울 뿐이었다. 질도 함께 휴가를 떠났다. 진짜 바하마 여행을 다시 경험해볼 수 있어서 좋았다. 실제 질이 바로 그의 옆에 앉아 있었고 그는 아내가 처음 만났을 때처럼 여전히 아름답다고 생각했다.

세상은 너무나 많은 것이 변했다. 이 11월의 하루는 즐거움과 괴로움, 단란함과 쓸쓸함, 사랑과 비극, 낙관주의와 파괴의 흔적이 가득하다. 그러나 11월의 모든 날마다 이 모든 것은 다양한 형태로 존재해왔고 앞으로도 영원히 그럴 것이다. 예상치 못한 인생의 흥미진진한 순간들은 지구가 도는 한 계속될 것이다.

| 미주 |

1   https://www.wsj.com/articles/neumann-expected-to-step-down-as-we-ceo-11569343912?mod=breakingnews

2   https://www.wsj.com/articles/uber-ceo-travis-kalanick-resigns-1498023559

3   https://www.wsj.com/articles/u-s-files-criminal-charges-against-theranosselizabeth-holmes-ramesh-balwani-1529096005

4   https://www.wsj.com/articles/softbank-saudis-to-launch-100-billion-techfund-1495270854

5   https://www.wsj.com/articles/SB119323518308669856

6   https://www.tracetogether.gov.sg/
동반 추적 프로그램(TraceTogether Programme)은 코로나 19와의 싸움에서 싱가포르의 접촉자 추적 작업을 개선하기 위한 프로그램이다. 여기에는 동반 추적 앱과 동반 추적 토큰이 포함된다.
https://www.safeentry.gov.sg/
안심 출입(SafeEntry)은 위험 장소와 출입이 허용된 기업의 작업장 및 선별된 공공장소 출입 시 개인의 NRIC/FIN 및 휴대폰 번호를 기록하는 국가 디지털 체크인 시스템으로, 코로나 19 클러스터(감염자 집단-옮긴이) 식별 및 접촉 추적 등을 통해 코로나 19 전염을 방지하고 통제한다.

7   https://www.wsj.com/video/indian-company-launches-4-smartphone/4A5800CA-EFF9-41BF-B7D1-3D3D5121C28E.html

8   https://www.wsj.com/articles/fyre-examines-a-failed-festivals-ashes-11547563442

9   https://www.wsj.com/articles/two-years-ago-india-lacked-fast-cheapinternetone-billionaire-changed-all-that-1536159916

10   https://ourworldindata.org/technology-adoption

11   https://deepmind.com/

"딥마인드는 인공지능(AI)의 최신 기술 수준을 높이기 위해 과학자, 엔지니어, 머신 러닝 전문가 등이 팀을 이루어 함께 일하고 있다."

12 https://www.wsj.com/articles/BL-DGB-32076

13 "다른 프로그램 또는 운영 체제와 통신하기 위한 프로그램을 지원하며 소프트웨어 개발자가 자체 애플리케이션(=소프트웨어)을 개발할 수 있도록 해주는 프로그래밍 툴 세트 애플리케이션 프로그래밍 인터페이스(application programming interface)의 약자" – Oxford Advanced Learners Dictionary

14 양자 컴퓨팅과 DNA 저장에 관해 읽어보면 좋은 글들:
https://www.wired.co.uk/article/quantum-computing-explained
https://www.wired.com/story/the-rise-of-dna-data-storage/

15 https://www.wsj.com/articles/affair-website-ashley-madison-hacked-1437402152

16 https://ideas.ted.com/an-eye-opening-look-at-the-dot-com-bubble-of-2000-and-how-it-shapes-our-lives-today/
2005년에도 미국에서는 광대역 용량의 무려 85퍼센트가 여전히 유휴 상태였다.

17 https://www.haidilao.com/sg/
2019년 말 하이디라오는 중국, 싱가포르, 미국, 한국, 일본, 캐나다 및 호주에 768곳의 체인점을 오픈했으며 5,400만 명이 넘는 회원과 10만 명의 직원을 보유하고 있었다.

18 https://www.un.org/en/development/desa/population/publications/pdf/ageing/WPA2015_Highlights.PDF
2015년과 2030년 사이에 전 세계 고령자(만 60세 이상) 수는 56퍼센트 증가하면서 9억 100만 명에서 14억 명으로 늘어날 것으로 전망된다.

19 https://blog.euromonitor.com/households-2030-singletons/
2016년에서 2030년 사이 1인 가구는 전 세계적으로 가장 빠르게 증가하는 가구 형태가 되면서 동 기간에 1인 가구 수가 약 1억 2,000만에 달할 것으로 전망된다.

20 https://www.pewresearch.org/fact-tank/2020/09/04/a-majority-of-youngadults-in-the-u-s-live-with-their-parents-for-the-first-time-since-the-greatdepression/
7월, 젊은층의 52퍼센트는 한 명 이상의 부모와 동거 중인 것으로 나타났다.

21 https://www.npr.org/local/305/2020/02/18/807050015/more-couples-areembracing-female-breadwinners-despite-decades-old-stigma

2018년 미 노동통계국 자료에 따르면, 미국의 맞벌이 가정에서 약 30퍼센트의 여성은 남편보다 소득이 더 높은 것으로 나타났다.

22 https://www.audible.com

23 https://www.epicurious.com

24 https://www.meetup.com

25 https://www.brookings.edu/blog/future-development/2020/01/16/who-gainedfrom-global-growth-last-decade-and-who-will-benefit-by-2030/
2030년에는 부유층이 전 세계 인구의 4퍼센트를 차지하고 가계 소비의 4분의 1을 차지할 것으로 전망된다.
실제로 주로 아시아에서 중산층은 55억 명으로 늘어날 수 있다.

26 https://www2.deloitte.com/us/en/insights/economy/spotlight/economicsinsights-analysis-08-2019.html
이 기간 평균 저축액이 줄어들면서 저축률이 16.6퍼센트 포인트 낮아졌다.

27 https://www.mrandmrssmith.com/

28 https://www.dunzo.com

29 https://www.businessgreen.com/opinion/3061143/is-meat-the-next-plastic
Plastic pollution: Trends in campaigning vs

30 https://mobile.twitter.com/cue/status/612824625345511425

31 https://www.nationalgeographic.com/science/2019/12/what-are-carbon-offsets/
탄소 상쇄 기업인 쿨이펙트는 개인의 탄소 상쇄 배출권 구매가 5월 이후 700퍼센트 증가했다고 밝혔다.

32 https://mention.com/en/

33 https://www.cooleffect.org

34 https://www.fb.org/market-intel/u.s.-food-expenditures-at-home-and-abroad
외식비 지출이 미화 5,810억 달러를 기록하며 2007년에 처음으로 집밥에 드는 비용을 추월했다.

35 https://www.coworkingresources.org/blog/key-figures-coworking-growth
2020년에 비해 2024년에는 공동 업무 공간에서 일하는 사람들이 158퍼센트 늘어난 약 500만 명에 달할 것으로 예측된다.

36 지난 5년간 평균 아파트 규모가 27퍼센트 줄어들었다.

https://www.hindustantimes.com/real-estate/real-estate-moving-towardssmaller-homes-across-india-report/story-rv8B9uQ74TrajfB3JVaLNO.html

37 미국 내 주요 공유 주거 서비스업체의 시설에서 이용할 수 있는 침대 수는 3배 증가해 약 1만 개에 달할 것으로 예상된다.
https://www.vox.com/recode/2019/5/29/18637898/coliving-shared-housingwelive-roommates-common-quarters

38 실제로 미국의 3대 도시인 뉴욕, LA, 시카고는 2010년대 말 인구가 감소했다.
https://sparkrental.com/de-urbanization-americans-fleeing-cities/

39 https://www.common.com/

40 https://ollie.co/

41 https://www.yelp.com/

42 평균 17억 3,000만 명이 페이스북에 매일 로그인하는 일일 활성 사용자로 간주된다.
https://zephoria.com/top-15-valuable-facebook-statistics/amp/

43 프라이버시를 신경 쓴다고 답한 32퍼센트의 응답자는 행동에 나설 생각이 있다고 밝혔다. 현재 자신의 개인 정보를 잘 보호할 수 있을 것 같은가?라는 질문에는 프라이버시 활동가의 67퍼센트는 개인 맞춤형 제품과 서비스를 얻는 대가로 자신의 구매 내역을 제공할 의사가 있다고 답했으며, 프라이버시 활동가의 62퍼센트는 그러한 거래에 불편함을 느끼지 않는다고 답했다.
https://www.google.com/amp/s/hbr.org/amp/2020/01/do-you-care-aboutprivacy-as-much-as-your-customers-do

44 https://joindeleteme.com/

45 https://www.23andme.com/en-int/

46 동성 부부 가구는 54만 3,000가구가 있으며 결혼하지 않고 동거 중인 동성 커플 가구는 46만 9,000가구이다.
https://www.census.gov/newsroom/press-releases/2019/same-sex-households.html
2010년 미국 인구조사에서 동성 부부 가구는 13만 1,729가구였으며 결혼하지 않은 동성 커플 가구는 51만 4,735가구였다.
https://www.census.gov/newsroom/releases/archives/2010_census/cb11-cn181.html

47 미국인의 과반수(61퍼센트)는 동성혼을 지지한다.

https://www.pewforum.org/fact-sheet/changing-attitudes-on-gay-marriage/

48 2019년 4월, 페이스북은 의미 있다고 여기는 그룹에서 활동하는 사람이 4억 명이 넘는다고 말했다.

https://www.cnbc.com/2020/02/16/zuckerbergs-focus-on-facebook-groupsincreases-facebook-engagement.html

49 https://www.2tall.com/

50 https://www.petermanningnyc.com/

51 https://www.nike.com/nike-by-you

52 소비자의 76퍼센트는 물질적인 것보다는 경험에 돈을 더 쓰고 싶어 한다.

https://www.prnewswire.com/news-releases/76-of-consumers-prefer-to-spendon-experiences-than-on-material-items-new-study-finds-300937663.html

53 2017년에 철인 3종 경기 풀코스에 등록한 사람이 약 6만 8,000명이었으며 중거리 경기에 등록한 사람은 13만 명이었다.

https://instarea.life/so-how-many-ironmans-there-is-8223a1de33d5

54 미국인 10명 중 3명(30%)은 하나 이상의 타투가 있으며, 2012년의 21%에서 증가한 수치다.

https://www.ipsos.com/en-us/news-polls/more-americans-have-tattoos-today

55 https://www.airbnb.com.sg/s/experiences?_set_bev_on_new_domain=1596783152_MjhjMGRmZWNkOTI3

56 https://lolesports.com/teams/j-team

57 현재 해당 플랫폼에는 3억 개의 SKU가 있다.

https://blog.splitdragon.com/our-guide-to-selling-on-lazada-internationalseller/

58 사람들은 검색과 동영상을 자유롭게 이용하며 자기 방식대로 상품을 구매한다.

https://www.thinkwithgoogle.com/advertising-channels/search-videopurchase-journey/

소비자의 71퍼센트는 상품 진열대 앞에서 서서 휴대폰으로 추가 온라인 검색을 한다.

https://www.automat.ai/resources/majority-of-beauty-consumers-strugglemaking-purchases-would-value-assistance-from-virtual-beautyadvisors-newmarket-research-study-finds/

59 온라인 주문 반품률은 15~30퍼센트가 넘는 수준으로 추산되며, 의류와 신발류의 반품 비율이 가장 높다.

https://retailwire.com/discussion/are-return-rates-out-of-control/

60 Shopping.google.com

61 https://www.klarna.com/us/what-is-klarna/

62 36퍼센트는 어떤 형태로든 임시직으로 일하고 있다.

https://www.smallbizlabs.com/2018/08/gallup-says-36-of-us-workers-are-inthe-gig-economy.html

63 2010년에서 2017년 사이 6퍼센트 하락했다.

https://nces.ed.gov/fastfacts/display.asp?id=98

64 인사 담당 임원 10명 중 8명은 전문직(89퍼센트), 임원(85퍼센트), 관리직(84퍼센트), 기술직(81퍼센트) 직원을 채용하는 경우 항상 추천인에게 연락하는 것으로 나타났다.

https://www.forbes.com/sites/85broads/2013/05/30/what-linkedin-usersought-to-know-about-job-references/#501078092cf1

65 평균적으로 세계 최고 부자들은 36세에 처음 백만 달러를 벌었다.

https://slotsia.com/uk/time-to-first-million

66 https://www.coursera.org/

67 https://www.upwork.com/

68 2020년 1분기 중 페이스북은 일일 활성 사용자(DAU) 수가 17억 3,000만 명을 넘었다고 발표했다.

https://www.statista.com/statistics/346167/facebook-global-dau/

69 사용자의 72퍼센트는 인스타그램에서 본 내용을 바탕으로 구매 결정을 내린다.

https://retailtouchpoints.com/resources/72-of-users-make-purchase-decisionsbased-on-instagram-content

70 유명인만이 구매 행동에 영향을 주는 것은 아니다.

https://retailtouchpoints.com/resources/72-of-users-make-purchase-decisionsbased-on-instagram-content

71 https://hootsuite.com

72 https://www.traackr.com

73 https://www.marketing-interactive.com/ooh-ads-outperform-other-

traditionalformats-new-report-finds

전 세계 OOH 광고 수입은 지난 9년간(2010~2018) 지속적으로 성장하면서 동기간 연평균 4.1퍼센트가 넘는 성장률을 기록했다.

74 https://vistarmedia.com/
디지털 광고 분야 리더들이 2012년에 설립한 비스타 미디어는 프로그래매틱 기술의 효율성과 인텔리전스를 강력한 OOH 매체에 접목하는 데에서 기회를 찾았다.

75 https://blogs.oracle.com/oracledatacloud/the-history-and-future-of-televisionadvertising

76 https://www.emarketer.com/content/tv-will-drop-below-25-of-total-us-adspending-by-2020

77 https://liftintent.com/blog/is-connected-tv-the-future-of-advertising/

78 https://variety.com/2020/digital/news/netflix-2020-content-spending-17-billion-1203469237/

79 https://newsroom.spotify.com/company-info/

80 https://www.wsj.com/articles/amazons-late-prime-day-now-in-october-set-tofuel-record-end-to-year-11601269260

81 https://www.wsj.com/articles/under-armour-to-acquire-myfitnesspal-for-475-million-1423086478

82 https://www.wsj.com/articles/loreal-applies-digital-makeover-to-sales-efforts-11605046234

83 https://www.wsj.com/articles/ikea-to-acquire-online-freelancer-marketplaceta skrabbit-1506618421

84 https://transferwise.com/sg

85 https://www.wsj.com/articles/behind-the-fall-of-chinas-luckin-coffee-anetwork-of-fake-buyers-and-a-fictitious-employee-11590682336

86 https://www.marketingweek.com/unilever-develops-tinder-for-ideas-to-speedup-the-pace-of-decision-making/

87 https://www.wsj.com/articles/lululemon-to-buy-at-home-fitness-companymirror-for-500-million-11593465981

88 https://www.wsj.com/articles/SB10001424052702304724404577291903244796 214

89 https://www.apple.com/sg/newsroom/2020/07/apple-commits-to-be-100-percent-carbon-neutral-for-its-supply-chain-and-products-by-2030/

90 https://www.goodless.be/ https://muuse.io/

91 https://www.miwa.eu/
우리는 단골 가게와 슈퍼마켓에 쓰레기 없는 쇼핑을 정착시켜 이를 "뉴노멀"로 만들고자 노력하는 체코 기업이다.

92 https://plasticbank.com/
우리는 전 세계의 재활용 시스템을 혁신적으로 바꾸어 재생 가능하고 포용적인 플라스틱 순환 경제를 구축함으로써 플라스틱을 가치 있는 자원으로 만들고 있다.

93 https://www.outsystems.com/
아웃시스템즈는 비즈니스와 함께 성장하는 중요 애플리케이션을 신속히 개발하고 배포할 수 있도록 소프트웨어 구축 방식을 바꾸었다.

94 https://fivetran.com/
분석팀을 위해 간편하고 신뢰할 수 있는 데이터 통합을 지원한다. 엔지니어링이 아닌 분석에 주력한다. 파이브트랜의 사전 구축 커넥터는 분석 가능한 스키마를 제공하고 소스 변화에 맞게 자동으로 변경된다.

95 극빈층(하루 1.9달러 미만으로 살아가는 사람들)의 수는 2030년에 6억 명이 넘을 것이다.
http://documents1.worldbank.org/curated/en/765601591733806023/pdf/How-Much-Does-Reducing-Inequality-Matter-for-Global-Poverty.pdf